अज्ञेय
कहानी संचयन

सहयोग
सस्ता साहित्य मण्डल
नई दिल्ली

अज्ञेय
कहानी संचयन

सच्चिदानन्द हीरानन्द वात्स्यायन 'अज्ञेय'

सम्पादक
गीतांजलि श्री

राजकमल प्रकाशन
नयी दिल्ली पटना इलाहाबाद

ISBN : 978-81-267-2316-4

मूल्य : ₹ 500

पहला संस्करण : 2012

प्रकाशक : राजकमल प्रकाशन प्रा. लि.
1-बी, नेताजी सुभाष मार्ग, दरियागंज
नई दिल्ली-110 002

शाखाएँ : अशोक राजपथ, साइंस कॉलेज के सामने, पटना-800 006
पहली मंज़िल, दरबारी बिल्डिंग, महात्मा गांधी मार्ग, इलाहाबाद-211 001

वेबसाइट : www.rajkamalprakashan.com
ई-मेल : info@rajkamalprakashan.com

आवरण : चंचल

मुद्रक : बी.के. ऑफसेट
नवीन शाहदरा, दिल्ली-110 032

AJNEYA : KAHANI SANCHAYAN
Edited by Geetanjali Shree

'अज्ञेय' : मेरे पूर्वज, मेरे समकालीन

'अज्ञेय' की जन्मशती को मनाने उनकी कहानियों का संकलन तैयार करूँ, यह आमंत्रण मिला और मैंने फौरन स्वीकार किया।

हमारे साहित्यिक इतिहास के एक कठिन मोड़ पर अपना लेखन शुरू कर, यह लेखक पूरे साहित्यिक परिदृश्य में एक विशाल साया-सा फैल गया, मुझे पता था। अपने पुराने दिनों में उन्हें पढ़ा था, उन पर दूसरों का पढ़ा था, उन पर सुना था। और दो-एक बार, दिल्ली में 'वत्सल निधि' के आयोजन में और भोपाल में भारत-भवन के, उन्हें सामने-सामने भी देखा और सुना। खुद को भरी भीड़ में गायब-सा रख के!

इस सब पर आधारित उनकी एक आधी-अधूरी छवि मेरे मन में बनती रही। एक 'लेजेंड', जो कुछ-कुछ बदनाम है, सामाजिक प्रासंगिकता के बोझ तले दबे हमारे साहित्य जगत में, चूँकि वह रूपवादी है और सौन्दर्यात्मकता को साहित्य-कला का केन्द्रीय तत्त्व मानता है, और प्रयोगवादी है जो बौद्धिक कीमियागरी में कथा-लेखन को सरलता, सरसता से हटा, जटिल बुनावट में डालता है, इत्यादि।

उन्हें नए सिरे से पढ़ूँ, अपने साहित्य की एक महान हस्ती से रूबरू होऊँ, यह मौका मिल रहा था।

नए सिरे से पढ़ा।

या यूँ कहूँ कि नए सिरे से पढ़ना चाहा, शुरू किया, पढ़ती रही, बढ़ती रही...

मगर यह ऐसा पढ़ना नहीं कि उठाया, पढ़ा, धर दिया, पूरा हुआ। यह तो एक अनन्त यात्रा है जिसका छोर न जाने कहाँ है? साहित्य की लगभग हर विधा को समृद्ध करनेवाले लेखक का जीवन, चिन्तन, अवदान, कितना विस्तृत विशाल साया फैलाता है जो, जैसे, बरगद के

वृक्ष की है। एक भटकती टोहती रचती आत्मा जो इस जड़ उतरती है, उस शाख चढ़ती है, किसी पत्ते पर कविता झूलती है, कहीं फल से सोच–वचन का अर्क बहता है।

अपने लम्बे शालीन दरवेशी लिबास में, शान्त, सौम्य, बुजुर्ग चेहरे और फैली दाढ़ीवाले 'अज्ञेय' सचमुच बरगद के पेड़ थे। अकेले में पूरा एक वन!

मैं, एक ज़रा से कोने में ठिगनी–सी खड़ी, इस साहित्य–वन का मूल्यांकन करने से रही! मगर उससे सामना होने की इस भोली शुरुआत में कुछ चीज़ें खुलती रही हैं।

कि रूपवाद, यथार्थवाद, प्रगतिवाद जैसे बटवारों में अच्छे साहित्य को आँकना, उस पर संकीर्ण नज़र का हमला है, लेखन के सम्पूर्ण सत्त को झुठलाना है।

कि साहित्य का फलक बहुत बड़ा है और वहाँ प्रेमचन्द का सुन्दर, सरल साहित्य हो सकता है तो रेणु का भावभीना सरस साहित्य भी और कृष्णा सोबती का दबंग और मिट्टी–महक में गुँधा साहित्य भी, तो निर्मल वर्मा का एकाकी एकलय सुर भी, और ज़रूर–ज़रूर, 'अज्ञेय' की बहुपर्तीय जटिलता भी।

कि यह वाद, वह वाद, चस्पाँ करने की ज़िद है तो प्रयोगवाद, फिर भी, खरा उतरता है। क्योंकि प्रयोग पूर्वनिर्धारित ढाँचों और सीमाओं को लाँघता है और अनेकानेक समागमों से रचना करता है और अपनी सी बात कहने का हौसला रखता है।

अज्ञेय की तरह।

हर सुच्चे रचनाकार की परम शर्तें यही हैं अपनी सीमाएँ खुद तय करे, अपनी सी बात कहे, वहाँ पहुँचे जहाँ अमूमन गिर जाने की नौबत हो आए, पर गिरे नहीं, वरन्, एक नई चाल, लय, ढब की अपनी अलग 'सन्तुलित' मुद्रा पा ले।

अतिक्रमण करके।

मुश्किल है, तो भी।

नामुमकिन है, तो भी।

'अज्ञेय' का समय। आज़ादी के पहले और ठीक बाद में बिंधा। ऐसा समय जो कतई हल्का नहीं बैठता, काँधों पर। चूँकि अतिरिक्त ज़ोर, दबाव और मक़सद की मची है। कि हम निर्माण कर रहे हैं एक नए वक़्त का और हम करके रहेंगे।

बना रहे हैं, बनाने वाले हैं राष्ट्रभाषा, राष्ट्र साहित्य, राष्ट्र...।

भूलने, भटकने, की कलाकार की प्यास, वक्त की इन औचित्यपूर्ण, निष्ठा-भरी माँगों के भार में फँसती-सी है। कभी तो यह अहसास, खासे प्रत्यक्ष तरह से, 'अज्ञेय' के लेखन में झलकता है। वाकई अज्ञेय एक नई भाषा गढ़ रहे हैं, इतनी गम्भीरता से कि बीन-बीन के उठा लाए हैं शब्द जो नए गठबन्धनों में असमंजस से हमें ताक रहे हैं।

और कभी इतने सचेत लग रहे हैं 'अज्ञेय' कि जैसे पूरे नियन्त्रण में है उनका लेखन, उनके। कि बह नहीं गए हैं वे अपनी कल्पना में। वे लेखन कर रहे हैं, 'हो' नहीं गया वह उनसे।

किसी, मुकाबलतन हल्के रचनाकार में, ये बातें उसकी शुरुआत और अन्त के बीच का फ़ासला घटा सकती हैं। बँधी-बँधाई, सोची-समझी, ठंडी फ़ॉर्म्यूला-रत रचनाएँ बस बनेंगी उससे।

मगर अज्ञेय में यह अतिरिक्त जागरूकता, एक अलग ऊर्जा बन जाती है। किसी अथक पथिक की तरह यह लेखक खोजता रहता है, सोचता रहता है, इधर जाता है, उधर जाता है, चलता ही जाता है कि विश्राम निषेध है।

और उसके लेखन की जबर्दस्त और जटिल दुनिया बनती जाती है, अज्ञेयपन का सरबसर खालिस नमूना ईजाद करती! तरह-तरह के अलगावों को समीप लाती है। परम्परा की खोज और पकड़, समकालीन वक्त की सोच और आते वक़्त के सपने के संग नए जोड़-जमावों में। रूप और वस्तु के बीच कोई फाँक नहीं यहाँ। बौद्धिक, भावनात्मक, स्वप्निल, यथार्थ, क्या-क्या नहीं यहाँ।

(कृष्ण बलदेव वैद याद आ रहे हैं, मानी हुई दूरियों की पलट वहाँ भी!)

(और जे.एम. कोएट्ज़ी, जहाँ आत्मकथा, कहानी और अकादमिक बहस की ज़ोरदार मिलौनी है!)

पीढ़ियों के औसत 20-25 साल के फ़ासले के हिसाब से दो पीढ़ियों की दूरी है 'अज्ञेय' और मेरे बीच। पर वे बड़े समकालीन लगते हैं मुझ जैसों को।

उनकी संवेदना अपनी जैसी ही लगती है। बार-बार और तरह-तरह से। एक अतिप्रिय उदाहरण देना चाहूँगी। 'उपन्यास की

भारतीय विधा' पर एक छोटे से, सिर्फ़ तीन पन्नों के, अनोखे लेख के अन्त में वह लिखते हैं :

'मैं तो भारतीय लेखक हूँ न? न्यूनाधिक भारतीय जैसा कि मेरा देश न्यूनाधिक भारत है! और मैं न्यूनाधिक आधुनिक लेखक भी हूँ जिसका अभिप्राय यह है कि मैं नाना प्रभावों के प्रति खुला हूँ जो राष्ट्रीय सीमाओं का अतिक्रमण करते हुए आते हैं।'

'मैं तो भारतीय लेखक हूँ न?' तंज़ से तराबोर है उनका सवाल। अपनी गिरफ़्त में उन सबको लेता हुआ जो उनको आयातित पाश्चात्य संवेदना से ग्रसित बता खारिज कर देते थे। उसी अन्दाज़ में उनका जवाब शुरू होता है : 'न्यूनाधिक भारतीय!' और अचानक तंज़ की जगह आ जाता है अपने देश की ऐतिहासिक नियति को उघाड़ता सच कि भारत भी तो न्यूनाधिक भारत ही है। ऐसा प्रत्यक्ष कहते नहीं 'अज्ञेय', पर उनको विदेशी संवेदना का शिकार माननेवाले भी इसी न्यूनाधिक भारत की उपज हैं। न जानते हुए कि आज का भारतीय न्यूनाधिक भारतीय ही हो सकता है, उससे अधिक नहीं।

इसी प्रसंग में 'अज्ञेय' आगे कहते हैं :

'इस प्रकार मैं आधुनिक विधाओं में रचना करता हूँ, पर उसी रूप में जिसमें एक भारतीय वैसा कर सकता है।

'तो मैं कह सकता हूँ कि मेरा काल-बोध भी दोहरा है बल्कि दोहरे से कुछ अधिक, क्योंकि मैं दो प्रकार का काल-बोध स्वीकार करके उनका परस्पर विरोध निराकृत करना चाहता हूँ।'

कुछ है हमारे औपनिवेशिक और उत्तर-औपनिवेशिक मानस की बनावट में, कि विशुद्ध भारतीयता का मोह बना ही रहता है। उसी से उपजता है 'भारतीयता' और 'आधुनिकता' के बीच अन्तर से लेकर विरोध तक का आभास।

'अज्ञेय' के वक़्त में भी, मेरे समय में भी।

तब भी, इसके फलस्वरूप, कुछ अपेक्षाएँ और कुछ मानदंड किसी की जीवनशैली से लेकर उसके रचनाकर्म तक को परखने और उस पर फ़तवा जारी करने का दम्भ करनेवाले अजीबोग़रीब मानदंड समाज में छा जाते थे, आज भी छा जाते हैं।

इन्हीं अपेक्षाओं और मानदंडों के चलते 'संवेदना' का दो विरोधी खानों में बाँट हो जाता है : पारम्परिक भारतीय बनाम आधुनिक पाश्चात्य।

'अज्ञेय' इस फ़र्क को मानकर उसके परस्पर विरोध को खारिज करते हैं। यहीं वह आज की पीढ़ी में हम जैसों को बिलकुल अपने जैसे लगते हैं।

हाँ, हो सकता है कि हम उनको अपने जैसे न लगते! उन्हें लगता कि हममें उन जैसा परम्परा-बोध नहीं है, कि हममें से बहुतेरे जिन्हें उत्तर-आधुनिक की संज्ञा दे दी जाती है अपना सन्तुलन खो बैठे हैं। और तभी हम बग़ैर किसी अपराध-बोध के, 'हाइब्रिड' (सीधा अनुवाद होगा वर्णसंकर) को न केवल आज की दुनिया में अपनी अनिवार्य नियति, बल्कि अपना आदर्श मान पाते हैं।

तो हम विनीत भाव से यही कहते कि परम्परा और परिवर्तन का द्वैध न आपमें है, न हममें है, भले ही उनका सामंजस्य अब दूसरी पेशकश करता है।

आप हैं हमारे पूर्वज, आप हैं इसलिए हम हो पाए।

आप हैं हमारे समकालीन, हम भी उसी बेचैनी में, पास और दूर निकले हुए।

द्वैध के परे, सामंजस्य का रसायन है अज्ञेय-संसार। रूप और वस्तु के बीच फाँक नहीं, न जीवन और साहित्य के बीच।

यथार्थ से मुक्ति का सपना नहीं देखते सर्जक 'अज्ञेय'। उसमें ही सब जन्मते हैं, जीते हैं, चले जाते हैं, बचे रहते हैं। अज्ञेय की चाह है उस यथार्थ को समझने की, यह जानते हुए कि हमेशा ही यथार्थ 'बहुस्तरीय, जटिल और गुँथीला' होता है। धोखेबाज़ भी। कभी सिर्फ़ वही, या उतना ही नहीं, जो ऊपर से दिखाई देता है। बाह्य संसार भी है और अन्तरमन भी। यथार्थ की 'एक ही तह या सतह को देखना ही उसे अयथार्थ कर देना है।' यथार्थ को बनाने वाले तमाम भेदों को उनकी 'अविराम परस्परता' में देखा जाना चाहिए, ऐसा 'अज्ञेय' मानते हैं।

यथार्थ को पकड़ने की कोशिश में 'यथार्थवाद' के परे जाना होता है।

'अज्ञेय' की कहानियों में विषय की ग़ज़ब की विविधता है, भाषा, शैली की भी। प्रकृति-मानव रिश्ता है कहीं, रचना प्रक्रिया पर खयाल कहीं, प्राचीन मिथक कहीं, और देश-विदेश का इतिहास रूस, चीन, तुर्की, मुल्क का बटवारा आदम-हउवा कहाँ-कहाँ ले जाती है जानने, महसूस करने की उनकी ललक।

और चेतन में, अवचेतन में, अचेतन में भी। स्मृति-स्मरण-भ्रम के अवगुंठन में भी। कोई एक भाव जिसे एक नाम दिया जा सके,

जीवन में अपनी विशुद्धता में नहीं होता। एक कहानी में अज्ञेय कहते हैं : 'नाम जिस भाषा में होता है वह भाषा हम लोग नहीं जानते।' ('नगा पर्वत की एक घटना') नाम के बग़ैर बात कहनी पड़े, और रचनाकार मजबूर है ऐसा करने को, तो बात मुकम्मल कैसे होगी?

'बात का न बनना ही उसका सार है', कहानी 'पठार का धीरज' में आता है।

'कहानी जीवन की प्रतिच्छाया है और जीवन स्वयं एक अधूरी कहानी है, अधूरी कहानियों का संग्रह है।' (कड़ियाँ)

यह संग्रह भी अधूरा है। एक आमंत्रण कि 'अज्ञेय' को और पढ़िए।

कहानियाँ खुद कहेंगी। बकौल अज्ञेय : 'कहानी पर प्रत्यय रखो, लेखक पर नहीं।'

आइए, आप भी इस प्रगाढ़ 'अज्ञेय' माहौल में...।

–गीतांजलि श्री

अनुक्रम

अमरवल्लरी

An aristocrat must do without close personal love.

—H.G. Wells

मैं दीर्घायु हूँ, चिरजीवी हूँ, पर यह बेल, जिसके पाश में मेरा शरीर, मेरा अंग-अंग बँधा हुआ है, यह वल्लरी क्षयहीन है, अमर है।

मैं न-जाने कब से यहीं खड़ा हूँ–अचल, निर्विकार, निरीह खड़ा हूँ। न-जाने कितनी बार शिशिर ऋतु में मैंने अपनी पर्णहीन अनाच्छादित शाखाओं से कुहरे की कठोरता को फोड़कर अपने नियन्ता से मूक प्रार्थना की है; न-जाने कितनी बार ग्रीष्म में मेरी जड़ों के सूख जाने से तृषित सहस्त्रों पत्र-रूप चक्षुओं से मैं आकाश की ओर देखा किया हूँ; न-जाने कितनी बार हेमन्त के आने पर शिशिर के भावी कष्टों की चिन्ता से मैं पीला पड़ गया हूँ; न-जाने कितनी बार वसन्त, उस आह्लादक, उन्मादक वसन्त में, नींबू के परिमल से सुरभित समीर में मुझे रोमांच हुआ है और लोमवत् मेरे पत्तों ने कम्पित होकर स्फीत सरसर ध्वनि करके अपना हर्ष प्रकट किया है! इधर कुछ दिनों से मेरा शरीर क्षीण हो गया है, मेरी त्वचा में झुर्रियाँ पड़ गई हैं, और शारीरिक अनुभूतियों के प्रति मैं उदासीन हो गया हूँ। मेरे पत्ते झड़ गए हैं, ग्रीष्म और शिशिर दोनों ही को मैं उपेक्षा की दृष्टि से देखता हूँ। किन्तु वसन्त! न-जाने उसके ध्यान में ही कौन-सा जादू है, उसकी स्मृतिमात्र में कौन-सी शक्ति है कि मेरी इन सिकुड़ी हुई धमनियों में भी नए संजीवन का संचार होने लगता है, और साथ ही एक लालसामय अनुताप मेरी नस-नस में फैल जाता है...

वसन्त...उसकी स्मृतियों में सुख है और कसक भी। जब मेरे चारों ओर क्षितिज तक विस्तृत उन अलसी और पोस्त के फूलों के खेत एक रात-भर ही में विकसित हो उठते थे जब मैं अपने आपको सहसा एक सुमन-समुद्र के बीच में खड़ा हुआ पाता था, तब मुझे ऐसा भास होता था, मानो एक हरित सागर की नीलिमामय लहरों को वसन्त के अंशुमाली की रश्मियों ने आरक्त कर दिया हो। मेरा हृदय आनन्द और कृतज्ञता से भर जाता था। पर उस कृतज्ञता में सन्तोष नहीं होता था, उस आनन्द से मेरे हृदय की व्यथा दबती नहीं थी। मुझे उस सौंदर्यच्छटा में पड़कर एकाएक अपनी कुरूपता की याद आ जाती थी, एक जलन मेरी शान्ति को उड़ा देती थी...

कल्पना की जड़ मन की व्यथा में होती है। जब मुझे अपनी कुरूपता के प्रति ग्लानि होती, तब मैं एक संसार की रचना करने लगता–ऐसे संसार की, जिसमें पीपल के वृक्षों में भी फूल लगते हैं...और एक रंग के नहीं, अनेक रंगों के जिसमें शाखें जगमगा उठें! एक शाखा में सहस्रदल शोण–कमल, दूसरी पर कुमुद, तीसरी पर नील नलिन, चौथी पर चम्पक, पाँचवीं पर गुलाब, और सब ओर, फुनगियों तक पर, नाना रंगों के अन्य पुष्प–कैसी सुखद थी वह कल्पना! पर अब उस कल्पना की स्मृति से क्या लाभ है? अब तो मैं बूढ़ा हो गया हूँ, और रक्तबीज की तरह अक्षय यह बेल मुझ पर पूरा अधिकार जमा चुकी है। मैं विराट् हूँ, अचल हूँ; किन्तु मेरी महत्ता और अचलता ने ही मुझे इस अमरवल्लरी के सूक्ष्म, चंचल तन्तुओं के आगे इतना निस्सहाय बना दिया! किसी दिन वह कृशतनु, पददलिता थी, और आज यह मुझे बाँधकर, घोंटकर, झुकाकर, अपनी विजय–कामना पूरी करने की ओर प्रवृत्त हो रही है!

कैसे सुदृढ़ हैं इसके बन्धन! कितने दारुण, कितने उग्र! लालसा की तरह अदम्य, पीड़ा की तरह असह्य, दावानल की तरह उत्तप्त, ये बन्धन मेरे निर्बल शरीर को घोंटकर उसकी स्फूर्ति और संजीवन को निकाल देना चाहते हैं। और मैं, निराश और मुमूर्षु मैं, स्मृतियों के बोझ से दिक्पालों की तरह दबा हुआ मैं, चुपचाप उसकी कामना के आगे धीरे–धीरे अपना अस्तित्व मिटा रहा हूँ...

फिर भी कभी–कभी...ऐसा अनुभव होता है कि इस वल्लरी के स्पर्श में कोई लोमहर्षक तत्त्व है...जिस प्रकार कोई पुरानी, विस्मृत तान संगीतकार के स्पर्शमात्र से सजग, सजीव हो उठती है, जिस प्रकार बूढ़ा शुभ्रकेश, म्रियमाण शिशिर, वसन्त का सहारा पाकर क्षण–भर के लिए दीप्त हो उठता है, जिस प्रकार तरुणी के अन्ध–विश्वासपूर्ण, कोमल, स्निग्ध प्रेम में पड़कर बूढ़े के हृदय में गुदगुदी होने लगती है, नई कामनाएँ उदित हो जाती हैं, उसी प्रकार मेरे शरीर में, मेरी शाखाओं में, मेरे पत्तों में, मेरे रोम–रोम में इसका विलुलित स्पर्श, एक स्नेहमय जलन का, एक दीप्तिमय लालसा का, एक अननुभूत, अकथ, अविश्लिष्ट, उन्मत्त प्रेमोल्लास का संचार कर देता है! मैं सोचने लगता हूँ कि अगर मेरी शाखें भी उतनी ही लचकदार होतीं, जितनी इस अमर बेल की हैं, तो मैं स्वयं उसके आश्लेषण को दृढ़तर कर देता, उसके बन्धन को स्वयं कस देता! पर विश्वकर्मा ने मुझे ऐसा निकम्मा बना दिया–मैं प्रेम पा सकता हूँ, दे नहीं सकता; प्रेम–पाश में बँध सकता हूँ, बाँध नहीं सकता; प्रेम की प्रस्फुटन–चेष्टा समझ सकता हूँ, व्यक्त नहीं कर सकता! जब प्रेम–रस में मैं विमुग्ध होकर अपने हृदय के भाव व्यक्त करने की चेष्टा करता हूँ, तब सहसा मुझे अपनी स्थूलता, अचलता का ज्ञान होता है, और मेरी वे चिर–विचारित, चिर–निर्दिष्ट, अदमनीय चेष्टाएँ जड़ हो जाती हैं; मेरे सम्भ्रम का एकमात्र चिह्न वह पत्तों का कम्पन, मेरी आकुलता की अभिव्यक्ति का एकमात्र साधन उनका कोमल

सरसर शब्द ही रह जाता है। इतना भीमकाय होकर भी एक लतिका के आगे मैं कितना निस्सहाय हूँ!

वसन्त, सुमन, पराग, समीर, रसोल्लास...कैसा संयोग होता है! पर अब, अपने जीवन के हेमन्त-काल में, क्यों मैं वसन्त की कल्पना करता हूँ? अब वे सब मेरे जीवन में नहीं आ सकते, अब मैं एक और ही संसार का वासी हो गया हूँ, जिसमें सुमन नहीं प्रस्फुटित होते, स्मृतियाँ जागती हैं, जिसमें मदालस नहीं, विरक्ति-शैथिल्य भरा हुआ है! मेरे चारों ओर अब भी वसन्त में अलसी और पोस्त के फूल खिलते हैं, हँसते हैं, नाचते हैं, फिर चले जाते हैं। मेरा हृदय उमड़ आता है; पर उसमें अनुरक्ति नहीं होती, उस रूप-सागर के मध्य में खड़ा होकर भी मैं अपनी सुदूरता का ही अनुभव करता हूँ, मानो आकाश-गंगा का ध्यान कर रहा होऊँ! जिस सृष्टि से मैं अलग हो गया हूँ, उसकी कामना मैं नहीं करता, उसमें भाग लेने की लालसा हृदय में नहीं होती। मेरा स्थान एक दूसरे ही युग में है, और उसी का प्रत्यवलोकन मेरा आधार है, उसी की स्मृतियाँ मेरा पोषण करती हैं।

यह वल्लरी अमर है, अनन्त है। जब मैं गिर जाऊँगा, तब भी शायद यह मेरे शरीर पर लिपटी रहेगी और उसमें बची हुई शक्ति को चूसती रहेगी।

पर जब इसका अंकुर प्रस्फुटित हुआ था, तब मैं क्षीण नहीं था। मेरे सुगठित शरीर में ताजा रस नाचता था; मेरा हृदय प्रकृति-संगीत में लवलीन होकर नाचता था; मैं स्वयं यौवन रंग में प्रमत्त होकर नाच रहा था...जब मेरी विस्तृत जड़ों के बीच में कहीं से इसका छोटा-सा अंकुर निकला, उसके पीले-पीले कोमल, तरल तन्तु इधर-उधर सहारे की आशा से फैले और कुछ न पाकर मुरझाने लगे, तब मैंने कितनी प्रसन्नता से इसे शरण दी थी, कितना आनन्द मुझे इसके शिशुवत् कोमल स्पर्श से हुआ था! उस समय शायद वात्सल्य-भाव ही मेरे हृदय में सर्वोपरि था। जब वह बढ़ने लगी, जब उसके शरीर में एक नई आभा आ गई, तब उसके स्पर्श में वह सरलता, वह स्नेह नहीं रहा; उसमें एक नूतनता आविर्भूत हुई, एक विचित्र भाव आ गया, जिसमें मेरी स्वतंत्रता नहीं रही। जब भी मैं कुछ सोचना चाहता, उसी का ध्यान आ जाता। उस ध्यान में लालसा थी, और साथ ही कुछ लज्जा-सी; स्वार्थ था और साथ ही उत्सर्ग हो जाने की इच्छा; तृष्णा थी और साथ ही तृप्ति भी; ग्लानि थी और साथ ही अनुरक्ति भी! जिन भाव को आज मैं पूरी तरह समझ गया हूँ, उसका मुझे उन दिनों आभास भी नहीं हुआ था। उन दिनों इस परिवर्तन पर मुझे विस्मय ही होता रहता था और वह विस्मय भी आनन्द से, ग्लानि से, लालसा से, तृप्ति से परिपूरित रहता था!

मेरे चरणों के पास एक छोटा-सा चिकना पत्थर पड़ा हुआ था, जिसमें गाँव की स्त्रियाँ आकर सिन्दूर और तेल का लेप किया करती थीं। कभी-कभी वे अपने कोमल हाथों से सिन्दूर का एक लम्बा-सा टीका मेरे ऊपर लगा देती थीं, कोई-कोई युवती आकर सहज स्वभाव से मेरे दोनों ओर बाँहें फैलाकर मेरे इस सुडौल शरीर

से अंक भर लेती थी, कोई-कोई मेरा गाढ़ालिंगन करके अपने कपोल मेरी कठिन त्वचा से छुआकर कुछ देर चुपचाप आँसू बहाकर चली जाती थी-मानो उसे कुछ सान्त्वना मिल गई हो। मानव संसार की उन सुकोमल लतिकाओं के स्पर्श में, उनके परिष्वंग में, मुझे आसक्ति नहीं थी। कभी-कभी, जब कोई सरला अभागिनी मुझे अपनी बाँहों से घेरकर दीन स्वर से कहती, "देवता, मेरी इच्छा कब पूरी होगी?" तब मैं दयार्द्र हो जाता और अपने पत्ते हिलाकर कुछ कहना चाहता। न-जाने वे मेरा इंगित समझतीं या नहीं। न-जाने उन्हें कभी मेरी कृतज्ञता का ज्ञान होता या नहीं। मैं यही सोचता रहता कि अगर मैं नीरस पीपल न होकर अशोक वृक्ष होता, तो अपनी कृतज्ञता तो जता सकता; उन प्रेम-विह्वलाओं के स्पर्श से पुष्पित हो, पुष्प-भार से झुककर उन्हें नमस्कार तो कर सकता! पर मैं यह सोचता हुआ मूक ही रह जाता, और वे चली जातीं।

पर उनके स्पर्श से मुझे रोमांच नहीं होता था, मैं अपने शिखर से जड़ों तक काँपने नहीं लगता था। कभी-कभी जब कोई स्त्री आकर मेरी आश्रिता इस अमर-वल्लरी के पुष्प तोड़कर मेरे पैरों में डाल देती, तब मेरे मर्म पर आघात पहुँचता था; पर उससे मुझे जितनी व्यथा होती, जितना क्रोध आता उसे भी मैं व्यक्त नहीं कर पाता था। मैं विश्वकर्मा से मूक प्रार्थना करने लगता-विश्वकर्मा मूक प्रार्थना भी सुन लेते हैं-कि उस स्त्री को कोई भी वैसे ही दारुण वेदना हो! वह मुझे देवता मानकर पुष्पों से पूजा करती थी, और मैं उसके प्रति इतनी नीच कामना करता था-किन्तु प्रेम के प्रमाद में बुद्धि भ्रष्ट हो जाती है!

कैसा विचित्र था वह प्रेम! अगर मैं जानता होता! अगर मैं जानता होता।

किन्तु क्या जानकर इस जाल में न फँसता? आज मैं जानता हूँ, फिर भी तो इस वल्लरी का मुझ पर इतना अधिकार है, फिर भी तो मैं इसके स्पर्श से गद्‌गद हो उठता हूँ!

प्रेम आईने की तरह स्वच्छ रहता है, प्रत्येक व्यक्ति उसमें अपना ही प्रतिबिम्ब पाता है, और एक बार जब वह खंडित हो जाता है, तब जुड़ता नहीं। अगर किसी प्रकार निरन्तर प्रयत्न से हम उसके भग्नावशिष्ट खंडों को जोड़कर रख भी लें तो उसमें पुरानी क्रान्ति नहीं आती। वह सदा के लिए कलंकित हो जाता है। स्नेह अनेकों चोटें सहता है, कुचला जाकर भी पुनः उठ खड़ा होता है; किन्तु प्रेम में अभिमान बहुत अधिक होता है, वह एक बार तिरस्कृत होकर सदा के लिए विमुख हो जाता है। आज इस वल्लरी के प्रति मेरा अनुराग बहुत है, पर उसमें प्रेम का नाम भी नहीं-वह स्नेह का ही प्रतिरूप है। वह विह्वलता प्रेम नहीं है, वह प्रेम की स्मृति की कसक ही है।

अपने इस प्रेम के अभिनय का जब मैं प्रत्यवलोकन करता हूँ, तब मुझे एक जलन-सी होती है। प्रेम से मुझे जो आशा थी, वह पूर्ण नहीं हुई, और उसकी आपूर्ति

के लिए मैं किसी प्रकार भी दोषी नहीं था। मुझे यहाँ प्रतीत होता है कि नियन्ता ने मेरे प्रति, और इस लता के प्रति, और उन अबोध स्त्रियों के प्रति, जो मुझे देवता कहकर सम्बोधित करती थीं, न्याय नहीं किया। निर्दोष होते हुए भी हम अपने किसी अधिकार से, जिसका मैं वर्णन नहीं कर सकता, वंचित रह गए। जब इस भाव से, इस प्रवंचना के ज्ञान से मैं उद्विग्न हो जाता हूँ, तब मुझे इच्छा होती है कि मैं वृक्ष न होकर मानव होता। इस तरह एक ही स्थान में बद्ध होकर न रहता, इधर-उधर घूमकर अपने प्रेम को व्यक्त कर सकता, और-और इस तरह भुजहीन असहाय न होता!

किन्तु क्या मानव-हृदय मेरी संज्ञा से इतना भिन्न है? क्या मानवों के प्रेम में और मेरे में इतनी असमानता है? क्या मानव में भी हमारी तरह मूक वेदनाएँ नहीं होतीं, क्या उनमें भी प्रेम के अंकुर का अँधेरे में ही प्रस्फुटन और विकसन और अवसान नहीं हो जाता? क्या वे प्रेम-विह्वल होकर अपने-आपको अभिव्यक्ति के सर्वथा अयोग्य नहीं पाते, क्या मैं उनमें लज्जा अनुरक्ति का और ग्लानि लालसा का अनुगमन नहीं करती? वे मानव हैं, हम वनस्पति; वे चलायमान हैं, हम स्थिर; पर साथ ही हम उनकी अपेक्षा बहुत दीर्घजीवी हैं, और हमारी संयम-शक्ति भी उनसे बहुत अधिक बढ़ी-चढ़ी है। उनका प्रेम सफल होकर भी शीघ्र समाप्त हो जाता है, और हममें प्रेम की जलन ही वर्षों तक कसकती रहती है।

बहुत दिनों की बात है। उन दिनों मुझे इस वल्लरी के स्पर्श में मादकता का भास हुआ ही था, इसके आलिंगन से गुदगुदी होनी आरम्भ ही हुई थी! उन दिनों मैं उस नए प्रेम का विकास देखने और समझने में ही इतना व्यस्त था कि आसपास होनेवाली घटनाओं में मेरी आसक्ति बिलकुल नहीं थी, कभी-कभी विमनस्क होकर मैं उन्हें एक आँख देख-भर लेता था। वह जो बात मैं कहने लगा हूँ, उसे मैं नित्यप्रति देखा करता था; किन्तु देखते हुए भी नहीं देखता था। और जब वह बात खत्म हो गई, तब उसकी ओर मेरा उतना ध्यान भी नहीं रहा। पर मेरे जाने बिना ही मुझ पर अपनी छाप छोड़ गई, और आज मुझे वह बात नहीं, उस बात की छाप ही दीख रही है। मैं मानो प्रभात में बालुकामय भूमि पर अंकित पदचिह्नों को देखकर, निशीथ की नीरवता में उधर से गई हुई अभिसारिका की कल्पना कर रहा हूँ!

मेरे चरणों पर पड़े हुए उस पत्थर की पूजा करने जो स्त्रियाँ आती थीं, उनमें कभी-कभी कोई नई मूर्ति आ जाती थी, और कुछ दिन आती रहने के बाद लुप्त हो जाती थी। ये नई मूर्तियाँ प्राय: बहुत ही लज्जाशील होतीं, प्राय: उनके मुख फुलकारी के लाल और पीले अवगुंठन से ढके रहते, और वे धोती इतनी नीची बाँधतीं कि उनके पैरों के नूपुर भी न दीख पाते! केवल मेरे समीप आकर जब वे प्रणाम करने को झुकतीं, तब उनका गोधूम-वर्ण मुख क्षण-भर के लिए अनाच्छादित हो जाता, क्षण-भर उनके मस्तक का सिन्दूर कृष्ण मेघों में दामिनी की तरह चमक जाता, क्षण-भर के लिए उनके उर पर विलुलित हारावली मुझे दीख जाती, क्षण-

भर के लिए पैरों की किंकिणियाँ उद्घाटित होकर चुप हो जातीं और मुग्ध होकर बाह्य-संसार की छटा को और अपनी स्वामिनियों के सौन्दर्य को निरखने लगतीं। फिर सब कुछ पूर्ववत् हो जाता, अवगुंठन उन मुखों पर अपना प्रभुत्व दिखाने के लिए उन्हें छिपाकर रख लेते, हारावलियाँ उन स्निग्ध उरों में छिपकर सो जातीं, और नूपुर भी मुँह छिपाकर धीरे-धीरे हँसने लगते...

एक बार उन नई मूर्तियों में एक ऐसी मूर्ति आई, जो अन्य सभी से भिन्न थी। वह सबकी आँख बचाकर मेरे पास आती और शीघ्रता से प्रणाम करके चली जाती, मानो डरती हो कि कोई उसे देख न ले। उसके पैरों में नूपुर नहीं बजते थे, गले में हारावली नहीं होती थी, मुख पर अवगुंठन नहीं होता था, ललाट पर सिन्दूर तिलक नहीं था। अन्य स्त्रियाँ रंग-बिरंगे वस्त्राभूषण पहनकर आती थीं, वह शुभ्र वसना थी। अन्य स्त्रियाँ प्रातःकाल आती थीं; पर उसका कोई निर्दिष्ट समय नहीं था। कभी प्रातःकाल, कभी दिन में, कभी सन्ध्या को वह आती थी...जिस दिन उसका आना सन्ध्या को होता था, उस दिन वह प्रणाम और प्रदक्षिणा कर लेने के बाद मेरे पास ही इस अमरवल्लरी का सहारा लेकर भूमि पर बैठ जाती, और बहुत देर तक अपने सामने सूर्यास्त के चित्र-विचित्र मेघ-समूहों को, अलसी और पोस्त के पुष्पमय खेतों को, और गाँव से आनेवाले छोटे-से धूल-भरे पथ को देखती रहती...उसके मुख पर अतीत स्मृति-जनित वेदना का भाव व्यक्त हो जाता, कभी-कभी वह एक दीर्घ निःश्वास छोड़ देती...उस समय सहानुभूति और संवेदना में पत्ते भी सरसर ध्वनि कर उठते...वह कभी कुछ कहती नहीं थी, कभी कोई प्रार्थना नहीं करती थी। मुझे चुपचाप प्रणाम करती और चली जाती-या वहीं बैठकर किसी के ध्यान में लीन हो जाती थी। उस ध्यान में कभी-कभी वह कुछ गुनगुनाती थी, पर उसका स्वर इतना अस्पष्ट होता था कि मैं पूरी तरह समझ नहीं पाता।

पहले मेरा ध्यान उसकी ओर नहीं जाता था; किन्तु जब वह नित्य ही गोधूलि वेला में वहाँ आकर बैठने लगी, तब धीरे-धीरे मैं उसकी ओर आकृष्ट होने लगा। जब सूर्य की प्रखरता कम होने लगती, तब मैं उसकी प्रतीक्षा करने लग जाता था-कभी अगर उसके आने में विलम्ब हो जाता, तो मैं कुछ उद्विग्न-सा हो उठता...

एक दिन वह नहीं आई। उस दिन मैं बहुत देर तक उसकी प्रतीक्षा करता रहा। सूर्यास्त हुआ, अँधेरा हुआ, तारे निकल आए, आकाश-गंगा ने गगन को विदीर्ण कर दिया, पर वह नहीं आई।

उसके दूसरे दिन भी नहीं, तीसरे दिन भी नहीं-बहुत दिनों तक नहीं। जब मैंने उसकी प्रतीक्षा करनी छोड़ दी, तब सन्ध्या के एकान्त में मैं अपनी उद्भ्रान्त मनोगति को इस अमरवल्लरी की ओर ही प्रवृत्त करने लगा...

जब मैं उसे बिलकुल भूल गया, तब एक दिन वह सहसा आ गई। वह दिन मुझे भली प्रकार याद है। उस दिन आँधी चल रही थी, काले-काले बादल घिर आए

थे, ठंड खूब हो रही थी। मैं सोच रहा था कि वर्षा आएगी, तो अमरवल्लरी की रक्षा कैसे करूँगा। एकाएक मैंने देखा, उस धूलिधूसर पथ पर वह चली आ रही थी! वह अब भी पहले की भाँति अनलंकृत थी, उसका शरीर अब भी श्वेत वस्त्रों से आच्छादित था; पर उसकी आकृति बदल गई थी, उसका सौन्दर्य लुप्त हो गया था। उसके शरीर में काठिन्य आ गया था, मुख पर झुर्रियाँ पड़ गई थीं, आँखें धँस गई थीं, ओठ ढीले होकर नीचे लटक गए थे। जब उस पहली मूर्ति से मैंने उसकी तुलना की, तो मेरा अन्तस्तल काँप गया। पर मैं चुपचाप प्रतीक्षा में खड़ा रहा। उसने मेरे पास आकर मुझे प्रणाम नहीं किया, न इस वल्लरी का सहारा लेकर बैठी ही। उसने एक बार चारों ओर देखा, फिर बाँहें फैलाकर मुझसे लिपट गई और फूट-फूटकर रोने लगी। उसके तप्त आँसू मेरी त्वचा को सींचने लगे...

मैंने देखा, वह एकवसना थी, और वह वस्त्र भी फटा हुआ था। उसके केश व्यस्त हो रहे थे, शरीर धूल से भरा हुआ था, पैरों से रक्त बह रहा था...

वह रोते-रोते कुछ बोलने भी लगी–

''देवता, मैं पहले ही परित्यक्ता थी, पर मेरी बुद्धि खो गई थी! मैं जहाँ गई, वहीं तिरस्कार पाया; पर फिर भी तुम्हारी शरण छोड़ गई! मैं कृतघ्ना थी, चली गई। किस आशा से? प्रेम-धोखा-प्रवंचना! प्रतारणा! उस छली ने मुझे ठग लिया, फिर-फिर-देवता, मैं पतिता, भ्रष्टा, कलंकिनी हूँ। मुझे गाँव के लोगों ने मारकर निकाल दिया, अब मैं-मैं निर्लज्जा हूँ! अब तुम्हारी शरण आई हूँ, अकेली नहीं, कलंक के भार से दबी हुई, अपनी कोख में कलंक धारण किए हुए!''

उसका वह रुदन असह्य था, पर हमको विश्वकर्मा ने चुपचाप सभी कुछ सहने को बनाया है!

मुझ पर उसका पाश शिथिल हो गया, उसके हाथ फिसलने लगे, पर उसकी मूर्च्छा दूर न हुई। रात बहुत बीत गई, उसका संज्ञा-शून्य शरीर काँपने लगा, फिर अकड़ गया...वह मूर्च्छा में ही फिर बड़बड़ाने लगी–

''देवता हो? छली! कितना धोखा, कितनी नीचता! प्रेम की बातें करते तुम्हारी जीभ न जल गई! तुम्हारी शरण आऊँगी, तुम्हारी! वह कलंक का टीका नहीं है, मेरा पुत्र है! तुम नीच थे, तुमने मुझे अलग कर दिया। वह मेरा है, तुम्हारे पाप से क्यों कलंकित हो गया? तुम देवता हो, देवता। मैं तुम्हारी शरण से भाग गई थी। पर वह पाप-उसमें तो मेरा भी हाथ था? तुम्हारी शरण में मुझे शान्ति मिलेगी! मैं ही तो उसके पास गई थी-कलंकिनी! पर वह अबोध शिशु तो निर्दोष है, वह क्यों जलेगा? क्यों काला होगा? देवता, तुम बड़े निर्दय हो। उसे छोड़ देना! मैं मरूँगी, जलूँगी, पर वह बचकर कहाँ जाएगा! देवता, देवता, तुम उसका पोषण करना!''

उसके शरीर का कम्पन बन्द हो गया, प्रलाप भी शान्त हो गया-पर कुछ ही देर के लिए!

धीरे-धीरे तारागण का लोप हो गया, आकाश-गंगा भी छिप गई। केवल पूर्व में एक प्रोज्ज्वल तारा जगमगाता रह गया। पवन की शीतलता एकाएक बढ़ गई, अन्धकार भी प्रगाढ़तर हो गया...उस महाशान्ति में एकाएक उसके शरीर में संजीवन आ गया, वह एक हृदय-विदारक चीख मारकर उठी, उठते ही उसने अपने एकमात्र वस्त्र को फाड़ डाला। फिर वह गिर गई, उसके अंगों के उत्क्षेप बन्द हो गए, उसका शरीर शिथिल, निःस्पन्द हो गया...

जब सूर्य का प्रकाश हुआ, तब मैंने देखा, वह मेरे चरणों में पड़ी है, उसका विवस्त्र और संज्ञाहीन शरीर पीला पड़ गया था, और उसके अंग नीले पड़ गए थे...उसके पास ही उसका फटा हुआ एकमात्र वस्त्र रक्त से भीगा हुआ पड़ा था-और उसके ऊपर एक मलिन, दुर्गन्धिमय मांसपिंड...और वर्षा के प्रवाह में वह रक्त धुलकर, बहकर, बहुत दूर तक फैलकर कीचड़ को लाल कर रहा था...

कैसी भैरव थी वह आहुति!

क्या यही है मानवों का प्रेम!

शायद मेरी धारणा गलत है। शायद मेरे अपने प्रेम की उच्छृंखलता ने मेरी कल्पना को भी उद्भ्रान्त कर दिया है। मानव अल्पायु होकर भी इतने नीच हो सकते हैं, इसका सहसा विश्वास नहीं होता! पर जब मुझे ध्यान हो आता है कि मेरी जड़ें दो ऐसी बलियों के रक्त से सिक्त हैं, जिनके अन्त का एकमात्र कारण यही था, जिसे वे मानव-प्रेम कहते हैं, तब मुझे मानवता के प्रति ग्लानि होने लगती है। पर उन दोनों का बलिदान प्रेम की वेदी पर हुआ था, या इन मानवों के समाज की, या वासना की? वह स्त्री तो वंचित थी, उसने तो प्रेम के उत्तर में वासना ही पाई थी। पर उसका अपना प्रेम तो दूषित नहीं था, वह तो वासना की दासी नहीं थी। और समाज-समाज ने तो पहले ही उसे ठुकरा दिया था, समाज ने तो उससे कोई सम्बन्ध नहीं रखा था। और उस अज्ञात शिशु ने समाज का क्या बिगाड़ा था, वह वासना में कब पड़ा था?

मेरे नीचे उस पत्थर की पूजा करने कितनी ही स्त्रियाँ आती थीं, वे तो सभी प्रसन्नवदना होती थीं, उनकी बात मैं क्यों सोचता? मानव-प्रेम की असफलता का एक यही उदाहरण मैंने देखा था, उसी पर क्यों अपना चित्त स्थिर किए हूँ? वे जो इतनी आच्छादित, अवगुंठित, अलंकृत चपलाएँ वहाँ आती थीं और सहज स्वभाव से या कभी-कभी सम्भ्रम से मेरे सिन्दूर-तिलक लगातीं और मेरा आलिंगन कर लेती थीं, उनके प्रणय तो सभी सुखमय होते होंगे, उनका प्रेम तो इतना विमूढ़ और विवेकहीन नहीं होता होगा? और फिर मानवों का तो प्रेम के विषय में आत्मनिर्णय करने का अधिकार होता है? उनके जीवन में तो ऐसा नहीं होता कि विधाता-या मनुष्य ही-जिस वल्लरी को उनके निकट अंकुरित कर दें, उसी से प्रणय करने को बाध्य हो जाना पड़े?

पर मैंने सुना है–गाँव से पूजा के लिए आनेवाली उन स्त्रियों के मुख से ही सुना है–कि उनके समाज में भी इस प्रकार के अनिच्छित बन्धन होते हैं। एक बार मैंने देखा भी था–देखा तो नहीं था, किन्तु कुछ ऐसे दृश्य देखे थे जिससे मुझे इसकी अनुभूति हुई थी...

कभी-कभी, सन्ध्या के पक्षिरव-कूजित एकान्त में, मुझे एकाएक इस बात का उद्‌बोधन होता है कि मेरा जीवन–इतना लम्बा जीवन!...व्यर्थ बीत गया...इस वल्लरी के अनिश्चित बन्धन से–पर जो मुझे पागल कर देता है, मेरे हृदय में उथल-पुथल मचा देता है, मेरे शरीर को दर्द और व्यथा से विह्वल कर देता है, जिससे छूट जाने की मैं कल्पना भी नहीं कर सकता, उस बन्धन को अनिश्चित कैसे कहूँ? इस उद्‌बोधन की उग्रता को मिटाने के लिए मैं कितना प्रयत्न करता हूँ, पर वह जाती नहीं...मेरे हृदय में यह निरर्थकता का ज्ञान, यह जीने की इच्छा, यह संचित शक्ति का व्यय करने की कामना, किसी और भाव के लिए स्थान ही नहीं छोड़ती! मैं चाहता हूँ, अपने व्यक्तित्व को प्रकृति की विशालता में मिटा दूँ, इस निरर्थकता के ज्ञान को दबा दूँ और जैसा कभी अपने यौवन-काल में था, वैसा ही फिर से हो जाऊँ; पर कहाँ एक बूढ़े वृद्ध की चाह और कहाँ विधाता का अमिट निर्देश! मैं बोलना चाहता हूँ–मेरे जिह्वा नहीं है; हिलना चाहता हूँ–मेरे पैर नहीं हैं; रोना चाहता हूँ–पर उसके लिए आँखें ही नहीं हैं तो आँसू कहाँ से आएँगे...मैं चाहता हूँ, किसी से प्रेम कर पाऊँ–इतना विशाल, इतना अचल, इतना चिरस्थायी प्रेम कि संसार उससे भर जाए; पर मेरी अपनी विशालता, मेरी अपनी अचलता, मेरा अपना स्थायित्व इस कामना में बाधा डालता है! मैं प्रेम की अभिव्यक्ति कर नहीं सकता; और जब करना चाहता हूँ, तब लज्जित हो जाता हूँ...जितना विशाल मैं हूँ, इतनी विशाल धुरा अपने प्रेम के लिए कहाँ पाऊँ? और किसी अकिंचन वस्तु से प्रेम करना प्रेम की अवहेलना है...

यह अमरवल्लरी–इसमें स्थायित्व है, दृढ़ता है, पर यह चंचला भी है, और इसमें विशालता भी नहीं है–यह तो मेरे ही शरीर के रस से पुष्ट होती है।

एक स्मृति-सी मेरे अन्तस्तल में घूम रही है, पर सामने नहीं आती, मुझे उसकी उपस्थिति का आभास ही होता है। जिस प्रकार कुहरे में जलता हुआ दीपक नहीं दीख पड़ता, पर उससे आलोकित तुषारपुंज दीखता रहता, उसी तरह स्मृति स्वयं नहीं प्रकट होती, परन्तु स्मृति मेरे अन्तस्तल में काँप रही है।

उस स्मृति का सम्बन्ध इसी प्रेम की विशालता से था, इतना मैं जानता हूँ; पर क्या सम्बन्ध था, नहीं याद आता...

एक और घटना याद आती है, जिसने किसी समय एकाएक विद्युत की तरह मेरे हृदय को आलोकित कर दिया था–पर इतने प्रदीप्त आलोक से कि मैं बहुत देर के लिए चकाचौंध हो गया था...

उन दिनों मेरी पूजा–या मेरे चरणस्थित देवता की पूजा–नहीं होती थी। जब से वहाँ रक्त–प्रलिप्त देह और मांसपिंड पाया गया, तब से लोग शायद मुझसे डरने लगे थे। कभी–कभी सन्ध्या को जब कोई बटोही उधर से निकलता था, तब एक बार सम्भ्रम से मेरी ओर देखकर जल्दी–जल्दी चलने लग जाता था। दिन में कभी–कभी लड़के उस धूल–भरे पथ में आकर खड़े हो जाते और वहीं से मेरी ओर इंगित करके चिल्लाते, "भुतहा! भुतहा!" मैं उनका अभिप्राय नहीं समझता था, फिर भी उनके शब्दों में उपेक्षा और तिरस्कार का स्पष्ट भाव मुझे बहुत दुख देता था...

क्या मानवों की भक्ति उतनी ही अस्थायिनी है, जितना उनका प्रेम? अभी उस दिन मैं गाँव के विधाता की तरह पूजित था, इतनी स्त्रियाँ मेरे चरणों में सिर नवाती थीं और प्रार्थना करती थीं, "देवता, मेरा दुख मिटा दो!" मुझमें दुख मिटाने की शक्ति नहीं थी, पर एक मूक सहानुभूति तो थी। मेरी अचलता उनकी मेरे प्रति श्रद्धा कम नहीं करती थी, बढ़ाती ही थी। पर जब उस स्त्री ने आकर मेरे चरणों में अपना दुख स्वयं मिटा लिया, तब उनके हृदय से आदर उठ गया! इतने दिन से मैं दुख की कथाएँ सुना करता था, देखा कुछ नहीं था। उस दिन मैंने देख लिया कि मानवता का दुख कहाँ है, पर उस ज्ञान से ही मैं कलुषित हो गया! जब मैं दुख जानता ही नहीं था, तब इतने प्रार्थी आते थे। अब मैं जान गया हूँ, तब वे दुख निवारण की प्रार्थना करने नहीं आते, मेरा ही दुख बढ़ा रहे हैं।

भक्ति तो अस्थायिनी है ही–भक्ति और प्रेम का कुछ सम्बन्ध है। मैं अभी तक प्रेम ही को नहीं समझ पाया हूँ, यद्यपि इसकी मुझे स्वयं अनुभूति हुई है। भक्ति–भक्ति मैंने देखी ही तो है!

जब मेरे वे उन्माद के दिन बीत गए, जब मेरी त्वचा में कठोरता आने लगी, मेरी शाखाओं में गाँठें पड़ गईं, तब मुझे प्रेम का नया उद्‌बोधन हुआ। मेरे बिखरे हुए विचारों में फिर एक नए आशा–भाव का संचार हुआ, संसार मानो फिर से संगीत से भर गया...

कीर्ति–अच्छी या बुरी–कुछ भी नहीं रहती। एक दिन मैंने अपनी सत्कीर्ति को धूल में मिलते देखा था, एक दिन ऐसा आया कि मेरी कुकीर्ति भी बुझ गई। सत्कीर्ति का मन्दिर एक क्षण ही मैं गिर गया था, कुकीर्ति के मिटने में वर्षों लग गए–पर वह मिट गई। लोग फिर मेरे निकट आने लगे; पूजा–भाव से नहीं, उपेक्षा से। गाँव की स्त्रियाँ फिर मेरे चरणों में बैठने लगीं; आदर से नहीं, दर्प से, या कभी थकी होने के कारण। बालिकाएँ फिर मेरे आसपास एकत्र होकर नाचने लगीं; न श्रद्धा से, न तिरस्कार से, केवल इसलिए कि घर से भागकर वहाँ आ जाने में उन्हें आनन्द आता था। मेरे टूटे हुए मन्दिर का पुनर्निर्माण तो नहीं हुआ, पर उसके भग्नावशेष पर चूना फिर गया!

पर उस खँडहर से ही नई आशा उत्पन्न हुई!

जब प्रभात होता था, मेरा शिखर तोतों के समूह से एकाएक ही कूजित हो उठता था, शीतल पवन में मेरे पत्ते धीरे-धीरे काँपने लगते थे, न-जाने कहाँ से आकर कमलों की सुरभि वातावरण को भर देती थी, इस वल्लरी के शरीर में भी एक उल्लास के कम्पन का अनुभव मुझे होता था; जब सारा संसार एक साथ ही कम्पित, सुरभित, आलोकित हो उठता था, तब वह आती थी और उन खेतों में, जिन में छटी हुई घास में, अर्धविस्मृत अलसी और पोस्त के फूलों का प्रेत नाच रहा था, बहुत देर तक इधर-उधर घूमती रहती थी। फिर जब धूप बहुत बढ़ जाती थी; जब उसका मुख श्रम से आरक्त हो जाता था, और उस पर स्वेद-बिन्दु चमकने लगते थे, तब वह हँसती हुई आकर मेरी छाया में बैठ जाती थी।

उसकी वेश-भूषा विचित्र थी। गाँव की स्त्रियों में मैंने वह नहीं देखी थी। वह प्रायः श्वेत या नीला आभरण पहनती थी, और उसके केश आँचल से ढके नहीं रहते थे। उसका मुख नमित नहीं रहता था, वह सदा सामने की ओर देखती थी। उसकी आँखों में भीरुता नहीं थी, अनुराग था, और साथ ही थी एक अव्यक्त ललकार-मानो वे संसार से पूछ रही हों, "अगर मैं तुम्हारी रीति को तोड़ूँ, तो तुम क्या कर लोगे?"

वह वहाँ समाधिस्थ-सी होकर बैठी रहती, उसके मुख पर का वह मुग्ध भाव देखकर मालूम होता कि वह किसी अकथनीय सुख की आन्तरिक अनुभूति कर रही हो। मैं सोचता रहता कि कौन-सी ऐसी बात हो सकती है, जिसकी स्मृतिमात्र इतनी सुखद है! कितने ही दिन वह आती रही, नित्य ही उसके मुख पर आत्म-विस्मृति का वह भाव जाग्रत् होता, नित्य ही वह एक घंटे तक ध्यानस्थ रहती और आकर चली जाती, पर मुझे उस पर परमानन्द के निर्झर का स्रोत न मालूम होता।

फिर एक दिन एकाएक भेद खुल गया-जिस परिहासमय देवता की उपासना मैंने की थी, वह भी उसी की उपासिका थी; परन्तु परिणाम हमारे कितने भिन्न थे!

एक दिन वह सदा की भाँति अपने ध्यान में लीन बैठी थी। उस गाँव से आनेवाले पथ पर एक युवक धीरे-धीरे आया, और मेरे पीछे छिपकर उसे देखने लगा। उसका ध्यान नहीं हटा, वह पूर्ववत् बैठी रही। जब उसकी समाधि समाप्त हो गई, तब वह उठकर जाने लगी; तब भी उसने नवागन्तुक को नहीं देखा।

वह युवक स्मित-मुख से धीरे-धीरे गाने लगा-

चूनरी विचित्र स्याम सजिकै मुबारक जू
ढाकि नख-सिख से निपट सकुचाति है;
चन्द्रमै लपेटि कै समेटि कै नखत मानो
दिन को प्रणाम किए रात चली जाति है!

वह चौंककर घूमी, फिर बोली, "तुम-यहाँ!" उसके बाद जो-कुछ हुआ, उसका वर्णन मैं नहीं कर सकता! वह था कुछ नहीं-केवल कोमल शब्दों का

विनिमय, आँखों का इधर-उधर भटककर मिलन और फिर नमन-बस! पर मेरे लिए उसमें एक अभूतपूर्व आनन्द था-न जाने क्यों।

कुछ दिन तक नित्य यही होता रहा। किसी दिन वह पहले आती, किसी दिन युवक, पर दोनों ही के मुख पर वह विमुग्धता का, आत्म-विस्मृति का भाव रहता था। जिस दिन युवक पहले आता, वह मेरी छाया में बैठकर गाता :

नामसमेतं कृतसंकेतं वादयते मृदुवेणुम्-
बहुमनुतेऽतनु ते तनुसंगतपवनचलितमपि रेणुम्!

और जिस दिन वह पहले आती, वह उन खेतों में घूमती रहती, कभी-कभी ओस से भीगा हुआ एक-आध तृण उठाकर दाँतों से धीरे-धीरे कुतरने लगती।

एक दिन वह घूमते-घूमते थक गई, और मेरे पत्तों की सघन छाया में इस वल्लरी के बन्धन को मेखलावत् पहनकर बैठ गई। युवक नहीं आया।

दोपहर तक वह अकेली बैठी रही-उसके अंग-अंग में प्रतीक्षा थी, पर व्यग्रता नहीं थी। जब वह नहीं आया, तब वह कहने लगी-न जाने किसे सम्बोधित करके, मुझे या इस वल्लरी को, या अपने-आपको, या किसी अनुपस्थित व्यक्ति को-कहने लगी-

"यह उचित ही हुआ। और क्या हो सकता था? अगर कर्तव्य भूलकर सुख ही खोजने का नाम प्रेम होता, तो-! मैं जो कुछ सोचती हूँ, समझती हूँ, अनुभव करती हूँ, उसका अणुमात्र भी व्यक्त नहीं कर सकी-पर इससे क्या? जो कुछ हृदय में था-है-उससे मेरा जीवन तो आलोकित हो गया है। प्रेम में दुख-सुख, शान्ति और व्यथा, मिलन और विच्छेद, सभी है, बिना वैचित्र्य के प्रेमी जी नहीं सकता...नहीं तो जिसे हम प्रेम कहते हैं, उसमें सार क्या है?"

वह उठी और चली गई। मेरी छाया से ही निकलकर नहीं, मेरे जीवन से निकल गई। पर उसके मुख पर मलिनता नहीं थी, अब भी वही आत्म-विस्मृति उसकी आँखों में नाच रही थी...

मेरे लिए उसका वहीं अवसान हो गया। उसके साथ ही मानवी-प्रेम की मेरी अनुभूति भी समाप्त हो गई। शायद प्रेम की सबसे अच्छी व्याख्या ही यही है कि इतने वर्षों के अन्वेषण के बाद भी मेरा सारा ज्ञान एक प्रश्न ही में समाप्त हो जाता है-"नहीं तो, जिसे हम प्रेम कहते हैं, उसमें सार क्या है?" किन्तु इतने वर्षों में जिस अभिप्राय को, जिस सार्थकता को मैं नहीं खोज पाता था, वह उस स्त्री के एक ही प्रश्न में मुझे मिल गई। उस दिन मैं समझने लगा कि अभिव्यक्ति प्रेम के लिए आवश्यक नहीं है...उसने कहा तो था, "जो कुछ मेरे हृदय में था-है-उससे मेरा जीवन तो आलोकित हो गया है!" मैं अपना प्रेम नहीं व्यक्त कर सका, मेरा जीवन एक प्रकार से न्यून, अपूर्ण रह गया, पर इससे क्या? उस दीप्तिमय आत्म-विस्मृति का एक क्षण भी इतने दिनों की व्यथा को सार्थक कर देता है!

मैं देखता हूँ, संसार दो महच्छक्तियों का घोर संघर्ष है। ये शक्तियाँ एक-दूसरे से भिन्न नहीं हैं, एक ही प्रकृति के दो विभिन्न पथ हैं। एक संयोजक है-इसका भास फूलों से भौंरों के मिलन में, विटप से लता के आश्लेषण में, चन्द्रमा से ज्योत्स्ना के सम्बन्ध में, रात्रि से अन्धकार के प्रणय में, उषा से आलोक के ऐक्य में होता है; दूसरी शक्ति विच्छेदक है-इसका भास आँधी से पेड़ों के विनाश में, विद्युत से लतिकाओं के झुलसने में, दावानल से वनों के जलने में, शकुन्त द्वारा कपोतों के मारे जाने में होता है...कभी-कभी दोनों शक्तियों का एक ही घटना में ऐसा सम्मिलन होता है कि हम भौचक हो जाते हैं, कुछ भी समझ नहीं पाते। प्रेम भी शायद ऐसी ही घटना है...

कभी-कभी मुझे ऐसा मालूम होता है कि इतना कुछ देख और पाकर भी मैं वंचित ही नहीं, अछूत, परित्यक्त रह गया हूँ। मुझे बन्धुत्व की, सखाओं की कामना होती है; पर पीपल के वृक्ष के लिए बन्धु कहाँ है, संवेदना कहाँ है, दया कहाँ है; कभी पर्वत को भी सहारे की आवश्यकता होती है? मैं इतना शक्तिशाली नहीं हूँ कि बन्धुओं की कामना-उग्र कामना-ही मेरे हृदय के अन्तस्तल में न हो; किन्तु फिर भी देखने में मैं इतना विशाल हूँ, दीर्घकाय हूँ, ढृढ़ हूँ कि मुझ पर दया करने का, मेरे प्रति बन्धुत्व-भाव का ध्यान भी किसी को नहीं होता! उत्पत्ति और प्रस्फुटन की असंख्य क्रियाएँ मेरे चारों ओर होती हैं, और बीच में मैं वैसे ही अकेला खड़ा रह जाता हूँ, जैसे पुष्पित उपत्यकाओं से घिरा हुआ पर्वत-शृंग...

पर उसी समय मेरे हृदय में यह भाव उठता है कि मुझे यह दुखड़ा रोने का कोई अधिकार नहीं है। मैंने जीवन में सब-कुछ नहीं पाया, बहुत अनुभूतियों से मैं वंचित रह गया, पर जीवन की सार्थकता के लिए जो कुछ पाया है, वह पर्याप्त है। न जाने कितनी बार मैंने वसन्त की हँसी देखी है, पक्षियों का रव सुना है; न जाने कितनी देर मैंने मानवों की पूजा पाई है, न जाने कितनी सरलाओं की श्रद्धापूर्ण अंजलि प्राप्त की है, और उन सबसे अधिक न जाने कितनी बार मुझे इस अमरवल्लरी के स्पर्श में एक साथ ही वसन्त के उल्लास का, ग्रीष्म के ताप का, पावस की तरलता, शरद की स्निग्धता का, हेमन्त की शुभ्रता का और शिशिर के शैथिल्य का अनुभव हुआ है, न जाने कितनी बार इसके बन्धनों में बँधकर और पीड़ित होकर मुझे अपने स्वातंत्र्य का ज्ञान हुआ है! एक व्यथा, एक जलन, मेरे अन्तस्तल में रमती गई है-कि मैं मूक ही रह गया, मेरी प्रार्थना अव्यक्त ही रह गई-पर मुझे इस ध्यान में सान्त्वना मिलती है कि मैं ही नहीं, सारा संसार ही मूक है...जब मुझे अपनी विवशता का ध्यान होता है, तो मैं मानव की विवशता देखता हूँ; जब भावना होती है कि विश्वकर्मा ने मेरी प्रार्थना की उपेक्षा करके मेरे प्रति अन्याय किया है, तब मुझे याद आ जाता है कि मैं स्वयं भी तो इस सहिष्णु पृथ्वी की मूक प्रार्थना का, इसकी अभिव्यक्ति-चेष्टा का, नीरव प्रस्फुटन ही हूँ!

दिल्ली जेल, अक्टूबर, 1931

द्रोही

वह बुद्धिमान था या मूर्ख, दबैल था या हठी, साहसी था या कायर, हम नहीं कहते। क्योंकि जिसे एक कायर कहता है, दूसरा दबैल, उसी को तीसरा बुद्धिमान कह देता है; जिसे एक मूर्ख या हठी कहता है, वही किसी अन्य के यहाँ साहसी वीर कहकर सराहा जाता है।

हम केवल इतना ही कह सकते हैं कि वह द्रोही था, सिर से पैर तक द्रोही था। इसके अतिरिक्त उसके, उसके कर्मों के, उसकी मनोगति के विषय में जो कुछ उसने स्वयं अपने हाथों लिखा था, उसी का संकलन करके हम पाठकों के सामने रख देते हैं, उसे देखकर वे जो निष्कर्ष निकालना चाहें निकालें, जिस परिणाम पर हम पहुँचे हैं, वह पाठकों को मान्य होगा या नहीं, यह हम नहीं जानते, इसलिए अपनी सम्मति से हम उन्हें बाधित नहीं करेंगे।

कैसा घोर परिवर्तन है यह! अभी उस दिन हम उस पर्वत-श्रेणी पर भटक रहे थे, चारों ओर मीलों तक हिमाच्छादित पर्वत-शिखर दीख पड़ते थे, इधर-उधर जाने में कोई रोक-टोक नहीं थी...स्वेच्छाचारिता के लिए कितना विशद क्षेत्र था वह! आज भी, प्रातःकाल को, कितना स्वच्छन्द होकर मैं यमुना के तट पर बाइसिकल लिये चला जा रहा था, कोई रोक नहीं थी, कोई यह नहीं कह सकता था कि इधर मत जाओ...और अब? इस छोटी-सी अँधेरी कोठरी में चारपाई के साथ हथकड़ी लगाए पड़ा हूँ! इतनी भी स्वतंत्रता नहीं है कि लेटे हुए से उठकर बैठ जाऊँ!

लोग कहते हैं, आत्मा निराकार है, उसे कोई बाँध नहीं सकता। पर जब शरीर बँध जाता है, तो क्यों आत्मा मानो आकाश से गिरकर भूमि पर आ जाती है? क्यों उसे इतनी व्यथा होती है?

आदमी का घर जब जलता है, तब उसे दुख होता है। क्योंकि आग की तपन को आदमी अनुभव कर सकता है। पर आदमी तो साकार है, आत्मा की तरह तो नहीं है?

कैसी बीभत्स है यह कोठरी! सामने दरवाज़ा है–उसमें सींखचे लगे हुए हैं–कारागार! उसके आगे दालान है, पर उसके किवाड़ ऐसी जगह हैं कि मैं देख न पाऊँ–बन्धन! कोठरी के ऊपर छोटा-सा रोशनदान है, पर वह भी ढाँप दिया गया है कि मैं आकाश का एक छोटा-सा टुकड़ा भी न देख पाऊँ! कैसा विकट बन्धन है यह जिसमें शरीर, दृष्टि और आत्मा तीनों ही बँधे हुए हैं!

कोठरी की दीवारों पर सफेदी तक नहीं की गई। अलग-अलग ईंटें साफ दीखती हैं, और उनके बीच में से मिट्टी गिर रही है...फर्श भी गीला है और उसमें से सीलन की सड़ाँध आ रही है...छत में खड़खड़ का शब्द कहीं हो रहा है–शायद चूहे कूद रहे हैं...और यह, मृत्यु की छाया की तरह काले चमगादड़ मेरे सिर पर मँडरा रहे हैं, इनके पंखों के फड़फड़ाने की आवाज़ तक नहीं आती! किसी भावी अनिष्ट की प्रतिच्छाया की तरह, किसी घोरतम पतन के पूर्व शकुन की तरह, प्रशान्त, भैरव, नि:शब्द होकर ये वृत्ताकार घूम रहे हैं...और वह वृत्त धीरे-धीरे छोटा होता जाता है...

आँखें बन्द करके सोचता हूँ, भविष्य के क्रोड़ में क्या है जो मुझसे छिपा हुआ है? बहुत सोचता हूँ, पर एक प्रशस्त अन्धकार के अतिरिक्त कुछ नहीं दीखता। विचार करने लगता हूँ कि मेरा कर्तव्य क्या है, तो कितनी सम्भावनाएँ आगे आ जाती हैं...इतने कष्ट में पड़ने से क्या लाभ होगा? वह महान व्रत धारण किया था...वर्षों जेल में क्यों सड़ता रहूँ? उस दिन एक प्रतिज्ञा की थी...पुलिस सब-कुछ तो पहले से जानती है, अगर मैं अपने मुँह से कह दूँ तो क्या हर्ज है? 'बन्धुओं की रक्षा के लिए मृत्यु के मुख में भी–'...माफी मिल सकती है, उसे क्यों छोड़ूँ? 'संसार में सबसे पतित व्यक्ति वह है जो डरकर कर्तव्य-विमुख–'...हमारे संघ में अनेकों अयोग्य व्यक्ति हैं उन्हें बचाने के लिए मैं क्यों आग में पड़ूँ? विश्वास की रक्षा कितनी बड़ी निष्ठा है।...अगर मैं निकलकर संघ का नए और उच्चतर आदर्श पर निर्माण कर सकूँ, तो क्यों एक मरीचिका के लिए जेल जाऊँ? 'यह वह संग्राम है जिसमें एक चूक भी अक्षम्य होती है, इसमें वे ही हाथ बँटा सकते हैं जो सर्वथा अकलंक हों...'

उफ्! जब स्वतंत्र था तब तो कभी कर्तव्य-पथ अदृश्य नहीं हुआ था! यहाँ आकर क्यों मेरी अन्तर्ज्योति बुझ गई है? भविष्य, अगर तुम्हारा हृदय चीरकर उसके भीतर देख सकूँ! क्या करूँ? क्या करूँ? क्या करूँ?...

मैं आँखें बन्द किए पड़ा हूँ, फिर भी उन चमगादड़ों की रवहीन उड़ान की अनुभूति मेरे हृदय में एक अजीब ग्लानि-मिश्रित भय-सा उत्पन्न कर रही है...वह वृत्त ज्यों-त्यों छोटा होता जाता है, मेरी अशान्ति बढ़ती जाती है...

पर जिस विकल्प में मैं पड़ा हूँ, वह हटता जाता है...मुझे जो प्रगति की सम्भावनाएँ दीखती हैं, उनकी संख्या कम होती जाती है...

ज्यों-ज्यों उन चमगादड़ों की उड़ान का मंडल छोटा होता जाता है, त्यों-त्यों मेरी मनोगति का मार्ग भी संकीर्णतर होता जाता है...एक ही कामना मेरे हृदय में

पुकारती है, एक ही संकीर्ण पथ मेरी आँखों के आगे है, एक ही ज्वलन्त प्रश्न मेरे मन में नाच रहा है...वह कामना उत्तम है या अधम, वह पथ उन्नतशील है या अवनति की ओर जाता है, इसकी विवेचना करने की शक्ति मुझमें नहीं है...वह प्रश्न और उसका उत्तर इतने प्रज्वलित, इतने दीप्तिमान हैं कि उनके आगे निष्ठा, कर्तव्य, प्रतिज्ञा, व्रत, बन्धु, संघ, आदर्श कुछ नहीं दीखता!

कमला! कमला! तुम्हें कैसे पाऊँगा?...

निष्ठा क्या है? जिसका हम पालन करें। कर्तव्य क्या है? जिसके लिए हम कष्ट झेलें। प्रतिज्ञा क्या है? जिसे हम निभाएँ! पर यह सब उस अखंड निष्ठा, उस प्रकीर्ण कर्तव्य, उस उग्र प्रतिज्ञा के आगे क्या है? उस व्रत के आगे जिसमें माता-पिता, बन्धु-बान्धव, घर-बार, प्रतिष्ठा, कलंक सब भूल जाने पड़ते हैं? उस आदर्श के आगे जिसका अनुसरण करनेवाला पतित होकर भी दिव्य पुरुष होता है?

जानती हो कमला! वह क्या है?

प्रेम!

लोग कहते हैं, जब तक विकल्प रहता है तब तक अशान्ति रहती है, जब आदमी किसी ध्रुव पर पहुँच जाता है तो उसे शान्ति मिल जाती है। फिर क्यों मेरे मन में स्मृतियाँ उठकर मुझे तंग करती हैं, क्यों भूले हुए चेहरे मेरे आगे हँसते हैं और मुझे कोसते हैं?

मैंने निर्णय कर लिया है, सब-कुछ भूलकर एक व्रत निभाऊँगा, उसके लिए जो कुछ होगा सह लूँगा...व्रत का अनुष्ठान पूरा करने में आनन्द होना चाहिए था, फिर क्यों मेरे हृदय के अन्दर-ही-अन्दर यह आग-सी सुलग रही है?

एक स्मृति आती है...एक व्यक्ति कठघरे में खड़ा है, सामने सुल्तानी गवाह बयान देने को खड़ा है। जब वकील, दर्शक सब निःस्तब्ध बैठे हैं-वह व्यक्ति गम्भीर स्वर में कुछ कह रहा है...

''लोग कहते हैं, हमें अपने उत्तरदायित्व का ज्ञान नहीं है। आप कहते हैं, हमने षड्यंत्र किए हैं, बगावत फैलाई है, राज के कर्मचारियों को मारने का प्रयत्न किया है, इसलिए हम दोषी हैं।

''आपने जो अभियोग मुझ पर लगाया है, उसकी मुझे परवाह नहीं है। मैं उसके विषय में अपनी सफाई भी नहीं दूँगा, क्यों? क्योंकि मैं जानता हूँ, यह न्यायालय नहीं है। यह रंगभूमि है, और नाटक का अन्त क्या होगा, यह आप और मैं अच्छी तरह जानते हैं, क्योंकि हम दोनों ही इस अभिनय के पात्र हैं। दर्शकों के मन में शायद कुछ कुतूहल हो-मेरे मन में नहीं है।

''परन्तु दूसरा आक्षेप, जो लोगों ने हम पर किया है...उसका उत्तर देना मेरा कर्तव्य है।

''अगर मैं एक दिन के लिए, कालिदास, या रवि ठाकुर, या माइकेल एंजेलो, या शेषन्ना हो सकता, तो मुझे जितना आनन्द, जितना अभिमान होता, उतना एक समूचे राष्ट्र का विधाता होकर भी नहीं हो सकता। परन्तु उस जीवन का, उस जीवन के सौ वर्षों का, मैं देश की सेवा में बिताए हुए एक क्षण के लिए प्रसन्नता से उत्सर्ग कर दूँगा, क्योंकि मुझे अपने उत्तरदायित्व का ज्ञान है, मैं जानता हूँ कि एक दासताबद्ध देश को कवियों और कलाकारों की अपेक्षा योद्धाओं की अधिक आवश्यकता है...''

मैं आँखों के आगे हाथ रख लेता हूँ...पर वह व्यक्ति मेरी ओर देखकर कहता है, ''क्यों रघुनाथ, तुम तो बहुत बातें बनाते थे...''

हट जाओ! मेरे आगे से हट जाओ! क्यों तुम मुझे जलाने आ रहे हो? मैं तुम्हारी बात नहीं सुनूँगा, नहीं सुनूँगा!

एक स्त्री–उसका मुख परिचित है–सुधा! केश बिखरे हुए हैं, मैला आँचल सिर पर से गिरा हुआ है...कितनी निर्भीक खड़ी है वह!

''मुझ पर जो अभियोग लगाया गया है, उसमें दोषी ठहराए जाने में ही गौरव है...जो गुलाम होकर भी उस दोष के दोषी नहीं हैं, वे कायर, नपुंसक, नीच हैं...''

फिर–''रघुनाथ, तुम यह जानकर भी पतित हो गए...''

उफ्! ये स्मृतियाँ!...

मैं निर्णय कर चुका हूँ। अब नहीं बदलूँगा। मैंने व्रत धारण किया है, उसे निभाऊँगा।

कितनी आत्मभर्त्सना, कितने व्याघात सहने पड़े हैं मुझे...पर मैं दृढ़ रहूँगा...

तुम तो मेरी सहायता करोगी न, तुम तो मुझे नहीं कोसोगी?

कमला! कमला! केवल तुम्हें पाने के लिए मैं यह सब कर रहा हूँ...

मैंने बयान दिया है, बहुत बढ़ा–चढ़ाकर बातें कहीं हैं। अच्छा किया है।

वे मुझसे पूछते, ''फिर तुम्हारे साथियों ने अमुक काम किया। ठीक है न?''

उन्होंने किया था या नहीं, इससे मुझे क्या? मेरी बातों से उनकी कितनी हानि होगी, इससे मुझे क्या? वे उदारहृदय नहीं हैं। नहीं तो रात को, जब सोने लगता हूँ, तब वे क्यों आकर मुझे सताते हैं? अब मैं उस अँधेरी कोठरी में नहीं हूँ, एक बहुत अच्छे कमरे में बिजली के प्रकाश में पलंग पर सोता हूँ, फिर भी उनकी स्मृतियाँ चैन नहीं लेने देतीं...वे मुझे तड़फाती रहें, और मैं प्रतिशोध न करूँ? मैं आदमी हूँ, कोई भेड़–बकरी नहीं हूँ! मैं प्रतिशोध करूँगा, भीषण प्रतिशोध! जितनी घड़ियाँ मैंने छटपटाते हुए काटी हैं, उन्हें भूलूँगा नहीं!

मैं उत्तर दे देता, ''हाँ, ठीक है। उन्होंने किया।''

मैंने जो कुछ किया, उचित किया। अगर इसके लिए रातें जागकर काटनी पड़ें, तो काटूँगा।

ये स्मृतियाँ कब तक रहेंगी? जब यहाँ से छूटकर तुम्हें पा जाऊँगा, क्या तब भी ये मुझे सताएँगी कमला?

कितना धीरे-धीरे चलता है समय!

इतने दिन हो गए, मैं अपना बयान समाप्त कर चुका, पर जिरह अभी चल रही है। कैसे मर्मभेदी प्रश्न होते हैं वे!

"तुम जब बनारस से आए, तो कहाँ ठहरे?"

"बाबू कामताप्रसाद के घर में।"

"बाबू कामताप्रसाद उस समय घर में थे?"

"नहीं।"

"कौन था?"

"उनका लड़का।"

"और?"

"मुझे याद नहीं है।"

"याद कर लो, कोई जल्दी नहीं है। उनकी लड़की भी वहाँ थी?"

"शायद।"

"उसका नाम क्या है?"

"मैं नहीं जानता।"

"उसका नाम कमला है, ठीक है न? सोचकर बताओ।"

कोई उत्तर नहीं। क्या वे बार-बार चक्कर काटकर उसी बात पर आते हैं? क्या अभिप्राय है उनका?

"उस बाग में तुम्हें कौन-कौन मिलने आया?"

"मैं बता चुका हूँ।"

"उनके सिवा और कोई नहीं आया?"

"नहीं।"

"कमला?"

"नहीं।"

"याद कर लो।"

"कह चुका हूँ, नहीं।"

"अच्छा ख़ैर, जाने दो!"

समझ नहीं आता, क्यों वे बार-बार इसी बात पर चक्कर काटते हैं...न जाने क्या अभिप्राय है! क्या चाहते हैं वे मुझसे कहलाना? किस वास्ते?

यह कहलाकर कि मैं कमला से प्रेम करता हूँ, क्या वे उसे मुझसे अलग करना चाहते हैं?

अगर चाहते हैं तो उनकी इस आशा को फलीभूत न होने देना, कमला!

हमने सीखा था, किसी विशाल आदर्श के लिए झूठ बोला जाए तो उसमें कोई हानि नहीं है, इसके विपरीत वह सर्वथा सराहनीय है। तब क्यों लोग मुझे कुत्ते से भी बुरा समझते हैं? जब मैं अदालत में जाता हूँ, तब सब दर्शक मेरी ओर कैसे देखते हैं...कैसी ग्लानि, कितना तिरस्कार, कितनी उपेक्षा उनकी दृष्टि में होती है...और उसके साथ ही एक घृणा-मिश्रित कुतूहल, जैसा सड़क के किनारे पड़े मरे हुए कुत्ते को देखकर होता है! जी में आता है, उन सब दर्शकों की इतनी आँखें न होकर एक ही आँख होती, और मैं उसमें एक तपी हुई सलाख घुसेड़ देता!

कितना आह्लाद-जनक होता उनका पीड़ा से छटपटाना, कितना शान्तिप्रद! पर यह आशा कितनी असम्भव है!

होने दो। वे मुझसे घृणा करते हैं, करें। मेरा तिरस्कार करते हैं, करें। वे हैं क्या? मुझे क्या परवाह है उनकी?

पर यह, यह क्या है? मैं अपनी आँखों में भी पतित, अनादृत, तिरस्कृत होता जाता हूँ...

क्यों? क्यों?

संसार मुझ पर हँसता है, मैं संसार पर हँसूँगा। वह मेरी उपेक्षा करता है, मैं उसकी उपेक्षा करूँगा। इतनी महती शक्ति मुझे आश्रय दे रही है, मेरी रक्षा कर रही है, फिर मुझे किस बात का डर? मैं कायर पुरुष नहीं हूँ, विश्वास-घातक नहीं हूँ। किस शक्ति ने मुझे शरण दी है, उसके प्रति मेरा जो प्रण है, उसे पूर्ण करूँगा।

उनका अधिकार क्या है कि मेरा तिरस्कार करें? मैंने कोई पाप नहीं किया है। मेरा अपराध क्या है? यही कि मैंने प्रेम किया है? प्रेम पुण्य है, धर्म है, अपराध नहीं है। अगर वे प्रेम नहीं करते, तो उन्हें चाहिए, चुल्लू-भर पानी में डूब मरें। मुझ पर हँसने का उन्हें क्या अधिकार है? उन्हें प्रेम की अनुभूति नहीं हुई, उन्होंने प्रेम का तत्त्व नहीं समझा, तो वे मूर्ख हैं, मैं उनकी बात की परवाह करके मूर्ख क्यों बनूँगा?

मैं अकेला हूँ, अकेले ही इतना बड़ा काम करने का बीड़ा उठाया है। इतने बड़े षड्यंत्र का, जिसकी शाखें देश के न जाने किस कोने तक फैली हुई हैं, मैं अकेला ही स्पष्टीकरण करने लगा हूँ। मैं अकेला हूँ तो क्या हुआ? एक विराट् सुसंगठित शक्ति इस काम में मेरी सहायता कर रही है और करेगी! फिर मैं कैसे हारूँगा? कैसे वे मुझे सता पाएँगे?

–पर!

जब से मैं बन्दी हुआ हूँ, मेरा आत्म-संयम टूट-सा गया है। मैं क्षण-भर भी अपने मनोवेग को थाम नहीं सकता! बेलगाम घोड़े की तरह वह मुझे जिधर चाहता है, लेकर भाग जाता है। और मैं डरकर उससे चिपटकर बैठा रहता हूँ कि

कहीं गिर न पड़ूँ, उसे रोकने का प्रयत्न करने के लिए मेरे हाथों को अवकाश ही नहीं मिलता।

मैं द्रोही हूँ? कौन कहता है?

मैंने एक बार, एक अस्थायी जोश में आकर, राजद्रोह करने का और करवाने का बीड़ा उठाया था। पर वह तो यौवन की एक उमंग थी, हृदय का एक उद्‌गार था, उमंग आई और चली गई, उद्‌गार उठा और मिट गया। उस एक बात के लिए क्या मैं सदा के लिए द्रोही हो जाऊँगा? और फिर मैं उसका समुचित प्रायश्चित्त भी तो कर रहा हूँ। जो आग मैंने सुलगाई थी, क्या उसे बुझाने में मैं सरकार की भरसक सहायता नहीं कर रहा हूँ?

देशद्रोह!

नहीं, यह देशद्रोह नहीं है। जो बीज मैंने बोया था, उससे अगर पौधा अच्छा नहीं लगा, तो क्यों न मैं उसकी जड़ काटूँ, क्यों न उसे समूल उखाड़ फेकूँ और नए वृक्ष के लिए स्थान बनाऊँ?

नया वृक्ष बोने के लिए मैं अयोग्य हो गया हूँ। पर क्या इस डर से मैं वह सड़ा हुआ पौधा न उखाड़ता? वह होता देशद्रोह! मैंने जो किया है, ठीक किया है, देश की सच्ची सेवा की है। मैं नया पौधा नहीं लगा पाऊँगा, न सही। पर औरों के प्रयत्न के लिए स्थान तो बना जाऊँगा।

फिर उस दिन जब वकील ने पूछा, ''तुम द्रोही हो कि नहीं?'' तब किसने मेरे कान में कहा, ''नीच! कायर! एक बार तो सच बोल!'' किस अज्ञात किन्तु अदम्य प्रेरणा ने मेरे मुँह से कहला दिया, ''हाँ, मैं द्रोही हूँ, और अगर कोई मुझे प्राणदंड देगा तो मैं उसे उचित दंड समझूँगा!''

कुछ नहीं। वह क्षणिक भावुकता थी, एक अस्थायी उन्माद था।

पर अगर अस्थायी था, तो क्यों वह हर समय मेरे पीछे लगा रहता है? क्यों रात को जब सिपाही आवाज़ देते हैं, तब मैं नींद से चौंक उठता हूँ मानो किसी ने पुकारा हो, 'द्रोही'; जब पवन चलती है, तब मुझे उसकी सरसर ध्वनि में सुन पड़ता है, 'द्रोही!' क्यों जब वृक्षों के पत्ते खड़खड़ाते हैं, तो मेरे मन में भावना कहती है, 'द्रोही!' क्यों, जब पक्षी रव करते हैं–तो मुझे मालूम होता है कि वे तिरस्कारपूर्वक चिल्ला रहे हैं, 'द्रोही! द्रोही! द्रोही!'

एक विराट् शक्ति मेरी रक्षा कर रही है, मुझे प्रसन्न रखने की चेष्टा में अपनी पूरी सामर्थ्य लगा रही है, पर यह, यह अचला, उद्‌भ्रान्ता, रहस्यमयी प्रकृति कितनी महती शक्ति होगी, जो एक ही अनिर्दिष्टपूर्ण उपेक्षापूर्ण हँसी में उसकी सारी शान धूल में मिला देती है!

कितना विचित्र तुमुल है यह जिसके बीच में मैं खड़ा हूँ, कमला!

द्रोही क्यों?

दुनिया की मेरे प्रति जो भावनाएँ हैं, उनकी मैं उपेक्षा करता हूँ, क्या इसी से मैं द्रोही हो गया? अपने कर्मों के फल की मैं चिन्ता नहीं करता, क्या यह द्रोह है? एक बड़े आदर्श के लिए मैंने एक छोटे आदर्श को छोड़ दिया, क्या यह द्रोह है?

हमारे देश में पैंतीस करोड़ आदमी हैं। अगर वे सब मिलकर थोड़ा-थोड़ा भी काम करें, तो देश की बहुत सेवा हो सकती है; फिर क्यों वे हमसे आशा करते हैं कि हम तो सारी उमर जेलों में काटें और वे निखट्टुओं की तरह घर बैठकर गुलछर्रे उड़ाएँ?

देशभक्त? नहीं, हमें देशभक्त कहलाने का चाव नहीं है। देशभक्ति उन्हीं को मुबारक हो जो पिकेटिंग करके दो महीने जेल में काट आते हैं और फिर आयु-भर उसकी याद में इठलाते फिरते हैं–'अजी जेल की क्या पूछते हो! हमने जो देखा सो हमीं जानते हैं!'

मुझमें यह पाखंड, यह झूठा दम्भ नहीं है। मैंने प्रेम के आदर्श के लिए इस देशभक्ति के आदर्श को छोड़ दिया है, इस बात को मैं मानता हूँ। पर क्या यह द्रोह है?

हमारे देश में कितने ही किस्से प्रचलित हैं, जिनमें प्रेम का महत्त्व दिखाया गया है। विदेश में भी जो लोग घर-बार, राज-पाट सब छोड़कर प्रेम का अभिसरण करते हैं, उन्हें आदर्श गिना जाता है। जनरल बूलांजेयर जब फ्रांस के मंत्रित्व को ठुकराकर एक ऐक्ट्रस के प्रेम के लिए इंग्लैंड चले गए, तब किसने उन्हें द्रोही कहा? यूनान के प्रिंस कैरोल ने एक नर्तकी के प्रेम में पड़कर देश से निर्वासित होना भी स्वीकार किया, तब किसने उन्हें द्रोही कहा? वे तो चरित्रहीन स्त्रियों से प्रेम करके देश के लाड़ले बने रहे, और मैं–!

वे बड़े आदमी थे, देश के विधाता बन सकते थे, और मैं एक छोटा-सा अप्रसिद्ध व्यक्ति हूँ, क्या इसीलिए उनका प्रेम क्षम्य है और मेरा अक्षम्य?

भारत का समाज कितना क्षुद्रहृदय है? किस्से-कहानियों में, बातों में तो कहते हैं, प्रेम बड़ा भारी आदर्श है, इसके आगे सब-कुछ तुच्छ है? पर जब वास्तव में कोई बात सामने आती है, तब कितनी जल्दी पंचायत बिठाकर बिरादरी से बाहर करने की सूझती है! कितनी कठोरता से नैतिक स्वातंत्र्य का दमन किया जाता है।

पर प्रेम प्रेम ही तब है जब उसके पथ में काँटे हों, उपेक्षा हो, तिरस्कार हो, और हो भयंकर विद्वेष!

अति खीन मृनाल के तारहु ते, तेहि ऊपर पाँव दै आवनो है,
सुई बेह ते द्वार सकी न तहाँ परतीति को टाँड़ो लदावनो है,
कवि बोधा अनी घनी तेजहु ते चढ़ि तापै न चित्त डिगावनो है,
यह प्रेम को पन्थ कराल महा, तरवार की धार पै धावनो है!

कमला, जब तक तुम उस पथ के ध्रुवस्वरूप खड़ी हो, मैं समाज की उपेक्षा करके उस 'तरवार की धार' पर चलने को तैयार हूँ!

मनुष्य जब पतन की ओर अग्रसर होता है तो कितनी जल्दी कितनी दूर पहुँच जाता है!

मैं तो पतित हुआ ही था, साथ ही दूसरों को घसीटने का प्रयत्न करते भी मुझे शर्म न आई!

उस दिन जब पुलिसवाले मेरे पास आए और बोले, "रघुनाथ, हमने उस विमलकान्त की खूब खबर ली है, पर वह कुछ बताता ही नहीं। तुम्हीं कुछ उपाय बताओ।" तब किस तत्परता से मैंने कहा था, "मुझे उसके पास ले चलो, मैं ठीक कर लूँगा।"

वे मुझे उसके पास ले गए। मैंने देखा, वह चारपाई पर बैठा हुआ था, दोनों हाथों में पीठ के पीछे हथकड़ियाँ लगी थीं, पैरों में बेड़ियाँ पड़ी हुई थीं। कपड़े मैले, फटे हुए–बहुत दिनों से हजामत नहीं बनी थी। बाँहों पर रस्सी के निशान पड़े थे, सिर पर पट्टी बँधी हुई थी। आँखें लाल हो रही थीं, मानो बहुत देर से सोने का सौभाग्य न प्राप्त हुआ हो...

वह मुझे जानता था, पर मुझे देखकर चौंका नहीं। चुपचाप मेरी ओर देखता रहा, मानो मुझे पहचानता ही न हो!

मैंने पूछा, "विमल! तुम तो बहुत कष्ट में हो?"

वह बोला, "आपका परिचय क्या है? मैं तो आपको जानता ही नहीं!"

मैंने बात पलटकर कहा, "देखो, विमल, इसमें कोई फायदा नहीं है। क्यों अपने को और अपने घरवालों को व्यर्थ दुख देते हो? सच-सच बात क्यों नहीं कह देते? पुलिस तो सब-कुछ जानती है, तुम्हें छोड़ तो देगी नहीं, फिर क्यों नहीं उसकी बात मानकर उसका फायदा उठाते?"

वह चुपचाप सुन गया, एक शब्द भी नहीं बोला। मैंने समझा, मेरी बात असर कर गई। मैंने फिर कहा, "बयान दे दो, मैंने स्वयं दे दिया है।"

क्षण-भर उसने इसका भी उत्तर नहीं दिया। फिर एक ही शब्द बोला–एक ही!

"निर्लज्ज!"

मैं जल्दी से उठकर बाहर निकल गया। पुलिस वाले बहुत रोकते रहे, पर मैंने अपने ही कमरे में आकर दम लिया।

कितनी मेहनत से मैंने एक कवच बनाया था, पर उसके एक ही शब्द ने उसे छिन्न कर दिया।

उसमें शान्ति है, धैर्य है, स्थिरता है। मैं चंचल हूँ, ओछा हूँ।

वह नव-विवाहित था, फिर भी उसका मुख मलिन नहीं होता, फिर भी इतना अत्याचार सहकर वह हँसता है-फिर भी विचलित नहीं होता!

उसने क्या प्रेम का तत्त्व नहीं जाना? उसे क्या अपनी स्त्री से प्रेम नहीं है? वह क्या हृदयहीन है?

फिर क्यों उसे वह शान्ति इतनी सुलभ है जो मैं पा नहीं सकता? क्यों प्रेम का विचार उसे दृढ़तर बनाता है?

क्या मैं ही नीच हूँ? क्या मैं ही अपने-आपको भुलाए हुए हूँ? क्या मेरा ही प्रेम मिथ्या है कुत्सित है, गर्हित है? क्या मेरे ही हृदय में दुर्वासना प्रेम का अभिनय कर रही है?

कमला, कितनी भयंकर कल्पना है यह!

नीच! कायर! लम्पट! नीच!

कितनी घोर आत्म-प्रवंचना है, कितना पाखंड! कितना निष्फल दम्भ!

मैंने जो घोर नारकीय कुकर्म किया है, उसे छिपाने के लिए मैं कितनी रेत की दीवारें खड़ी करता हूँ...किसके लिए? किससे मैं अपनी नीचता को छिपाना चाहता हूँ?

संसार से? वह पहले ही सब-कुछ जानता है! अदालत से? अभी उस दिन जज ने स्वयं कहा था कि मैं द्रोही हूँ! इस पहरा देनेवाले सिपाहियों से? ये मेरी ओर दया की (या ग्लानि की) दृष्टि से देखते हैं, और उन अभियुक्तों की मेरे सामने ही प्रशंसा करते हैं! यहाँ का भंगी तक तो मेरे कमरे को 'सुल्तानी का कमरा' कहता है!

अपने-आपसे? मेरे अन्दर जो आत्मग्लानि की आग धधक रही है, उसके प्रकाश में कुछ नहीं छिपा सकता!

कमला से!

कमला...

उस अन्तर्दीप्ति का प्रज्वलन मेरे कानों में कह रहा है-पाखंडी! प्रेम का ढोंग करनेवाले! यह प्रेम नहीं है! यह है वासना, काम-पिपासा, इन्द्रिय-लिप्सा!

कमला, कितना पतित हूँ मैं! कितना स्वार्थी, द्वेषी, नृशंस, अधम!

स्वार्थ द्वेष, दम्भ के धुएँ से मेरा हृदय काला पड़ गया है, वह पुरानी अरुणिमा उसके एक कोने में भी नही रही! कमला, दुर्वासनाओं से झुलसकर यह हृदय इतना विद्रूप हो गया है, इतना अन्धकारमय कि इसें तुम्हारे योग्य स्थान नहीं रहा!

कैसी प्रतारणा है! जिस आशा ने मुझे इस विश्वासघात, इस द्रोह के लिए बाध्य किया, वही मुझे छोड़कर चली गई! एक स्वप्न की आशा में इतनी नीचता की थी

(इसे नीचता नहीं तो क्या कहूँ?), वह स्वप्न टूट गया–धोबी के कुत्ते की तरह मुझे कहीं का न छोड़कर!

मैं पतन के गहरे गड्ढे में गिर गया हूँ, पर कमला! तुम्हारी स्मृति मुझे क्षण-भर के लिए आकाश में पहुँचा देती है।

केवल क्षण-भर के लिए! उसके बाद...

उफ! कमला!

लोग कहते हैं : बच्चा भगवान का अवतार होता है।

जाने भगवान है भी या नहीं, लेकिन बच्चे में कोई दिव्य शक्ति अवश्य होती है।

नहीं तो, उस बच्चे के सीधे-से प्रश्न में मुझे शाप की कठोरता का अनुभव क्यों हुआ?

मैं अपना बयान दे रहा था। जलपान के समय में थोड़ी ही देर थी, मैं सोच रहा था, जल्दी समय पूरा हो और मैं इस प्रखर बाण-वर्षा से छुटकारा पाऊँ!

उसी समय कुछ स्त्रियाँ आकर दर्शक-श्रेणी में बैठ गईं। उनके साथ दो-तीन बच्चे भी थे। मैं उनकी ओर देखने लगा। शायद किसी की अस्पष्ट प्रतीक्षा मेरे मन में छिपी थी!

वह उनमें नहीं थी। मैंने आँखें उधर से हटा लीं। पर कान नहीं हटे!

एक छोटे-से लड़के ने तीव्र स्वर में पूछा, "माँ, यह कौन खड़ा है?"

किसी स्त्री-कंठ से निकली हुई कम्पित ध्वनि ने उत्तर दिया, "यही है वायदा-माफ गवाह।"

"वही जिसने भइया को और उन सबको फँसाया है?"

मैं सवाल का जवाब देना भूल गया। वही बच्चे का प्रश्न एक भयंकर शाप की तरह मेरे कानों में गूँजने लगा–"वही जिसने भइया को और उन सबको फँसाया है!" वही! वही, वही, वही!

मैंने चाहा, पूछूँ, 'कौन है तेरा भइया? मैंने उसे नहीं फँसाया!' पर मेरा सिर ही ऊपर नहीं उठा।

अदालत उठ गई। अभियुक्त नारे लगाने लगे। मैं जल्दी से बाहर निक़ल गया। उस समय मेरे हाथ कितने काँप रहे थे!

मेरे कानों में घूम-घूमकर वही ध्वनि गूँज रही थी, 'वही, वही, वही!'

अबोध बालक! मुझे शाप न दे! मैंने किसी को नहीं फँसाया! वे सब अपने कर्मों से फँस गए थे–मैं भी तो फँसा हुआ हूँ!

और जिस जंजाल में मैं फँसा हूँ, उसे कौन सुलझाएगा!

जलपान का समय पूरा हो गया, पर मेरी फिर अदालत में जाने की हिम्मत नहीं हुई! मैंने कहला भेजा कि बीमार हूँ, अदालत स्थगित हो गई।

वही, वही, वही!

मेरे व्रत का क्या यही पुरस्कार है? भविष्य में मेरा जो सत्कार होगा, क्या यही उसका पूर्वाभास है?

कितना कठोर अभिशाप है!

झूठा कौन है? नीच कौन है? कायर कौन है? बन्धुद्वेषी कौन है?

स्वार्थी कौन है? कृतघ्न कौन है? द्रोही कौन है?

एक छोटे-से बच्चे की उँगली संकेत से कहती है-

वही, वही, वही!

यह क्या है? अनुताप?

ये उन्माद के लक्षण हैं!

मैं पागल हो रहा हूँ, कमला, पागल! पागल! पागल!

दबाऊँगा इसको, कुचल डालूँगा इस उन्माद के वेग को!

मनोवृत्तियाँ मुझे पागल बना रही हैं, इन्हें पीस डालूँगा!

मन का संयम करूँगा। अब तक मन मुझे लेकर स्वच्छन्द फिरता था, अब मैं उसे बाँधकर ले जाऊँगा।

पर-!

मन को बाँध लूँगा, पर इन कुवासनाओं को कैसे बाँधूँगा? और इन्होंने पतन के जिस गहरे गह्वर में मुझे धकेल दिया है, उससे कैसे निकल पाऊँगा?

एक छोटी-सी भूल के लिए कहाँ तक पहुँचना पड़ता है। पर क्या एक बार पतित होकर उठने का कोई उपाय नहीं है? क्या दुर्वासनाओं का दमन ही नहीं हो सकता? क्या इस नीच कर्म का कोई प्रतिकार नहीं है, कोई प्रायश्चित्त नहीं है?

प्रायश्चित्त...प्रायश्चित्त...

एक मनोविकार के लिए, एक क्षणिक तृप्ति-लालसा के लिए, मैंने कितनी उत्फुल्ल जीवनियों का खंडन कर दिया; कितने परिवारों की शिखरमणियाँ तोड़ डालीं! इसका क्या समुचित प्रायश्चित्त है? अपना जीवन देकर भी तो मैं कुछ नहीं कर सकता!

प्रतिकार...प्रतिकार...

क्या करूँ? अब तो सबकुछ कर चुका, अब मेरे हाथ में क्या रह गया है?...

बयान!

बयान वापस ले सकता हूँ...

पर उससे क्या होगा? और भी तो द्रोही हैं, मेरे बयान वापस लेने पर भी वे रह जाएँगे...और सबूत-हमारे अतिरिक्त भी तो कितने ही गवाह हैं, और सबूत भी तो

बहुत हैं...एक मेरे बदल जाने से क्या होगा? जिन जीवनियों का खंडन कर चुका, वे तो खंडित ही रह जाएँगी; जो मणियाँ नष्ट हो गईं वे तो नष्ट ही रहेंगी; जो घर उजड़ गए वे तो उजड़े ही रह जाएँगे; जिन अभागिनियों के सौभाग्य-सूर्य अस्त हो गए, उनके भाग्य तो फिर जाएँगे नहीं...और मुझे अलग दंड मिलेगा। तब उस सब उत्पात का क्या फल होगा? जिस स्वातंत्र्य को मैंने इतने दामों पर मोल लिया है, वह भी छिन जाएगा और प्रतिकार भी नहीं होगा...एक क्षणिक भावुकता में पड़कर बुलबुले की तरह मेरी चिरसंचित आशाएँ फूल जाएँगी और मैं देखता रह जाऊँगा!...

और तुम्हें, कमला, तुम्हें भी नहीं पा सकूँगा!...

जब संसार की सृष्टि भी नहीं हुई थी, तब भी अनन्त आकाश में महामाया का राज था। आज विद्या इतनी फैल गई है, सद्बुद्धि का प्रचार हो रहा है, फिर भी मोह पीछा नहीं छोड़ता...

मैं निश्चय कर लेता हूँ, वासना का दमन करूँगा, मन को विशुद्ध करूँगा, दुष्कर्मों का प्रायश्चित्त करूँगा, फिर एक छाया, एक छाया की छाया, उस नाम की स्मृति, मेरे सारे निश्चयों की बिखेर देती है! यह है संयम जिसका मुझे इतना अभिमान था!

मेरा प्रायश्चित्त विफल होगा, मेरा किया हुआ प्रतिकार विडम्बना होगा। पर क्या इसीलिए मैं दूसरी बार कर्तव्यच्युत हो जाऊँ?

न सही प्रायश्चित्त, न सही प्रतिकार? अपनी पाप-वृत्ति के लिए अपने को दंड ही दूँगा?

दूसरों को मैं इतनी सजा दिला रहा हूँ, और वे उसे प्रसन्नता से झेल रहे हैं, फिर मैं ही क्या ऐसा हूँ जो दो-तीन साल जेल में नहीं काट सकूँगा?

पर...पर और भी तो दंड मिलेगा...यह जो आजीवन मेरी सहायता करने का सरकार का वायदा था, वह नहीं रहेगा...जब जेल से बाहर आऊँगा, तब काम कैसे चलेगा? उलटे सरकार अधिक सताएगी!...

नहीं। जब दंड देना है तो समुचित देना होगा, बाद में जो होगा उसकी बात नहीं सोचनी होगी।

कमला, तुम स्त्री हो या आँधी!

विवेक कहता है, 'दंड देना होगा।' हृदय रोता है, 'कमला'! विवेक कहता है, 'यह प्रेम नहीं है, मोह है।'

कमला, कमला, कमला! तुम्हें नहीं छोड़ सकूँगा...प्रेम न सही, आसक्ति सही, मोह सही, वासना सही, पर कितनी सुखद आसक्ति, कितना मनोरम मोह, कितनी मीठी, कितनी सुरभित, कितनी प्रकांड वासना है यह!

2

स्वप्न...

कैसा भयानक था उसका रूप! बड़ी-बड़ी लाल आँखें, चौड़ी नाक, वराह की तरह बाहर निकले हुए बड़े-बड़े दाँत और इतना काला शरीर!

मुझे देखकर वह ठठाकर हँसा। सारा आकाश उसके खुले हुए मुख में समा गया...जिधर देखता उधर उसका खुला हुआ बीभत्स मुँह...

और उसके अन्दर-उसके अन्दर मैंने देखा-

बहुत-से स्त्री-पुरुष-युग्म आश्लेषण कर रहे थे...पर...पर मैंने यह भी देखा, उनको बहुत-से बड़े-बड़े साँप लिपट-लिपटकर बाँध रहे थे-और धीरे-धीरे अपना बन्धन कसते जाते थे...उन युगल मूर्तियों के मुख पर अनुराग की लालिमा, सौन्दर्य की आभा, तृप्त-लालसा की स्मिति धीरे-धीरे मिटती जाती थी और उसके स्थान में-क्रूर लोलुपता, भीषण ग्लानि, और दारुण वेदना एक साथ ही अधिकार जमा रही थी...

वह हँसा-कितना घोर अट्टहास था वह! फिर बोला, ''ये भी करते थे ऐसा प्रेम! अब तुम आओगे, तुम!''

वह मुख मेरी ओर अग्रसर होने लगा...

मैंने बड़े ज़ोर से चीख मारी-

स्वप्न!

मेरे पास जो इंस्पेक्टर सोया था, जाग पड़ा और बोला, ''क्या हुआ! क्या हुआ?''

मैंने लज्जित होकर कहा, ''कुछ नहीं!'' और पड़ा रहा। वह फिर सो गया।

पर मैं...वह स्वप्न नहीं भुला सका...

मच्छर मेरे कानों में भिन्नाते, तो मुझे सुन पड़ता, 'तुम, तुम, तुम!' मैं उठकर बैठ गया, सारी रात जागते ही काटी!

कमला, क्या प्रेम की यही व्याख्या है? अगर है तो कितना कुत्सित है यह!

पारिजात के फूलों की तरह नींद अलभ्य हो गई है! पर मैं, जिसका मन निकृष्ट विचारों से भरा हुआ है, मैं क्यों पारिजात के फूलों की बात सोचता हूँ?

रात की-रात की कितनी आँखें हैं! वे सभी घूर-घूरकर मेरी ओर देखती हैं, मैं उनसे आँख नहीं मिला सकता। पर जब आँखें बन्द कर लेता हूँ, तो उन बड़े-बड़े दन्तुर राक्षसों का समूह मुझे देखकर हँसता है!

कहते हैं, प्रकाश में डर नहीं लगता। पर मुझे प्रकाश में भी जाग्रत् स्वप्न दीखते हैं–स्मृतियाँ आकर चित्रवत् मेरे आगे खड़ी हो जाती हैं...

दीवार की ओर देखता हूँ, तो दीवार परदे की तरह आँखों के आगे से हट जाती है...

कृष्णपक्ष की कोई रात है। पवन बिलकुल निश्चल है, कहीं एक पत्ता तक नहीं हिलता। पृथ्वी के उत्तप्त उच्छ्‌वासों की तरह वायुमंडल भी गरम और वाष्पमय हो रहा है–

एक जंगल। बहुत घने, छोटे–छोटे पेड़ हैं, काँटे भी बिखरे हुए हैं। बीच में एक छोटा–सा खुला हुआ स्थान है, वहीं अँधेरे में दो व्यक्ति खड़े हैं। उनके बीच में एक शरीर ज़मीन पर पड़ा है–उसके दोनों हाथ नहीं हैं, मुँह का बहुत–सा अंश मानो झुलसकर काला पड़ गया है, और पेट...जहाँ पेट होना चाहिए, वहाँ रक्त का एक कुंड बन रहा है!

दोनों व्यक्ति उस शरीर पर झुके हुए हैं। एक शायद रो रहा है...

वह–वह शरीर प्राणहीन नहीं है, पर उसके मुँह से व्यथा के शब्द नहीं निकले!

वह धीरे–धीरे गुनगुना रहा है...'मैं जा रहा हूँ। तुम रोते क्यों हो? मैं अपना काम पूरा नहीं कर सका। मेरे हाथ नहीं रहे! तुम क्यों अधीर होते हो? जिस काम को मैं अधूरा छोड़ चला हूँ, उसे तुम पूरा करना...'

मुख पर एक क्षणिक वेदना की रेखा–फिर एक बहुत हल्की–सी हँसी...

'मेरे काम को भूलना मत!'

'सिर से पैर तक एक कम्पन, सिर उठाने का एक क्षीण, विफल प्रयत्न...फिर शान्ति...'

दोनों व्यक्ति एक–दूसरे की ओर देखते हैं। एक कहता है–'चले गए...'

नहीं देखूँगा उस दीवार की ओर! यह इतनी निश्चल है, मेरा मन उस पर स्थिर नहीं रहता!

लैंप पर ये पतंगे मँडरा रहे हैं। इनमें चांचल्य है, ये निर्जीव, निःस्पन्द नहीं हैं।

पतंगे...ये कितने उन्मत्त होकर लैम्प से टकराते हैं, और उसी की दीप्ति में भस्म हो जाते हैं!

कितनी देर के लिए इस उन्माद का अनुभव उन्हें होता है? लैंप को देखते ही वे अपने–आपको उत्सर्ग कर देते हैं!

यह है प्रेम! मैं भी हूँ प्रेमी, जो अपनी इच्छापूर्ति के लिए इतने सुखी परिवारों को छिन्न–भिन्न रहा हूँ...

प्रेम? पर प्रेम में इतनी भीषणता तो नहीं होती, प्रेम अन्धा तो नहीं करता, उन्मत्त तो नहीं बनाता; प्रेम तो स्निग्ध, शीतल, शान्तिदायक होता है। यह ज्वाला, यह उन्माद, यह अन्धा कर देनेवाली दीप्ति तो वासना में ही होती है!

क्यों कवियों ने इसकी प्रशंसा की है? क्यों वे प्रेम की उपमा अग्निशिखा से देते हैं और प्रेमी की पतंग से?

या यह मेरा ही भ्रम है? पतंगा अपने-आपको जला देता है, उसे शायद उसी से शान्ति मिलती हो। मैंने तो अपने-आपको उत्सर्ग नहीं किया, मैं तो अपनी तृप्ति के लिए दूसरों को ही जलाता रहा हूँ...जिसे मैं प्रेम करता हूँ, वह तो आत्मरक्षा का, स्वार्थपरता का नामान्तर था...

मैंने पहले-पहल ऐसी भूल की हो, यह बात नहीं। मुझे याद आता है-

वह दुबला-पतला था, कुछ चिड़चिड़ा था, फिर भी सब लोग उसका आदर करते थे, क्योंकि वह चालाक था। उसका रंग पीला पड़ गया था, आँखें धँस गई थीं, पर उसकी बोल-चाल में कुछ ऐसी मादकता थी...

वह कृतघ्न था, भगोड़ा था। मैंने तो केवल प्रेम ही किया है-एक पवित्र मूर्ति से प्रेम-वह बहुत गिर चुका था...

मैं उसे अब भी देख सकता हूँ। उसके शरीर में अब भी वही मादकता व्याप्त है, और वह मेरी ओर देखकर मुस्करा रहा है, इशारे से मुझे बुला रहा है...

क्या कहते हो तुम?

"देखो, रघुनाथ, व्यर्थ की चिन्ता में क्यों पड़े हो? ऐसे व्याख्या करने लगोगे, तो पागल हो जाओगे। मन तुम्हारा सच्चा मित्र है, उसकी प्रेरणा का तिरस्कार मत करो। प्रेम के आगे सब-कुछ तुच्छ है, इसीलिए मैंने भी तो बन्धुओं को और प्रतिज्ञाओं को भूलकर उसका अनुसरण किया था। मैं लज्जित नहीं हूँ, क्यों होऊँ? तुम भी इन व्यर्थ की बातों को भूल जाओ और मेरे साथ आओ! यही जीवन है!"

चुप रहो, तुम भगोड़े थे, कृतघ्न थे! तुम अपने बन्धुओं को छोड़ गए!

और मैं तो भगोड़ा ही था, अपने साथियों को भूला ही था...मैंने उन्हें फँसाकर उनका सत्यानाश कर डाला! फिर भी मैं उसे भगोड़ा कहने का साहस करता हूँ-मैं, कृतघ्न, कायर, अधम! मैं, जिसके लिए उचित सम्बोधन किसी कोष में नहीं होगा...

उसकी ओर देखूँगा, उस दीप्तिमान लैम्प की ओर! क्या फिर भी ये स्मृतियाँ मुझे सताएँगी?

कैसी शान्त ज्योति है! मेरे मन के जो उद्गार उठकर मुझे हिला देते हैं, उनसे यह कम्पायमान भी नहीं होती!

इसकी दीप्ति शान्तिमयी है, स्थिर है, किन्तु इसमें भव्यता नहीं है, भैरवता नहीं है।

उसमें भी महाशान्ति थी, पर कितनी भव्य, कितनी भैरव थी वह दीप्ति!

वह चिता थी, पर श्मशाम-भूमि में नहीं थी! एक महापुरुष की चिता थी, पर उसमें अगर चन्दनादि सुगन्धित द्रव्य नहीं थे। वह थी जंगल में बीनी हुई छोटी-छोटी लकड़ियों की चिता, और उसके पास रोने को खड़े थे तीन युवक!

तीनों फौजी ढंग से, एक कतार में, सिर की टोपियाँ उतारे हुए, सावधान खड़े थे। उस प्रज्वलित चिता की लाल-लाल, काँपती हुई ज्योति में मैंने देखा, उनके मुँह पर विषाद का भाव था, आँखों में एक विचित्र चमक; पर आँसू, रोना, कहीं नहीं था...

चिता धीरे-धीरे कुछ स्वर कर रही थी, मानो तृप्त होकर एक निःश्वास ले रही हो। और कोई ध्वनि कहीं नहीं हो रही थी...

एकाएक कहीं दूर पर घोड़ों की टापों का शब्द हुआ। वे तीनों चौंके...फिर...जल्दी-जल्दी मिट्टी डालकर उन्होंने वह अधजली चिता बुझा दी!

रात्रि के धुँधले प्रकाश में उन्होंने चिता से वह शरीर उठाया और नदी के किनारे पर ले गए...एक-दो बार ज़ोर से हिलाकर उन्होंने...

छप्

नहीं के प्रवाह में वह कहीं लुप्त हो गई...

एक युवक धीरे-से बोला-''इतना भी न कर पाए!''

कोई उत्तर नहीं मिला। तीनों अँधेरे में कहीं ओझल हो गए...

वंचिता चिता से दुर्गन्धमय धुआँ फिर भी आकाश की ओर उठता रहा, मानो भूखी चिता ईश्वर के आगे पुकार करने को अपनी मूक वाणी भेज रही हो!

चन्द्रमा! कितनी स्निग्ध है उसकी ज्योत्स्ना!

निर्निमेष होकर उसकी ओर देखता हूँ, मुझे कलंक कहीं नहीं दीखता। न कहीं पर्वत-तंग और गड्ढे ही दीख पड़ते हैं। दीखता है एक मन्द स्मित मानव-मुख।

वह मुस्कान है, या मेरी दशा पर तिरस्कारपूर्ण हँसी?

नहीं, उसमें तिरस्कार नहीं है, अनुकम्पा है, आश्वासन है। वह मानो मुझे कह रहा है, चंचल मत हो, घबरा मत।

उस दिन जब शशिकान्त हमें दिलासा दे रहे थे, उस दिन उनके मुख पर भी यही भाव था...

हम दुमंजिले के ऊपर बैठे हुए थे, नीचे पुलिस आ गई थी। दोनों ओर से गोलियाँ चल रही थीं-उधर से लगातार, हमारी ओर से कभी-कभी मौका देखकर...

हमारा गोलियों का ढेर बड़ी शीघ्रता से छोटा होता जाता। मैं सोच रहा था, 'अभी पाँच मिनट बाद क्या होगा?'

उन्होंने मुख का भाव देख लिया। बोले, ''रघुनाथ, यही तो जीवन का मजा है! इतने दिन भागते फिरे, आज एकाध हाथ दिखा देंगे!''

उनकी वाणी में इतना विश्वास भरा हुआ था, मुझसे उत्तर देते नहीं बना। मैंने आँख बचाकर गोलियों के ढेर की ओर देखा।

उनसे वह भी नहीं छिप सका! बोले, "वह क्या देखते हो? हमारा बल उसमें नहीं है। हमें चाहिए धैर्य! वह तो आपत्ति-काल के लिए एक निमित्त मात्र है-हमारी शक्ति है दिल में!"

मैं लज्जित होकर धीरे-धीरे-बहुत धीरे-धीरे, अपने रिवॉल्वर में गोलियाँ भरने लगा...

'दिल में!' मैंने अपने दिल की ओर ध्यान किया, वह बड़े ज़ोर से धड़क रहा था!

न जाने कैसे, शशिकान्त को कुछ आभास-सा मिल गया। वे खिन्न होकर बोले, "अभी समय है। मैं इन्हें यहाँ फँसाए रखता हूँ, तुम दोनों पिछली गली से निकल जाओ! अभी पुलिस उधर नहीं गई है।"

मेरे जी में आया, दौड़कर निकल जाऊँ। पर मेरा साथी हिला भी नहीं। मैं लज्जित होकर बैठ गया...कितना काँप रहा था मेरा शरीर!

उन्होंने फिर पूछा, "जाते क्यों नहीं?"

मेरा साथी बोला, "दादा, तुम्हें अकेला छोड़कर हम नहीं जाएँगे।"

वे एक क्षण चुप रहे...फिर बोले, "ओबे ऑर्डर्स।"

आज्ञा!

हम दोनों ने अपने रिवॉल्वर जेब में रखे और चुपचाप उठकर चल दिए। मैंने एक बार मुड़कर देखा, पर वे मानो हमें भूल गए थे-शान्त, कुछ मुस्कराते हुए, नीचे की ओर तीव्र दृष्टि से देख रहे थे, जैसे बाज झपटने से पहले अपने शिकार की ओर देखता है...

उसके बाद?

....

मेरा मन विकृत है, उन विकारों की प्रतिच्छाया मुझे प्रत्येक वस्तु में दीखती है। चन्द्रमा की ज्योत्स्ना तक में वही व्याप्त हो रही है!

इस तरह मैं अपनी विच्छिन्न मनःशक्ति को और भी निर्बल बना रहा हूँ! किसी की ओर नहीं देखूँगा-कुछ सोचूँगा!

आज भूख नहीं लगी। खाना इतना अच्छा बनकर आया था, फिर भी न जाने क्यों, खाने की इच्छा ही न हुई!

भोजन-भट्ट!

कितना नीच हूँ मैं–इतना विश्वासघात करके, इतनी नृशंसता के बाद, अब भी उसी शारीरिक तृप्ति की बात सोच रहा हूँ!

किसी दिन मैं कितना आदरणीय व्यक्ति समझा जाता था! उन दिनों मैं संगठन का काम कर रहा था। कितने सरल, विश्वासी नवयुवक मेरे आगे श्रद्धाभाव से खड़े हो रहते, मेरी बात कितनी व्यग्रता से सुनते, मानो अमृत पी रहे हों! उनमें अनभिज्ञता–जनित अन्धविश्वास था, अनुभव–हीनता के कारण वे दूसरों में भी सहसा विश्वास कर लेते थे! पर कितना सुखद स्निग्ध, कितना कोमल होता था वह निःशंक विश्वास; कितना आह्लादजनक था वह श्रद्धाभाव!

मैं, मैं उस विश्वास के, उस श्रद्धा के, कितना अयोग्य निकला! जो मुझ पर इतना विश्वास करते थे कि मेरे एक इंगित पर जान तक दे देते, उनका मैंने कैसा प्रत्युपकार किया!

मैं जो आशा करता हूँ कि इन स्मृतियों से छुटकारा पाऊँगा, यह व्यर्थ की आशा है। मैं जो काम कर रहा हूँ, उसकी प्रतिक्रिया मेरे मन पर होती रहेगी, उसे कैसे रोक सकता हूँ?

पर कब तक यह प्रतिक्रिया होती रहेगी? जब मैं अपनी गवाही देकर अलग हो जाऊँगा, जब मैं जेल से निकल जाऊँगा, क्या तब भी यमदूत की तरह ये स्मृतियाँ मेरा पीछा करती रहेंगी?

पब्लिक की स्मरणशक्ति बहुत कमजोर है। वह अच्छा–बुरा सभी–कुछ बहुत जल्दी भूल जाती है। नहीं तो यह कैसे सम्भव था कि इतने द्रोही अब तक जीवित रहते? यह पब्लिक! जिनकी यह पूजा करती है, उन्हें भी तो पाँच–सात वर्ष में भूल जाती है।

और द्रोहियों को! उन्हें तो पब्लिक शायद वर्ष–भर भी नहीं याद रख पाती।

वे मुझे भूल जाएँगे! मैं चुपचाप किसी छोटे–से गाँव में रहूँगा, पुलिस मेरी रक्षा करेगी, फिर दिन धीरे–धीरे बीत जाएँगे...और शायद उस नए जीवन में मैं अकेला नहीं रहूँगा, शायद...

कमला! अगर उस जीवन में तुम भी मेरे साथ होगी, तो कितना अकथनीय सुख होगा वह!

जब भी तुम्हें याद करता हूँ, मेरा यह अनिश्चय, यह अकारण आशंका, एकदम दूर हो जाते हैं, तुम्हारी ही मूर्ति से मेरा अन्तःकरण दीप्तिमान् हो जाता है। आँखें बन्द करके तुम्हारा ही ध्यान करूँगा–और उस ध्यान में कितनी शान्ति मिलेगी मुझे!

मैं तुम्हें देख सकता हूँ। यह कम्पनी बाग के लताकुंज का द्वार है और उसके एक खम्भे पर हाथ रखे खड़ी हो–तुम! हल्के नीले रंग की साड़ी पहने, सिर झुकाए मूर्तिमान प्रतीक्षा की तरह–तुम!

कमला, मुझे एक श्लोक याद आ रहा है...

त्वमसि मम भूषणं त्वमसि मम जीवनं त्वमसि मे भवजलधिरत्नम्!

भवतु भवतीह मयि सततमनुरोधिनी तत्र मम हृदयमतियत्नम्!

मैं तुम्हारे मुख की ओर देख रहा हूँ।

यह क्या है? तुम्हारा आँचल गीला क्यों है? तुम्हारी मुखश्री मुरसाई क्यों है? तुम्हारी आँखों में आँसू क्यों हैं? तुम्हारी दृष्टि इतनी विरक्त क्यों है? और तुम्हारा साँस किस वेग से, कितना कम्पित, चल रहा है? कमला, कमला, कमला! तुमको क्या हो गया है? तुम मेरी ओर देखतीं क्यों नहीं? मुझे पहचानती क्यों नहीं? मुझे देखकर प्रसन्न क्यों नहीं होतीं?

कमला, मेरी ओर देखो, केवल एक बार! उफ्! तुम्हारी आँखों में व्यथा नहीं है–यह तो ज्वाला है!

किसने तुम्हारा अनादर किया है, कमला? क्यों तुमने यह चंडी का रूप धारण किया है? मुझे बताओ, मैं प्रतिशोध करूँगा!

मैं...

मैंने...

कमला! कमला! कमला! क्या कह रही हो तुम? 'तुमने, तुमने, तुमने मुझे कलंकित कर दिया है!'

मैंने!

तुम पागल तो नहीं हो गईं? या परिहास तो नहीं कर रहीं? पर नहीं, तुम्हारी आँखों में आँसू हैं, और बड़े यत्न से दबाए हुए क्रोध के आँसू!

मैंने तुम्हें कलंकित कर दिया है; मैंने, जो कि सब निछावर करके तुम्हारी एकाग्र उपासना कर रहा हूँ! मैंने, जो कि तुम्हारे आगे इतने नवयुवकों के जीवन को तुच्छ समझता हूँ!

कितना असह्य लांछन लगा रही हो मुझ पर तुम, कमला!

तुम ठीक कहती थीं, कमला, मैंने तुम्हें कलंकित कर दिया है। मैं तुमसे प्रेम करता था! वह प्रेम ही वासना था, कलुषित, कलंकित, कुत्सित। तुमने मुझे मेरी भूल सुझा दी है।

कमला, मैं दोषी हूँ!

पहले मैंने राजद्रोह किया था, फिर अब देशद्रोह कर रहा था...पर तुमने, तुमने मुझे सुझा दिया कि मैं मानवता के प्रति भी द्रोह कर रहा हूँ...सच्चाई के साथ ही मैंने मानवता भी खो दी! अब मैं क्या हूँ? इन चिंउटों की तरह, इन मच्छरों की तरह, जो भिन्नाते हैं, काटते हैं, पर जिनमें कर्तव्याकर्तव्य-ज्ञान नहीं है!

मैं बहुत गिर चुका हूँ, इतना कि शायद अब उठ नहीं सकूँगा! पर कमला, एक काम अवश्य करूँगा, एक काम जिससे मैं इतना डरता था, एक काम जिससे मेरी सब एकत्रित उमंगें टूटकर बिखर जाएँगी। मेरे पास एक ही साधन रह गया है। प्रायश्चित्त का नहीं, प्रतिकार का नहीं, तुम्हारे मुख पर से वह घोर कलंक का टीका मिटाने का नहीं, तुम्हारे योग्य बनने का नहीं; केवल यह दिखा देने का कि मैं प्रायश्चित्त करना चाहता था, तुम्हारे मुख से वह कलंक मिटाकर तुम्हारे योग्य बनना–तुम्हारे योग्य बनने का प्रयत्न करना–चाहता था! संसार शायद फिर भी मेरे नाम पर थूकता रहेगा, रहे। अब मैं उसका ध्यान नहीं करूँगा–केवल तुम्हारा, केवल तुम्हारे और तुम्हारे श्रीहीन मुख का!

मैं जीवन में निरुद्देश्य होकर बहुत गिर चुका हूँ, पर अब यह खोया हुआ उद्देश्य मुझे फिर वापस मिल गया है।

कल–मैं मिटा दूँगा उस कलंक की स्मृति भी...

कल–वापस लूँगा बयान...

कमला, कमला, फिर तो मुझ नीच पर दया करोगी?

3

मैं खड़ा था, उस गोल कमरे के बीच में अभियुक्त, वकील और जज, सब अपने-अपने स्थान पर बैठे थे। जिरह का आरम्भ होने वाला था।

नित्य की तरह मेरे हृदय में कँपकँपी नहीं थी, मैं चौंक-चौंककर इधर-उधर नहीं देखता था...मेरे जीवन में निश्चय था, वह पहले की तरह उद्देश्यहीन नहीं रह गया था। मेरे शरीर में बिजली दौड़ गई...एक जीवित स्वप्न आया और दर्शकों में बैठ गया–एक बहुत ही मधुर स्वप्न–कमला! मैंने मन-ही-मन कहा, 'कैसा अच्छा संयोग है यह! आज मैं उसका कलंक मिटाने आया था, आज वह स्वयं उपस्थित है। वह देखेगी!'

मैंने उसकी ओर फिर नहीं देखा। एक भावना मेरे कानों में कहने लगी, 'वह कलंकिनी है, तुमने उसे कलंकित कर दिया था। जब अपना काम कर चुकोगे, तब उधर देखना।'

वकील खड़ा हुआ! मेरा दृढ़ हृदय धक् से हो गया, उसका स्पन्दन मुझे सुन पड़ने लगा...किस प्रश्न का क्या उत्तर दूँगा, कैसे वकील चौंककर उठेंगे और एक नए औत्सुक्य–एक नई उत्कंठा से मेरी ओर देखने लगेंगे...

एक अभियुक्त उठा और बोला, "मेरा एक वक्तव्य है।"

जज बोला, "लिखकर भेज दो!"

"नहीं, मैं जबानी कहूँगा।" कहकर वह पढ़ने लगा...

देर होती गई, और मेरे हृदय का स्पन्दन बढ़ता गया। दर्शकों की ओर–दर्शकों में बैठी उसकी ओर–देखने की व्यग्रता भी बढ़ती गई...इस दुविधा में वह वक्तव्य भी ठीक नहीं सुन पाया...

"विदेशी सरकार ने हमारा जो उपकार किया है, हमने उसकी कद्र नहीं की, इसी का उत्तर माँगने के लिए आपने हमें यहाँ बुलाया है। मैं इस प्रश्न का उत्तर नहीं दूँगा। क्यों? क्योंकि इसका उत्तर हिन्दुस्तान की भूमि के रेणु–मात्र पर लिखा हुआ है।"...

"आपने हिन्दुस्तान में शराब और अफीम बेचकर हमारी बुद्धि भ्रष्ट की, आप विचित्र कानून बनाकर हिन्दुस्तान का सोना खींचकर विलायत ले गए, आपने हमारे श्रमजीवियों को इतना निर्धन किया कि आज एक–एक छोटी कोठरी में चार–चार परिवार, बीस–बीस प्राणी आयु बिताने को बाध्य हुए, आपने असहायों पर गोलियाँ चलाईं, दंगे करवाए, फिर आपको यह पूछते शर्म नहीं आती कि हम अकृतज्ञ क्यों हैं!..."

"आप अन्याय पर तुले हुए हैं, फिर क्यों न्याय का ढोंग करके अपनी हँसी करवाते हैं? जो दंड देना है, आज ही दे डालिए। क्यों व्यर्थ हमारी भूखी प्रजा का रुपया फूँकते हैं?"

"जिसकी गवाही पर आप हमें दंड देने चले हैं, उसने पहले सरकार से विश्वासघात किया है, फिर देश से, और फिर सत्य की उपेक्षा करके न जाने कितने झूठ बकता रहा!"

"वह राजद्रोही है, देशद्रोही है, धर्मद्रोही है। उसकी साक्षी पर हमें दंड देकर क्यों आप न्याय का मुँह काला करते हैं?"

इससे आगे मैं नहीं सुन सका...मुझे बस अपने हृदय की वह धक्! धक्! धक्! ही सुन पड़ने लगी...मेरे हाथ–पैर काँपने लगे...

किसी प्रेरणा ने मेरे कान में कहा, 'कमला की ओर देखो! वह तुम्हें शक्ति प्रदान करेगी!'

किस शैतान की प्रेरणा थी वह! मेरा निश्चय उसके आगे उड़ गया–मैंने देखा, तृषित, लालसामय आँखों से, उसकी ओर!

वह मेरी ओर नहीं देख रही थी। वह देख रही थी उस अभियुक्त की ओर, सुन रही थी उसका वक्तव्य। कितनी तल्लीन होकर! उसका प्रत्येक वाक्य सुनकर कैसे खिल उठती थी उसकी मुखश्री! उस खिलने में थी सन्तुष्टि, उसमें था आनन्द, उसमें था गर्व!

मैं मुग्ध होकर कितनी ही देर उधर देखता रहा...शायद उसे इसका भास हुआ, उसने मानो स्वप्न से जागकर मेरी ओर देखा। क्षण-भर के लिए, फिर आँखें फेर लीं।

क्या था उसकी आँखों में? उपेक्षा, विरक्ति, अनुताप, लज्जा!...

वह शैतान एक विद्रूप हँसी हँसा मेरे कान में। मैंने सुना-'कौन है वह? कमला तुम्हारी क्या है, तुम कमला के कौन?'

कमला! यह क्या देख रहा हूँ...

जब तुम उधर, उनकी ओर देखती हो, तब तुम्हारी आँखों में यह क्या हो जाता है?

तुम्हें क्या हो गया है कमला, तुम मुझे भूल गईं...

मेरे जीवन का उद्देश्य...मेरा निश्चय...मेरा प्रण...कहाँ गए?

मेरे लिए अन्धकार ही अन्धकार है!

कमला, मैं नीच था, पतित था, कायर था, द्रोही था, नरक के कीड़े की तरह था, पर तुम्हारे प्रति तो मेरे भाव नहीं बदले थे...तुम्हें तो समझना चाहिए था कि किस प्रेरणा ने मुझे इस पतन की ओर प्रेरित किया था...तुम्हें मैं क्या समझा था-तुम भी मुझे समय पर ठुकराकर चली गईं...

मैं सबकी आँखों में गिरा हुआ था, पर तुम्हारी आँखों में तो न गिरने का मैंने पूरा प्रयत्न किया था...और तुम्हें भी तो मैंने इतने ऊँचे सिंहासन पर बिठाया था...इस उपेक्षा में दो आदर्श टूट गए-उस सिंहासन से तुम च्युत हो गईं, और मैं...न जाने कहाँ तक गिरता ही जाऊँगा...!

कमला, आज मैं सरकार की इतनी महती शक्ति का तिरस्कार करके तुम्हारे मुख पर से कलंक मिटाने आया था, पर तुमने मुख फेर लिया...मेरे हाथ कलुषित थे, पर अगर तुम्हारी आँखों में भी मैं इतना पतित हो गया हूँ, कमला, तो मेरे जीवन के सभी आधार टूट गए...

मैं पतित था, पर मुझे अपने पतन का ज्ञान तो था...मैं उठना चाहता था, पतन के गह्वर से निकलना चाहता था; तुम मेरी सहायता कर सकती थीं, पर तुमने उपेक्षा की, मेरा तिरस्कार किया, मेरी उस उच्च कामना को ठुकरा दिया...

मुझे कठघरे में खड़े अभी पाँच मिनट भी नहीं हुए थे, कितने समुद्र के समुद्र मेरे आगे से बह गए...मुझे ऐसा मालूम हुआ, मेरे हृदय की धक्! धक्! से अन्तराल में कहीं बहुत-से बन्धन एक साथ टूट गए...मेरे नीचे से धरती खिसकने-सी लगी...

मैंने चाहा, चिल्लाऊँ, 'कमला, कमला, तुमने यह क्या किया!' पर जब बोला, तो वकील के प्रश्न का उत्तर ही मुँह पर आया!

वह प्रश्न पूछता गया, मैं उत्तर देता रहा...कोई चौंका नहीं, किसी को विस्मय नहीं हुआ, किसी को उत्कंठा नहीं हुई, किसी ने उत्सुक होकर मेरी ओर नहीं देखा...

और कमला! कमला उसी तरह, उसी खिली हुई मुखश्री से, उसी गर्व से, उनकी ओर देखती रही, मेरी ओर उसने भूलकर भी फिर नहीं देखा...

4

जो एक बार अपनी इच्छा से पतित होता है, उसका उत्थान होना असम्भव है। कोई उसका मित्र नहीं होता, कोई उसकी सहायता नहीं करता। मेरे लिए यही जीवन है–यही जिसे एक दिन मैंने इतनी व्यग्रता से अपनाया था, और जिसने आज साँप की तरह मुझे अपने पाश में बाँध लिया है!

मैं द्रोही हूँ और रहूँगा।

द्रोह मेरे हृदय में है, मेरी अस्थियों में है, मेरी नस-नस में है। मैं द्रोही हूँ।

पहली बार मैंने सरकार से द्रोह किया था, किसी की मुखश्री से आकृष्ट होकर। दूसरी बार मैंने देश से द्रोह किया, किसी के शरीर की लालसा से। तीसरी बार फिर मैंने धर्म से द्रोह किया, किसी के लिए ईर्ष्या करके।

फिर, अपनी नीचता का परिणाम जब मैं जान पाया, तब मैं प्रायश्चित्त करने गया। पर फल क्या हुआ? प्रायश्चित्त भी नहीं किया और अपनी अन्तरात्मा के प्रति भी द्रोही बनकर लौट आया!

मैं अपना बचाव नहीं करता। मैं अधम हूँ। पर मेरे जीवन के सारे आधार, मेरे उद्‌देश्य, मेरी आशाएँ, सदाकांक्षाएँ, सब कमला की उपेक्षा ने एक ही झोंके में मिटा दीं, और मेरे लिए उत्थान का कोई मार्ग नहीं छोड़ा!

अगर वह मेरी सहायता करती, तो कौन-सा ऐसा काम था जो मैं न कर पाता? वह जिसका मैंने इतनी एकाग्रवृत्ति से ध्यान किया था, वह जो परीक्षा के समय मुझे ठुकराकर चली गई–कमला!

पर अब–! अब नहीं। मेरा भाग्य-निर्णय हो गया है, मेरा इस प्रवाह के विपरीत चलने की स्पर्धा करना बेवकूफी है। मैं कुछ नहीं करूँगा, बह जाऊँगा!

क्यों? मैं द्रोही था, द्रोही हूँ, द्रोही ही रहूँगा!

दिल्ली जेल, अक्टूबर, 1931

'एक घंटे में-'

प्रभाकर जब अपने बड़े कोट के नीचे भरा हुआ 45 बोर का रिवॉल्वर लगाकर, जेब में पड़े हुए गोलियों के बटुए को हाथ से छूकर, एक बार शीशे में अपना प्रतिबिम्ब देखकर चलने चगा, तब रजनी ने शीशे में उसके प्रतिबिम्ब की ओर उन्मुख होकर कहा, "कब लौट आओगे?"

प्रभाकर ने शीशे में पड़ते हुए रजनी के प्रतिबिम्ब की ओर दृष्टिपात करके कहा, "अभी घंटे-भर में चला आऊँगा। क्यों, भूख बहुत लगी है क्या?"

रजनी ने कहा, "नहीं, वैसे ही-" कहकर चुप हो गई।

प्रभाकर ने धीरे से पुकारा, "रजनी!" और एक बार शीशे की ओर मुस्कराकर खटाखट सीढ़ियों से नीचे उतर गया।

रजनी दीर्घ निःश्वास छोड़कर उठी और किवाड़ की साँकल लगाकर फिर अपने स्थान पर बैठ गई।

उसके सामने दो पुस्तकें खुली पड़ी थीं। एक हैरल्ड लास्की की कम्युनिज्म और दूसरी भवभूति का उत्तररामचरित। प्रभाकर के चले जाने के बाद उसने पहली पुस्तक बन्द कर दी, और उत्तररामचरित के श्लोक धीरे-धीरे गुनगुनाने लगी।

किन्तु उसका मन नहीं लगा। थोड़ी ही देर में उसका ध्यान फिर दर्पण की ओर चला गया, और वह उसमें अपना गम्भीर, कुछ करुण, और कुछ चिन्तित मुख देखती हुई न जाने किस विचार में लीन हो गई।

प्रभाकर और रजनी का विवाह हुए दो वर्ष से अधिक हो गया था किन्तु विवाह-सुख किसे कहते हैं, यह उसे कभी नहीं ज्ञात हुआ। उसे तो अभी तक यही अनुभव होता रहा कि एक सिपाही का जीवन कितना कठोर हो सकता है।

रजनी अच्छे और धनी घर की बेटी थी, इसलिए उसकी 'ट्रेनिंग' भी वैसी ही थी और उसके विचार भी वैसे ही। पति के घर में आकर उसने देखा जिन सिद्धान्तों को वह अब तक अटल समझती आई थी, उनका यहाँ ज़रा भी मान नहीं था। यहाँ राजा की शक्तिमत्ता में, सरकार की निष्पक्षता में, धन की सत्ता में, कुछ भी श्रद्धा नहीं थी-यहाँ निर्धनों और अछूतों की ही पूछ होती थी, यहाँ मज़दूर और किसान

ही सबसे बड़ी शक्ति गिने जाते थे। पहले तो रजनी को इससे बड़ा आघात पहुँचता। वह लड़कियों के एक कॉलेज की पढ़ी हुई थी, और उसके मन में वही अहम्मन्यता का भाव था जो कि प्रायः कॉलेजों की लड़कियों में होता है। घर की संस्कृति से यह भाव नष्ट नहीं, पुष्ट ही हो गया था। यहाँ आकर जब उसने ये रंग-ढंग देखे, तब पहले तो उसके मन में साधारण विरोध-भाव उत्पन्न हुआ। किन्तु पति से तर्क करने पर जब वह बार-बार हारने लगी, तब उसका भाव एक दृढ़ विद्रोह में परिणत हो गया। वह प्रत्येक बात में पति के मत का खंडन करती और अपने मत की पुष्टि के लिए कॉलेज में पढ़ी हुई किताबों से सन्दर्भ दिखाया करती। प्रभाकर उन सब वारों को सहज ही सह लेता और हँसी-हँसी में रजनी के तर्कों का खंडन कर देता। रजनी जब अप्रतिभ होकर चुप हो जाती तब प्रभाकर उसके पास आकर धीरे-से एक चपत लगाकर कहता, "रजनी, अभी तुम बहुत बदलोगी-बहुत! तुम्हारे घरवालों ने तो तुम्हारा अचार डाले रखा था-कभी बाहर की हवा भी नहीं लगने दी!" इससे रजनी का क्षोभ बहुत-कुछ मिट जाता था, किन्तु पूर्णतया नहीं। वह चुप होकर चली जाती थी।

प्रभाकर के माता-पिता मर चुके थे। वह एक छोटे-से घर में अकेला ही रहता था। वह लाहौर के एक कॉलेज में लेक्चरर था, और ग्वाल-मंडी में किराए के एक छोटे-से मकान में रहता था। प्रातःकाल उठकर वह कॉलेज के लिए अपने नोट तैयार करता, फिर कुछ राजनीति की पुस्तकें पढ़ता, और नौ बजे कॉलेज चल देता। उसके बाद रात तक रजनी को उसके दर्शन नहीं होते। कभी-कभी लौटने पर रजनी उससे पूछती, "इतनी देर तक कहाँ रहते हो?" तो वह हँसकर उत्तर देता, "आज विद्यार्थियों की एक सभा में लेक्चर देने चला गया, इसलिए देर हो गई।" या "आज अमुक मिल के मज़दूरों ने बुलाया था"-कभी-कभी रजनी क्षुब्ध होकर निश्चय करती कि आज वे आएँगे तो उनसे बोलूँगी नहीं, किन्तु जब दिन-भर का थका-माँदा प्रभाकर बगल में मोटी-मोटी किताबों का गट्ठर दबाए घर आता और सीढ़ियों के ऊपर आकर रजनी को देखते ही उसकी मुखश्री खिल उठती और वह उल्लास-भरे स्वर में पुकारता, "रजनी!" तब वह किसी तरह भी नहीं रुकती थी...बल्कि प्रायश्चित्तस्वरूप दूसरे दिन सवेरे जब प्रभाकर राजनीति और अर्थनीति की किताबें लेकर पढ़ने बैठता, तब वह चुपचाप उसके पास आकर बैठ जाती, कोई किताब सामने खोलकर रख लेती और गम्भीर मुखमुद्रा बनाकर उसकी ओर देखा करती। बीच-बीच में जब वह कनखियों से पति की ओर देखती, तब प्रभाकर ठठाकर हँस पड़ता था, और रजनी भी विवश होकर मुस्करा देती थी। प्रभाकर कहता, "रजनी, तुम भी इन्हें पढ़ डालो, बहुत-सी नई बातें जान जाओगी।"

रजनी कभी भूलकर भी इन किताबों में रुचि नहीं दिखाती थी। वह कहती, "उँह, इनको पढ़कर क्या होगा? कॉलेज में थोड़ा पढ़ आई थी, उसी से रोज आपस

में लड़ाई हो जाती है!" फिर शीघ्र ही दोनों किसी निगूढ़ विषय पर बहस करने लग जाते...

किन्तु जब प्रभाकर कॉलेज चला जाता, तब रजनी उन्हीं पुस्तकों को निकालकर बड़े ध्यान से पढ़ती थी। केवल इस बात का ध्यान रखती थी कि पति के आने से पहले उसका स्वाध्याय समाप्त हो जाए।

धीरे-धीरे उसका विचार-क्षेत्र भी विस्तृत होता जा रहा था। उसे बहुत-सी बातें समझ में आने लगी थीं जो कि कॉलेज में और घर में उससे छिपाकर रखी जाती थीं और जिन्हें सुनना भी वह पहले पाप समझती थी। साथ-ही-साथ उसके पुराने विश्वास भी बहुत-से मिटते जाते थे। ज्यों-ज्यों उसको अपनी पुरानी भूलों का ज्ञान होता जाता था, त्यों-त्यों उसकी अहम्मन्यता भी मिटती जाती थी। किन्तु इतने दिनों की लड़ाइयों और इतने दिनों से किए गए मान को याद करके वह अपने पति से इस बात को छिपाती थी कि उसका मन कितना परिवर्तित हो गया है।

एक दिन सन्ध्या के समय वह अपने कोठे के घर पर बैठी नीचे की दुकानों में जलती हुई गैस-लैम्पों और उनके प्रकाश में जगमगाते हुए फलों की कतारों की ओर देख रही थी। प्रभाकर अभी तक नहीं लौटा था!

धीरे-धीरे रात हो गई लेकिन प्रभाकर नहीं आया। रजनी की चिन्ता बढ़ने लगी। वह एक किताब लेकर वहीं बैठ गई और पढ़ने लगी।

लगभग ग्यारह बजे प्रभाकर ने दरवाज़ा खटखटाया और कोमल स्वर में पुकारा, "रजनी!"

रजनी चौंककर उठी और नीचे जाकर प्रभाकर को लिवा लाई। दोनों चुपचाप अपने पढ़ने के कमरे में जाकर खड़े हो गए, कुछ बोले नहीं। प्रभाकर ने धीरे-धीरे कोट उतारा और कुर्सी पर बैठ गया।

रजनी क्षण-भर उसकी ओर देखती रही। फिर बोली, "खाना नहीं खाओगे?"

"आज खा आया हूँ।"

"कहाँ?"

प्रभाकर बिना कुछ उत्तर दिए मुस्करा दिया। रजनी ने कहा, "अच्छा, चलकर मुँह-हाथ तो धो लो, बिलकुल गर्द से सने हो।"

प्रभाकर ने कहा, "तुम चलो, सोओ, मैं अभी आया।"

रजनी को जान पड़ा, अवश्य ही कोई असाधारण बात हुई है। स्नेह से बोली, "दिन-भर कहाँ रहे?"

प्रभाकर ने प्रश्न टालते हुए कहा, "कितना थक गया हूँ!"

रजनी ने आकर उसका हाथ पकड़ लिया और बोली, "उठो, चलो, यहाँ बैठे रहने की ज़रूरत नहीं है।" कहकर वह धीरे-धीरे प्रभाकर को खींचने लगी। प्रभाकर उठ खड़ा हुआ और कोट को उठाकर कन्धे पर रखने लगा।

रजनी बोली, "इसे यहीं पड़ा रहने दो न, कल सँभाल लूँगी!" कहकर उसने कोट खींच लिया।

कोट ज़मीन पर गिर पड़ा। किसी ठोस वस्तु के गिरने का 'ठक्' शब्द हुआ। रजनी ने कहा, "यह क्या है?" और प्रभाकर के रोकते-रोकते कोट की जेब में हाथ डाल दिया।

प्रभाकर कहने को हुआ, "कुछ नहीं है।" किन्तु रजनी के मुख की ओर देखकर चुप रह गया।

रजनी का मुख फीका पड़ गया था, किन्तु बड़े यत्न से उसने अपने को वश में किया और कोट उठाकर अपने कमरे की ओर चल पड़ी। प्रभाकर भी सिर झुकाकर उसके पीछे-पीछे चला।

कमरे में पहुँचकर रजनी ने कोट की जेब में से दो पिस्तौलें और कुछ गोलियाँ निकालीं, और उन्हें ले जाकर अपने कपड़ों छिपा दिया। फिर प्रभाकर के पास आकर बोली, "ये तुम क्यों लाए?"

प्रभाकर ने सहसा कोई उत्तर नहीं दिया। फिर बोला, "मैं क्रान्तिकारी दल में सम्मिलित हो गया हूँ।"

रजनी क्षण-भर स्थिर दृष्टि से प्रभाकर की ओर देखकर बोली, "तुम्हें अपने अलावा और किसी का भी ध्यान है?"

प्रभाकर फिर भी चुप रहा।

रजनी ने कहा, "जाओ। इस वक्त मैं कुछ बात नहीं करना चाहती!"

प्रभाकर चला गया।

इसके बाद सप्ताह-भर रजनी पति से नहीं बोली। प्रभाकर को भी उससे बोलने का साहस नहीं हुआ। वह स्वयं खाना पकाकर खाता और कॉलेज चला जाता। बीच-बीच में वह कभी-कभी रजनी की ओर करुण और स्नेह-भरी दृष्टि से देख लेता था, किन्तु बोलता कुछ नहीं था। रजनी कभी इशारे से भी उसके स्नेह का उत्तर या स्वीकृति नहीं देती थी।

आठवें दिन फिर प्रभाकर बहुत देर तक नहीं आया। लगभग बारह बजे रात को उसने आकर किवाड़ खटखटाए, किन्तु रजनी को पुकारा नहीं। ऊपर आकर वह अपने कमरे में खड़ा होकर इधर-उधर से पुस्तकें, कागज, कुछ कपड़े इत्यादि समेटकर ज़मीन पर रखने लगा।

रजनी चुपचाप खड़ी देखती रही।

प्रभाकर जब अपना काम कर चुका, तब एक अँगड़ाई लेकर खड़ा होकर बोला, "रजनी, अब भी नहीं बोलोगी?"

उसके स्वर में न जाने क्या था, रजनी को ऐसा प्रतीत हुआ मानो वह बिदा माँग रहा हो। उसने कहा, "अब भी क्या?"

प्रभाकर बोला, "रजनी, मैं इतने दिन तक तुमसे कहने का साहस नहीं कर सका..."

रजनी बोली, "ऊपर चलो, वहाँ बात करेंगे!" कहकर प्रभाकर को सोने के कमरे में ले गई और किवाड़ बन्द कर लिये।

प्रभाकर ने बिना भूमिका के कहा, "रजनी, मुझे घर छोड़कर भागना पड़ेगा...मेरे नाम वारंट निकल गया है..."

आज इस घटना को छह मास बीत गए। इन छह महीनों में रजनी ने कितने परिवर्तन देखे थे...

आज दिवाली थी, किन्तु रजनी के घर दीया नहीं जला था। दिन-भर उसने खाना भी नहीं खाया था। इससे पहली रात किसी ने प्रभाकर को बाजार में देखा था और पहचानकर पीछा किया था, इसीलिए प्रभाकर को चक्कर काटकर आना पड़ा था और आज दिन-भर वह घर से बाहर नहीं निकला था। किन्तु शाम तक भूखी रहने के बाद जब रजनी ने कहा, "कितनी फीकी दीवाली रहेगी!" तब एकाएक प्रभाकर बोला, "मैं बाहर जाता हूँ।"

"क्यों?"

"काम है।"

क्या काम है, रजनी समझ गई। उसे खेद भी हुआ कि उसने ऐसी बात क्यों कही। वह बोली, "अब बैठे रहो, यहीं से दूसरों की दीवाली देख लेंगे। तुमने तो दूसरों को सुखी करने का व्रत लिया है न!"

प्रभाकर ने रजनी के मुख की ओर ऐसे देखा मानो कुछ पूछ रहा हो, "इसमें कुछ व्यंग्य तो नहीं है?" किन्तु रजनी के मुख पर स्नेह का भाव देखकर उसे कुछ चोट पहुँची। वह बोला, "नहीं रजनी, हमें अपनी दीवाली भी अवश्य मनानी होगी। मैं मिठाई-विठाई लिये आता हूँ, तुम बैठो।"

रजनी चुप होकर बैठ गई। प्रभाकर रिवॉल्वर इत्यादि से लैस होकर चल दिया। रजनी अपनी पढ़ाई छोड़कर सामने पड़े हुए दर्पण में मुँह देखती हुई न जाने क्या-क्या सोचने लगी।

उसे अपने विवाहित जीवन की घटनाएँ याद आने लगीं, और उन घटनाओं की कटुता या प्रियता के अनुसार उसके मुख पर आलोक और छाया का एक चंचल नृत्य होने लगा किन्तु आलोक क्षणिक और छाया स्थायी होती थी। बीच-बीच में वह पास टँगी हुई घड़ी की ओर देख लेती थी।

आध घंटे से अधिक हो गया। रजनी की विचार-तरंग शान्त नहीं हुई।

इसी समय घर से कुछ ही दूर पर धड़ाके का शब्द हुआ-'ठाँय! ठाँय! ठाँय!' फिर कुछ रुककर दो बार और-'ठाँय! ठाँय!' रजनी चौंककर उठ खड़ी हुई।

लपककर उसने सीढ़ियों का निचला किवाड़ बन्द कर लिया। इस अनैच्छिक क्रिया के बाद वह फिर अपने कमरे के मध्य में आकर खड़ी हो गई। उसका मन अनियंत्रित होकर दौड़ने लगा।...

यह ठाँय-ठाँय क्यों? कहीं वही तो नहीं हुआ जिसकी आशंका थी...अब क्या होगा? पुलिस घर पर आ जाएगी...

इसी बीच फिर चार-पाँच बार लगातार धड़ाके हुए, फिर कुछ देर के बाद एक, फिर एक और...फिर शान्ति...

अगर वे बन्दी हो गए-या आहत, या...रजनी की कल्पना-भूमि पर पड़े हुए खून से लथपथ एक शरीर के चित्र के सामने आकर एकाएक रुक गई...

उसने प्रबल मानसिक यत्न से अपना मन उधर से हटा लिया और अपने कर्तव्य पर विचार करने लगी। अब मुझे क्या करना होगा?

रजनी को सहसा उस रात की याद आ गई, जब उसने प्रभाकर के साथ घर छोड़ा था।

सप्ताह-भर के मौन के बाद जब एक दिन प्रभाकर ने आकर कहा, "रजनी, मुझे घर छोड़कर भागना पड़ेगा, मेरे नाम वारंट निकल गया है।" तब रजनी चकित होकर रह गई थी। बहुत देर चुप रहकर बोली थी, "और मैं?"

प्रभाकर जानता था कि यह प्रश्न होगा, किन्तु उसके पास इसका कोई उत्तर नहीं था। वह थोड़ी देर चुप रहकर बोला, "अभी तो तुम घर पर चली जाओ, फिर कुछ दिनों में मैं प्रबन्ध कर दूँगा।"

रजनी ने कहा, "एक बात कहती हूँ, ध्यान से सुनो। मुझे साथ ले चलोगे?"

अत्यन्त विस्मित होकर प्रभाकर बोला, "तुम्हें रजनी?"

"हाँ, मुझे। मैं तुम्हारी मदद नहीं करूँगी, कर भी नहीं सकती। लेकिन तुम्हारे काम में दखल भी न दूँगी। चाहे जैसे जीवन व्यतीत करना पड़े, तुम्हें उलाहना नहीं दूँगी। तुम इतना भी विश्वास कर लो कि तुम्हारी जो बातें जान जाऊँगी वे किसी से कहूँगी नहीं। इसके अलावा और क्या करना होगा, बता दो। देखूँ, कर सकती हूँ कि नहीं।"

प्रभाकर गम्भीर होकर बोला, "रजनी, यह कोई साधारण निर्णय नहीं है। लेकिन अगर तुम इतना करने को तैयार हो तो मैं तुम्हारा कहना टाल नहीं सकता। सच बात कहता हूँ कि मुझे तुमसे इतनी भी आशा नहीं थी। इतना भी कुछ कम नहीं है। लेकिन तुम्हें बहुत कष्ट होगा।"

रजनी ने मानो बात अनसुनी करके कहा, "एक बात समझ लो। मैं साथ रहूँगी, और गूँगी-बहरी होकर रहूँगी। इतनी बात तुम्हारे फायदे की है। लेकिन मैं तुमसे सहमत नहीं हूँ, तुम्हारे आदर्शों में किसी प्रकार की सहायता नहीं करूँगी। मुझसे इस प्रकार की कोई आशा न रखो। कभी अगर तुम्हें अपने काम में मेरी मदद की

आवश्यकता पड़ी और मैंने इनकार कर दिया, तो यह न कहना कि मैंने धोखा दिया और निष्क्रिय पड़ी रही। यह शर्त मानते हो?''

प्रभाकर ने कुछ सोचकर कहा, ''अच्छी बात है, मानता हूँ।''

''तो चलो!''

निर्णय कर चुकने के बाद रजनी ने किसी प्रकार की देरी नहीं की। एक घंटे के अन्दर-अन्दर दोनों घर छोड़कर एक विराट् शून्य की ओर चल पड़े थे।...

आज ठाँय-ठाँय सुनकर उसे एकाएक इन बातों की याद आ गई। उसने मन-ही-मन कहा, 'मैं कुछ भी करने को बाध्य नहीं हूँ। क्यों न यहीं बैठी रहूँ? मुझे क्या मतलब?'

इस निर्णय पर उसका गतिशील मन नहीं रुक सका। वह फिर सोचने लगी, 'अगर मैं पकड़ी गई तब क्या होगा?' उसकी कल्पना में अखबारों की खबरें नाचने लगीं-'अमृतसर में गोली चल गई', 'एक क्रान्तिकारी बन्दी (या हत!)' 'वीर या (शायद वीरगति!) क्रान्तिकारी की पत्नी घर में गिरफ्तार...'

रजनी ने धीरे-से कहा, ''और अभी यहाँ पर एक रिवॉल्वर और कई गोलियाँ पड़ी हैं...!''

फिर वह सोचने लगी...

उसका घर एक छोटी-सी गली में था। पहली मंजिल की सीढ़ियों के दोनों ओर दो कमरे थे, और दूसरी मंजिल पर एक। सीढ़ियों पर एक दरवाज़ा नीचे था, एक पहली मंजिल पर; और दूसरी मंजिल की छत में लोहे के सींखचों का एक दरवाज़ा था। छत में ही एक छोटा-सा चौकोर सूराख था, जिसमें झाँकने से सीढ़ियों के दरवाज़े और सीढ़ियों से ऊपर आता हुआ कोई भी व्यक्ति दीख पड़ता था।

रजनी ये सब बातें एक ही तरंग में सोच गई। फिर किसी अतर्क्य प्रेरणा से वह दूसरे कमरे में गई और बक्स खोलकर टटोलने लगी। उसने रिवॉल्वर निकाला और चुपचाप भर लिया। बाकी गोलियाँ निकालकर आँचल में डाल लीं।

निचला दरवाज़ा ही वह पहले बन्द कर आई थी। अब उसने पहली मंजिल पर भी साँकल चढ़ा दी और दौड़कर छत पर चली गई। वहाँ उसने लोहे का चौखट बन्द कर दिया और सूराख के पास रिवॉल्वर लेकर बैठ गई।

फिर एकाएक उसके मुँह से निकल गया, 'यह मैं क्या करने लगी हूँ?...'

यह भाव बहुत देर नहीं रहा। क्षण-भर बाद उसने रिवॉल्वर की नली सूराख से निकाल दी और चौकन्नी होकर बैठ गई।

अभी दो मिनट भी न बीते थे कि किसी ने किवाड़ खटखटाया। रजनी और सँभलकर बैठ गई और सूराख से नीचे देखने लगी। उसने कोई उत्तर नहीं दिया, इसी प्रतीक्षा में बैठी रही कि पुलिसवाले किवाड़ तोड़ें या और कुछ आयोजन करें।

किवाड़ बड़े ज़ोर से खटखटाए जाने लगे। रजनी ने फिर भी कोई उत्तर नहीं दिया! उसकी नसें इतनी तन गई थीं कि शायद वह उत्तर देना चाहती तो आवाज़ भी नहीं निकलती...

एकाएक रजनी चौंकी। यह तो पुलिसवालों का स्वर नहीं था–यह तो उसका चिर-परिचित स्वर था–

'कल्याणी, किवाड़ खोलो!'

रजनी उठकर नीचे पहुँची तो उसकी टाँगें लड़खड़ा रही थीं...पर वह नीचे चली गई। दाहिने हाथ में थामे हुए रिवॉल्वर को पीछे छिपाकर उसने किवाड़ खोला, और बोली, "आ गए?"

प्रभाकर ने देखा, उसकी आवाज़ भर्राई हुई है। उसने किवाड़ बन्द कर लिये और ऊपर आकर पूछा, "क्या है रजनी? स्वर्ण-मन्दिर में तो खूब धूम है, आतिशबाजी छूट रही है। मैं तुम्हें नहीं ले जा सका, लेकिन मिठाइयाँ ले आया हूँ।"

रजनी ने विमूढ़-सी होकर प्रभाकर की ओर देखा, और बोली, "आतिशबाजी!" कहते-कहते उसने हाथ का रिवॉल्वर भूमि पर बिछी हुई दरी पर रख दिया और स्वयं बैठ गई।

प्रभाकर ने एकाएक उसके पास बैठकर स्नेह से पूछा, "यह क्या है, रजनी?"

रजनी ने धीरे से अपना सिर प्रभाकर के कन्धे पर टेक लिया और धीरे-धीरे रोने लगी।

प्रभाकर उसके सिर पर हाथ रखकर चुपचाप बैठा रहा।

थोड़ी देर बाद जब रजनी उठ बैठी तो प्रभाकर ने पूछा, "क्यों?"

रजनी बोली, "दीवाली मनानी है। दीये जलाऊँगी।"

प्रभाकर ने कृतज्ञतापूर्वक कोमलता से उसका हाथ दबाते हुए कहा, "और मैं भी अपनी गृह-लक्ष्मी की पूजा करूँगा।"

दिल्ली जेल, जून, 193२

क्षमा

जब मैं तुम्हारी कोठरी के आगे से जाया करूँ, तब तुम मेरी ओर ऐसी दृष्टि से मत देखा करो। मैं तुम्हारे पास नहीं आता, तुमसे बोलता नहीं, हो सकता तो तुम्हारी ओर देखता भी नहीं। पर जब सब बन्द हो चुके होते हैं, तब मेरी कोठरी खोली जाती है और मुझे घूमने को कहा जाता है, तब मुझे एकाएक अपने जीवन की निरर्थकता दीख पड़ने लगती है। मैं डरता नहीं, घबराता नहीं, कुछ भी नहीं, केवल अशान्त हो जाता हूँ, अनिश्चय से भर जाता हूँ...इसीलिए, जाते-जाते एक बार तुम्हारी कोठरी के आगे आकर, बिना रुके ही एक बार तुम्हारी ओर देख लेता हूँ।...

तुम मेरी ओर ऐसी दृष्टि से मत देखा करो। मैं नहीं चाहता कि तुम्हें यह ज्ञान भी हो कि मैंने तुम्हारी ओर देखा। मैं तुमसे आँख नहीं मिलाना चाहता। इसलिए नहीं कि मैं तुमसे झिझकता हूँ-केवल इसलिए कि मैं समझ नहीं सकता कि तुम मुझसे कैसे आँख मिला सकोगे। मेरी ओर देखकर, मेरी उन्ही आँखों में जिन्होंने आठ साल तक अखंड आग्रह और स्नेह से तुम्हारा पथ देखा है, उन्हीं आँखों में अपनी आँख गड़ाकर, तुम कैसे मेरा सामना कर सकोगे? तुम्हारा हृदय कैसा उद्वेलित हो उठेगा?

झूठ! जब तुम मुझसे धोखा कर ही गए, तब भी मैं तुमसे क्यों आशा करता हूँ कि तुम लज्जित हो सकोगे? लज्जा तो तब आती जब तुम मुझे अब भी उसी दृष्टि से देखते! पर अगर ऐसा होता, तो तुम क्या मुझसे धोखा कर सकते!

तुमने सचमुच धोखा किया है। तुम्हें मैंने किस काम के लिए रुपए दिए थे, तुमने कहाँ खर्च कर दिए? मेरे वे अभागे साथी वहाँ प्रतीक्षा में बैठे रहे, और रुपया उन्हें नहीं पहुँचा, और वे प्रतीक्षा करते-करते पकड़े भी गए, उन्हें दंड भी मिल गया...और तुम तब भी रुपया लेकर नहीं पहुँचे...न मेरे पास लौटकर ही आए...

बताओ, अगर थोड़े-से रुपये के लिए ही तुम्हारा मन विचलित हो सकता था, तो तुम इन आठ वर्षों तक क्यों न पथ-भ्रष्ट हुए? क्यों तुम तब तक विश्वास बढ़ाते गए, मेरे हृदय में स्थान करते गए, क्यों तुमने मुझ पर ऐसा अधिकार जमाया कि मेरा हृदय उसी प्रकार सम्पूर्णतः तुम्हारा हो गया जिस प्रकार मेरा मस्तिष्क सम्पूर्णतः देश का था? अगर तुम्हें जाना ही था, और इस प्रकार जाना था, तो तुम क्यों मेरे इतनी पास आए थे?

यह कैसी कमजोरी है कि इतना कुछ होते हुए भी मैं तुम्हें ही सम्बोधन करके लिखे जा रहा हूँ। जिस समय मुझे तुम्हारे धोखे का पूरा विश्वास हो गया, उसी समय मुझे चाहिए था कि तुम्हें हृदय से निकालकर फेंक दूँ, तुम्हें ऐसा भूल जाऊँ कि कहीं तुम्हारा चिह्न तक न रह जाए! और यहाँ मैं तुम्हीं को सम्बोधन करके लिखे जा रहा हूँ–रो रहा हूँ...

मुझे, न जाने क्यों, अभी तक विश्वास नहीं होता कि तुम मुझसे विश्वासघात कर सकते हो। शायद इतने वर्षों से तुम्हारा विश्वास करते-करते इसी का अभ्यास हो गया है–अब मैं उसे तोड़ नहीं पाता!

तुम, तुम वहाँ कोठरी में बैठे-बैठे क्या सोचा करते हो? ये सब प्रलयंकर विचार तुम्हारे भी मन में उठते हैं, या नहीं? अगर तुमने सचमुच विश्वासघात किया है, तो नहीं उठते होंगे। विश्वासघाती हृदय में इनकी क्षमता ही नहीं हो सकती...

पर मुझे देखकर तुम्हारी आँखें क्यों जल उठती हैं, वह क्या है? उसे क्या समझूँ, अभिनय?

नहीं हो सकता...

तुमने हिम्मत कर ही डाली!

जब मैं तुम्हारी कोठरी के आगे से जा रहा था, तब–आज तुमने आँख उठाकर देखा नहीं, सिर झुकाए ही आवाज़ दी–भइया!

यह क्या है–तुमने मुझे बुलाया! विश्वासघाती होकर भी तुम ऐसा कर सकते हो? तुम्हारी वाणी में क्या था? उस समय मुझे आश्चर्य ने पागल कर दिया, नहीं तो मैं समझ पाता।

शायद तुम्हारी वह पुकार, उसकी ध्वनि का उतार-चढ़ाव, उसका कम्पन, वह एक ही शब्द मेरे जीवन की एक अखंड ज्योतिमय स्मृति हो जाता! 'भइया'!

मैं उत्तर नहीं दे सका, कोठरी के दरवाज़े पर ही जाकर खड़ा हो गया। तुमने फिर कहा, "पास आओ।"

मैं पास क्यों नहीं गया? क्या इस डर से कि कहीं तुम्हारी आँखों में विश्वासघात न देख पाऊँ?

मैंने तुम्हारी ओर देखे बिना ही कहा, "कहो!"

"भइया, मुझसे नाराज हो?"

यह प्रश्न! मैंने झूठे विस्मय के स्वर में कहा, "अच्छा?"

आठ साल तक तुम्हें प्यार किया था, आज तुम्हें इस स्वर में कहा, बिच्छू के डंक के समान एक शब्द, "अच्छा!"

तुम फिर बोले, "उसी रुपए वाली बात से। मैं सफाई देना चाहता हूँ।"

मैंने उपेक्षा के स्वर में कहा, "ईश्वर जानता है कि मेरे हृदय में उपेक्षा थी या क्या! आज नौ साल हो चुके, मैंने तुमसे कभी किसी बात की सफाई माँगी है?'

क्या एक ही चोट काफी नहीं थी जो मैंने यह दूसरा प्रहार किया?

पर इससे तुम स्थिर हो गया। बोले, "भइया, मेरी बात सुने बिना ही तुमने निर्णय कर लिया? अगर मैं दोषी भी हूँ, तो तुम क्या इतना अन्याय करोगे?"

"अन्याय! गैरों से न्याय-अन्याय हो सकता है। तुम्हारे और मेरे बीच में भी न्याय के फैसले खड़े हो सकते हैं?"

मैंने फिर एक शब्द कहा–शब्द नहीं, एक ध्वनिमात्र, "हूँ!"

फिर वह कहानी की तरह कहने लगा–शायद वह समझ गया कि मैं बिना इच्छा जताए भी उसकी बात सुन लूँगा...कहने लगा–

"तुमने मुझे रुपए दिए थे, मैं लेकर चला। तुम्हें मैंने बताया नहीं, जहाँ तुमने जाने को कहा था, वहाँ जाते हुए राह में मेरा घर भी पड़ता था जहाँ मेरी माँ और बहिन भी रहती थीं। मैं उनसे मिलने गया था। सोचा था कि मिल लूँगा, उन्हें थोड़ी-सी सान्त्वना दे आऊँगा, और फिर अपने काम में लग जाऊँगा। लेकिन..."

तुम इतनी देर रुके रहे थे–इसी आशा से न कि मैं आग्रह से पूछूँ, "लेकिन क्या?" मैंने नहीं पूछा, दृढ़ होकर चुपचाप खड़ा रहा...तुमने न्याय माँगा था, मैं न्याय ही दूँगा, कठोर न्याय...यह प्यार का स्थान नहीं है...

तुम फिर कहने लगे, "लेकिन मैंने जो सोचा था, वह नहीं हो पाया...मैं खोजते-खोजते पहुँचा तो मेरी माँ अपने घर में नहीं, उसी घर के नए मालिक की अनुकम्पा से मिले हुए एक अस्तबल के कोने में पड़ी कराह रही थी–और बहिन शशिकला उसके पास खड़ी रो रही थी...

"माँ को कई सालों से दमे की बीमारी थी–जब मैं घर से निकला था तभी बहुत थी, बाद में तो उसका ऐसा हाल हो गया कि कभी जब दौरा आता तो साँस भी नहीं ले सकती...तब शशि उसके पास बैठकर खूब रोती, खूब रोती...

"घर में एक फूटी कौड़ी भी नहीं थी। मुझे अभी तक पता नहीं लगा कि वे गुजारा कैसे करती थीं...शशि दो-दो, तीन-तीन दिन भूखी रह जाती, और चार पैसे जोड़कर तम्बाकू ले आती। अब माँ को बहुत कष्ट होता, तो उसके पास तम्बाकू धरवाकर धुआँ दिया करती...बिचारी के पास यही एक इलाज करने की सामर्थ्य थी...

"मैं पहुँचा तो माँ को न्युमोनिया भी हो गया था। दमे के कारण श्वास नहीं आती थी, उस पर न्युमोनिया हो गया था, और बिचारी शशि ने कमरे में तम्बाकू का धुआँ कर दिया था। मैं कहने को हुआ, 'माँ, शशि, मैं आ गया हूँ।' पर 'माँ' भी पूरा कहते नहीं बना!

"जब मैंने माँ के माथे पर धीरे से हाथ रखा, तब उसने आँखें खोलीं। आँखें खुलीं, तब शायद उनमें भर्त्सना थी। किन्तु खुलते-खुलते ही उठ गई। माँ ने एक फीकी हँसी हँसी–नहीं, वह हँसी भी नहीं थी, केवल ओठों की खिंची हुई रेखा

कुछ ढीली हो गई थी–फिर उसने आँखें बन्द कर लीं और टूटे स्वर में बोली, 'मैं जियूँगी!'

''शशि से मैंने बात भी नहीं की। कहा कि तम्बाकू बाहर फेंक दो, खिड़कियाँ खोल दो, और माँ को अपना कोट उढ़ाकर उलटे-पाँव बाहर निकल गया।

''डॉक्टर ने आकर देखा, तो कुछ बोला नहीं। मुझसे कहा, 'बाहर चलो, दवाई ले आना।' बाहर आकर उसने बताया कि कोई आशा नहीं है। मैंने कहा, 'उसका हौसला तो बहुत है, जीना चाहती है', वह बोला, यह अच्छी बात है, पर फिर भी...''

''मैं दवाई लाया, साँस के लिए ऑक्सीजन लाया, बिछाने-ओढ़ने के लिए कपड़े लाया, माँ के भी और शशि के भी...और तुम्हारे दिए हुए रुपए खर्च होते गए...''

मैंने फिर तुम्हें रोककर कहा, ''क्या यही किस्सा कहना था?'' तब तुमने उत्तर भी नहीं दिया, अधिकार-भरी मुद्रा से हाथ उठाकर मुझे रोक दिया और कहते गए। आठ साल के अभ्यास से तुम मुझे बुली करना खूब सीख गए हो! तुम फिर कहने लगे–

''चार दिन तक मैं सोया नहीं, बराबर माँ के सिरहाने बैठा रहा। बिचारी शशि...मुझसे बातें करना चाहती पर चुप हो जाती कि माँ के विश्राम में विघ्न न हो...चुपचाप मेरी ओर देखा करती–मैं कहता, दवा लाओ, पानी लाओ, आग जलाकर पानी गर्म कर दो, पैर ढँक दो, तो चुपचाप वैसा करके फिर पैताने आकर बैठ जाती और मेरे मुँह की ओर देखा करती, बोलती भी नहीं...एक दिन मैंने उसकी दृष्टि से आहत होकर कहा, 'शशि, क्या देखती हो? मेरी ओर ऐसे मत देखा करो, नहीं तो मैं चला जाऊँगा।' तब उसने दूसरी ओर देखना आरम्भ किया, बोली कुछ नहीं। मैंने फिर कहा, 'शशि, ऐसे पागल हो जाओगी, जाकर सो रहो। मैं माँ के पास बैठा हूँ।' तब वह बोली, 'और तुम नहीं सोओगे?' मैंने फिर मनाकर, धमकाकर और यह वचन देकर कि दूसरे दिन मैं सोता रहूँगा और वह जगेगी, उससे स्वीकार करा लिया। वह उसी कमरे में ज़मीन पर बिस्तर बिछाकर यह कहकर लेट गई कि ज़रूरत हो तो उसे जगा लूँ, नहीं तो अच्छा नहीं होगा...थोड़ी देर में माँ सो गई। उसकी रुकती साँस की गति से मुझे एकाएक ध्यान हुआ कि शशि सो रही है। मैं कान लगाकर उसका नियमित श्वासोच्छ्वास सुनने को हुआ पर उसकी साँस सुन ही नहीं पड़ रही थी। न जाने मुझे क्या ध्यान हुआ, मैं उठकर उसके पास गया। वह सोई नहीं थी, छत की ओर दृष्टि जमाए, बड़ी-बड़ी आँखें किए रो रही थी, चुपचाप, चुपचाप...मैंने पूछा, 'शशि, यह क्या?' तब उसने आँखें बन्द कर लीं। मैंने फिर पूछा तो बोली, 'माँ अच्छी हो जाएगी तो तुम चले जाओगे,'–मैंने कहा, 'शशि, इस वक्त नहीं–मुझे अभी मत कोसो...' फिर हम दोनों चुप हो गए और वह मेरे घुटने पर हाथ रख सो गई...

"दूसरे दिन माँ की तबीयत कुछ अच्छी थी, शशि भी खुश जान पड़ती थी...सवेरे ही शशि ने मुझसे कहा, 'आज तुम सोओ। कल सवेरे उठना।' मैंने बहाना करने को कहा, 'आज बदली है, अच्छा लगता है। ठहरकर कर सोऊँगा', पर वह नहीं मानी। मैं जाकर लेट गया। समझा था कि नींद नहीं आएँगी, पर थोड़ी ही देर में बादलों की गड़गड़ाहट सुनते-सुनते सो गया।

"जब नींद टूटी तब शाम के पाँच बजे थे। मैंने शशि को छेड़ने की इच्छा से पूछा, 'शशि, सवेरा हो गया न, अब उठूँ?' कोई उत्तर नहीं मिला। मैंने उठकर देखा, शशि कमरे में नहीं थी। माँ के पास गया तो देखा, सो रही है। मैंने झुककर फिर देखा...

"माँ वहाँ नहीं थीं। उनका शरीर नीला पड़ गया था, साँस बन्द थी...जब माँ बीमार थीं तब मैं जाने कहाँ घूमता रहा, और जब मैं सो रहा था जब माँ मुझे छोड़कर चली गईं...

"मुझे याद आया कि शशि वहाँ नहीं है। मैंने पुकारा, 'शशि! शशि!' उत्तर नहीं मिला? मैं उसे ढूँढ़ने बाहर निकला–बाहर बड़े ज़ोरों से वर्षा हो रही थी...मैंने देखा, छोटे-से आँगन में शशि पड़ी भीग रही है और उसके माथे से खून बहकर पानी को रँग रहा है। मैं उसे उठाकर अन्दर लाया, वह बेहोश थी। मैंने उसे बिस्तर पर लिटाया, कमरे में आग जलाई और उसके हाथ-पैर मलने लगा कि होश आ जाए...

"रात तक होश नहीं हुआ। मैं चाहता था डॉक्टर को बुलाऊँ, पर शशि को छोड़कर कैसे जाता? रात को दस बजे शशि हिली, और कुछ देर में आँखें खोलकर शून्य दृष्टि से मेरी ओर देखने लगी। बोली, 'माँ'–और चुप।...मैंने अब सिर पर गीली पट्टी बाँधी और डॉक्टर बुलाने चला।

"डॉक्टर ने दवाइयाँ दीं। शायद माँ के बारे में पूछना चाहता था, पर वहाँ उसे पड़ी देखकर समझ गया, और बोला, 'मुझे बहुत खेद है...' मैंने कुछ कहे बिना उसे दरवाज़ा दिखा दिया। वह चला गया।

"मैंने शशि को दवा पिलाई। अब उसे होश आ गया, तब मैंने पूछा, 'शशि, माँ क्या...' आगे नहीं कह सका। शशि बोली, बहुत धीरे से, 'सुनो!' मैं और पास झुक गया। 'माँ ने पूछा था, देव कहाँ है? मैंने कहा, सो रहा है, जगा दूँ? बोली, नहीं, ऐसे ही ठीक है। फिर धीरे-धीरे मुस्कराने लगी। मुस्कराते-मुस्कराते ही–बस!' मैंने कुछ देर बाद पूछा, 'फिर? तुम बाहर कैसे गईं?' वह बोली, 'मुझसे कमरे में नहीं रहा गया। तुम्हें जगा भी नहीं सकी–तुम इतनी देर सोए नहीं थे–बाहर ही निकल गई...फिर पता नहीं क्या हुआ...'

"रात में शशि को बड़े ज़ोर से बुखार चढ़ आया। अभी पौ भी नहीं फटी थी कि वह अनाप-शनाप बकने लगी। मैंने बहुत शान्त करने की कोशिश की, पर वह

यह नहीं समझती थी कि मैं उसके पास हूँ, या मैं कौन हूँ। बहुत देर तक तो मैं उसे होश लाने की चिन्ता में था, अब निराश होकर मैं उसका प्रलाप सुनने लगा...

"वह क्या कह रही थी? अगर वह प्रलाप था तो...पर प्रलाप में भी कोई इतना तीखा उलाहना दे सकता है? वह कह रही थी, 'अब माँ अच्छी हो गई। अब तुम चले जाओ। अब मैं भी अच्छी हूँ। चले जाइए। देखो, तुम्हारा काम बिगड़ गया...'

"मैं बहुत नहीं सुन सका। मैंने ज़ोर से पुकारा, 'शशि'! उसका प्रलाप बन्द हो गया। मैं समझा कि उसे होश होने को है। मैंने फिर ज़ोर से पुकारा, 'शशिकला!' पर वह फिर पहले की भाँति प्रलाप करने लग गई।

"मुझसे सहा नहीं गया। मैं अब तक देखता आया था, सहता आया था। माँ की मृत्यु से भी मेरी आँखों में आँसू नहीं आए थे, केवल मैं और भी अधिक यन्त्रवत् होकर काम करने लगा था...इस छोटी-सी बात ने बन्ध तोड़ दिए। मैं भूमि पर बैठकर, शशि की चारपाई की बाँही पर सिर रखकर, फूट-फूटकर रोने लगा...

"शशि जाग पड़ी। जो काम इतने मनाने पर भी नहीं हुआ था, वह निस्सहायता की एक चीख ने कर दिया।

"वह बड़े शान्त स्वर में बोली, 'इधर आओ।' मैं पास गया तो बोली, 'मेरे पास लेट जाओ!' मैं लेट गया। फिर बोली, 'एक बात सुनोगे? नाराज न होना।' मैंने कहा, 'कहो।' फिर मुझे आँख बन्द कर लेने को कहकर उसने मेरे कान में धीरे से कहा, 'तुम चले जाओ।' मैंने विस्मित होकर पूछा, 'कहाँ शशि?' उसने और भी धीरे से कहा, 'तुम्हारे काम में विघ्न होता होगा–मैं जानती हूँ।' मैं चौंककर चारपाई पर उठ बैठा। मुझे मालूम हुआ कि क्षण भर से सब कुछ उबल गया है–कि कुछ रहा ही नहीं है! मैं शून्य दृष्टि से खिड़की की ओर देखता, जड़वत् बैठा रहा। शशि थोड़ी देर चुप रहकर कोमल स्वर में बोली, 'नाराज हो गए न!' मैं उत्तर भी नहीं दे सका। मैंने केवल उसके माथे पर हाथ रख दिया–यह जताने को कि नाराज नहीं हूँ। उसने मेरा हाथ अपने दोनों तप्त हाथों से बड़े ज़ोर से पकड़ लिया...

"वह फिर बोली, 'तुम समझते हो, मैं बिलकुल भोली हूँ। मैं सब जानती हूँ। जब माँ थी, तब मैंने कुछ नहीं कहा–अब कहती हूँ कि तुम अपना काम–कि अगर तुम्हारे काम में अड़चन पड़ती हो तो जाओ। अभी चले जाओ। बोलो, जाते हो न?' मैंने बहुत हिम्मत करके कहा, 'और तुम?' वह धीरे से मुस्कराई। बोली, 'मैं अच्छी हूँ। और कहो तो जल्दी से और भी अच्छी होकर बताऊँ?'

"मैंने अविश्वास-भरी दृष्टि से उसकी ओर देखा। वह बोली, 'देखो, अब मैं शान्त हूँ। अब बोलो मत...'

"हम दोनों चुप बैठे रहे। वह स्थिर दृष्टि किए न जाने क्या देखती या सोचती रही। मैंने अनुभव किया; उसका बुखार कुछ कम हो रहा है–सवेरा हो गया था।

उसने कहा, 'अब मैं अच्छी हूँ, तुम जाकर डॉक्टर को बुला लाओगे न?' मैंने प्रसन्न होकर कहा, 'अच्छा।' वह फिर बोली, 'एक और बात मानो।' मैंने पूछा, 'क्या?' तो बोली, 'अगर तुम्हें कहीं काम हो तो चले जाओ। शाम तक लौट आना।' फिर मेरे मुख की ओर देखते हुए, 'तब तक मैं बिलकुल अच्छी हो जाऊँगी।'

''मैं शशि का-सा बुद्धिमान नहीं था, क्योंकि मैंने उसे भोली समझा था! उसने कैसा धोखा दिया–तुम्हारे दिए रुपयों में से जो बचे थे, वे लेकर मैं देने चला। डॉक्टर से कहता गया कि शशि को दवाई दे दें। सोचा था कि शाम तक लौट आऊँगा। और यह भी सोचता जाता था कि माँ का दाह-कर्म करना है...जिसका मुझे अब तक ध्यान नहीं आया था...पर जब वहाँ पहुँचा तब क्या हुआ, तुम जानते ही हो...लोग गिरफ्तार हो चुके थे, मैं भी बच ही गया–घर के चारों ओर पहरा पड़ा हुआ था...'

''शशि ने कहा था, शाम तक लौट आऊँ। मैं शाम को नहीं लौटा–या कम-से-कम शशि के पास नहीं लौटा। जब सन्ध्या को छह बजे घर आया, तो देखा, शशि चुपचाप पड़ी है, उसके खुले नेत्र छत की ओर देख रहे हैं, मुख पर एकाग्र पीड़ा का भाव है...मैं उसकी निश्चलता देखकर डर गया...माँ की निश्चलता मुझे याद आ गई...मैं लपककर पास गया तो शशि भी चली जा चुकी थी। उसके सिरहाने एक बोतल उलटी पड़ी थी, उस पर लेबिल लगा था, 'विष'। मैंने उठाकर देखा, छाती में मलने का तेल था–यानी तेल की खाली बोतल थी–तेल कुछ लुढ़क गया था और कुछ...काम आ चुका था...शशि के सिरहाने पर एक काग़ज़ के टुकड़े पर लिखा रखा था, 'तुम अभी चले जाओ। मेरे कारण तुम्हारे काम में विघ्न नहीं होगा। मैं दुखी नहीं हूँ, सच्चे दिल से कहती हूँ, भगवान तुम्हें सफल करें।' बस!

''मैं परचा हाथ में लिये-लिये घर से बाहर निकला, और भागा! स्टेशन पर जाकर वहाँ से चल दिया, तुम्हारे पास आने को। फिर मैं कैसे पकड़ा गया, और क्या हुआ, यह सब तुम्हें पता है...बाद में शायद पुलिस ने ही माँ और शशि का दाह-कर्म किया। मैं एक बार उनके जीवन से निकल आया और दूसरी बार उनकी मृत्यु से, पर डर से नहीं...

''हाँ, जो रुपया बचा था, वह अब भी है। मैंने जमा कर दिया था, अब भी तुम मँगवा सकते हो।''

तुम चुप हो गए। सारी कहानी कहकर यह भी नहीं पूछा कि 'सुन ली?'

मैं भी नहीं बोल पाया। थोड़ी देर में मैं घूमकर लौटने को हुआ, तब तुमने कहा, ''भइया, मैं दोषी हूँ, मुझे क्षमा कर दो!'' और सिर झुकाए बैठे रहे। मैं जब कोठरी के जँगले के पास आया, तब भी वैसे ही बैठे रहे। मैंने कठोर स्वर में कहा, ''उठो!'' तो चुपचाप खड़े हो गए। मैंने कहा, ''पास आओ,'' तो आगे आ गए। ''और पास,

बिलकुल!'' तो जँगले से माथा टेक लिया। मैंने हाथ से झटककर ठोड़ी ऊपर उठा दी, तब तुम आँखें ही नीची किए रहे। तब मैंने कठोरता का अभिनय छोड़ दिया। धीरे-से आगे बढ़कर, आँखें बन्द करके, तुम्हारा मुँह चूम लिया...

पागल! पागल! तुम्हारा कोई ऐसा भी अपराध है जिसे मैं क्षमा न कर सकूँ-विश्वासघात के सिवाय-जिसे मैं क्षमा न कर सकूँ-

दिल्ली जेल, फरवरी, 1933

कड़ियाँ

प्रभात तो नित्य ही होता है, किन्तु ऐसा प्रभात! सत्य को जान पड़ रहा है, उसने वर्षों बाद ऐसा प्रभात देखा है–शायद अपने जीवन में पहली बार देखा है। उसमें कोई नूतनता नहीं है, कोई विशेषता नहीं है, और वह चिर–नूतन है, अत्यन्त विशिष्ट है...

आज उसे दिल्ली से मेरठ ले जाएँगे, वहाँ से उसकी कल रिहाई होनी है। सत्य तीन वर्ष से दिल्ली जेल में पड़ा है। उसे कांग्रेस–आन्दोलन के सम्बन्ध में सजा हुई थी–एक सभा का प्रधानत्व ग्रहण करने के लिए। उस दिन से वह वहाँ बैठा अपने दिन गिन रहा था–और अपनी मशक्कत कर रहा था। उसके लिए प्रभात में कोई विशेषता नहीं होती थी। जेल में प्रभात क्या है? मशक्कत करने का एक और दिन।

पर आज! आज वह जेल से निकलकर लॉरी में बैठा है। वह पुलिसवालों से घिरा हुआ है, पर जेल की दीवारों से बाहर तो है! वह अभी तक कैदी है, पर कल तो नहीं रहेगा! और कल...कल उससे कौन–कौन नहीं मिलने आएगा! तीन वर्ष तक वह अकेला पड़ा रहा है, पर कल! जो उसे तीन वर्ष से भूले हुए हैं, कल उन्हें याद आएगा कि उनका एक मित्र कभी जेल गया था और अब ख्याति पाकर निकला है! कल वे उसे घेर–घेरकर कहेंगे, तुम्हारे बिना हमारा जीवन निस्सार था। तुम देश के उद्धारकर्ताओं में से एक हो–भारतमाता के सुपुत्र। तुम्हारी देश को बहुत आवश्यकता है। और वह गौरव से कहेगा, अभी मैं और बीस दफे जेल जा सकता हूँ–जाऊँगा। अभी तो मैं कर ही क्या पाया हूँ।

क्योंकि जो कोई नैतिक जुर्म करे, वह तो दोषी ही होता है; पर जो राजनैतिक कार्य करे, उसका तो गौरव बढ़ना ही चाहिए...

सत्य प्रभातकालीन सूर्य में यही गौरव का स्वप्न देख रहा है। इसीलिए उसे जान पड़ता है, ऐसा प्रभात कभी नहीं हुआ! क्योंकि आज तो सूर्य मानो उसी के तेज़ से चमक रहा है–मानो उसी का पथ आलोकित करने को निकला है।

लॉरी चली। कोटले के पास से घूमकर वह जमुना के किनारे हो ली। वह सामने बिजलीघर है–अरे, यह कहाँ तक पानी भर आया है! सुना तो था कि नदी में बाढ़ आई है, पर इतना पानी! सड़क से कुछ ही दूर रह गया है, तमाम खेत भर रहे हैं,

मकई गल-गलकर गिर रही है-बेचारे किसान अपने फूस के छप्पर उठा-उठाकर सड़क पर ले आए हैं...

हाय गरीबी! देखो, ये लोग कैसे डिब्बों में भरे अचार की तरह भिंच रहे हैं...और आसपास ही इनके पशु खड़े हैं...लड़के-लड़कियाँ रो रही हैं-खाने को नहीं है-और कभी जब कोई भाग्यशालिनी माँ अपनी बच्ची को एक रोटी का टुकड़ा ऐसे लाकर देती है, मानो स्वर्ग की सारी विभूति छीन लाई हो और उसे दे रही हो, तब दूसरे भूखे बच्चों की मुग्ध आँखों के आगे ही कोई कुत्ता आकर उस टुकड़े को छीन ले जाता है! उसमें टुकड़े की रक्षा करने की शक्ति नहीं है-भूखा मानव भूखे कुत्ते से भी कमजोर होता है...

पर इनका जीवन कितना सरल होता है! दिन-भर भूखे रहते हैं, दुख झेलते हैं, रोते-कलपते हैं; किन्तु जब रात को सोने लगते हैं, तब शान्त और सन्तुष्ट! इनका जीवन कैसा सदा प्रेम से भरा रहता होगा-इनके जीवन में तो एक ही भावना होती होगी-प्रेम की। लोभ, मोह और क्रोध के लिए इनमें स्थान कहाँ होगा? और मैं इनकी सेवा करूँगा, इनका स्नेह पाऊँगा...

अब छूटकर इन्हीं पीड़ितों की सेवा करनी है। अबकी ऐसा यत्न करूँगा कि अपने राजनैतिक कार्य के साथ-साथ कुछ समाज-सेवा भी कर सकूँ। बाढ़ से इन लोगों को उबारने के लिए चन्दा इकट्ठा करना होगा...

लॉरी तेज़ गति से चली जा रही है मेरठ की ओर, और सत्य का मन उससे भी तेज़ गति से चला जा रहा है मेरठ से भी आगे के भविष्य की ओर...

यह क्या है? वह कौन है?

सत्य देखता है-एक अधेड़ उम्र का आदमी, नंगे-बदन, हाथ में लाठी लिये दौड़ा जा रहा है, और बीच-बीच में एक बीभत्स हँसी हँसकर कहता जाता है, "वह पाया! तेरी-!" और उससे कोई आठ-दस गज आगे एक देहाती युवती है-भय, पीड़ा, लज्जा, करुणा और एक अवर्ण्य भावना-एक बलिदान या अभिमान या दोनों की मुद्रा का एक जीवित पुंज लहँगे की परिमा में सिमटकर भागा जा रहा है। भागा जा रहा है जान लेकर। ओढ़नी का पता नहीं कैसे लहँगे का बोझ सँभाले हुए है-जब वह उछलती है, तो लहँगा कुछ उठ जाता है, घुटने तक उसकी टाँगें दीख जाती हैं-टाँगें भी पतली, बरसों की भूखी!-और पैर में चाँदी के कड़ों के नीचे खून लग रहा है, पर वे थमते नहीं-जमीन पर भी टिकते नहीं, शिकार और शिकारी का अन्तर कम नहीं होता...

लॉरी उस युवती से आगे निकल गई है-सत्य गर्दन मोड़कर देख रहा है...

यह क्या लाठी फेंकेगा? वह औरत है या दानवी? एक उछाल सत्य ने देखा, अबकी क्षण-भर के लिए घुटनों से भी बहुत ऊपर तक लहँगा उठ गया है-वह कूद पड़ी है जमुना की बाढ़ में-वह गिरी-ओफ! यह तो काँटों की एक बड़ी

झाड़ी में गिरी और धँस गई–जब तक निकलने की चेष्टा करेगी, तब तक पानी और कीच में डूब जाएगी?–कैसी घुट-घुटकर!–और काँटे...

पर अब कुछ नहीं दीखता। लॉरी आगे निकल आई है। केवल लॉरी के पहियों से उठी हुई धूल। और सरकंडे के झुरमुट। और लम्बे-लम्बे घने झाऊ। और कहीं-कहीं थोड़े-से नरसल। और एक अर्जुन के पेड़ पर से उड़ा जा रहा नीलकंठ। और जमुना का प्रवाह–एक साथ ही क्षुद्र और गम्भीर, प्रशान्त और उद्वेगपूर्ण।

लॉरी जमुना को पार कर रही है।

2

कहाँ गया वह उत्साह? कहाँ गया वह प्रभात का सौन्दर्य? कहाँ गई वह तीन वर्षों के बाद छूटने की उत्तेजना?

सत्य निष्प्रभ-सा लॉरी में बैठा है। उसकी तनी हुई शिराएँ धीरे-धीरे ढीली पड़ रही हैं, और साथ-ही-साथ उसकी उत्तेजना और उसका उल्लास भी ठंडे होते जा रहे हैं। जिस गौरवपूर्ण सार्वजनिक जीवन की उसने कल्पना की थी, उसमें इसके लिए स्थान नहीं था–इस अनियन्त्रित उन्माद के लिए, जीवन के प्रति ऐसे उपेक्षापूर्ण त्याग के लिए–इस विशेष प्रकार की पीड़ा के लिए। और सबसे बढ़कर इस भयंकर निस्सहायता के लिए, जिसका उसने आज लॉरी में बैठे-बैठे अनुभव किया, जिसके कारण उसे वह रोमांचकारी दृश्य देखना पड़ा...

वह कौन था? वह कौन थी? वह क्या था? सत्य इन प्रश्नों पर अपनी बुद्धि की कुल शक्ति खर्च कर चुका है, पर उसकी समझ में कुछ नहीं आया। और जब तक वह समझ नहीं लेगा, उसे चैन नहीं मिलेगा...

नशा उतर गया है, उल्लास बैठ गया है, उत्तेजना ठंडी पड़ गई है; पर नशे के बाद बदन टूटता है, उल्लास के बाद थकान आती है, उत्तेजना के बाद मूर्च्छा। सत्य के हाथ बहुत थोड़े-थोड़े काँप रहे हैं, और उसका मन उद्वेग से भर रहा है।

वह जो मैंने देखा, वह क्या हो रहा था? उसका और उसका क्या सम्बन्ध था? उस आदमी का मुँह जिस भाव से विकृत हो रहा था, वह क्रोध की ज्वाला थी या वासना की; वह उसके शरीर पर अपनी क्रोधाग्नि शान्त करना चाहता था या कामाग्नि? क्यों? वह कुमारी थी, या विवाहिता? (विधवा तो नहीं थी...)

जासूसों के संशयों की भाँति अनेक चलचित्र सत्य के सामने से एक-एक करके जा रहे थे। वह उसकी स्त्री है, वह सती है, पर उसका पति उस पर सन्देह करता है। नहीं, वह असती है, और पकड़ी गई है। वही किसी और की स्त्री है, और उसके पास प्रेम का प्रस्ताव लिये आई है, यह धमका रहा है। वह अविवाहिता है,

यह उसका प्रेमी; उसने विश्वासघात किया है, यह बदला ले रहा है। वह इसे प्रेम नहीं करती, यह ईर्ष्या करता है...

नहीं, उसका दोष नहीं है, उसका पिता उसकी शादी और कहीं करना चाहता है; वह आज्ञा मान लेती है, इसलिए इसे क्रोध आ गया है। तभी तो उस लड़की के मुख पर ऐसा विचित्र भाव था–जिसमें साथ ही भय और करुणा, ग्लानि और पीड़ा, और वह बलिदान और अभिमान का सम्मिश्रण हो रहा था।

यह तो तब भी हो सकता है, यदि वह बिलकुल अबोध बाला ही हो, प्रेम-व्यापार से अपरिचित, और वह कामी अपनी वासना की तृप्ति के लिए उसे अकेली पाकर पकड़ने दौड़ा है। यह भी हो सकता है–उसके मुख पर जो हिंस्र भाव था, वह क्रोध भी हो सकता है और उग्र तीप्त काम-लिप्सा भी। और उस लड़की का...

उसका मुख, वह फटी-फटी-सी आँखें...

सत्य अपनी आँखें मूँदकर उस दृश्य का पुनर्निर्माण करने का यत्न करता है। पर, कल्पना में उसे उस लड़की का मुख क्यों नहीं दीखता? वह सामने जमुना का बढ़ा हुआ गँदला पानी–वह सरकंडों के झुरमुट–ये कँटीली झाड़ियाँ–वह पीछे लाठी लिये दौड़ा आ रहा है–वह कूदी–उसके अस्त-व्यस्त, कपड़े और बिखरे बाल–उड़ता हुआ लहँगा–सब कुछ दीखता है; पर मुख क्यों नहीं याद आता? सत्य खीझकर आँखें खोलता है, फिर बन्द करके केवल उसके मुख पर ध्यान केन्द्रित करता है। पर वहाँ तो शून्य-ही-शून्य दीखता है, मुख नहीं। वह प्रकम्पित चोली, वह लहँगा–

नहीं, लहँगा-वहँगा कुछ नहीं सोचूँगा! वह मुख!

सत्य फिर चेष्टा करता है। उसके लिए, वह बहुत धीमे स्वर में उस मुख की एक-एक विशेषता का वर्णन करता है, और उसे ध्यानावस्थित करके एक मूर्त आकार देने की चेष्टा करता है।

बिखरे हुए केश; रंग न साँवला, न गोरा, कुछ साँवलेपन की ओर अधिक; गठन न सुन्दर, न कुरूप, किन्तु एक अनिर्वचनीय लुनाई लिये हुए; भँवें मानो एक-दूसरे को छूने के लिए बाँहें फैला रही हों; आँखें–आँखें तो सोची ही जा सकती हैं, शब्दों में बँध नहीं सकतीं; नाक छोटी-सी थी; ओठ खुले, निचला ओठ कुछ भरा हुआ, कोने खिंचे और कुछ नीचे झुके हुए; कोने के पास–क्या तिल? और ठोड़ी–

खाक-धूल! सत्य का कल्पना-क्षेत्र तो वैसा ही शून्य है! वह उसके मुख के एक-एक अंग की एक-एक खूबी का बखूबी वर्णन कर सकता है; पर उसके मूर्त चित्रण में उसकी कल्पनाशक्ति जवाब दे जाती है!

वह झुँझलाकर सोचता है, इस विषय को भुला दूँगा। वह मुँह फेरकर सड़क पर भागती हुई लॉरी के इंजन के बोनट (शीर्ष) पर लगे हुए गरुड़ चिह्न की ओर देखने लगता है। वह पीतल का गरुड़ पंख फैलाए हुए ऐसा सन्नद्ध खड़ा है, जैसे किसी शिकार पर झपट पड़ने की क्रिया में ही रुक गया हो।

या, जैसे वह स्त्री–बाढ़ के पानी में अधडूबी साड़ी में कूदते समय थी–तना हुआ शरीर, फैले हुए डैने की तरह लहँगा, नंगी टाँगें...

छिः!

मानो संसार में उन नंगी टाँगों के अतिरिक्त कुछ रह ही न गया हो–क्यों बार-बार मेरी दृष्टि के आगे वे ही आ जाती हैं? क्या इन दो–तीन वर्षों के दूषित वातावरण ने मेरे मन को भ्रष्ट, पतित, व्यभिचारी बना दिया है? मेरे मन को, जिसे अभी देश का इतना कार्य करना है, जो भारतमाता का सुपुत्र होने का दावा करता है?

और सत्य का–भारतमाता के सुपुत्र सत्य का–ढीठ मन फिर भागा। अबकी बार बड़ी दूर। सैकड़ों मीलों की मंजिल मारकर, सैकड़ों दिन का व्यवधान पार कर। तब जब सत्य ने नया–नया बी.ए. पास किया था और छुट्टियों के लिए काश्मीर जा रहा था। और किस सम्बन्ध से वह इतनी दूर भागा, यह वही जाने। सत्य तो नहीं जानता–अभी इस पर ध्यान देने की फुरसत भी कहाँ? वह तो अभी कुछ और ही दृश्य देख रहा है। वह नहीं देख रहा, दृश्य स्वयं ही बाढ़ की तरह उमड़ता हुआ उसकी चेतना को परिप्लावित कर रहा है...

3

मुजफ्फराबाद की तलहटी में दोपहर।

जेहलम और कृष्णगंगा, दोनों ही में बाढ़ आई है। दोनों ही के पुल खतरे में हैं। जो लोग एबटाबाद से काश्मीर आते हैं, वे यहीं पर दोनों नदियाँ पार करते हैं किन्तु पुल खतरे में होने के कारण आजकल लॉरियाँ उन्हें पार नहीं कर सकती, इसलिए एबटाबाद की ओर से आने वाले यात्री दोनों पुल पैदल पार करते हैं और दुमेल में दूसरी लॉरियों में बैठकर कश्मीर जाते हैं। और जो लारियाँ कोहाला होकर आती हैं, वे इन यात्रियों को लेने के लिए दुमेल में रुकी रहती हैं।

सत्य जिस लॉरी में आया है, वह रात को दुमेल पहुँची थी और एक दिन दुमेल ही में प्रतीक्षा में रुकेगी। सत्य कोई जल्दी नहीं थी, इसलिए वह इस प्रोग्राम का विरोध नहीं कर रहा है।

वह रात को अपनी छोटी दूरबीन, दो-तीन कम्बल, कमीज, निकर और तौलिया लेकर दुमेल में जेहलम का पुल पार करके दोनों नदियों के संगमस्थल के ऊपर त्रिकोण में बसी हुई बस्ती मुजफ्फराबाद में घुस गया था। उसे आशा थी, कहीं रात काटने का प्रबन्ध हो जाएगा। जब उसे निराशा हुई, तब वह सड़क पर से नीचे उतरकर कृष्णगंगा के तट पर पहुँचा। वहीं वह बिस्तर लगाने के योग्य कोई स्थान ढूँढ़ रहा था, तो उसने देखा, वहाँ से कुछ ही दूर पर से छोटे-से सोते के पास, जिसमें किसी वन्य-वृक्ष की आगे निकली हुई छाल से रो होकर मोतियों की लड़ी-सी पानी

की धार आ रही थी, दो-चार बड़ी-बड़ी सिलें जोड़कर एक चबूतरा-सा बनाया गया। उसने मन-ही-मन सोचा, 'मुसलमानों की पाकगाह होगी', और वह उसी पर कम्बल बिछाकर पड़ गया।

वह थी कल की बात। सुबह वह उठा, तो देखा, उस झरने पर कई-एक स्त्रियाँ पानी भरने के लिए जमा हो रही हैं। उसे उठा देखकर उन्होंने लम्बे-लम्बे घूँघट तान लिये। सत्य थोड़ी देर उन्हें देखता रहा, फिर उठकर घूमने लगा और आसपास लगी हुई जंगली झरबेरियाँ बीन-बीनकर खाने लगा...

अब तीसरे पहर वह दोबारा सोकर उठा है। जंगली अखरोट के पेड़ों से छनकर आती हुई धूप में दोपहर-भर सोने से उसके शरीर में एक अपूर्व मस्ती छा गई है। वह उठकर नदी के किनारे पर बैठा है और नहाने का निश्चय करके भी आलस किए जा रहा है-वह मस्ती इतनी मधुर मालूम हो रही है...

सत्य जहाँ बैठा है, वहाँ से कृष्णगंगा के श्याम और जेहलम के मटमैले पानी का संगम दीख पड़ता है। कृष्णगंगा के परली पार सत्य देख रहा है, पाँच-सात गूजरियाँ क्रीड़ा कर रही हैं। सत्य को उनके मुख स्पष्ट नहीं दीखते; पर फिर भी वह उन्हें अच्छी तरह देख सकता है।

सत्य कपड़े उतार चुका है और पानी में घुस गया है। वह किनारे के पास ही जल में बैठ गया है, उसका सिर-भर पानी के बाहर है। दूर से श्यामल पानी में शायद वह बिलकुल ही अदृश्य हो जाए।

गूजरियाँ भी नहाने की तैयारी कर रही हैं। उन्होंने परस्पर हँसी करते-करते कपड़े उतार फेंके हैं, और रेत पर लेटी हुई धूप सेंक रही हैं।

सत्य पानी में बैठा हुआ उन्हें देख रहा है। वह अपना स्नान भूल गया है, किनारे से दूरबीन उठाकर देख रहा है। उसे क्षीण-सा ज्ञान है कि वह अच्छा नहीं कर रहा है; पर साथ ही यह विचार उसे प्रोत्साहन दे रहा है कि वह परले पार से नहीं दीखता। और फिर जब वे खुलेआम नहा रही हैं, तो अनेक लोग उन्हें देख रहे होंगे, वह अकेला थोड़े ही है!

सत्य, तू कब तक ऐसा बैठा रहेगा? अपने जीवन की जिन दबी हुई शक्तियों को तू आज उन्मुक्त कर रहा है, वे कहीं तुझे ही न कुचल डालें...

उँह! वह देखो, गूजरियों के साथ दो छोटी-मोटी लड़कियाँ हैं, कितने तीव्र स्वर से हँस रही हैं! सत्य को जान पड़ता है, या भ्रम होता है कि वह नदी के प्रवाह-मर्मर के ऊपर उस तीखे स्वर को सुन सकता है।

वह एक युवती उठकर चट्टान पर खड़ी हुई है और सूर्य की ओर उन्मुख होकर अँगड़ाई ले रही है मानो कोई वनसुन्दरी सूर्य को ललकार रही है-तू सुन्दर है या मैं? उसने कन्धे पर अपना काला पैरहन रखा हुआ है, जिसके मुकाबले में उसका शरीर अत्यन्त गोरा जान पड़ रहा है।

बहुत देख लिया। वे शक्तियाँ तुझे नहीं छोड़ेंगी। तेरी मानवता पुकार रही है–तेरी दासताबद्ध स्वाभाविक कामनाएँ अत्यधिक नियन्त्रण के कारण और अधिक बलवती होकर फूट निकली हैं! तू सँभल–इस अपूर्व उत्तेजना को दबा डाल!

और यह सोचते-सोचते उसने दूरबीन किनारे पर रखी, एक लम्बी साँस ली और फिर गोता लगा गया। जब उसका सिर पानी से बाहर निकला, तब वह आधी से अधिक नदी पार कर आया था। उसने पानी में उछलकर साँस ली। उसकी आँखों ने तब तक वह चट्टान खोज ली...

वह चौंकी–उसके ओठ कुछ खुलकर फिर एक भय और विस्मय की चीख को पी गए–उसका मुख क्षण ही में भय, लज्जा, शायद पीड़ा और एक साथ ही कोमल और कठोर अभिमान की छाया दिखा गया। उसी क्षण में उसने हाथ तनिक ऊपर उठाए और एड़ियों पर सध गई। अगले क्षण सत्य ने देखा, मानो एक बड़ा-सा काला गरुड़ अपने डैने फैलाए उस चट्टान पर मँडरा रहा है–वह युवती पानी में कूद पड़ी है और बैठ गई है, और उसका काला पैरहन पानी पर तैर रहा है। और उसी क्षण में सत्य झेंपा हुआ, लज्जित; पानी में ही पसीना आ रहा है।

सत्य लड़खड़ाकर गिरा। सैकड़ों मील, सैकड़ों दिन का व्यवधान पार करते हुए–मुजफ्फराबाद से मेरठ...

सत्य, भारतमाता का सुपुत्र, आवेश में आकर लॉरी में ही खड़ा हो गया है। पुलिसवाले चौंककर उसकी ओर देखते हैं। वह घोर लज्जा का अनुभव कर रहा है–उसके माथे पर पसीना आ गया है।

और जिस चेहरे की कल्पना करने की चेष्टा में उसने इतनी शक्ति लगा दी थी, इतनी शक्ति लगाकर भी असफल रहा था, वह उसके सामने नाच रहा है। एक अकेला नहीं, हजारों। सत्य को देख पड़नेवाला कुल वायुमंडल ही सहस्रों वैसे चेहरों से भर गया है–वही बिखरे केश, मिलती भँवें, अनुपम आँखें, भरे ओठ, वही विचित्र मुद्रा। भय, लज्जा, पीड़ा, करुणा, ग्लानि। वह कोमल और कठोर बलिदान या अभिमान।

यह सब उसकी उत्तेजना की उठान में नहीं, किन्तु तब, जब भारतमाता का सुपुत्र आत्म-ग्लानि का पुंज बनकर फिर बैठ गया है।

जिस चीज़ को मैं समझता था कि मैंने अपने आदर्श जीवन में भुला दिया है, वह अभी तक मेरे भीतर इतने उग्र रूप में विद्यमान है–भारतमाता के सुपुत्र! देश के उद्धारकर्ता! छि:-छि:!

4

रिहा तो हर हालत में होना ही था; किन्तु सत्य जिस सुख और गौरव की कल्पना कर रहा था, उसका अणुमात्र भी उसे नहीं प्राप्त हुआ। जब भीड़-की-भीड़ लोगों

की उसे लेने आई, जब उसके 'इष्ट-मित्र' (जो तीन वर्ष तक उसकी स्मृति को हृदय में छिपाए बैठे थे) उसे बढ़ावा देते हुए खींचकर ले गए और लॉरी में बिठाकर देहली चलने को हुए-उसके नाम के नारे लगाते हुए-तब सत्य को ऐसा प्रतीत हुआ, वह बच नहीं सकेगा; लज्जा से वहीं धँस जाएगा। उसके जी में आया, चिल्लाकर कहूँ-मैं अत्यन्त नीच, घृणित, पतित हूँ; मुझे धक्के दे-देकर निकालो-नहीं, फिर वापस जेल भेज दो! मैं इसी योग्य हूँ। उसे जान पड़ा, अगर यह नहीं कहूँगा, तो जल जाऊँगा, ज्वालामुखी की तरह फट पड़ूँगा।

पर उसने कहा नहीं। उसके मुँह से बोल नहीं निकला। केवल जब किसी ने पूछा, "आपको अभी से देश की चिन्ता लग गई?" और सत्य ने देखा कि पूछनेवाले की मुद्रा में व्यंग्य का नहीं, श्रद्धा का-सा भाव है, तब उसने ग्लानि और क्रोध की पराकाष्ठा में, उसी को छिपाने के लिए, जैसा भी सूझा, अच्छा-बुरा, भद्दा मजाक करना शुरू किया, और फिर ऐसा चला कि बस रुकने में ही नहीं आया।

पर जमुना के पुल के पास पहुँचते-पहुँचते फिर वही हाल। सत्य चुप-गुम-गुम। लोग बात करते हैं, तो उत्तर नदारद-मानो सुना ही नहीं।

पुल पार करते ही सत्य ने कहा, "लारी रुकवाओ, उतरूँगा।"

दोस्तों ने विस्मित होकर कारण पूछा तो-किसी से इधर मिलने जाना है। शाम तक नहीं रुक सकता।

कोई साथ चले? नहीं, अकेले जाएँगे। प्राइवेट काम है।

लीडर के सौ खून माफ। सत्य को उतारकर लॉरी आगे बढ़ी। सत्य जल्दी-जल्दी बेला रोड पर चलने लगा। न जाने किस आशा में उसने इस पर कोई विचार नहीं किया था। वह चलता जा रहा था और उसकी आँखें आसपास किसी परिचित चिह्न की तलाश में फिरती थीं!

ये रहे नरसल-और वह रहा झाऊ-वह सामने सरकंडे का झुरमुट-मकई का तो कहीं नाम-निशान भी नहीं दीख पड़ता, वह तो बिलकुल बैठ गई है। अब तक तो सड़ गई होगी। और यह-

सत्य ठिठक गया।

यह सामने वही कँटीली झाड़ी है। आसपास कहीं नहीं कोई दीख पड़ता। दूर पर फूस के छप्पर पड़े हैं; पर उनके पास-पड़ोस में कोई मानवीय आकार नहीं दीखता। क्या करूँ। उतरकर देखूँ, झाड़ी में क्या है? अगर कुछ होता भी, तो अब तक कौन छोड़ेगा? शायद खून के कतरे-

नहीं, कुछ नहीं है। स्वप्न में भले ही आग देखी हो, दिन में उसका धुआँ भी नहीं नज़र आता।

सत्य बैठा है। संसार अपनी अभ्यस्त गति से चला जा रहा है; पर सत्य के लिए नहीं। उसके लिए सृष्टि मर चुकी है। अब रह गया है वह और एक वायदा। एक

वायदा जो कि पूरा नहीं हुआ। न होगा। न हो सकता है। वह अब वैसा ही है, जैसे कोई प्रेमिका मिलने का वचन देकर मर गई हो और उसका अभिसारी प्रतीक्षा में बैठा रहे। दिन, महीनों, बरसों नहीं; अनन्त काल तक प्रतीक्षा में बैठा रहे...दिन ढल गया है, जमुना का गँदला पानी सान्ध्य धूप में ताँबे-सा दीख पड़ता है, और नरसल ऐसे, जैसे ताँबे को जंग लग गया हो; हवा चलने लगी है, और उससे पानी वृद्धिगत होते हुए 'घर्र-घर्र' शब्द के साथ ही नरसल और झाऊ की दर्द-भरी सरसराहट मिल गई है; दूर कहीं से पक्षियों के रव से न छिपा सकनेवाली पड़कुलिया की पुकार कह रही है, 'तू-ही-तू!' पर इस परिवर्तन में सत्य का संसार अपरिवर्तित खड़ा है-पत्थर पर खिंचे हुए चित्र की तरह जड़!

वह जो बुड्ढा चला आ रहा है, सत्य ने उसे नहीं देखा; पर वह सत्य की ओर आ रहा है, बात करना चाहता है।

"बाबूजी, यहाँ क्या कर रहे हो?"

सत्य ने चौंककर कहा, "क्यों?"

"बाबूजी, यहाँ मत बैठो, यह जगह अच्छी नहीं है।"

"क्यों?"

"क्या बताएँ बाबूजी, यहाँ तो कल गाँव के नाम को बट्टा लग चला था।"

सत्य जानता था कि यह भ्रम है; पर उसे मालूम हुआ, पानी से एक पुकार उठ रही है-'हाय मोहे बचइयो!' वह सम्हलकर बैठ गया और बोला, "क्या बात हुई?"

"बात कुछ नहीं, खेत के बारे में कुछ झगड़ा हो गया था, उसी से लड़ाई हो गई-"

"सो कैसे?"

बुड्ढे ने खखारकर पूछा, "बाबूजी, आप तमाखू पीते हैं?" और जवाब पाकर थोड़ी देर चुप रहकर कहने लगा, "हमारे गाँव में एक ही बड़े किसान हैं, बाकी हम तो सब गरीब लोग हैं। ये आसपास के सब खेत उनके ही हैं। हमारा तो कहीं एक-आध खेत होगा। जब बाढ़ आई, तो हम सब अपने छप्पर इधर सड़क पर ले आए। एक गरीब घर का छप्पर भी बह गया था। वे रात-भर भीगते बैठे रहे थे। उसके घर में एक लड़का बेराम था। उसकी माँ रोती थी। बाप तो कहीं काम को गया हुआ था। घर में मर्द कोई था नहीं, एक अकेली बहू थी-उससे यह रोना देखा नहीं गया। वह सास से बोली कि मैं थोड़े झाऊ और नरसल ले आती हूँ, बच्चे के लिए छपरिया छा लेंगे। वह उठकर-"

"तो और किसी ने उन्हें जगह नहीं दी?"

"और कहाँ से देते! वे सब तो आप भीग रहे थे-छप्परों में जगह कहाँ थी? हाँ, तो वह हँसुई लेकर चल दी। पता नहीं, किधर गई। हमने थोड़ी देर बाद सुना

कि उसकी चौधरी के बेटे से रार हो गई है! वह पूछ रहा है कि मेरे खेत से मकई काट रही है? तो वह जवाब देती है कि मैं नरसल काटने आई हूँ। वह गाली देता है कि साली, झूठ बोलती है, तो वह कहती है कि जबान सँभालकर बात करो। वह और गाली देता है तो वह माँ-बहिन की याद दिला देती है।''

''पर मकई तो वैसे ही गल गई, काम तो आती नहीं-?''

''बाबूजी, अपनी चीज़ सड़े तो, गले तो, अपनी ही है।''

''पर-'' कहकर सत्य चुप हो गया। बुड्ढा फिर कहने लगा-''हाँ तो, थोड़ी देर में दोनों चुप हो गए-हम सोचते रहे कि क्या हुआ है। तब बहू लौट आई-थोड़े से नरसल काट लाई थी-उसमें दो-चार पौधे शायद मकई के भी थे।''

''फिर?''

''हमने बहू की सास से कहा कि उसे समझा दे, गाँव के चौधरी से रार करना अच्छा नहीं होता। बहू कुछ नहीं बोली। घूँघट काढ़कर छपरिया छाने बैठ गई। हमने समझा कि बात खतम हो गई है!''

''फिर?''

''तब भोर होने वाला था। बरसात बन्द हो चुकी थी। धूप निकल आई, तब हम बाहर निकलकर बदन सुखाने लगे। पर वे सास-बहू बैठी रहीं-बहू अभी तक अपना काम किए जा रही थी। तभी हमने सुना, सास बड़े ज़ोर से चीख पड़ी! बच्चा एक बार छटपटाकर मर गया...

''हम धीरे-धीरे उसके पास गए कि समझाएँ, दिलासा दें। बहू ने काम करना बन्द कर दिया; सन्न-सी वहीं बैठ रही। हम भी कुछ कह नहीं पाए थे, अभी चुप ही थे कि चौधरी का बेटा एक लाठी लिये आया और उसे देखकर बोला-''क्यों री, तू ही चुराकर लाई थी न मकई?'' और कहते-कहते लाठी से उसकी बनाई हुई अधूरी छपरिया को बिखेर दिया। उसमें एक-आध पौधा मकई का दीख पड़ा, तो लाठी से बहू को धकेलते हुए बोला, ''अब क्यों बोल नहीं निकलता?'' और गन्दी गाली दी। तब बहू ने घूँघट हटा दिया और बोली-''चौधरी, अपना काम करो, गरीबों को सताना अच्छा नहीं।''

''चौधरी और भी गर्म हुआ। गालियाँ देने लगा और एक लाठी भी बहू की टाँग में जमा दी। बहू हमारी ओर देखकर बोली, 'तुम लोग देखते नहीं हो?' पर हम सब ऐसे घबरा गए थे कि हिल-डुल भी न सके, बोले भी नहीं। इतनी देर में उसने एक लाठी और मारी। बहू हटकर बची तो, पर उसके पैर में चोट लगी। तब वह भागी और चौधरी उसके पीछे-पीछे।''

''फिर?''

''हम वहीं बैठे रह गए-फिर क्या हुआ, हमने नहीं देखा-''

सत्य को ऐसा हुआ, कहूँ, 'मैंने देखा! मैंने देखा' पर वह चुपचाप सुनता रहा।

''जब हमने फिर देखा, तो चौधरी इसी जगह खड़ा था। और वह वहीं झाड़ी में डूब रही थी। हमने मिलकर उसे निकाला, वह बेहोश थी। उसके कई जगह चोटें थीं, खून बह रहा था।''

''फिर?''

''फिर हम उस अस्पताल में ले गए। वहाँ पड़ी है। अभी तक होश नहीं आया। बचेगी नहीं।''

बुड्ढा चुप हो गया। थोड़ी देर बाद सत्य ने पूछा, ''और चौधरी?''

''चौधरी क्या?'' प्रश्न में ऐसा विस्मय था, मानो सत्य का प्रश्न उठ ही नहीं सकता–उसका उत्तर इतना स्वतःसिद्ध है! हाँ, चौधरी क्या? चौधरी कुछ नहीं। वह तो चौधरी है ही।

बहुत देर मौन रहा! बुड्ढे ने देखा, सत्य चुप है, न जाने किस विचार में लीन है। वह निराश-सा होकर वृद्धों के प्रति संसार की उपेक्षा का विचार करके चला गया।

सूर्यास्त हो गया। अँधेरा हो गया। तारे निकल आए। पक्षियों का रव बन्द हो गया। पानी की घरघराहट और गम्भीर हो गई पर सत्य का पत्थर में खिंचा हुआ संसार नहीं पिघला–नहीं पिघला।

एक पत्थर का बुलबुला था, ठोस, अपरिवर्तित, मुर्दा। किन्तु बुलबुला होने के कारण वह जीवन की निरन्तर परिवर्तनशीलता, विचित्रता, रंगीनी और क्षुद्र नश्वरता का द्योतक बना रहता था। वह चिह्न था अनुभूति का, प्रेम का, उत्साह का, किन्तु उसकी वास्तविकता थी छलना, वेदना, वज्र कठोरता, मानव के जीवन का नंगापन...

वह बुलबुला फूट गया है, इसलिए उसका भेद खुल गया है। सत्य भी देख सकता है कि वह जीवन का सौन्दर्य नहीं, उसके पीछे निहित कठोरता है; वह पत्थर है जो नहीं पिघलेगा, नहीं पिघलेगा।

5

कहानी जीवन की प्रतिच्छाया है, और जीवन स्वयं एक अधूरी कहानी है, अधूरी कहानियों का संग्रह है; एक शिक्षा है, जो आयु-भर मिलती रहती है और कभी समाप्त नहीं होती। हमारी कहानी का भी सच्चा अन्त तो यही है। मुजफ्फराबाद वाली बात भी अधूरी, जमुना किनारे की बात भी अधूरी, देशसेवा की बात भी अधूरी, जीवन ही अधूरा रह गया है...पर, जिस प्रकार किसी लेखक की मृत्यु के बाद छपी हुई अधूरी कहानियों को पढ़कर भी उसके जीवन की प्रगति का एक पूरा चित्र खींचा जा सकता है, उसी प्रकार संसार की अपूर्ण विशालता में, विशाल

अपूर्णता में भी एक तथ्य मिलता है, एक प्रवाह, एक तारतम्य, एक किसी निश्चित, परिपूर्ण फलन की ओर अग्रसर होती हुई अचूक प्रगति...

सत्य का स्वप्न बिखर गया है। उसकी दबी हुई कामनाएँ और लिप्साएँ दबी ही रह गई हैं। सत्य की बुद्धि ने उन्हें बाँधकर कुचल डाला है, फूटने नहीं दिया। पर उन्होंने भीतर-ही-भीतर फैलकर सत्य की मानसिक प्रयोगशाला में न जाने कौन-कौन से अभूतपूर्व रसायन तैयार किए हैं, और वे रसायन न जाने किन-किन शक्तियों से लदे हैं, सत्य को किधर धकेल ले जाएँगे! उसके कौन-कौन से आदर्श तोड़ेंगे। उसकी मेहनत से संचित की हुई, या दबाई हुई, किन-किन गुप्त स्मृतियों को उखाड़ फेंकेंगे, नंगा कर देंगे। उसकी किन-किन सदभिलाषाओं को, उच्चतम आकांक्षाओं, उत्सर्ग-चेष्टाओं की व्युत्पत्ति पतित-से-पतित, गर्हित-से-गर्हित, जघन्यतम धातुओं से सिद्ध कर देंगे। प्रेम-जीवन के किस-किस कमल का उद्‌भव वासना-सर के किस गँदले कीच से कराएँगे...

और यह सारी विराट् क्रिया मानव के लिए एक अपूर्णता ही रह जाएगी, जिसे वह समझकर भी नहीं समझेगा। वह इसकी तरतमता को नहीं समझ पाएगा। जैसे ऑक्सीजन और हाइड्रोजन को मिलाकर जलाएँ-एक धड़ाका होता है और हम देखते हैं, न ऑक्सीजन है न हाइड्रोजन। उसे हम विस्फोट कहते हैं। पानी बनने की इस क्रिया में हम उसकी अनिवार्य परात्परता नहीं देखते-हम यही समझते हैं कि दोनों गैसों की जीवनी अधूरी रह गई-एक विस्फोट में उलझकर खो गई।

ऐसा ही विस्फोट सत्य के जीवन में भी हुआ; पर हमारी कहानी का वह अंग नहीं है, क्योंकि हमारी कहानी की सम्पूर्णता विस्फोट के पूर्व के इस अधूरेपन में ही है। उस विस्फोट का इस प्रारम्भ से कोई सम्बन्ध नहीं था, फिर भी जीवन की विशाल असम्बद्धता में वे दोनों एक ही क्रिया की दो अभिन्न कलाएँ थीं।

इस घटना के दो वर्ष बाद सत्य की मृत्यु हो गई। मृत्यु नहीं हुई, हत्या हुई। संयुक्तप्रान्त में जो किसान-विद्रोह हुआ, उसके प्रपीड़ित, अज्ञात, नाम से घबरानेवाले, बल्कि नामहीन अगुओं में से सत्य भी एक था। उसी सिलसिले में एक गाँव में 'शान्ति-स्थापना' के समय पुलिस के हाथों गोली से वह मारा गया। किसी ने यह भी न जाना कि भारतमाता के उस सुपुत्र का समाधि-स्थल कहाँ रहा।

यह भी अपूर्ण कहानी है। किन्तु इन अनेक टूटी-फूटी कड़ियों को जोड़ देने पर जीवन-शृंखला पूरी हो जाती है। यह और बात है-कि इन कड़ियों को जोड़ देने की शक्ति मानव में नहीं है-कि इसके लिए हमारे जीवन-संघर्ष की अपेक्षा कहीं अधिक ताव की, कहीं अधिक प्रोज्ज्वल भट्ठी की आवश्यकता है।

मुल्तान जेल, नवम्बर, 1933

एकाकी तारा

ऐसा भी सूर्यास्त कहाँ हुआ होगा...उस पहाड़ की आड़ में से सूर्य का थोड़ा-सा अंश दीख पड़ रहा है, और उसके ऊपर आकाश में, बहुत दूर तक फैली हुई एक लम्बी वारिदमाला लाल-लाल दीख रही है, मानो प्रकृति के बालों की लाल-लाल लटें...

या, जैसे सूर्य को फाँसी लटका दिया हो, और किसी अज्ञात कारण से फाँसी की रस्सी खून से रँगी गई हो...प्रतीची की विशाल कोख भी तो मानो सूर्य को लील लिये जा रही हो...

सूर्यास्त हो गया है। पर वह स्त्री-या युवती-उसी प्रकार निश्चल खड़ी, स्थिर दृष्टि से पश्चिमी आकाश को देख रही है...आसपास के सुरम्य दृश्यों की ओर सामने बहती हुई छोटी-सी पहाड़ी नदी के स्वच्छ अन्तर की ओर, सामनेवाले पहाड़ की तलहटी से आती हुई बीन की अत्यन्त कम्पित, क्षीण ध्वनि की ओर उसका ध्यान नहीं जाता...वह अत्यन्त एकाग्र हो, समाधिस्थ हो पश्चिम आकाश को देख रही है...मानो इसी पर उसका जीवन निर्भर करता है, मानो वह आकाश में बिखरे हुए रक्त को पीकर शक्ति प्राप्त करना चाहती है; किन्तु जीवन न पाकर विष ही पाती है, फिर भी छोड़ नहीं सकती, मूर्च्छित भी नहीं होती...

सान्ध्य आकाश में थोथे सौन्दर्य के अतिरिक्त कुछ नहीं होता...किन्तु जो अपने हृदयों में ही एक काल्पनिक संसार बसाए हुए उसे देखने आते हैं, जिनके अन्दर एक थिरकती हुई किन्तु अस्फुट प्रसन्नता होती है, या जो भीतर-ही-भीतर किसी गहरी वेदना से झुलस रहे होते हैं, उनकी तीखी अनुभूतियाँ उस आकाश में अपने ऐसे अरमानों का प्रतिबिम्ब पा लेती हैं, उनके लिए संसार की सम्पूर्ण विभूतियाँ, कोमलतम भावनाएँ, उसमें केन्द्रित हो जाती हैं-उस प्रदोषा के आकाश में...

वह देख रही है, और देखती जाती है...इस दृश्य को उसने सैकड़ों बार देखा है, उन दिनों भी जब उसमें थोथे सौन्दर्य के अतिरिक्त कुछ नहीं था (उसके जीवन में भी ऐसे क्षण थे-वह जो आज समझती है कि उस पर काल का बोझ अनगिनत वर्षों से पड़ा हुआ है!) और उन दिनों भी, जब वह उसमें संसार की समग्र व्यथा और वेदना का प्रतिबिम्ब देख पाई है...पर वेदना का चिन्तन भी मदिरा की तरह होता है, ज्यों-ज्यों उन्माद बढ़ता जाता है, त्यों-त्यों उसकी लालसा तीखी होती जाती है...

वह उस उन्माद के पथ पर बहुत दूर अग्रसर हो गई है। एक परदा उसकी आँखों के आगे छा गया है, और एक सूर्यास्त के छायापट के आगे। पर इन तीनों पटों की आड़ से भी उसकी तीव्र दृष्टि आकारों को भेदती हुई चली जा रही है, देख रही है, पढ़ रही है जीवन के नग्न सत्यों को...

इस भीषण शिक्षा से चौंककर, कभी-कभी उसकी दृष्टि एक दूसरी ओर फिरती है-उसके हाथ की ओर, जिसमें वह एक छोटा-सा पुरजा थामे हुए है। वह पढ़ना नहीं जानती, पर आह! कितनी तीव्र वेदना से, कितनी मर्मभेदी उत्कंठा से, वह उस पुरजे पर लिखी हुई दो-चार सतरों को देखती है; मानो उसके नेत्रों की ज्वाला से ही पत्र का आशय जगमगाकर हृदय में समा जाएगा...

वह पढ़ना नहीं जानती, पर पत्र में क्या लिखा है, वह पढ़वाकर सुन आई है...भाई की तारीख परसों की लगी है-रात के नौ बजे...बस, इतना ही तो लिखा है।

आज ही तो वह परसों है-आज ही तो रात को वह नौ बजेंगे...

और फिर वह पहले की भाँति, सूर्यास्त से वही शिक्षा ग्रहण करने लग जाती है...

वह है कौन?

अपना नाम वह स्वयं नहीं जानती। जब वह बहुत छोटी थी, तब शायद उसके माता-पिता ने उसका कोई नाम रखा था। पर जब से वह अनाथिनी हुई, जब से वह अपने भाई के साथ घर से निकलकर भीख माँगने लगी, जब एक दिन उसके भाई ने उसे शक्कर के नाम से नमक की एक फाँकी खिला दी, और उसकी मुखाकृति देख हँस-हँसकर उसे चिढ़ाने लगा, "लूनी! लूनी!" तब से वह अपना नाम लूनी ही जानती है...

न जाने कैसे वे भीख माँगते-माँगते शहरों में पहुँच गए थे; पर पहाड़ों और जंगलों में रहनेवाले वे उन्मुक्त प्राणी वहाँ के वातावरण को नहीं सह सके, कुछ ही दिनों बाद भाई-बहन दोनों फिर पहाड़ों में लौट आए और गूजरों के यहाँ चरवाहे बनकर रोटी का गुजारा करने लगे...लूनी दिन-भर ढोर चराया करती, और उसका भाई एक चट्टान पर बैठकर गाया करता-या कभी-कभी कुछ पढ़ा करता...लूनी-नहीं जानती कि वह पढ़ना कब और कहाँ सीख गया, कैसे सीख गया।

कभी-कभी वह सुबह नींद खुलने पर देखती, उसके भाई का पता नहीं है-वह दो-तीन दिन तक गायब रहता, फिर कुछ नई किताबें लेकर लौट आता। पहली बार जब वह लापता हुआ तब लूनी कितनी घबरा गई थी-पागल हो गई थी...इतनी कि जब वह लौटकर आया, तब उसे उलाहना भी न दे पाई, उसे लज्जित-सा देखकर उससे चिपट गई थी और खूब रोई थी...

अब वह भाई लौटकर नहीं आएगा-अब उससे चिपटकर रोने का भी सौभाग्य लूनी को नहीं प्राप्त होगा...

उसके बाद कितने दिन बीत गए थे! लूनी का भाई उसे अधिकाधिक प्रेम करता जाता था...पर साथ-ही-साथ दूर भी हटता जा रहा था क्योंकि उसमें वह स्वयंभूति का भाव कम होता जा रहा था, और उसमें एक गम्भीर, विचारवान सचेष्ट स्निग्धता आती जा रही थी। लूनी उसे समझती थी और नहीं समझती थी, उसका स्वागत करती थी और उससे खीझती थी...

दूर हटते-हटते एक दिन वह भाई उसके पास से बिलकुल ही चला गया-दिनों के लिए नहीं, बरसों के लिए...

जब वह लौटकर आया, तब लूनी नहीं थी, या स्मृति-भर रह गई थी। वह एक सम्पन्न गूजर के घर बैठ गई थी। वह उसकी विवाहिता भी नहीं थी, उसकी रखैल भी नहीं थी। लूनी ने अपने-आपको मानो उसे दान कर दिया था, उसे अपना दान देकर विदा कर दिया था और स्वयं अकेली रह गई थी! कभी-कभी जब वह स्वयं अपनी परिस्थिति पर विचार करती, तब उसे जान पड़ता, उसके दो शरीर हैं, जो एक-दूसरे के ऊपर खड़े हैं। एक में उसकी सम्पूर्ण आत्मा, उसका अपनापन, बसा हुआ है और लूनी के भाई की आराधना में लीन है; और दूसरा, निचला, केवल एक लाश-भर है। कभी-कभी दुरुपयोग से या शारीरिक अत्याचारों से पीड़ित होकर यह लाश ऊपर की आत्मा के पास फरियाद करती थी, तो उसमें एक क्षीण व्यथा-सी जागती थी, अन्य कोई उत्तर नहीं मिलता था...जैसे कोई दान दी हुई गाय का कष्ट देखकर यही सोचकर रह जाता है कि अब मुझे इसका कष्ट निवारण करने का अधिकार नहीं रहा!

जब वह भाई लौटकर आया, तब लूनी उसे अपने पास ठहरा तो क्या, उसके सामने भी नहीं हो सकी! वह चुपचाप चला गया-परिस्थिति देखकर वह लूनी की मन:स्थिति भी समझ गया था। दूसरे दिन जब लूनी अवसर पाकर अपने पुराने आसन पर-उसी चट्टान पर, जहाँ वह आज बैठी है-गई, तब उसका भाई वहाँ बैठा उसकी प्रतीक्षा कर रहा था। लूनी के हृदय के किसी अज्ञात कोने में यह भाव जाग्रत् हुआ कि अब भी कोई उसे समझता है, और इसी भाव से स्तिमित होकर उसने अपना सिर भाई की गोद में रख दिया, रो भी नहीं पाई, पड़ी रह गई...भाई ने भी उसे पुकारा नहीं, थोड़ी देर चुप रहकर फिर धीरे-धीरे गाने लग गया। उस गाने का प्रवाह अर्थ के बोझ से मुक्त था, इसलिए वह लूनी के सारे मनोमालिन्य को बहा ले गया...जब उसने पुन: जाग्रत् होकर अपनी कथा कह देने को सिर उठाया, तब कथा कहने की आवश्यकता ही नहीं रही थी! उसका भाई ही न जाने क्या-क्या अनोखे विचार उसे सुना गया था जो उसने समझे नहीं, जो उसे याद भी नहीं रहे किन्तु जिनकी छाया उसकी स्मृति के परदे के पीछे सदा नाचती रही है...

आज वह चट्टान पर बैठी यही सोच रही है, और सूर्यास्त के छायापट से परे देख रही है...

क्या देख रही है? उसी भाई की आज तारीख पड़ी है, उसी भाई को रात के नौ बजे फाँसी मिलेगी!

अँधेरा हो गया है। तलहटी में, चीड़ के वृक्षों के झुरमट में छिपे हुए छोटे-से गाँव में, कहीं आठ खड़के हैं। प्रशान्त वातावरण में, इतनी दूर का स्वर स्पष्ट सुन नहीं पड़ता है...लूनी के सामने, पहाड़ की चोटी के पास, सान्ध्यतारा अकेला जगमगा रहा है। ज्यों-ज्यों आकाश में इधर-उधर तारे प्रकट होते जा रहे हैं, त्यों-त्यों यह भी अधिकाधिक प्रोज्ज्वल होता जा रहा है, मानो अपने एकच्छत्र राजत्व में विघ्न होते देखकर उत्तेजित हो रहा हो...और लूनी जिस एक घटना पर चिन्तन करने आई है, उसे सोच नहीं पाती; उसका मन निरन्तर उससे अन्य विषयों की ओर झुकता है; और उन्हीं पर जमने का प्रयत्न करता है...वह तारों की प्रतिस्पर्धा को देखकर उसी में अपने को भुला रही है-भुलाने का यत्न कर रही है...

उसका जीवन भी एक अनन्त प्रतिस्पर्धा ही रहा है-एक प्रतियोगिता, जिसमें वह अकेली ही रही है...और वह सान्ध्य तारे को देखकर सोच रही है कि इस संसार में भी मैं कितनी सुखी रही हूँ! प्रकृति में लड़ाई ही लड़ाई, संहार ही संहार है; किन्तु वह कितना निर्मल है-उस पर कैसी विराट् नैसर्गिक भव्यता छाई हुई है, जिसके सौन्दर्य में हम सुखी हो सकते हैं...मैं अपने इस संसार में सुखी थी-इस छोटे-से संसार में, जो कि उसी साम्राज्य का एक अंश है, जिसके विरुद्ध मेरा भाई लड़ता है, जिसके विनाश पर वह तुला हुआ है...वह क्यों लड़ता? क्यों सुखी नहीं हो सकता? इसमें उसका दोष है या राजा का? यह उसकी प्रकृति का विकार है या राजत्व में अन्तर्हित कोई प्रगूढ़ न्यूनता? यदि लोगों की आत्माएँ अपने को सौन्दर्य से घिरा पाकर भी सुखी नहीं होतीं, केवल इसलिए कि उनके शरीर पर एक अपार शक्ति का बन्धन-राज्य-है, तो यह उनकी कमी है या उनके ऊपर के राजत्व की?

यह आकाश के असंख्य तारों की जो टिमटिमाहट है, यह क्या अपने अस्तित्व का उन्मत्त उल्लास है, या विद्रोह की जलन?

शायद दोनों!

लूनी को याद आया, यहीं एक दिन उसके भाई ने कहा था...उसकी स्मृति के पीछे जिन वचनों की छाया चिरकाल से नाच रही थी, जिन शब्दों का अभिप्राय वह अभी तक नहीं समझ पाई थी, वे एकाएक सामने आ गए, उसकी समझ में समा गए-सुख या दुख ऐसे नहीं होते। राज्य-बाह्य नियन्त्रण-सुख भी नहीं देता। इन दोनों का उद्भव मनुष्य के भीतर छिपी किन्हीं आन्तरिक शक्तियों से होता है। राज्य तो केवल एक शक्ति का ज्ञान देता है, एक भावना को जगाता है, एक उत्तरदायित्व की संज्ञा को चेता देता है...फिर वह दायित्व राज्य के संघटन में पूर्ण होता है, या उसके विरोध में, इसका निर्णय करनेवाली परिस्थितियाँ राज्य के नियन्त्रण में न

कभी आई हैं, न कभी आएँगी...मुझमें वह दायित्व जागा है, पर उसे चुकाने के लिए हमारे पास साधन नहीं, उसके पोषण के लिए सामग्री नहीं, इसलिए हम दुखी और अशान्त हैं, इसीलिए लड़ते हैं और लड़ना चाहते हैं...

ये निर्णय करनेवाली शक्तियाँ क्या हैं? क्या उसके हृदय में स्वार्थ था, जिसके लिए वह लड़ा? जिसके लिए वह आज प्राणदंड का भागी हुआ?

ऐसे खिंचाव के समय इस घोर एकान्त ने लूनी को उद्भ्रान्त कर दिया था–या शायद उसकी सूक्ष्म बुद्धि को और भी पैना कर दिया था। सूर्यास्त के पट पर उसने देखा, उसके भाई के कार्यों का एक प्रमुख कारण वह स्वयं थी। उसके भाई के आदर्शों का एक स्रोत उसके लिए सुख–कामना थी! क्यों? क्या वह ऐसे विद्रोह द्वारा सुख प्राप्त करना चाहती थी–प्राप्त कर सकती थी? क्या भाई को खोकर उसे सुख मिलेगा? नहीं, पर उसके भाई ने जो कुछ देखा, वह उसके दृष्टिकोण से नहीं, अपने दृष्टिकोण से देखा–या शायद देखा ही नहीं, केवल एक चिरन्तन सहज बोध के कारण, जो उसकी वसीयत में प्राचीनकाल से था–उस समय से, जब कि पृथ्वी पर मानव–जाति का अस्तित्व ही नहीं था, उसके पुरखा वन–मानुषों का भी नहीं, जब विवाह में जाति और वर्ण–विभेद नहीं थे, जब 'पति–पत्नी' और 'भाई–बहिन' एक ही स्वरक्षात्मक आर्थिक क्रिया की दो कलाएँ थीं...

लूनी ने भी यह सब अपनी बुद्धि से नहीं, एक सहज चेतना से ही अनुभव किया, और यह अनुभव उसके बौद्धिक क्षेत्र में नहीं आ पाया, उसकी बुद्धि केवल एक ही निरर्थक–सी बात कहकर रह गई–"वह विद्रोही है..." कुछ–एक दिनों के बैद्धिक शासन के इस निर्णय के आगे उसकी चिरन्तन अराजकता से उत्पन्न वह पहली अनुभूति व्यक्त न हो पाई...

"वह विद्रोही है। और कुछ काल में वह मूर्तिमान विद्रोही होकर मर जाएगा..."

लूनी अपनी थकी हुई, झुकी हुई गर्दन उठाकर आकाश की ओर देखने लगी। उसकी प्रगाढ़ नीलिमा को बाँधनेवाली आकाश–गंगा का धुँधलापन भी चमक रहा था...यह आकाश–गंगा है, या प्रकृति के उत्तम आँसू–भरे हृदय की भाप, या विश्वपुरुष के गले में फाँसी...

रात! तारे–तारे तारे! लूनी के मन में एक विचार उठा, मैं इन्हें देख रही हूँ, वह भी एक बार तो इन्हें देख ही लेगा और पहाड़ों की याद कर लेगा...तारे क्षण–भर झपक लेंगे, जब जागें, तब मैं इन्हें अपलक ही देख रही हूँगी, पर वह–?

एक हल्की–सी चीख, या गहरी–सी साँस...

लूनी के मन की दशा इस समय ऐसी विकृत हो रही थी कि इस अशान्तिमय विचार के बीच ही में उसे अपनी छोटी–सी लड़की–नहीं, उस सम्पन्न गूजर और लूनी की लाश की सन्तान–की याद आ गई, और साथ ही उसके पिता की...वे

शायद इस समय लूनी को खोज रहे होंगे। बेटी अनुभव कर रही होगी, आज मुझे वह पागल प्यार देनेवाली कहाँ है? और पति सोच रहा होगा, उसका दिमाग कुछ खराब हो रहा है, वक्त-वे-वक्त जंगलों में फिरती है! जब लूनी वापस पहुँचेगी-पर लूनी तो यहीं रहेगी, वापस तो उसकी लोथ ही जाएगी!-तब पिता उसकी विवशता पर अपनी भूख मिटाएगा, और बेटी अपनी विवशता के कारण भूखी रह जाएगी। और-और वह, जिसके लिए लूनी आज इस चट्टान पर बैठी है, वह मर जाएगा।

लूनी फिर सान्ध्य तारे की ओर देखने लगी। फिर उसका मन भागा-वर्तमान के विचार से दूर, भूतकाल की ओर! उस दिन की ओर, जब वह शहर में भीख माँगते-माँगते उकताकर, शहर के अन्तक प्रदेश में आकर किसी साल के या युकलिप्टस के वृक्ष के नीचे आ पड़ते, और पेड़ की पत्तियों में अपने परिचित वनों की सृष्टि किया करते...उस दिन की ओर, जब वे एकाएक, मूक संकेत में ही एक-दूसरे के हृदय की प्यस को समझकर, एक-दूसरे का हाथ थामे शहर से निकल पड़े अपने पहाड़ों के पथ पर...उस दिन की ओर, जब न जाने कहाँ से पकड़कर उसका भाई एक सुन्दर जल-मुरगाबी लाया, और लूनी का करुण अनुरोध, "इसे छोड़ दो!" सुनकर क्षण-भर विस्मित रह गया, और फिर उसे उड़ाकर धीरे-धीरे हँसने लगा...उस दिन की ओर, जब न-जाने कैसे दोनों को एकाएक अपने पुरुषत्व और स्त्रीत्व का जिक्र हुआ, दोनों अपने-अपने अकेलेपन का अनुभव करके ज़ोर से चिपटकर गले मिले और फिर लज्जित-से होकर अलग हो गए...उस दिन की ओर, जब भाई ने आकर उल्लास-भरे स्वर में कहा, "देख लूनी, मैं गीत लिखकर लाया हूँ!" और उसके विस्मित प्रश्न का उत्तर दिए बिना ही गाने लगा...उस दिन की ओर जब उसने कहा, "लूनी, अब मैं बहुत कुछ पढ़ गया हूँ, अब मैं तुम्हें सुखी करने के लिए लड़ूँगा" और रात में लापता हो गया...इसके बरसों बाद के उस दिन की ओर, जब उसके 'पति' ने उसे एक पत्र लाकर दिया और उपेक्षा से पूछा, "तेरा कोई भाई भी है? उसी का है!" और उसके पूछने पर कि पत्र में क्या हैं, इतना-भर बता दिया कि वह आएगा...उस दिन लज्जा और ग्लानि की ओर, जिस दिन वह अपने भाई के सामने न हो सकी, और वह बाहर ही से लौटकर चला गया...उस दिन की ओर, जब वह चट्टान पर उसकी गोद में सिर रखकर बरसों से जोड़ा हुआ कलुष धो आई...उस दिन की ओर, जब वह फिर विदा लेकर चला गया, लूनी को सुखी करने के लिए...उस भयंकर दिन की ओर, जिसमें लूनी से किसी ने कहा कि उसका भाई पकड़ा गया है और यह नहीं बता सका कि कहाँ और किस जुर्म में...उस दिन की ओर, जब उसका घोर अनिश्चय दूर करने को समाचार आया यह कि भाई को प्राणदंड की आज्ञा हुई है...उस दिन की ओर, जब उसे भाई का अपने हाथों लिखा पत्र आया, जिसे उसने कई बार पढ़ाकर सुना, और कंठस्थ करके भी पूरा नहीं समझ

पाई...और अन्त में, वामन-अवतार के पग की तरह, सम्पूर्ण सृष्टि को रौंदकर वह लौट आया, टिक गया, उसके हृदय के कोमलतम अंश पर, जहाँ उसने भाई के जीवन की स्मृति को छिपा रखा था–उसी जीवन की, जो अभी थोड़ी देर में नष्ट हो जाएगा और अपनी स्मृतियों को बिखेर जाएगा, जिसका स्थान शीघ्र ही अनझरे आँसू ले लेंगे...

लूनी की दृष्टि एक बार चारों ओर घूमकर लूनी के आसपास बिखरी हुई विभिन्न फूलों की रूपराशि और गन्ध को, नदी पर थिरकते हुए धुँधले-से आलोक को, तलहटी के चीड़ वृक्षों से उठती हुई अज्ञात साँसों को, सामने के पहाड़ पर काँपती हुई बीन की तान को और पहाड़ की स्निग्ध श्यामलता को पी गई, फिर एक अव्यक्त प्रश्न से भरी हुई वह दृष्टि उठी सान्ध्य तारे की ओर, और फिर आकाश की शून्य विशालता की ओर...उसका वह अव्यक्त प्रश्न एक थरथराती हुई प्रतीक्षा-सा बन गया...

आकाश में दो बड़े-बड़े सफेद आकार चले जा रहे थे–शायद बगुले...पर इनके पंख कितने बड़े-बड़े जान पड़ते हैं–जैसे सारस के हों...

और उनकी गति कितनी प्रशान्त...मानो मृत्यु की तरह, मानो जीवन के अवसान की तरह, नि:शब्द...

नीचे गाँव में से कहीं घंटा खड़कने की ध्वनि आई...लूनी तनकर बैठ गई, उसकी ऐन्द्रिक चेतना अपनी पराकाष्ठा पर पहुँच गई, किन्तु साथ ही उसके आगे, लूनी के शरीर-भर में, अँधेरा भर गया...

तलहटी में कहीं चौंककर फटी हुई वेदना के स्वर में टिटिहरी रोई, 'चीन्हूँ!' मानो अपने घोंसले पर काँपती हुई अज्ञात छाया को देखकर, एकाएक भयभीत वात्सल्य और स्वरक्षात्मक साहस से भरकर तड़प उठी हो और उस छाया को ललकार रही हो...

लूनी का शरीर, उसकी आत्मा, शिथिल होकर झुक गई...उसे जान पड़ा, एक निराकार छाया उसके पास बड़ी है और उसे स्पर्श कर रही है–उसे जान पड़ा, वहाँ कुछ नहीं है, वह अकेली हो गई है, लुट गई है, क्वाँरी ही विधवा हो गई है...

उसने देखा, शून्य में आकाश-गंगा–विश्वपुरुष के गले की फाँसी–को छूता हुआ वृश्चिक का डंक ही उसका एकमात्र सहचर रह गया है–दक्षिण के आकाश में जिधर देवताओं का लोक है...

मुल्तान जेल, अक्टूबर, 1933

पगोडा वृक्ष

उस वृक्ष में पत्ते नहीं थे।

उसकी यह विशेषता थी–विधवा के हृदय की तरह उसमें विस्फोट धीरे-धीरे वृद्धिगत नहीं होता था, उसके लिए वसन्त की वासना के कोमल अंकुर नहीं फूटते थे, न बाल लीलामयी मधुर झकोरें आती थीं, न नवयौवन के चिकने पत्ते ही निकल पाते थे...केवल वर्ष में एक बार किसी उमस-भरे दिन की वेदना में, प्रगल्भ यौवन के उन्माद सौरभ से भरे, हल्के पीले हृदयवाले श्वेत तारक-फूल, एकाएक ही उसके सर्वांग पर छा जाते थे–उसकी नंगी बीभत्स शाखें एकाएक ही अदृश्य हो जाती थीं...

जीवन! वे मानो प्रौढ़ावस्था के फूल! वसन्त में, जब और सब वृक्ष फूल रहे होते, तब उसमें केवल आगे से चपटे बड़े-बड़े कठोर पत्ते पकते हुए दीखते–मानो सजीले सामन्तों की पाँत में एक बूढ़ा शूद्र-पुत्र...और ग्रीष्म में मरुस्थल की लपलपाती गर्म साँस से बचने के लिए सब पेड़ सजाव-सिंगार छोड़कर मोटी हरी चादर ओढ़ चुके होते, तब उसके पके पत्ते एक-एक करके झर जाते, मानो नंगी निरही शाखों ने पल्ला झाड़कर मरुभूमि के दस्यु को दिखा दिया हो कि हम निःस्व हैं...केवल जब वर्षा के दौंगरे आकाश के कसैले रोष को शान्त कर देते थे, तब वृक्ष की चिरसंचित आत्मग्लानि द्रवित होकर फूट पड़ती थी–विराट् वेदना सुन्दर ही होती है–और उस वृक्ष की वेदना पुष्पित हो उठती थी, और वह मानो अपने आन्तरिक सौन्दर्य के उन्मेष से लजाकर स्वयं उसमें छिप जाता था–या सौन्दर्य के आवरण में और नंगा हो जाता था...मानो किसी बुड्ढे ने संसार की तिरस्कारभरी दृष्टि से लज्जित होकर अपने को यौवन के आवरण में लपेट लिया हो।

या किसी विधवा के हृदय में एकाएक प्रेम का पूर्ण विकास हो उठा हो...

अभी वह दिन नहीं आया था। वसन्त समाप्त हो चुका था, ग्रीष्म भी पार हो चुका था, पर उन्मेष का दिन नहीं आया था–वृक्ष के पत्ते गिर गए थे, पर फूल नहीं आए थे।

साँझ हो रही थी। आकाश में बादल के छोटे-छोटे टुकड़े मँडरा रहे थे। उनमें एक ओछा सौन्दर्य था, शक्तिहीन और दर्पहीन–वे बरस चुके थे। और वे मानो

एक प्रकार के छिछोरेपन से जमुना के जल में, अपना रंगीन प्रतिबिम्ब देखकर मुस्करा रहे थे...

उस वृक्ष की नंगी शाखों तले एक स्त्री बैठी हुई थी। वह एक स्थिर दृष्टि से बादलों की ओर देख रही थी, और शून्य भाव से एक पद की निरर्थक आवृत्ति किए जा रही थी–'प्रीतम, इक सुमिरिनिया मोहि देहि जाहु।' धीरे-धीरे अन्धकार होता जा रहा था, किन्तु उसे इसका बिलकुल ध्यान नहीं था। वह मानो हमारे संसार से परे कहीं विचर रही थी, उसके लिए मानो हमारे काल की गति थी ही नहीं...

उसकी सफेद धोती धुँधले प्रकाश में कुछ नीली-सी जान पड़ रही थी, और उसके मुख का वेदना-विकृत भाव भी एक फीकी मुस्कराहट का भ्रम उत्पन्न कर देता था। और जिस मुद्रा में वह बैठी हुई थी, उससे किसी भी दर्शक के हृदय में मूर्तिमती प्रतीक्षा की भावना जाग्रत् हो जाती, यद्यपि उसने कई वर्षों से किसी की प्रतीक्षा नहीं की थी–प्रतीक्षा का विचार भी नहीं किया था–क्योंकि वह कई वर्षों से विधवा थी...

यह उसका नित्यक्रम था–नित्य ही सन्ध्या को वह अपने छोटे से मकान–या झोंपड़े–के इस बगीचे में आकर बैठ जाती थी और कभी-कभी घंटों बैठी रहती थी। जब वह इस प्रकार आत्मविस्मृत हो जाती, तब उसे अपनी दैनिक प्रार्थना का ध्यान नहीं रहता...तब तो किसी आकस्मिक शब्द से–किसी पशु के रँभाने से, या कभी वायु के झोंके से ही वह चौंककर उठती थी और भीतर चली जाती थी...

आज भी यही दशा थी। उसके बैठे-ही-बैठे रात भी होने को आई, जो बादल बिखरे हुए थे, वे नई शक्ति पाकर पुनः आकाश में छा गए–धीरे-धीरे एक अत्यन्त कोमल, निःशब्दप्राय वर्षा भी होने लगी; पर उसका ध्यान भंग नहीं हुआ। जब वायु के एक झोंके ने उसकी धोती के एक छोर को हिलाकर मानो कहा, 'उठो!' तब वह उसके गीलेपन से चौंकी, और एक बार मानो जाड़े से काँपकर, पेड़ के सहारे खड़ी हो गई और जल्दी-जल्दी अपने झोंपड़े की ओर चल दी। वह वृक्ष मानो सत्सर्ग-भरी आवाज़ से बादलों से कहने लगा, "भिगो लो तुम भी मेरी नग्नता को!"

2

वह विधवा थी–उसका नाम था सुखदा। जब से उसका विवाह हुआ, तब से ही वह उस झोंपड़े में रहती थी। उसके विवाह को आज बारह वर्ष हो चुके थे–जिनमें से आठ उसने वैधव्य में काटे थे। विधवा हो जाने के बाद भी उसने वह घर नहीं छोड़ा–छोड़कर कहीं जाने को कोई स्थान ही नहीं था। वह समाज की ही नहीं, व्यक्तिमात्र की परित्यक्ता थी; समाज की शरण की ही नहीं, किसी व्यक्ति के स्नेह से भी वंचिता थी; उसका अपना कोई नहीं था। जिस झोंपड़े में वह रहती थी, उसकी

सफाई इत्यादि करने के लिए एक बुढ़िया नित्य सवेरे आती थी, और दो घंटे बाद चली जाती थी। सुखदा का संसार से कोई सम्बन्ध था तो इतना ही। वह अपना गुजारा कैसे करती थी, कोई नहीं जानता। स्त्रियाँ किस प्रकार गृहस्थी चलाती हैं, यह न आज तक किसी ने जाना है, न जानेगा। हमारे वैज्ञानिक तो कहते हैं कि स्वयंचालित यंत्र असम्भाव्य है।

सुखदा का पति देहली में काम करता था। वह नित्य सवेरे ही झोंपड़े से चल पड़ता, और कुछ-एक खेत पार करके मेरठ से देहली जानेवाली सड़क को जमुना के पुल के पास ही पा लेता। उन दिनों सुखदा दूर से जमुना-पुल की ओर देखकर, उस पर रेंगते हुए चींटी-से आकारों को देखती हुई अपने पति को चीन्हने का प्रयत्न किया करती। और, इसी प्रकार जब उसके लौटकर आने का समय होता, तब भी वह पुल पर उसे खोजा करती।

इसका कारण था। पति की अनुपस्थिति में उसे कोई कष्ट या क्लेश होता हो, या वियोग की पीड़ा उसके लिए असह्य हो, यह बात नहीं थी। वर्ष-भर पति के साथ रहकर भी उसने इतनी घनिष्ठता नहीं उत्पन्न की थी, जितने कॉलेज के लड़के-लड़कियाँ सप्ताह-भर में कर लेते हैं...उसका और उसके पति का जीवन मानो दो अलग और समानान्तर दिशाओं में बह रहे थे, और वे निकट नहीं आ पाते थे। इसीलिए, वह अपने पति के पतित्व का अनुभव एक खास दूरी पर करती थी-जब वह उसके निकट आता, तब वह सुखदा के लिए बिलकुल अजनबी हो जाता। जब वह घर में होता, तब सुखदा के हृदय में उसके प्रति एक उद्वेग, एक प्रकार की झुँझलाहट के अतिरिक्त कोई भावना नहीं होती थी। जब वह दूर पुल पर होता, तब सुखदा अपने हृदय को यह समझाया करती कि 'वह तेरा पति है।' स्वच्छन्द, शीतल निरपेक्षता से जैसे कोई बच्चे को इशारे से चिड़िया दिखाकर बताए-'यह अबाबील है।'

उसे स्वयं कभी-कभी इससे अत्यन्त कष्ट होता था। पातिव्रत्य के जो संस्कार उसे मिले थे, वे उसे कभी-कभी अत्यन्त दुखी कर डालते थे। वह इस निरपेक्षता को दूर करने की चेष्टा भी करती थी; किन्तु इसमें मुख्य अड़चन होता था स्वयं उसका पति। उसमें भी ऐसी ही एक उपेक्षा थी-मानो किसी दिन उसे बैठे-बैठे विचार आया हो, 'मेरे घर में बहू नहीं है,' और इस न्यूनता को पूरा करने के लिए उसने एक बहू झोंपड़े में ला रखी हो!

इसी प्रकार सुखदा के दाम्पत्य जीवन के चार वर्ष बीते। (ऐसे भी हैं, जिनका सारा जीवन यों ही बीतता है!) उस समय तक एक विराट् दुखान्त नाटक के लिए पूरा उपक्रम हो चुका था। किन्तु मुख्य पात्र की अकाल मृत्यु के कारण वह खेला नहीं जा सका। सुखदा अकेली रह गई। ट्रेजेडी के अंकुर से भरा हुआ उसका जीवन केवल एक विषाद से भरा रह गया-एक विषाद, जिसकी नीरसता में एक हल्का किन्तु मधुर रस था...

जिसके आधार पर उसने आठ वर्ष बिता दिए थे, नित्य ही जब वह अपने छोटे-से स्वच्छ बगीचे में आकर बैठती, तब मानो उसे इस रस का एक घूँट मिल जाता था। जिस वृक्ष के नीचे वह नित्य बैठती थी, वह उसके पति का लगाया हुआ था। वह इसे मद्रास से लाया था। यद्यपि सुखदा के इस वृक्ष तले बैठने का कारण यह नहीं था, तथापि वह नित्य ही इस बात का स्मरण कर लिया करती थी। क्षण-भर के लिए उसे यही विश्वास हो जाता था कि वह पति की स्मृति के लिए ही वहाँ बैठी है...इस विश्वास से उसके हृदय की पुरानी अशान्ति, वह अनौचित्य की भावना, मिट जाती थी...

3

यदि दुख की अनुपस्थिति की अचेतना को सुख कह सकते हैं, तो सुखदा सुखी थी। यदि-! किन्तु वह स्वयं सोचा करती-क्या मेरे जीवन का उद्देश्य यही है? उस वृक्ष तले बैठकर जब वह जमुना का कम्पित वक्ष देखती, तब उसके हृदय में सदा यही प्रश्न उठता, 'क्या हमारा जीवन बालू पर के मिटाए हुए चिह्न से अधिक कुछ भी नहीं है?' पर इस प्रश्न से उसकी शक्ति नहीं भंग होती थी, यद्यपि विषाद कुछ गहरा हो जाता था। उसके हृदय से मानो अशान्ति की क्षमता नष्ट हो गई थी-समुद्र मानो तूफान लाना भूल गया था...

वह जो नित्य नियमपूर्वक प्रार्थना किया करती थी, वह किसी आन्तरिक अशान्ति की प्रेरणा से नहीं, वह केवल एक नियम-भर था-या उससे कुछ ही अधिक। कभी वह इस विषय पर सोचती थी, तो एक ही बात का निश्चय कर पाती थी-उसे ईश्वर के अस्तित्व में विश्वास था-बस। वह अपनी आत्मा से पूछती कि वह प्रार्थना क्यों करती है, तो यही उत्तर मिलता था कि सबसे सरल पथ यही है-कुछ लाभ हो या न हो, उससे क्या...किन्तु फिर भी अपने वैधव्य के आठ वर्षों में एक दिन भी उसका नियम भंग नहीं हुआ था-और वह कल्पना भी नहीं कर सकती थी कि इस नियम को भंग कर दे...

आज जब वर्षा होने लगी और वह चौंककर उठी, तब उसे याद आया कि वह अपनी प्रार्थना भी भूल गई है, और वह दौड़ी हुई इस त्रुटि को पूरा करने गई।

झोंपड़े में प्रवेश करके उसने एक दीपक जलाया और उसे झोंपड़े के एक कोने में ले गई। उसे एक छोटे-से आले में रखकर वह घुटने टेककर बैठ गई, उसकी आँखें बन्द हो गईं...और कुछ ही क्षण में वह इस संसार से परे कहीं पहुँच गई...

एक अभूतपूर्व घटना घटी। किसी ने किवाड़ खटखटाए। सुखदा का ध्यान भंग हो गया, उसने चौंककर कहा, "कौन?"

कोई उत्तर नहीं आया, पर किवाड़ पहले से भी ज़ोर से खटखटाए जाने लगे।

सुखदा क्षण-भर सोचती रही, खोलूँ या न खोलूँ? इस असमय में कौन आया है? एकाएक हिन्दू समाज के कानूनों का एक पुलिन्दा ही उसकी आँखों के आगे से हो गया–समय, परिस्थिति, एकान्त, विधवा और सबसे बड़ी चीज़–हिन्दू धर्म की नाक–लज्जा...

उसके प्रश्न का बुद्धि ने कोई उत्तर नहीं दिया। किन्तु किसी अज्ञात प्रेरणा से उसने उठकर किवाड़ खोल दिया, और गम्भीर स्वर में पूछा, "कौन है?"

एक युवक ने आगे बढ़कर धीमे स्वर में कहा, "मैं हूँ, बहिन जी! आपको नमस्कार करता हूँ।"

सुखदा विस्मय में कुछ बोली नहीं। स्थिर भाव से उसके मुख की ओर देखती रही। मुख की ओर देखते ही देखते उसने बहुत-सी बातें देख लीं।

युवक के शरीर पर कपड़े अधिक नहीं थे; एक धोती, जो घुटनों तक बँधी हुई थी, गले में एक फटी कमीज़। हाथ में एक छोटी-सी पोटली-सी थी। सुखदा ने यह भी देखा कि युवक के शरीर पर के कपड़े वर्षा से नहीं, किसी अधिक गँदले पानी से भीगे हुए थे और हाथ की पोटती प्रायः सूखी थी...वस्त्रों से वह बिलकुल साधारण गँवार मालूम होता था, किन्तु उसका मुख मानो किसी आवरण के भीतर से भी कह रहा था–मैं पढ़ा-लिखा हूँ, सभ्य हूँ, संस्कृत हूँ...

सुखदा को चुप देखकर युवक फिर बोला, "बहिन जी, मुझे यहाँ रात-भर के लिए आश्रय मिल सकता है?"

सुखदा सहसा उत्तर नहीं दे सकी। फिर उसने अत्यन्त गम्भीर स्वर में कहा, "आप कौन हैं, मैं जानती भी नहीं।"

"मैं एक बिलकुल साधारण व्यक्ति हूँ। कष्ट में होने के कारण रात-भर के लिए आश्रय माँगता हूँ–इससे अधिक आप क्या जानना चाहती हैं?"

"आप स्वयं समझ सकते हैं," फिर कुछ हिचकिचाकर, "मैं विधवा हूँ, और यहाँ अकेली रहती हूँ।"

युवक ने सहानुभूति के स्वर में कहा, "अच्छा!" और चुप रह गया।

"आप और कहीं नहीं जा सकते?"

युवक एक अत्यन्त सरल-सी हँसी हँसकर बोला, "नहीं।"

सुखदा को वह हँसी अच्छी नहीं लगी। वह उसे समझ नहीं सकी। उसने सन्देह के स्वर में पूछा, "क्यों? आप आए कहाँ से हैं?"

"जमुना-पार से आया हूँ।"

"देहली से?"

"जी हाँ।"

"तो यहाँ कैसे आए? सड़क तो इधर नहीं आती। पुल के पास ही कहीं क्यों नहीं ठहरे?"

"मैं पुल पर से नहीं आया।"

"तो?"

"यहीं सामने–तैरकर आया हूँ।"

"हैं? जमुना तैरकर! आज–अभी?"

युवक फिर हँसकर चुप रह गया।

थोड़ी देर बाद सुखदा बोली, "आपने अपना जो परिचय दिया है, उससे मेरा सन्देह बढ़ना ही चाहिए।"

युवक का चेहरा उतर गया। वह बोला, "ठीक है।"

थोड़ी देर फिर दोनों चुपचाप एक–दूसरे को देखते रहे। दोनों मानो एक–दूसरे का माप ले रहे थे। फिर युवक ने मानो अन्दर ही अन्दर किसी निश्चय पर पहुँचकर कहा, "आप मुझे थोड़ी देर के लिए अन्दर आने दें, तो आपको सन्तोष हो जाएगा।"

सुखदा कुछ कह भी नहीं पाई थी कि युवक भीतर चला आया। तब सुखदा भी धीरे–धीरे झोंपड़े के मध्य की ओर चली। एक ओर एक छोटी–सी चौकी पड़ी थी, उसी की ओर इशारा करके युवक से बोली, "बैठ जाइए।"

युवक क्षण–भर खड़ा ही रहा, फिर बैठ गया। सुखदा उससे कुछ दूर पर खड़ी रही।

"आप क्या जानना चाहती हैं, जिससे आपको सन्तोष हो जाए?"

सुखदा ने बिना किसी कौतूहल के कहा, "आप स्वयं ही कुछ बताना चाहते हैं, मैंने तो कुछ नहीं पूछा।"

युवक ने एक तीव्र दृष्टि से उसकी ओर देखा और बोला, "अच्छा, ऐसे ही सही। तो सुनिए। मैं दो–तीन साल से इसी प्रकार मारा–मारा फिरता हूँ। आमतौर पर तो अपना कुछ–न–कुछ प्रबन्ध रहता ही है, और काम चल जाता है। किन्तु कभी-कभी हमारी दशा बहुत बुरी हो जाती है–हमारे लिए इस विराट् ब्रिटिश साम्राज्य में कहीं पैर रखने को भी स्थान नहीं रहता! तब हम इधर–उधर मारे–मारे फिरते हैं, कि कहीं कुछ समय के लिए हमें आश्रय मिल जाए, और फिर हम अपना अस्तित्व मिटाकर, एक नया और मिथ्या रूप धारण करके ही उस साम्राज्य में स्थान पाते हैं, जिसमें हमारी सच्चाई के लिए स्थान नहीं..."

सुखदा रोककर कहने को हुई, "आपकी बात मुझे तो कुछ भी समझ नहीं आई।" किन्तु जब यह कहने के लिए उसने मुँह खोला, तब अपना प्रश्न सुनकर उसे स्वयं आश्चर्य हुआ–"आप खाना खा चुके हैं?"

युवक ने मुस्कराकर कहा, "हाँ, कल शाम को तो खाया था।"

सुखदा झोंपड़े के एक सिरे के ताक की ओर जाती–जाती बोली, "तो अब तक क्यों नहीं बताया था? इतना तो मैं कर ही सकती हूँ।"

उसने ताक में से कुछ रोटी, साग और केले निकाले, और फिर बोली, "साग ज़रा गरम कर लाऊँ।" यह कहकर, बिना उत्तर की प्रतीक्षा किए हुए, वह झोंपड़े के पिछली ओर सटे हुए एक छोटे–से छप्पर के नीचे चली गई।

युवक चौकी पर घुटने समेटे हुए बैठा था। जब उसने छप्पर की ओर से फूँकने की आवाज़ सुनी, तब उसने अपनी ठोड़ी को अपने घुटने पर टेक दिया और चुपचाप झोंपड़े में पड़ी वस्तुओं को देखने लगा।

एक कोने में, एक छोटे-से लकड़ी के बक्स पर, आठ-दस किताबें पड़ी थीं। युवक के मन में एक क्षीण कौतूहल हुआ कि उठकर देखे क्या पुस्तकें हैं, पर उसके शरीर पर एक सम्मोहिनी थकान छाई हुई थी, वह नहीं उठा। बक्स से हटकर उसकी आँखें दीयेवाले आले की ओर पहुँची। उसने देखा, आले के ऊपर, एक लकड़ी के तख्ते पर, एक छोटी-सी धातु की प्रतिमा रखी है, जिसके कुछ अंश उस अप्रत्यक्ष प्रकाश में चमक रहे हैं। प्रतिमा के पैर शायद फूलों से ढके हुए थे। युवक के मन में प्रश्न हुआ कि किसकी प्रतिमा है, किन्तु यह प्रश्न बिलकुल बौद्धिक था, इसमें स्वाभाविक कौतूहल नहीं था। उसकी आँखें उस प्रतिमा से भी हट गईं। वह छत की ओर देखने लगा। छत पर किसी चीज़ का एक छोटा-सा गोल प्रतिबिम्ब पड़ रहा था। युवक ने ज़रा घूमकर देखा, वह एक छोटे शीशे से प्रतिबिम्बित हो रहा दीये का प्रकाश था। उसी शीशे के पास ही एक लकड़ी की कंघी पड़ी थी, और शीशे के कुछ ऊपर, किसी गाढ़े रंग के गिलाफ में कोई वाद्य टँगा हुआ था। पास ही टँगी हुई गज से युवक ने अनुमान किया कि वह बेला या सारंगी होगी। उसे कुछ विस्मय हुआ। वह अब घुटनों पर सिर टेककर सोचने लगा–इस छोटे-से झोंपड़े में इतनी संस्कृति!

छप्पर की ओर से साग के गरम होने का 'छिम-छिम-छ-छ-छिम-छिम' स्वर आ रहा था। एक बहुत क्षीण प्रतीक्षा के, और अपने शरीर की थकान की बढ़ती हुई किन्तु अभी तक मधुर अनुभूति के साथ ही साथ युवक के मन में यह प्रश्न भी उठा कि क्या यह स्त्री गाती भी होगी...स्वर तो बड़ा मधुर है, और वेदना के सहवास ने उसे एक कम्पित निखार दे दिया है...

4

सुखदा जब रोटी लेकर झोंपड़े में आई, तब पहले तो वह सीधी युवक के सामने चली आई, किन्तु फिर एकाएक ठिठक गई।

युवक उसी प्रकार, घुटनों पर सिर टेके, बिलकुल निश्चल पड़ा था–उसकी साँस बिलकुल नियमित रूप से चल रही थी।

वह सो रहा था!

सुखदा थाली लिये खड़ी सोचने लगी, 'क्या करूँ? इसे जगाऊँ या सोने दूँ? वह सो भी रहा है या कुछ सोच ही रहा है? इसका निश्चय करने के लिए उसने धीमे स्वर में कहा, "मैं बड़ी देर से थाली लिये खड़ी हूँ।"

कोई उत्तर नहीं मिला। सुखदा फिर असमंजस में पड़ गई। उसकी आँखें हठात् युवक के शरीर की आलोचना करने लगी। युवक ने अपने पैरों पर अपनी पोटली रख ली थी, जिसे वह बाएँ हाथ से थामे हुए था। दाहिने हाथ से उसने बाएँ हाथ की कलाई पकड़ ली थी और इस प्रकार घिरे हुए अपने घुटनों पर सिर रखे बैठा था। उसकी तनी हुई भुजाओं की पेशियाँ उभर रही थीं, किन्तु फिर भी ऐसा जान पड़ता था, वे भूखी हैं। फटी हुई कमीज़ में से कन्धे के नीचे का कुछ अंश दीख पड़ता था। पीठ यों झुकी हुई थी, मानो किसी दिक्पाल की पीठ हो...

देख-भाल कर सुखदा की दृष्टि फिर उसी पोटली पर जा पड़ी। इसमें क्या है? अवश्य कोई मूल्यवान वस्तु होगी, नहीं तो वह क्यों उसे हाथ में लिये रहता-क्यों सोते समय भी न छोड़ता? सुखदा उसे ध्यान से देखने लगी। उसे भास हुआ, उसमें एक तो काला-सा चारखाने का कोट है और उसके अन्दर कुछ लिपटा हुआ है। क्या?

कहीं यह व्यक्ति चोर या हत्यारा तो नहीं है?

इसे जगाकर बाहर निकाल दिया जाए?

आश्रय दिया जाए?

रोटी-पानी?

धमकाने पर यदि वार कर बैठे?

पर इतना भोला क्यों मालूम होता है?

बाढ़ में जमुना तैरकर पार कर आया है?

कपड़े अभी तक गीले ही हैं!

फिर भी सो रहा है!

पागल है?

सुखदा ने धीरे-से थाली ज़मीन पर रख दी और छप्पर की ओर लौट आई। वहाँ से एक जलती हुई अँगीठी लेकर आई और युवक के पास ही रखकर फिर खड़ी हो गई। क्षण-भर वह अनिश्चय में खड़ी रही, फिर उसने युवक के कन्धे पर हाथ रखकर कहा, "उठिए।"

युवक नहीं उठा।

सुखदा ने उसे धीरे-से हिलाया। युवक ने सोते-ही-सोते कहा, "क्या है, उमा?" और फिर चौंककर जाग पड़ा। जागते ही कुछ लज्जित स्वर में बोला, "मैं कुछ अनाप-शनाप तो नहीं बक गया?"

सुखदा ने गम्भीर भाव से कहा, "नहीं तो, क्यों?"

"मैं सो गया था; मुझे ऐसा मालूम हुआ कि मैंने सोते-सोते कुछ कहा था।"

सुखदा ने अपने स्वर को स्वाभाविक रखने की चेष्टा करते हुए कहा, "नहीं।" फिर बोली, "खाना तैयार है, आप खावें।" कहकर थाली उसके सामने रख दी।

युवक ने कृतज्ञतापूर्वक कहा, "मैंने आपको बहुत कष्ट दिया। पर इतना सन्तोष मुझे है कि जहाँ तक हो सकता, मैं किसी को कष्ट न देने की चेष्टा करता हूँ।" यह कहकर वह सिर झुकाए धीरे-धीरे खाना खाने लगा।

सुखदा बोली, "आपके कपड़े सुखाने के लिए अँगीठी भी ले आई हूँ। वह पोटली मुझे दे दें, मैं उन्हें सुखा देती हूँ।"

युवक ने जल्दी से कहा, "नहीं-नहीं, उसे सुखाने का कष्ट न करें!" किन्तु उसके कहते-कहते सुखदा ने पोटली खोल ही तो डाली।

एक कोट था, उसके अन्दर लिपटी हुई एक गांधी टोपी, और टोपी के अन्दर एक रिवॉल्वर!

सुखदा ने जल्दी से उसे भूमि पर रख दिया और कुछ सहमकर युवक की ओर देखने लगी। युवक ने कोमल स्वर में कहा, "इसे मुझे दे दें।"

सुखदा निश्चल खड़ी रही। वह सोचने लगी, इससे अभी कह दूँ, चला जाए? यह सोचते-ही-सोचते उसने कहा, "आप अपने बदन पर के कपड़े भी सुखा लें।"

युवक कुछ झिझकते हुए बोला, "पर मेरे पास और पहनने को कुछ नहीं है।"

इसका उत्तर स्पष्ट था, किन्तु सोचने लगी, जब मैं इसे यहाँ से निकाल ही रही हूँ, तब क्यों अधिक दया दिखाऊँ? इसलिए उसने यह नहीं कहा कि मैं और कपड़े दे सकती हूँ। वह युवक के पास से हटकर दीये के पास चली गई और स्थिर दृष्टि से प्रतिमा की ओर देखने लगी। देखते-देखते वह न जाने किस विचार में लीन हो गई। उसे युवक का ध्यान ही न रहा।

युवक जब खाना खा चुका, तब उसने सुखदा की ओर देखा। किन्तु उसे इस प्रकार तल्लीन देखकर वह बोला नहीं, स्वयं उठकर दबे-पाँव छप्पर की ओर चला गया। वहाँ जाकर हाथ धोकर वह लौटा तो उसने देखा, सुखदा जहाँ खड़ी थी, वहीं घुटने टेके बैठी है, किन्तु हाथ जोड़े हुए नहीं...उसे कुछ कहने का साहस नहीं हुआ। युवक फिर लौटकर छप्पर में चला गया और वहाँ से सुखदा के उठने के स्वर की प्रतीक्षा करता हुआ वह बाहर होती हुई वर्षा का स्वर सुनता हुआ बैठा रहा...

5

भीतर से सुखदा ने पुकारा, "आप कहाँ हैं?"

युवक ने चौंककर कहा, "आया!" और झोंपड़े के भीतर चला गया।

उसके अन्दर आते ही सुखदा ने प्रश्न किया, "आपका नाम क्या है?"

एक क्षण, बहुत छोटे-से क्षण के बाद युवक ने उत्तर दिया, "मेरा नाम दिनेश है।" उस क्षण में उसने देख लिया कि विधवा के स्वर में विरोध या वैमनस्य तो नहीं, किन्तु एक प्रकार का कवचबद्ध दूरत्व, एक स्वरक्षात्मक कठोरता अवश्य है।

रिवॉल्वर की ओर इंगित करके, "यह क्या है?"

उत्तर में एक प्रश्न-भरी दृष्टि मानो कहती हो, क्या आप नहीं जानतीं?

"यह क्यों?"

"आत्मरक्षा के लिए।"

"किससे? सच क्यों नहीं कहते, हत्या के लिए?"

"कभी नहीं। मैं हिंसा को घोर पाप समझता हूँ।"

"आप पुलिस से बचते फिरते हैं-मफरूर हैं?"

"यही समझ लीजिए।"

"तो आप मेरे पास क्यों आए?"

"शरण माँगने।"

"मेरे पास क्यों?"

"मैंने नदी पार की, तो यही स्थान पहले दीखा। और मुझे राह नहीं मालूम थी।"

"आपने नदी क्यों पार की-पुल से क्यों नहीं आए?"

"पुलिस ने मेरा पीछा किया था-मैं और किसी प्रकार बच नहीं सकता था। इसलिए कोट उतारकर जमुना में कूद पड़ा।"

"तो पुलिस यहाँ भी आ सकती है?"

"हाँ, सम्भव है। पर मैं अँधेरे में कूदा था, उन्हें कुछ अनुमान नहीं होगा कि कहाँ कूदा-या कूदा भी था कि नहीं? और फिर, ऐसी बाढ़ में जमुना पार कर लेना भी आसान नहीं, वे शायद समझें कि डूब गया होगा या नीच बह गया होगा।"

"अगर आप यहाँ पकड़े जाएँ, तो मुझे भी दंड मिल सकता है?"

"हाँ। मुझे आश्रय देना जुर्म है। और अगर आप मुझे गिरफ्तार करा दें तो बहुत कुछ लाभ भी हो सकता है।"

सुखदा ने युवक की ओर तीव्र दृष्टि से देखा, किन्तु उसके मुख पर तिरस्कार का भाव न था। वह थोड़ी देर चुप रही। फिर एकाएक बोली, "आपने यह सब मुझे क्यों बताया? अनजाने में-"

"आपने पूछा था। मैं झूठ भी बोल सकता था, पर आपको धोखे में रखने की इच्छा नहीं हुई।"

"डरे नहीं?"

"नहीं। विश्वासघात आसान नहीं है-विशेषतः वहाँ जहाँ विश्वास हो।"

"तो, आपने मेरी अनुमति प्राप्त करना ज़रूरी समझा? आप जानते हैं, मैं अकेली हूँ, आपको यहाँ से निकाल नहीं सकती।"

"आपका जो अभिप्राय है, उसकी मैंने कल्पना भी नहीं की।"

"क्यों?"

"अगर आप निकाल दें तो मैं बाहर भी रात बिता सकता हूँ। कष्ट होगा, पर कष्ट मात्र पर्याप्त नहीं है।"

"क्या मतलब? विशेष परिस्थिति में आप मेरी इच्छा के विरुद्ध भी यहाँ रहते?"

"हाँ, यदि व्यक्तिगत कष्ट या प्राणों के बचाव के अतिरिक्त और कारण होता तो..."

"अगर मैं लड़ती तो–क्या मार डालते?"

युवक ने थोड़ी देर सोचकर, अधिक गम्भीर होकर कहा, "शायद–नहीं।"

"शायद! निश्चय नहीं है?"

"आप स्त्री हैं, इसलिए शायद नहीं। पर परिस्थिति भी कुछ चीज़ होती है–हम कल्पना नहीं कर सकते।"

"अच्छा!" कहकर सुखदा धीरे-धीरे इधर-उधर टहलने लगी।

थोड़ी देर बाद उसने कठोर स्वर में कहा, "अपने कपड़े पहन लो।"

विस्मय से–"क्यों?"

"मैं तुम्हें आश्रय नहीं दे सकती–तुम जाओ!"

एक क्षण के अंश-भर के लिए युवक अप्रतिभ हो गया, किन्तु फिर बोला, "आपकी जो आज्ञा!"

वह चुपचाप कोट में रिवॉल्वर लपेटने लगा।

सुखदा ने कहा, "इसे पहन क्यों नहीं लेते?"

"वर्षा हो रही है, रिवॉल्वर भीग जाएगा।"

"हूँ।"

एक क्षण चुप। फिर युवक ने पूछा, "सड़क किधर मिलेगी, यह बता दें।"

"यहाँ से बाएँ हाथ चलते जाना। थोड़ी दूर जाकर एक-दो खाली खेत आएँगे, वहाँ से फिर बाएँ मुड़ जाना–बस।"

फिर थोड़ी देर निस्तब्धता। युवक की पोटली तैयार हो गई। उसे बगल में लेकर वह बोला, "अच्छा, अब आज्ञा दें। आपने जो भोजन दिया है, उसके लिए धन्यवाद। और आपने आश्रय देने से पहले जो प्रश्न पूछे, उन्हें तो अब भूल ही जावें–"

'हूँ' से अधिक सुखदा कुछ भी नहीं कह सकी।

युवक चल पड़ा। वह झोंपड़े के किवाड़ पर पहुँच गया, पर सुखदा किवाड़ खोलने या बन्द करने को भी आगे नहीं बढ़ी।

युवक ने किवाड़ खोला, और बाहर होकर उसे पुनः बन्द करने के लिए मुड़ा। तब, एकाएक सुखदा ने वहीं से पूछा, "उमा कौन है?"

युवक चौंक पड़ा। किवाड़ को थामे-थामे बोला, "कौन उमा?"

"उमा, कोई भी उमा।"

"उमा–थी। मेरी बहन का नाम था।" कहकर युवक ने किवाड़ बन्द कर दिया।

6

सुखदा अब तक मंत्रमुग्ध–सी खड़ी थी, अब चौंकी। एकाएक उसके मन में दो प्रश्न हुए, 'मैंने यह क्या पूछा? मैंने उसे क्यों निकाल दिया?'

अपने शरीर पर से उसका नियन्त्रण मानो एकाएक टूट गया–उसका रेशा–रेशा चौकन्ना होकर किसी को खोजने लगा–उसके अंग–प्रत्यंग में यह अनुभूति हुई कि बाहर गिरती हुई वर्षा की बूँदें दबे स्वर से कह रही हैं, 'समय बीता जा रहा है–बीता जा रहा है...'

सुखदा कमान की तनी हुई प्रत्यंचा की तरह उछलकर किवाड़ पर पहुँची और उसे खोलकर, आँखें फाड़–फाड़कर, बाहर के सजीव और चलायमान अन्धकार को चीरकर देखने की चेष्टा करने लगी...

कहीं कुछ नहीं दीख पड़ा...सुखदा ने आवाज़ दी–"कहाँ चले गए?" पर उत्तर नहीं मिला...उसने फिर पुकारा, "दिनेश, चले आओ! लौट आओ, तुम्हें आश्रय मिलेगा!"

उत्तर में वही, वर्षा की बूँदों की अपरिवत्य नूतनता...

सुखदा लौट आई। झोंपड़े के मध्य में आकर उसके अन्धे पाँव एकाएक रुक गए, और धम् से भूमि पर बैठ गई...

मैंने उसे क्यों निकाल दिया? मैंने उसे वापस क्यों बुलाया?

मैंने उसे पहले ही क्यों भीतर आने दिया? अब उसने आवाज़ सुनी होगी या नहीं–

अब लौटकर आ सकता है?

सुखदा ने देखा, उसके हाथ काँप रहे थे। क्यों, यह स्वयं नहीं सोच सकी। वह एकाएक लज्जित हो गई, और उठकर दीये के नीचे, प्रतिमा के आगे, घुटने टेककर बैठ गई। प्रतिमा के पास से ही उसने एक छोटा–सा फ्रेम उठाया, और क्षण–भर उसमें जड़े हुए फोटो को देखती रही। उसके मुख ने एक पवित्र किन्तु नीरस मुद्रा धारण की, उसकी आँखें बन्द हो गईं, वह अस्पष्ट शब्दों में शायद प्रार्थना करने लगी।

आकाश में से किसी की ध्वनि आई, "आपने मुझे बुलाया था?"

सुखदा के हाथ से फ्रेम गिर पड़ा। उसने उसे जल्दी से उठाकर यथास्थान रख दिया। फिर वह धीरे–धीरे किवाड़ पर गई और उसे खोलकर एक ओर खड़ी हो गई।

दिनेश ने फिर पूछा, "आपने मुझे क्यों बुलाया है?"

सुखदा ने धीरे-से कहा, "आप रात-भर यहाँ ठहर सकते हैं।"

युवक सहसा अन्दर नहीं आया। बोला, "नहीं, आप आवेश में आकर कोई ऐसा काम न करें, जिसे करने के बाद आपकी अन्तरात्मा आपको कोसे, मैं तो..."

"आप चले आइए, मैं सोच चुकी।"

युवक अन्दर चला आया। सुखदा ने किवाड़ बन्द किया, फिर एक कोने की ओर जाकर, बिस्तर बिछाते हुए बोली, "आप थके हुए होंगे, सो जाइए।"

बिस्तर बिछाकर, एक बार झोंपड़े के चारों ओर दृष्टि डालकर वह पिछले छप्पर की ओर जाने लगी।

युवक अब तक चुपचाप खड़ा था। उसे जाती देखकर बोला, "और आप?"

"मैं भी सो जाऊँगी, छप्पर में बहुत स्थान है।"

'नहीं, यह नहीं हो सकता। मैं छप्पर में चला जाता हूँ।'

"नहीं, आप अतिथि हैं–ऐसा नहीं हो सकता।"

"मैं शरणागत हूँ। आप मेरे लिए इतना कष्ट न करें।"

"आप मेरे अतिथि हैं; और आपको मेरे प्रबन्ध में हस्तक्षेप नहीं करना चाहिए।"

युवक धीमे स्वर में, कुछ डरते-डरते बोला, "आप मुझे विवश न करें, नहीं तो मैं आपका आतिथ्य स्वीकार नहीं कर सकूँगा।"

सुखदा क्षण-भर चुप रह गई। फिर उसने कहा, "जैसी आपकी इच्छा!" और दो-तीन कम्बल इत्यादि निकालकर युवक को दे दिए। युवक उन्हें लेकर छप्पर में चला गया।

सुखदा धीरे-धीरे उस झोंपड़े में टहलने लगी। थोड़ी देर बाद उसने सुना, युवक बिलकुल निश्चिन्त और निःस्वप्न नींद की नियमित साँसें ले रहा है। तब वह छप्पर से कुछ हटकर झोंपड़े के दूसरी ओर जाकर टहलने लगी। ज्यों-ज्यों रात बढ़ती जाती थी, त्यों-त्यों उसकी टहलने की गति अधिक तीव्र होती जा रही थी...

वर्षा कुछ देर के लिए बन्द हो गई थी, इसलिए सुखदा बहुत दबे-पाँव चल रही थी, ताकि दिनेश की नींद न भंग होने पावे...

7

उसके भीतर एकाएक ही कुछ जाग उठा–या कुछ टूट गया। जिस प्रकार उन्मत्त व्यक्ति के ऊपर ठंडा पानी पड़ने से उसका खुमार एकाएक टूट जाता है–या उसकी साधारण चेतना जाग उठती है। उसे मालूम हुआ, अब तक वह जो कुछ कर रही थी, एक नशे में कर रही थी...बाह्य वस्तुओं की अनुभूति उसे होती थी पर नहीं

होती थी। इन्द्रियाँ अपना काम करती थीं, किन्तु मस्तिष्क उनकी भाषा को कुछ काल के लिए भूल गया था–या समझता ही नहीं था–और दिनेश के सो जाने के कुछ क्षण बाद ही उसने जागकर अपने सामान्य कर्म आरम्भ कर दिए थे–अब वह एक अपूर्व चेतना से धधक उठा था...

उनके मन में रौरव मचा हुआ था...प्रश्नों का तूफ़ान इतने ज़ोरों से उठा हुआ था कि वह एक प्रश्न को दूसरे से अलग भी नहीं कर पाती थी। मानो उसका समूचा मस्तिष्क विद्रोही हो गया हो, और हज़ारों नई माँगें उपस्थित कर रहा हो–माँगें जो एक-दूसरी से मिलकर एक विराट् कोहराम हो गई थीं–एक उद्दीप्त ललकार का रूप लेकर पूछ रही थीं–'तूने क्या किया?'

सुखदा इस रौरव से घबरा उठी। उसने दीये की बत्ती को सरकाकर तेज़ कर दिया और फिर प्रार्थना करने बैठ गई।

'ईश्वर, मुझे शान्ति दे! मेरे मन में जो रौरव मचा हुआ है, इसका शमन कर दे, ताकि मैं जान पाऊँ कि मैं क्या चाहती हूँ। मुझे सद्बुद्धि दे...'

'मैंने अच्छा किया या बुरा, मैं नहीं जानती–इसमें संसार का लाभ है या हानि, मुझे नहीं मालूम...पर मैं यह भी नहीं जानती कि मैंने अपनी आत्मा से विश्वासघात किया है या नहीं–यही मुझे बता दे! यदि मैंने किसी मोह में पड़कर, जान-बूझकर बुरा किया है, तो मुझे दंड दे, मुझे उससे शान्ति मिलेगी...यदि मैंने ऐसा नहीं किया, तो भी कर दे–मुझे शान्ति मिलेगी...'

'ईश्वर! इस अनिश्चय को दूर कर दे–क्षण-भर, एक अत्यन्त छोटे क्षण-भर के लिए प्रकट होकर मेरी प्रार्थना का उत्तर दे दे!'

पर कहाँ? यदि ईश्वर प्रत्येक प्रार्थना की अत्यन्त सूक्ष्म काल में ही पूर्ति कर डाले, तो कुछ ही दिनों में उसका अस्तित्व ही मिट जाए! उसका अस्तित्व ही इस बात पर निर्भर करता है कि आकांक्षा के समय कुछ न मिले, उपभोग के समय दारिद्र्य हो, विरक्ति में लोभ हो; कि वे याचना के समय दीवालिया और समृद्धि के समय दयालु हों...

जब उस मूर्तिमती प्रतीक्षा की काफी उपेक्षा करके भगवान अपनी सर्वशक्तिमत्ता दिखा चुके, तब सुखदा चुप हो गई और कुछ सोचने लगी...किन्तु प्रार्थना में वह जिस प्रकार अपने भावों का उच्चारण कर रही थी, उसी प्रकार अब भी करती रही।

'प्रपीड़ित को क्या आश्रय न दिया जाए? पर वह तो हत्या भी कर सकता है! आत्मरक्षा क्या हत्या है? पर और भी तो संसार बसता है, उनकी भी तो आत्मरक्षा होती है। अत्याचार का विरोध नहीं करना चाहिए? पर अत्याचार का विरोध अत्याचार से नहीं होता।'

'इसका निश्चय मैं नहीं कर सकूँगी–बड़े-बड़े नहीं कर सके...'

'मैंने पहले उसे निकाल दिया था। वह मुझसे आश्रय माँगता था, पर उसे मेरे जीवन की कद्र नहीं? कहता था, स्त्री पर हाथ नहीं उठाऊँगा–कहता था कि उसके भी आदर्श हैं...पर अगर मैं उसका विरोध करती, तो शायद मुझे मार डालता!'

'मैंने क्या डरकर आश्रय दिया? मैंने उसे निकाल दिया था, फिर बुलाया।'

'क्यों?'

'उमा कैसी थी, उसके बारे में कल पूछूँगी। उसे कितना याद करता होगा?'

'कहता था, मेरी बहिन थी। अगर बहिन न हो तो? अगर...'

इससे आगे वह नहीं सोच सकी; एकाएक उठ खड़ी हुई। अगर क्या? अगर उमा उसकी प्रेमिका रही हो! सुखदा को यह विचार असह्य प्रतीत हुआ। वह तीव्र गति से इधर-उधर टहलने लगी...यह कभी नहीं हो सकता–उसकी प्रेमिका नहीं हो सकती! नहीं हो सकती–वह ऐसा नहीं हो सकता!

सुखदा इस विचार को मन से हटा नहीं सकी, न स्वीकार ही कर सकी! वह उन्मत्त की भाँति चलती रही, इधर से उधर, उधर से इधर, किन्तु पाँव दबी चाँप से पड़ रहे थे...

उसका मुँह लाल हो आया–फिर पीला पड़ गया। वह खड़ी हो गई। प्रतिमा के पास पड़ा हुआ फ्रेम उठाकर वह उसकी ओर देखने लगी और बोली, "क्या मैं पापिनी हूँ? मैंने अपना व्रत तोड़ा है? तुम्हारे प्रति अपने कर्तव्य को भूल गई हूँ। नहीं तो क्यों मुझे वह विचार असह्य होता–असह्य है?"

"पर अगर तुम हत्यारे होते और मैं तुमसे घृणा करती होती, तो क्या मैं तुम्हें निकाल देती?"

किसी तिरस्कार भरी हँसती आवाज़ ने उसके कानों में कहा, 'तो दिनेश क्या तेरा पति है?'

फिर वही आरक्त मुद्रा, वही उन्मत्त चाल, इधर से उधर, उधर से इधर...

उसके रक्त में विद्रोह जाग रहा था। यह कैसा अत्याचार है–कैसे बन्धन? वह क्या मेरा बन्धु नहीं? वह क्या मानव नहीं? अगर मैं विधवा हो गई हूँ, समाज ने मुझे जूठन की तरह अलग फेंक दिया है, तो मैं समाज के एहसान से मुक्त हूँ! मैं अपना कर्तव्य जो समझूँगी, करूँगी!

और पति?

इसमें क्या अनौचित्य है? अगर उसे आश्रय देना मेरा धर्म था, तो वैधव्य उसमें क्यों बाधक हो–पति भी क्यों हो?

फिर वही तिरस्कार की हँसी–वही उन्मादक प्रश्न–'तू उससे प्रेम करती है?'

सुखदा ने चित्र वहीं रख दिया, हाथ से बत्ती दबाकर दीपक बुझा दिया, और फिर बड़ी तीव्र गति से टहलने लगी...उसके पैरों की दबी हुई चाँप में भी एक ललकार थी–अपने को, या मानवता को, न जाने...

यही है मानवता का जीवन–यह अन्धकार में अशान्ति, उन्माद में जलन, विश्वास में अनिश्चय, सम्पन्नता में विद्रोह; रात्रि की प्रशान्त गति में यह अपूर्ति और ललकार...

8

बादल फट रहे थे। रात बीत चुकी थी।

अभी उषा के प्रकाश का भास नहीं होता था, किन्तु मानो अन्धकार का रंग बदल गया था।

सुखदा थक गई थी। उसके उन्माद की पराकाष्ठा धीरे–धीरे ढीली पड़कर बहुत उतर आई थी।

वह झोंपड़े के किवाड़ खोलकर देहरी पर बैठ गई और बाहर देखने लगी।

दूर पर जमुना के विशाल वृक्ष का कुछ अंश दीख रहा था। उसका जल पहले–सा क्षीण 'सर–सर–सर' छोड़ अब खेतों को नाँघता हुआ एक दर्प–भरा 'झूल–झूल–झूल' गुर्राता हुआ चला जा रहा था...उससे कुछ इधर दो वृक्षों के आकार कुछ स्पष्ट–सा नज़र आते थे, जिनकी ओर सुखदा देख रही थी। इन्हीं में से एक वह पगोडा वृक्ष था, जिसके नीचे उसने इतनी बार अपने हृदय की परीक्षा ली थी...

सुखदा को एकाएक ऐसा ज्ञात हुआ, उस वृक्ष के नीचे कोई खड़ा है। वह ध्यान से उसकी ओर देखने लगी, उसे ऐसा प्रतीत हुआ कि कोई अपनी आँखों पर हथेली की आड़ दिए, दूर कहीं देखने का प्रयत्न कर रहा था...पर, देर तक देखने पर भी जब वह आकार हिला–डुला नहीं, तब सुखदा की दृष्टि उस पर से हटकर बहुत दूर पर जगमगाती हुई जमुना के पुल की लैम्पों की ओर गई...उस पर कई एक लैम्पें चलती हुई नज़र आ रही थीं–देहली से मेरठ की ओर। सुखदा ने सोचा, 'ये मोटरें होंगी,' और फिर उन्हें भूल गई। वह फिर उस वृक्ष की ओर देखने लगी–पर अब वह आकार, जिसकी ओर उसका ध्यान पहले आकृष्ट हुआ था, वहाँ नहीं था।

न जाने क्यों, सुखदा का ध्यान एकाएक फिर दिनेश की ओर गया। उसकी आन्तरिक अशान्ति, जो कुछ क्षीण हो पड़ी थी, फिर धधक उठी–वही प्रश्न फिर उसके मन में नाचने लगा–'मैंने क्या किया...मुझे क्या हो गया...'

वह उठकर अन्दर गई। दबे–पाँव छप्पर के पास जाकर उसके देखा, वहाँ खाली कम्बल पड़े थे–दिनेश नहीं था!

उसका हृदय धक् से होकर रह गया। उसे ऐसा जान पड़ा, उसके मस्तिष्क पर फ़ालिज पड़ गया है...उसकी आन्तरिक अशान्ति भी मानो स्तिमित हो गई...

पता नहीं कैसे, वह छप्पर में कुछ दूर तक चलकर आई, और खूँटी से सारंगी और गज लेकर फिर पूर्ववत् देहरी पर आ बैठी। उसका शरीर क्या कर रहा है, यह वह स्वयं नहीं जानती थी...

उसकी उँगलियाँ गज़ को इधर-उधर चलाने लगीं, तारों से दो-चार टूटे से, अनमिल स्वर निकलने लगे...धीरे-धीरे उनका प्रकार बदलता गया–और थोड़ी देर बाद वे एक प्रकार के संगीत में परिणत हो गए–एक संगीत, जिसमें उत्कंठा और रोना मिले हुए थे, जिसमें एक विराट् भव्यता के साथ ही एक भयंकर निरर्थकता फूटी पड़ती थी...वैसे ही जैसे किसी सम्पूर्ण जीवनी में सब कुछ रहने दिया गया हो, केवल एक उद्देश्य निकाल दिया गया हो...

थोड़ी देर बाद नदी में कहीं एक 'छड़ाप्!' शब्द हुआ, किन्तु सुखदा ने उसे सुनकर भी नहीं सुना। इस शब्द का कुछ अर्थ हो सकता है, यह विचार उसके स्तिमित मन पर नहीं उदित हुआ। वह उस समय अपने ही संगीत की निरर्थकता में बही जा रही थी...

उसका मन जगा तब, जब उसने सामने से बहुत-से बूटों की चाँप सुनी, और आँख उठाकर देखा कि कई एक सशस्त्र पुलिस के सिपाही और अफसर उसकी ओर बढ़े चले आ रहे हैं।

एक हाथ में सारंगी और दूसरे में गज लिये वह धीरे-धीरे उठकर खड़ी हो गई।

एक सिपाही ने उसके मुख पर टॉर्च का तीक्ष्ण प्रकाश डालते हुए कड़ककर पूछा, ''कौन है तू? क्या नाम है?''

सुखदा ने शान्त भाव से कहा, ''मेरा नाम सुखदा है।''

''तेरे घर में और कौन है?''

''मैं अकेली हूँ।''

सिपाही घर में घुस आए, सुखदा किवाड़ के एक तरफ खड़ी रही। सिपाहियों ने क्षण-भर में झोंपड़े को देख डाला, और छप्पर में घुसे। घुसते ही एक ने पूछा, ''यहाँ कौन सोया था?''

''मैं सोती हूँ।''

''और उसमें कौन सोता है, तेरा खसम?'' सिपाही ने झोंपड़ेवाले बिस्तर की ओर इंगित करके पूछा।

''वहाँ कोई नहीं सोता है, मैं विधवा हूँ।''

उसके इस शान्त उत्तर को सुनकर यदि सिपाही कुछ लज्जित हुआ, तो उसने इसे प्रकट नहीं होने दिया।

इसी समय दो अंग्रेज़ अफसर भी आ पहुँचे। सिपाही दोनों ओर हटकर खड़े हो गए। अफसर ने पूछा, ''तलाशी ली?''

''जी हाँ, कुछ नहीं मिला।''

"अच्छा, तुम लोग बाहर रहो, हम इससे बात करेंगे।"

सिपाही बाहर चले गए, सुखदा चित्रवत् खड़ी रही। जब सब सिपाही बाहर हो चुके, तब अफसर सुखदा के सामने खड़ा होकर बोला, "तुम जानता है, तुमको कितना सजा मिल सकता है?"

"मैंने क्या किया है?"

"तुमने एक मफरूर आदमी का मदद किया है। तुम्हारे पास इधर रात को सूर्यकान्त नाम का एक डाकू और खूनी आदमी रहा है–जिसको पकड़ने का पाँच हजार रुपया इनाम है।"

"आप भूलते हैं। यहाँ कोई नहीं आया। मैंने इस नाम को सुना भी नहीं।"

कहते हुए सुखदा सोच रही थी, तो 'उसका असली नाम सूर्यकान्त था।'

"हूँ। सब मालूम पड़ जाएगा।"

अब दूसरा अफसर बोला, "देखो, हमको सब पता लग गया है। हमको जमुना में उसका लाश मिला है–वह पार जाने को था, डूब गया। तुम्हारे घर के बाहर उसके पैर का निशान भी है। तुम सच बता देगा तो छूट सकता है, नहीं तो..."

सुखदा का हृदय धड़कने लगा। उसकी लाश! तो वह वापस भी तैर कर ही गया–क्यों? सुखदा को एकाएक याद आया, उसने वह 'छड़ाप्!' का शब्द सुना था...उस समय पुल पर से मोटरें चली आ रही थीं–ऐसे समय में...

इस पीड़ा में, इस धड़कन में, एक विचित्र शान्ति थी...वह रात भर की कसक, वह जलन और अशान्ति, और उनसे उत्पन्न हुए भूतकाल के दृश्य, सब एक साथ ही बुझ गए, उसे ऐसा मालूम हुआ, सैकड़ों वर्षों की थकान के बाद उसे शय्या पर लेट जाने का सौभाग्य प्राप्त हुआ हो...

उसे चुप देखकर पुलिस अफसरों ने सोचा उस पर कुछ प्रभाव पड़ा है। उन्होंने कहा, "हाँ, जल्दी कहो, जो कुछ कहना है। हम पूरा कोशिश करेगा कि तुम छूट जाओ।"

सुखदा ने दृढ़ स्वर में कहा, "मुझे कुछ नहीं कहना है। मैंने सूर्यकान्त का कभी नाम भी नहीं सुना है।"

अफसर ने कुछ क्रुद्ध होकर कहा, "अच्छा, तुम गिरफ्तार है।" फिर उसने आवाज़ दी, "सिपाही!"

दो सिपाही अन्दर आए। अफसर ने कहा, "इसको गिरफ्तार करके ले चलो।"

"अच्छा, हुजूर," कहकर सिपाही आगे बढ़े।

सुखदा ने कहा, "मुझे तैयार होने के लिए पाँच मिनट का समय दीजिए।"

अफसरों ने आपस में इशारा किया, फिर एक बोला, "अच्छा, हम दो मिनट दे सकता है।"

सिपाही रुक गया।

सुखदा ने कहा, "आप बाहर जावें।"

अफसरों ने घूरकर उसकी ओर देखा, पर फिर बाहर जाते-जाते बोले, "दो मिनट से ज़्यादा नहीं सिलेगा, जल्दी करो।"

सुखदा ने किवाड़ बन्द कर लिया। छप्पर से एक लोटा पानी लेकर उसने मुँह धोया, फिर एक चादर निकालकर कन्धों पर डाल ली। एक बार धीरे-धीरे दृष्टि फिराकर उसने सारे झोंपड़े को देख डाला। इन सबका अब कौन रखवाला होगा?

वह उस आले के पास गई, जिसमें प्रतिमा रखी थी, और वहाँ से उसने अपने पति का चित्र उठाया। उसे फ्रेम में से निकालकर क्षण-भर देखती रही, फिर धीरे-धीरे फाड़ने लगी...चार, चार, आठ...सैकड़ों टुकड़े करके उसे प्रतिमा के पास ही रख दिया।

फिर उसने लकड़ी के बक्स पर पड़ी किताबों में से दो-तीन चुनकर धोती के छोर में लपेट लीं।

क्षण-भर वह झोंपड़े के मध्य में अनिश्चित खड़ी रही।

और क्या करना है? एक बार फिर उसने चारों ओर दृष्टि दौड़ाकर देख लिया-यह उसकी विदा थी।

उसकी दृष्टि चौकी पर जाकर रुकी। रात की बुझी हुई अँगीठी उसके सामने पड़ी थी।

सुखदा को याद आया, उसके पास कुल दो मिनट का समय था। वह क्षण-भर अनिश्चित खड़ी रही, फिर एकाएक प्रार्थना के लिए झुक गई। अपने देवता के आगे नहीं, अपने पति के फटे हुए चित्र के आगे नहीं, किन्तु उस चौकी के आगे, जिस पर दिनेश-या-सूर्यकान्त-बैठे-बैठे सो गया था। उसने घुटने ज़मीन पर टेक दिए और सिर को धीरे-से चौकी पर नवा दिया...

उस अपने जीवन के अपूर्व एक मिनट में उसने किससे क्या प्रार्थना की, कौन जाने...किन्तु जब वह उठी, तब मानो उसके प्राणों का तूफान बैठ गया था...उसकी आत्मा के सभी संस्कार, अच्छे या बुरे, नए या पुराने, एक पुरानी केंचुल की तरह झड़ गए थे, वह निरावरण हो गई थी...सुखदा के मुख पर एक शान्ति थी-उस शान्ति में वैराग्य की, त्याग की भावना स्पष्ट थी; किन्तु वह त्याग वैधव्य की भाँति मलिन या उद्विग्न नहीं था...

9

किन्तु जब वह किवाड़ खोलकर वापस आई, तब एकाएक उसके हृदय पर मानो कोई दैवी प्रकाश छा गया...उसे किसी दिव्य ज्ञान की एक रेखा ने कहा, 'ये झूठे हैं!'

सूर्यकान्त मरा नहीं, वह मर सकता ही नहीं था...यह विचार भी असम्भव था–असम्भावना से भी अधिक असम्भव...

वह ज्ञान-रेखा कह रही थी, 'ये झूठे हैं! वह नहीं मरा! तुम्हारे कर्म की सफाई के लिए यह आवश्यक नहीं है कि उसकी मृत्यु हो गई हो!'

सुखदा इस ज्ञान के प्रकाश के आगे यह सोच ही नहीं सकी कि उसे कैसे पुलिस के कथन पर विश्वास हो गया–चाहे क्षण-भर के लिए ही...जब उसे याद आया कि यह समाचार सुनकर ही उसकी आत्मा की पीड़ा के साथ-साथ शान्ति का अनुभव हुआ था, तब उसका हृदय लज्जा से भर गया...

वह धीरे-धीरे झोंपड़े के सामनेवाले पगोडा वृक्ष की ओर अग्रसर हो रही थी। पुलिसवाले उसे बाहर आया देखकर इकट्ठे हो रहे थे। वह उनकी उपेक्षा करती हुई, वृक्ष की ओर देखती हुई चल रही थी।

वह रुकी। एकाएक उसका हृदय एक अदम्य सुख से, एक ज्वलन्त उल्लास से भर आया।

यही जीवन का चरम उद्देश्य था–सृष्टि का चरम साफल्य, अनुभूति का अन्तिम विकास–सुख की अन्तिम पराकाष्ठा...पीड़ा का, उत्कट पीड़ा का ज्ञान–ऐसी पीड़ा का, जो कि स्वयं अपनी इच्छा से, अपने हाथों की स्वागत भावना से, अपने ऊपर ली गई है...यह आत्म-निछावर की चेतना...

सुखदा को ऐसा प्रतीत हुआ, उसका वर्षों का वैधव्य, और उससे पूर्व की जीवित मृत्यु, आज एकाएक अपनी सीमा पर पहुँच गए हैं–समाप्त हो गए हैं; और वह आज एक नई स्त्री, एक नई शक्ति हो गई है...

उसने एक बार अपने छोटे-से बगीचे के चारों ओर दृष्टि दौड़ाई। वह जमुना के विशाल वक्ष को छूती हुई फिर उसी पगोडा वृक्ष पर आकर रुक गई। क्षण-भर सुखदा स्थिर दृष्टि से उसकी ओर देखती रही, उसके मुख पर एक शान्त-स्निग्ध हँसी छा गई...

फिर उसने कहा, "चलो!" और विस्मित सिपाहियों के आगे अभिमान भरी मुद्रा से चल पड़ी।

रात-रात में पगोडा वृक्ष ने पुरानी केंचुल उतार फेंकी थी–या नए वस्त्र धारण कर लिये थे। आज उसकी कालिमा का चिह्न भी कहीं नज़र नहीं आता था, वह फूलों से भरा हुआ, सौन्दर्य से आवृत, सौरभ से झूम रहा था।

उस समय उषा का प्रकाश नभ में फूट रहा था।

मुल्तान जेल, अक्टूबर, 1933

कैसांड्रा* का अभिशाप

प्यासे खजूर के वृक्षों की छोटी-सी छाया उस कड़ाके की धूप में मानो सिकुड़कर अपने आपमें या पेड़ के तले, छिपी जा रही है। अपनी उत्तप्त साँस से छटपटाते हुए, वातावरण से दो-चार केना के फूलों की आभा एक तरलता, एक चिकनेपन का भ्रम उत्पन्न कर रही है, यद्यपि है सब ओर सूनापन, प्यासापन, रुखाई...

उन केना के फूलों के पास ही, एक छींट के टुकड़े से अपने कन्धे ढँके हुए, मेरिया बैठी है। उससे कुछ ही दूर भूमि पर एक अखबार बिछाए उसकी छोटी बहन कार्मेन एक रूमाल काढ़ रही है। वे दोनों अपने-अपने ध्यान में मस्त हैं, किन्तु उनके ध्यान एक ही विषय को दो विभिन्न दृष्टियों से देख रहे हैं...यद्यपि वे स्वयं इस बात को नहीं जानतीं कि उनके विचार एक-दूसरे के कितने पास मँडरा रहे हैं-यद्यपि मेरिया उसे कभी स्वीकार नहीं करेगी, क्योंकि वह इसे अपने हृदय का गुप्ततम रहस्य समझती है...

कार्मेन की आँखें उसकी हाथ की रूमाल पर लगी हुई हैं। वह उस पर लाल धागे से एक नाम काढ़ रही है, जो मेहँदी के रंग से उस पर लिखा हुआ है-मिगेल! नाम के चारों ओर एक बेल काढ़ी जा चुकी है और बेल के ऊपर एक लाल झंडा।

मेरिया अपने पास की किसी चीज़ को अपने चर्मचक्षुओं से भी नहीं देख रही है। केना के फूलों के आगे जो खजूर के दो-चार झुरमुट से हैं, उनके आगे जो छोटे-छोटे नए गन्ने के खेत हैं, उनके भी पार कहीं जो स्पष्ट किन्तु अदृश्य सत्यताएँ हैं, उन्हीं पर उसकी आँखें गड़ी हैं...

---

* एपोलो के वरदान से कैसांड्रा को भवितव्यदर्शिता प्राप्त हुई थी, किन्तु उसकी प्रणय-भिक्षा को ठुकराने पर एपोलो ने उसे शाप दिया कि उसकी भविष्यवाणी पर कोई विश्वास नहीं करेगा। ट्राय के युद्ध के समय, और उसके बाद एगामेम्नन की स्त्री बनकर, भावी घोर दुर्घटनाओं को देखकर वह चेतावनी देती रही, किन्तु ट्रायवालों ने उसे पागल समझकर बन्द कर रखा और एगामेम्नन ने भी उसकी उपेक्षा की। कैसांड्रा का अभिशाप यही है कि वह भविष्य देखेगी और कहेगी, किन्तु कोई उसका विश्वास नहीं करेगा। -लेखक

वहाँ है तो बहुत कुछ। वहाँ मार-काट है, हत्या है, भूख है, प्यास है, विद्रोह है, पर मेरिया उसे देख ही नहीं रही। वह तो वहाँ एक स्वप्न की छाया देख रही है। एक स्वप्न, जो टूट चुका है, किन्तु बिखरा नहीं; जो बद्ध हो चुका है, किन्तु मरा नहीं है...

वह मिगेल को याद कर रही है; मिगेल, जो जेल में बैठा है; मिगेल, जो...

पर क्या मन को उलझाने के लिए कोई स्पष्ट विचार आवश्यक ही है? क्या कवि कविता लिखने से पहले उसे लिखने के विचार में और उसके अनुकूल झुकाव में ही इतना तल्लीन नहीं हो सकता कि कविता की अभिव्यक्ति एक अकिंचन, आकस्मिक, द्वैतीयीक वस्तु हो जाए? तभी तो मेरिया भी उसकी याद में तल्लीन हो रही है, उसे याद ही नहीं कर रही, उसे याद करने की अवस्था में ही ऐसी खो गई है कि वह याद सामने नहीं आती...

मेरिया और कार्मेन साधारणतया इस समय घर से बाहर नहीं बैठतीं। एक तो धूप-गर्मी, दूसरे विद्रोह के दिन, तीसरे घर का काम; और सबसे बड़ी, सबसे भयंकर बात यह कि उन दिनों में वेश्याएँ ही दिन-दहाड़े बाहर निकलती हैं या वे कुलवधुएँ जो भूख और दारिद्र्य से पीड़ित होकर दिन में ही अपने आपको बेच रही हैं—चोरी से नहीं, धोखे से नहीं, धर्मध्वजियों की कामलिप्सा से नहीं (इन सब सभ्यता के अलंकारों के लिए उन्हें कहाँ अवकाश?) किन्तु, केवल छह आने पैसे के लिए, जिसमें वे रोटी-भर खा सकें...। मेरिया विधवा है, कार्मेन अविवाहिता, और दोनों ही अनाथिनी और दरिद्र, किन्तु वे अभी...वे अभी वहाँ तक नहीं पहुँचीं, वे अभी घर में बैठकर अपने टूटते अभिमान में लिपटकर रो सकती हैं, इसलिए किसी हद तक स्वाधीन हैं...आज ये बाहर बैठी हैं तो इसलिए कि आसपास आने-जानेवालों को देख सकें, और आवश्यकता पड़ने पर पुकार सकें, क्योंकि आज वे एक अतिथि की प्रतीक्षा कर रही हैं...

दोनों ही अद्विग्न हैं, क्योंकि प्रतीक्षा का समय हो चुका है। पेड़ों की छाया अपना लघुतम रूप प्राप्त करने अब फिर हाथ-पैर फैलाने लगी है। शायद पेड़ों के चरणों में आसन पाने से निराश होकर उस प्राची दिशा की ओर बढ़ने लगी है, जिससे सूर्य का उदय हुआ था—शायद इस भावना से जो सूर्य को काँख में दाबकर रख सकती है, वह क्या उसे आश्रय नहीं देगा? अतिथि के आने की बेला, बहुत देर हुए, हो चुकी है, पर मेरिया और कार्मेन दोनों अपने कामों, या कामों की निष्क्रियता में, ऐसी तन्मय दीख रही हैं कि दोनों ही एक-दूसरे को धोखा नहीं दे पातीं और व्यक्त हो जाती हैं।

कार्मेन कहती है, "बहन देखो, यह ठीक बन रहा है?...तुम सोच क्या रही हो?"

और, मेरिया बिना उसके प्रश्न का उत्तर दिए ही स्वयं पूछती है, "हाँ कार्मेन, तू तो कम्यूनिस्ट है न पक्की?"

"मैं जो हूँ सो हूँ, तुम यह बताओ कि तुम सोच क्या रही थीं?"

"मैं? मैं क्या सोचूँगी? तू ही तो अपने झंडे में इतनी तल्लीन हो रही है कि कुछ बात नहीं करती।"

"मैं झंडे में, और तुम इस नाम में, क्यों न?" कहकर कार्मेन शरारत से हँसती है।

"चुप शैतान!" हँसकर मेरिया एकाएक गम्भीर हो जाती है...

और कार्मेन भी चुप रहती है, कभी-कभी बीच-बीच में कनखियों से उसकी ओर देखकर कुछ कहने को होती है, पर कहती नहीं।

गन्ने के खेत के इधर एक व्यक्ति आता दीख रहा है। मेरिया स्थिर उत्कंठा से देखने लगी है। कार्मेन ने उधर नहीं देखा, किन्तु किसी अलौकिक बुद्धि से वह भी अनुभव कर रही है कि उसकी बहन व्यग्रता से कुछ देख रही है और वह भी एक तनी हुई प्रतीक्षा-सी में अपना काम कर रही है...

जब वह व्यक्ति पास आ गया, तो मेरिया ने उठकर हाथ से उसे इशारा किया और कार्मेन से बोली, "कार्मेन, तू भीतर जा। मैं बात करके आऊँगी।"

कार्मेन एक बार मानो कहने को हुई, "मैं भी रह जाऊँ?" फिर उस वाक्य को एक चितवन में ही उलझाकर चली गई।

"कहो, सेबेस्टिन, मिलने को क्यों कहला भेजा था?"

"तुम्हारे लिए समाचार लाया हूँ। कोई सुनता तो नहीं?"

"नहीं।"

"फिर भी, धीरे-धीरे कहूँ। मिगेल का समाचार है।"

मेरिया चुप। उसके चेहरे पर उत्कंठा भी नहीं दीखती।

"वह मैटांज़ास की जेल में है।"

"यह तो मैं भी जानती हूँ।"

सेबेस्टिन स्वर और भी धीमा करके बोला, "वह वहाँ से निकलकर अमरीका जाने का प्रबन्ध कर रहा है।"

मेरिया फिर चुप। पर, अबकी उत्कंठा नहीं छिपती।

"उसे धन की ज़रूरत है।"

"फिर?"

सेबेस्टिन सन्दिग्ध स्वर में बोला, "यही मैं सोच रहा हूँ। मेरा जो हाल है, सो देखती हो-अभी तीन दिन से रोटी नहीं खाई और तुमसे भी कुछ कह नहीं सकता। और, और यहाँ कौन बच रहा है-सभी भूखे मर रहे हैं। माँगूँ किससे?"

मेरिया थोड़ी देर चुप रही। फिर बोली, "कितना धन चाहिए?"

सेबेस्टिन ने एक बार तीव्र दृष्टि से उसकी ओर देखा, फिर कहा, "क्या करोगी पूछकर-बहुत!"

"फिर भी कितना?"

"लाओगी कहाँ से? अगर सौ डॉलर चाहिए तो?"

"सौ चाहिए?"

तनिक विस्मय से, "अगर दो सौ डॉलर चाहिए–तीन सौ?"

"तीन सौ डॉलर चाहिए?"

अब विस्मय को छिपाकर उदासीनता दिखाते हुए, "नहीं, चाहिए तो इससे भी अधिक–कम से कम पाँच सौ डॉलर खर्च होंगे। बड़ा जोखिम का काम है...पर इन बातों से क्या लाभ? हो तो कुछ सकता ही नहीं...तुम पूछती क्यों हो?"

मेरिया चुप है। उसके मुख पर अनेक भाव आते हैं और जाते हैं। सेबेस्टिन उन्हें पढ़ नहीं पाता और सोचता है–यह औरत बड़ी गहरी मालूम पड़ती है, मुझसे बहुत कुछ छिपाए हुए है, जिसका मैं अनुमान भी नहीं कर पाता...

मेरिया एकाएक बोली, "यहाँ कोई बैंकर है? कोई अमरीकन?"

"हाँ, है तो। क्यों?"

"गिरवी रखेंगे?"

"क्या? शायद कोई खरी चीज़ हो तो रख लें–पर आजकल गिरवी से बेचना अच्छा, क्योंकि मिलेगा बहुत थोड़ा। पर क्या तुम कुछ गिरवी रखना चाहती हो? अभी तो तुम्हारा खर्च चलता होगा?"

मेरिया ने उत्तर नहीं दिया, कुछ देर सोचने के बाद पूछा, "उसे निकालने में कितने दिन लगेंगे?"

"दिन क्या? सब प्रबन्ध तो है, धन भिजवाते ही वह निकल जाएगा।"

"यहाँ से मैटांज़ास भिजवाओगे?"

"प्रबन्ध करनेवाले यहीं हैं। उन्हीं को देना होगा। उनके पास धन पहुँचते ही वे कर लेंगे, ऐसा मुझसे कहा है।" सेबेस्टिन ने एक दबी हुई अनिच्छा-सी से कहा, मानो अधिक रहस्य खोलना न चाहता हो।

"हूँ!"

मेरिया फिर किसी सोच में पड़ गई। थोड़ी देर बाद उसने उतरे हुए चेहरे से फीके स्वर में कहा, "शायद मैं पाँच सौ डॉलर का प्रबन्ध कर सकूँ। तुम–रात को आना!"

"तुम! पाँच सौ डॉलर!"

"हाँ! मेरा विश्वास है कि कर सकूँगी! पर निश्चय नहीं कह सकती–तुम रात को आना।"

"पर–"

"अभी जाओ, रात को आना। अभी बस, अभी बस! मैं कुछ सोचना चाहती हूँ–मेरा स्वास्थ्य ठीक नहीं है।" कहकर मेरिया मुड़कर घर की ओर चली।

"अच्छा, मैं जाता हूँ, विदा!" कहकर सेबेस्टिन चलने लगा; किन्तु जब मेरिया अन्दर चली गई, तब वह रुककर, उसकी ओर देखकर बोला, "मेरिया, तुम्हारे पास इतना धन कैसे? यह तो अँधेरे में तीर लग गया है!"

फिर, धीरे-धीरे उसके मुख पर विस्मय या आग्रह का भाव मिट गया, उसका स्थान लिया एक लज्जा या विक्षोभ के भाव ने। पर जब सेबेस्टिन फिर गन्ने के खेत की ओर चला, तब वह भाव मिट गया था–तब वह था पहले-सा ही शान्तिप्राय, किंचित् विस्मित...

खजूरों की लम्बी छाया, अब ठीक केना की क्यारी पर छा रही थी; मानो अनन्त पथ पर चलते हुए भी, उसके तरल चिकनेपन के भ्रम में पड़कर थोड़ी देर के लिए प्यासी छाया अपनी आँखें ही ठंडी कर रही हो...

2

अब वे दिन नहीं रहे, जब मेरिया की गिनती सैकड़ों से आरम्भ होती थी–वे भी नहीं, जब वह अकेली इकाई को इकाई समझने लगी थी...अब तो, यदि डॉलर इकाई है तो उसकी गिनती सेंट से आरम्भ हो जाती है और सेंट ही में सम्पूर्ण हो जाती है। और, वह देगी पाँच सौ डॉलर–अपनी गिनती की असंख्य सम्पत्ति!

मेरिया के माँ-बाप, सेंटियागो के पहाड़ी प्रदेश में बड़े ज़मींदार थे। यद्यपि उनकी समृद्धि को बीते वर्षों हुए जान पड़ते हैं, तथापि मेरिया को कभी-कभी यह विचार आता है, अभी कल ही तो वे दिन थे।

हवाना शहर के आसपास, देहात में, मेरिया के पिता की बहुत सी ज़मीन थी–जिसमें गन्ने बोए जाते थे; किन्तु कुछ वर्षों से, जब से अमरीका के चीनी के व्यापारियों और मज़दूरों तक ने क्यूबा से चीनी के आयात का विरोध किया और देशभक्ति की आड़ लेकर लड़ने को तत्पर हुए, जब से अमरीकन सरकार ने उनका मान रखने के लिए और अपनी छूँछी जातिभक्ति या देशभक्ति की शान रखने के लिए, क्यूबा से आनेवाली चीनी के आयात पर कर बढ़ा दिया, तब से धीरे-धीरे उनकी ज़मीन घटने लगी और उनका साहस भी टूटने लगा–मेरिया को वह दिन याद है (यद्यपि बहुत दूर से, ऐसे जैसे पिछले जीवन के सुख-दुख याद आ रहे हों!) जब उसके पिता ने आकर एक दिन थके हुए स्वर में मेरिया की माँ से कहा, "रोज़ा, हम लुट गए हैं–दीवालिया हो गए हैं..."

उस बात को दो वर्ष हो गए। उसके बाद ही वह दिन भी आया, जब सेंटियागो में उनका मकान भी बिक गया और वे एक साधारण परिवार बनकर हवाना आए–मज़दूरी करने के लिए...। वह दिन भी, जबकि मेरिया का पिता एक दिन गन्ने के खेत की निराई करते-करते लू लगने से मर गया और उसके कुछ ही दिन बाद

मेरिया की माँ भी–जो सब कष्ट और क्लेश सहकर भी अभिमान की चोट को नहीं सहार सकी थी।

तब से मेरिया और कार्मेन उस घर में रहती हैं। वे दोनों मज़दूरी नहीं करतीं–अब मज़दूरी करने से उतना भी नहीं मिलता, जितने के उसमें नित्य कपड़े ही घिस जाते हैं, खाने की कौन कहे...इसलिए, मेरिया अब कभी-कभी किसी अमरीकन यात्री के यहाँ एक-आध दिन सेवा करके कुछ कमा लेती है और उसी पर तोष कर लेती है। इस सेवा में, कभी-कभी उसे अपने मन से छिपना पड़ता है–तब, जब किसी यात्री को सूझता है कि मेरिया तो सुन्दरी है। तब मेरिया डरती नहीं, छिपती नहीं, सह लेती है और अपना वेतन कमा लेती है; क्योंकि नैतिक तन्त्र तो काल और परिस्थिति के बनाए होते हैं और प्रत्येक काल में जैसे ऊँचाई की एक सीमा-सी होती है, वैसे ही निचाई की भी। और, मेरिया समझती है कि वर्तमान परिस्थिति में, वह कम-से-कम पतित नहीं है, जूठी नहीं है...

सीपी जब समुद्र में पड़ी होती है, तब उसकी गति अबाध होती है और वह अस्पृश्य; जब वह तीर पर पड़ी सूखती है, तब लोग उसके बाह्य आकार को छू लेते हैं, सहला लेते हैं, पर उससे उसके अन्दर छिपा हुआ जीव आहत नहीं होता, वैसा ही अस्पृश्य रहता है। फिर एक दिन ऐसा भी आ सकता है, जब सूखे उत्ताप से छटपटाकर, सीपी अपना बाह्य कठोर कवच खोल देती है, तब लोग उसके भीतर से मुक्तामणि लूट ले जाते हैं, तब उसका कवच कहीं पड़ा रहता और उसके जीव को कौए नोच ले जाते हैं।

मेरिया विधवा थी पर पवित्र थी–अछूती थी। उसका विवाह उसके पिता ने अपने पड़ोस के एक उच्च कुल के निकम्मे युवक से कर दिया था, जो विवाह के कुछ ही दिन बाद मर गया था। उसके बाद ही मेरिया के माता-पिता सकुटुम्ब हवाना आए और दोनों लड़कियों को छोड़ परलोक सिधारे थे–जहाँ शायद चीनी पर विदेशी कर नहीं लगता था। तब पहले कुछ दिन मेरिया ने मज़दूरी भी की थी, पर फिर यात्रियों की टहल करने लगी थी। यात्री उससे अधिक कुछ नहीं माँगते थे–अधिक-से-अधिक एक मुस्कान, हाथों का स्पर्श, एक कोमल सम्बोधन...इतने के लिए वह इनकार नहीं करती थी, उपेक्षा से देती थी, और अपनी मज़दूरी ले जाती थी। इससे आगे उसके भी एक कठोर कवच था, तीर पड़ी सीपी की तरह, और वह सोचती थी कि उसका कौमार्य सदा ऐसा ही अक्षत रहेगा...

एक बार, ऐसा हुआ था कि वह इस गति को बदलने लगी थी–वह अपने को उत्सर्ग करने लगी थी। अपनी ओर से तो वह उत्सर्ग हो भी चुकी थी, शायद स्वीकृत भी; पर यदि ऐसा हुआ था, तो न वह उत्सर्ग-चेष्टा ही व्यक्त हुई थी और न ही उसकी स्वीकृति ही!

वह पिछले साल की बात है। तब मिगेल उसके पड़ोस में रहता था। वह स्वयं गरीब था और मज़दूरी करता था, किन्तु वह मेरिया के छिपे अभिमान को समझता था। कभी-कभी वह मेरिया की अनुपस्थिति में आता, कार्मेन से बातचीत करता और उसके लिए खाने-पीने का बहुत-सा सामान छोड़ जाता। कार्मेन स्वयं खाती, तो मिगेल कहता, "रख लो, बहन के साथ खाना।" और कार्मेन इस उपदेश का औचित्य देखकर इसे स्वीकार कर लेती। इसी प्रकार, मिगेल हर दूसरे दिन कुछ भेंट छोड़ जाता, जिससे दोनों बहनों का एक दिन का खर्च बच जाता...तब एक दिन मेरिया ने उसे मना करने के लिए उसका सामना किया था और तब से फिर सामना कर सकने के अयोग्य हो गई थी-बिक गई थी...

मेरिया मिगेल से बात बहुत कम करती। वह आता और कार्मेन से बातें करता, हँसता-खेलता और मेरिया उनकी तरुण माता की तरह ही उन्हें देखा करती...पर कई बार उसे विचार होता, मिगेल के कार्मेन के साथ खेलने में एक प्रेरणा है, उसकी बातचीत में एक आग्रह, उसकी हँसी में एक सहानुभूति, जो कार्मेन को दी जाकर भी उसकी ओर आती है, उसी के लिए है...तब वह लज्जित भी होती, पुलकित भी; और एक विषण्ण आनन्द से और भी चुप हो जाती...और यह सब इसलिए कि उसकी अपनी सब प्रेरणाएँ, अपने सब आग्रह, अपनी सब सहानुभूति एक ही रहस्यपूर्ण अभिव्यक्ति में मिगेल की ओर जा चुकी थीं...

मिगेल में प्रतिभा थी, और प्रतिभावान व्यक्ति कभी एक स्थिर, व्यक्तिगत प्रेम नहीं पाता-चाहे अपने व्यक्ति वैचित्र्य से उसका अनुभव करने के अयोग्य होता है, चाहे भाग्य द्वारा ही उससे वंचित होता है। मिगेल और मेरिया भी ऐसे ही रहे। मिगेल हवाना के एक गुप्त मज़दूर दल का अगुआ था-इस बात का पता लग जाने पर उसके नाम वारंट निकल गए और वह भाग गया। इस बात को भी छह मास हो गए-और, अब तो मिगेल महीने भर से मैटांजास के फौजी जेल में पड़ा है। उसे पता नहीं क्या होगा-शायद बिना मुकदमे के ही वह फाँसी लटका दिया जाएगा। क्योंकि अब है मैकाडो का राष्ट्रपतित्व, जो कि अमरीकन छत्रच्छाया से भी बुरा है, क्योंकि मैकाडो दास ही नहीं, वह अधिकार-प्राप्त दास है। इसलिए अधिकारी से अधिक क्रूर और हृदयहीन है...आज, अगस्त 1933 में, जब प्रजा पहले ही भूखी मर रही है, तब उसके बचे-खुचे जीविका के साधन भी छीने जा रहे हैं; और इतना ही नहीं जो इस भूखी मृत्यु का विरोध करते हैं, उन्हें सबसे पहले चुन-चुनकर मारा जा रहा है। हाँ, सभ्यता और प्रगति!

मेरिया ने मिगेल को अपनाया नहीं था, शायद इसीलिए मिगेल का एक चिह्न मेरिया के पास सदा रहता है-उसकी द्वादशवर्षीया बहन। मेरिया का प्रेम मौन था, कार्मेन का स्नेह अत्यन्त मुखर क्योंकि वह प्रेम नहीं था, वह था एक पूजामिश्रित अधिकार-वैसा ही, जैसा किसी बच्चे के मन में अपने देवता के प्रति होता है। कार्मेन

न हर समय मिगेल का नाम जपती थी; हरेक परिस्थिति में उसके मुख पर एक ही प्रश्न आता था कि "इसमें मिगेल को कैसा लगता?" यहाँ तक कि जब वह रूखा-सूखा खाना खाने बैठती, तब सर्वोत्तम खाद्य वस्तु का (बहुधा तो एक ही वस्तु होती!) एक अंश निकालकर उसे एक अलग पात्र में रखकर पूर्वस्थ मैटांज़ास की ओर उन्मुख होकर कहती, "यह मिगेल के लिए है"...मेरिया हँसती, "पगली!" पर कार्मेन के कर्म से, उसे ऐसा जान पड़ता है कि मिगेल की एक सकरुण साँस उसके पास से, उसकी किसी लट को किंचित्मात्र कम्पित करती हुई, शायद उसके श्रुतिमूल को छूती हुई चली गई है...वह ज़रा पीछे झुक जाती है-विश्रान्ति की मुद्रा में क्षण-भर पलकें मींचकर एक छोटी-सी साँस लेती, और फिर प्रकृतिस्थ हो जाती; भोजन अधिक मधुर जान पड़ने लगता और मेरिया को एकाएक ध्यान आता कि कार्मेन उसकी कितनी अपनी, कितनी अत्यन्त प्रिय है...पता नहीं, वह कार्मेन का अधिकृत प्रेम है, या मेरिया के हृदय में मिगेल की अनुपस्थिति के रिक्त को पूरा करनेवाला और अन्ततः मिगेल पर आश्रित भाव-पर मेरिया उसे कार्मेन पर बिखेरती है और बड़ी आत्मविस्मृति से (या शायद आत्मविस्मृति के लिए ही?) बिखेरती है...

कार्मेन इसे जानती है। वह छोटी है, अबोध है, अपनी इष्टदेव की पूजा में, अपनी वीर-पूजा में खोई हुई है, पर मेरिया को जानती है। वह जानती है कि उसका देवता मेरिया का कुछ है और मेरिया सर्वथा उसकी, और उसे इससे ईर्ष्या नहीं होती। प्रेम किसी-न-किसी प्रकार के प्रतिदान का इच्छुक होता है-चाहे वह प्रतिदान कितना ही वंचक और मारक क्यों न हो-इसीलिए प्रेम में ईर्ष्या होती है। पर पूजाभाव, विशेषतः वीर-पूजा में प्रतिदान की इच्छा नहीं होती, इसीलिए उसमें विरोध की भावना भी नहीं होती। एक पुजारी अपने देवता के अन्य उपासकों से एक समीपत्व ही अनुभव करता है। और, फिर कार्मेन यह भी तो समझती है कि वह स्वयं मेरिया की कितनी अपनी है क्योंकि वह देखती है, मेरिया के जीवन का कोई भी रिक्त अगर भरा है तो कार्मेन से ही, मेरिया ने मानो अपने प्राणसूत्र के सब तन्तु सब ओर से समेटकर उसी में लपेट दिए हैं और उसी की आश्रित हो रही है...कार्मेन यह तो समझ सकती नहीं कि मेरिया की जीवन लता कितनी अधिक उसके सहारे की आकांक्षी है, वह इसीलिए कि उसके भीतर कहीं घुन लग रहा है, जो उसकी शक्ति को चूसे जाता है और उसे बाह्य आश्रय के लिए बाध्य कर रहा है। कार्मेन समझती है कि मेरिया का उसके प्रति सच्चा स्नेह है, और वह वास्तव में है भी सच्चा और विशुद्ध-किन्तु वह स्वयंभूत नहीं है, वह एक रिक्त की प्रतिक्रिया है...जैसे, जब पैर में कहीं जूता चुभता है, तब उस चुभन से उस स्थान की रक्षा के लिए एक फफोला उठता है, और स्नेह से भरता है। वह फफोला भी सच्चा होता है और स्नेह भी, पर वह स्वाभाविक होकर भी स्वयंभूत नहीं होता, वह एक बाह्य कारण से, एक रिक्ति की या पीड़ा की प्रतिक्रिया से उत्पन्न होता है...

इसे कार्मेन भी नहीं जानती, मेरिया भी नहीं जानती। क्योंकि जो स्वयं जीने की क्रिया में व्यस्त होते हैं, उन्हें जीवन के स्रोतों का अन्वेषण करने का समय नहीं होता, शायद प्रवृत्ति भी नहीं...

मेरिया और कार्मेन के इस पाँच डॉलर मासिक के साढ़े सात आने रोज के–जीवन में एक व्यक्ति और भी उलझा हुआ है। वास्तव में उलझा ही हुआ है, क्योंकि मिगेल तो उसका एक स्वाभाविक अंग है और यह व्यक्ति है एक पहेली, एक उलझन भी, जो विभिन्न अवस्था में शायद सुलझाई भी जा सकती, और जो किसी भी अवस्था में उनके जीवन का आवश्यक अंग नहीं हुई और न होगी...यह व्यक्ति है–सेबेस्टिन।

वर्तमान युग की गिनती में सेबेस्टिन से दोनों बहनों का परिचय बहुत दिन से है। वह भी किसी समय समृद्ध था, उसकी पत्नी मोटर में बैठती थी, उसके बेटे अभिजनों के स्कूल में पढ़ते थे...पर अब वह भी मज़दूरी करता है और दिन भर खून–पसीना एक करके भी अपना खर्च नहीं चला सकता–विशेषतः इसलिए कि अपनी स्त्री का तुषारमय, उलाहने भरा मौन उससे नहीं सहा जाता, उसे देखकर वह कई बार किसी भयंकर आग से भर जाता है और बिलकुल हृदयहीन एक मारक शस्त्र की तरह हो जाता है–अनुभूति, दया, आचार ज्ञान तक से परे, उठे हुए खांडे की तरह, जो गिर ही सकता है, और जिसके गिरने को नीति शास्त्र नहीं नियन्त्रित कर सकता।

वह मिगेल का सखा था, सहयोगी था, विश्वासपात्र था। मिगेल के साथ सामान्य दारिद्र्य में बँधा था? और मिगेल, इस बन्धन को ही सबसे बड़ा बन्धन समझता था और इसी के कारण सेबेस्टिन का विश्वास करता था। पर मिगेल अकेला था और स्वच्छन्द, सेबेस्टिन अपनी गृहस्थी के बन्धनों में बँधा हुआ और सुरक्षित था। इसलिए मिगेल मित्रता में पूर्णतया बँध जाता था, और सेबेस्टिन उससे घिरकर भी उसके भीतर एक आत्मनिर्णयाधिकार बनाए रखता था...

मेरिया से मिगल ने सेबेस्टिन का भी परिचय कराया था। मेरिया उन दोनों व्यक्तियों का अन्तर देखती थी, किन्तु सेबेस्टिन के प्रति मिगेल का आदर भाव देखकर अपने विचारों को दबा लेती थी। मिगेल उसका कुछ नहीं था, किन्तु उसके बिना जाने ही उसका मन इस निश्चय पर पहुँच चुका था कि जो कुछ मिगेल का निजी है, वही उसका भी है।

मिगेल चला गया, बन्दी भी हो गया। मेरिया के जीवन में इससे कोई विशेष परिवर्तन प्रकट नहीं हुआ–सिवा इसके कि अब बहनों को जो कुछ खाने–पीने को प्राप्त होता है, वह मेरिया की अपनी कमाई का फल होता है, क्योंकि सेबेस्टिन उनकी कुछ सहायता नहीं कर सकता–वह स्वयं इसका आकांक्षी है! सेबेस्टिन और मेरिया अब कभी–कभी मिलते हैं, बस! कभी मेरिया सेबेस्टिन के घर का स्मरण करके, उसे अपने यहाँ रोटी खिला देती है। तब सेबेस्टिन कृतज्ञ तो होता है पर उसके

हृदय में स्वभावतः ही यह भाव उदय होता है कि इन बहनों के पास आवश्यकता से अधिक धन है, नहीं तो ये क्यों मुझे खिलातीं—कैसे खिला सकतीं? बेचारे सेबेस्टिन के अब वे दिन नहीं थे, जब वह सोचे, मैं किसी को खिला सकता हूँ। और उसका यह भाव, उसकी कृतज्ञता के पीछे छिपा होने पर भी, मेरिया को दीख जाता था। तब वह विषण्ण सी होकर, सेबेस्टिन के चरित्र को समझने की चेष्टा करती थी। वह उसके बहुत पास पहुँच जाती थी, किन्तु पूर्णतया हल नहीं कर पाती थी; सेबेस्टिन उसके लिए एक उलझन रह जाता था, जो सुलझ सकती है, यद्यपि अभी सुलझी नहीं; जो एक पहेली है। जिसका हल है तो, पर अभी प्राप्त नहीं हुआ...

तब वह सान्त्वना के लिए जाती थी—अपने चिर अभ्यस्त कवियों के पास नहीं—उस चिर अभ्यस्त कविता के जीवन-राहु, आँधी-पानी-धुएँ के पैगम्बर कार्ल मार्क्स की शरण में! क्योंकि, उस समय उसकी मनःस्थिति कोमल कविता के अनुकूल नहीं होती थी, वह चाहती थी एक भैरव कविता, उच्छल लहरी की तरह एक ही भव्य गर्जन में सब कुछ डुबोनेवाली, घोर विनाशिनी।

वह कार्मेन को बुलाकर पास बिठा लेती और उसके साथ पढ़ने लगती। कार्मेन के उत्साहशील तरुण हृदय को मिगेल ने पूरा कम्युनिस्ट बना दिया था। वह कार्ल मार्क्स के नाम पर किसी समय कुछ भी पढ़ने को प्रस्तुत थी। उसकी इस तत्परता में वह व्यग्र भावुकता थी, वही सहज स्वीकृति, जिसका मार्क्स प्राणशत्रु था, पर उससे क्या? मार्क्स उसकी बुद्धि को पुष्ट कर सकता था, पर उसकी स्वाभाविक चंचलता को नहीं।

मेरिया भी मार्क्स को अपने मस्तिष्क से नहीं, अपने हृदय से पढ़ती थी। कार्मेन जब देखती कि मेरिया किस प्रकार उसके उच्चारण में ही लीन हुई जा रही है, उसके तर्क की ओर नहीं जाती केवल उसकी विराट् विध्वंसिनी प्रेरणा में बही जा रही है, तब मेरिया के भाव को प्रतिबिम्बित करता हुआ एक रोमांच-सा उसे भी हो जाता था, एक कँपकँपी-सी उसके शरीर में दौड़ जाती थी—वैसी ही, जैसी किसी अनीश्वरवादी मूर्तिपूजक हृदय में, किसी भव्य मन्दिर में आरती को देख-सुनकर हो उठती है।...जब मेरिया पढ़ चुकती थी, तब कार्मेन अकस्मात् कह उठती, "मिगेल के पढ़ाने में तो यह ऐसा नहीं होता था—"

मेरिया पूछती, "क्या?" तो कार्मेन से उत्तर देते न बनता! वह मन-ही-मन कल्पना करती, कहीं विजन समुद्र तट पर बने हुए गिरजाघर में समवेत गान हो रहा हो और लहरों के नाद से मिल रहा हो...और इस भाव को कह नहीं पाती थी, एक खोई सी मुस्कान मुस्करा देती थी!

आज, सेबेस्टिन के जाने के बाद भी यही हुआ। मेरिया पढ़ने लगी और कार्मेन चुपचाप सुनने। किन्तु मेरिया से बहुत देर तक नहीं पढ़ा गया। उसने उकताकर पुस्तक रख दी और बोली, "फिर सही।"

कार्मेन ने धीरे-से पूछा, ''मेरिया, आज तुम्हें कुछ हो गया है? बताओ, सेबेस्टिन क्या कहता था?''

मेरिया जैसे चौंकी। बोली, ''कुछ तो नहीं?''

उस स्वर में कुछ था, जिसने कार्मेन को झकझोरकर कहा, ''पास आ!'' कार्मेन आई और मेरिया की गोद में सिर रखकर बैठ गई। मेरिया ने उसे पास खींच लिया और उसे गले से लिपटाए बैठी रही...कभी-कभी कार्मेन को मालूम होता, मेरिया वहाँ नहीं है तब वह सिर उठाकर मेरिया का मुँह देखना चाहती, पर मेरिया उसे और भी ज़ोर से चिपटा लेती, सिर उठाने न देती थी...

ऐसे ही धीरे-धीरे सन्ध्या हो गई। खजूर के पेड़ों के पीछे सारा वायुमंडल स्वर्णधूलि से भर-सा गया, जिसमें गन्ने के खेत अदृश्य हो गए। जो क्षितिज दोपहर में बहुत दूर जान पड़ रहा था, अब मानो बहुत पास आ गया, मानो खजूर के वृक्षों के नीचे ही घोंसला बनाने को आ छिपा। दूर कहीं अमरीकन राजदूत भवन से घंटे का स्वर सुन पड़ने लगा और नगर से शोर भी एकाएक बहुत पास जान पड़ने लगा...

कार्मेन मेरिया की गोद में बहुत चुप पड़ी थी। मेरिया ने पूछा, ''कार्मेन, सो गई क्या?'' तब कार्मेन ने गोद में रखा हुआ सिर मेरिया के शरीर से रगड़कर हिला दिया और झूठमूठ के रूठे स्वर में बोली, ''तुम बताती तो हो नहीं।''

''ओ, वह?'' कहकर मेरिया फिर चुप हो गई। थोड़ी देर बाद बोली, ''कार्मेन, तुझसे एक बात पूछनी है; न, उठ मत, ऐसी ही पड़ी रह!''

कार्मेन ने विस्मय से कहा, ''क्या आज रोटी नहीं खानी है?''

''खा लेंगे। तू सुन तो!''

''हाँ, कहो।''

''कार्मेन, जानती है, जब माँ मरी, तब हमें बिलकुल अनाथ नहीं छोड़ गई?'' मेरिया ने गम्भीर स्वर में ऐसी मुद्रा में यह प्रश्न किया, जैसे उत्तर की भी अपेक्षा नहीं और ऐसे ही कहती चली। कार्मेन चुपचाप सुनने लगी।

''वह मुझे थोड़े-से गहने सौंप गई थी। बहुत तो नहीं थे, पर आजकल के ज़माने में उतने ही बहुत होते हैं। कुछ तो हमारे वंश की परम्परा में ही चले आ रहे थे, कुछ माँ ने तेरे विवाह के लिए बनवाए थे।''

''मेरे? और तुम्हारे लिए नहीं?''

''हाँ, मेरे भी थे, सुन तो। यह सब वह सौंप गई थी, और सँभालकर रखने को भी कह गई थी। इसके अलावा एक मोती भी है, जो मिगेल ने दिया था।''

''मिगेल ने? उसके पास था?''

''हाँ। उसे उसकी बुआ दे गई थी। पर, तू ऐसे प्रश्न पूछेगी, तो मैं बात नहीं कहूँगी!''

मेरिया फिर कहने लगी, "यह सब मैंने एक बर्तन में रखकर दाब दिए थे कि कहीं गुम न हो जाएँ। आज उन्हें निकालने की सोच रही हूँ। मिगेल ने मँगवाए हैं।"

"पर वह तो कैद है न?"

"हाँ, वह वहाँ से निकलकर अमरीका जाएगा। इसलिए ज़रूरत है।"

"अच्छा, जभी मुझे भगाकर बातें कर रही थीं। हाँ, तो निकाल लाओ, रखे कहाँ हैं?"

मेरिया ने इस प्रश्न की उपेक्षा करके कहा, "जो वंश के हैं, और जो तेरे विवाह के लिए बने थे, उन पर मेरा अधिकार नहीं है।"

कार्मेन सिर को झटककर उठ बैठी, कुछ बोली नहीं, मेरिया के मुख की ओर देखने लगी।

मेरिया ने देखा कि कार्मेन को यह बात चुभ गई है, पर वह कहती गई, "वे तेरे हैं, इसीलिए तुझसे पूछना था कि उन्हें बिकवा दूँ?"

कार्मेन ने आहत स्वर में कहा, "मुझसे पूछती हो?"

मेरिया ने जान-बूझकर उस स्वर को न समझते हुए, फिर पूछा, "हाँ, बता तो!"

"मैं नहीं बताती-" कार्मेन की आँखों में आँसू भर आए। उसने मुँह फेर लिया, मेरिया उसकी मनुहार करने लगी। एक दृश्य हुआ, जिसे न देखना, देखकर न कहना ही उचित है।

तब कार्मेन ने रोकर कहा, "मैं कभी मना करती?"

मेरिया एकाएक शिथिल हो गई।

3

सन्ध्या घनी हो गई।

कार्मेन अपनी बहन की प्रतीक्षा में बैठी थी। अन्धकार हो रहा है, इसलिए उसने पढ़ना छोड़ दिया है, पर अभी बत्ती नहीं जलाई। आवश्यकता भी क्या है? तेल बचेगा! और, इस कोमल अन्धकार में बैठकर सूर्यास्त के पट पर अपने स्वप्नों का नृत्य देखना अच्छा लगता है।

कार्मेन ने बहुत दिनों से इस प्रकार अपने-आपको प्रकृति की प्रकृतता में नहीं भुलाया-उसका जीवन ऐसा हो गया है कि इसके लिए अवसर नहीं मिलता; इसलिए जब अवसर मिल भी जाता, तब उस स्वप्न-संसार से लौटकर आने की चोट के भय से वह उधर जाती ही नहीं, पर आज, इतने दिनों बाद न जाने क्यों, उसे बड़ी प्रसन्नता हो रही है। शायद एकाएक मिगेल के निकलने की सम्भावना के

कारण, शायद इस अनुभूति से कि आज उसकी बहन के प्यार में सदा से अधिक कुछ था–कोई वस्तु नहीं, किन्तु एक प्रकार की विशिष्टता का कोई सूक्ष्म भेद...कार्मेन एक विचित्र, अदम्य त्याग–भावना से भरी सान्ध्य नभ को देख रही है। देख नहीं रही, प्रतिबिम्बित कर रही है। नभ के प्रत्येक छाया–परिवर्तन के साथ ही साथ उसके प्राणों में भी मानो एक पर्दा बदलता है।

सूर्यास्त के बाद का रंग जाने कैसा कलुष लिये लाल–लाल, मैला–सा हो रहा है...उसे देखकर कार्मेन के मनःक्षेत्र में किसी अँधेरे विस्मृत कोने में एक विचार, या छाया, या कल्पना आ रही है...वह आकाश उसे ऐसा लग रहा है, जैसे वन में किसी रहस्यपूर्ण नैश–उत्सव की अपनी आग से दीप्त, उसे प्रतिबिम्बित करती हुई, किसी भैरव देवता की विराट्, चमकती हुई, काली प्रस्तर–मूर्ति की खुली–खुली, चपटी–चपटी, फैली हुई छाती...

कार्मेन सोचती है कि वे दोनों बहनें उस देवता की रक्षिता हैं, यद्यपि वह देवता बड़ा विकराल है...पर, मेरिया अभी तक आई क्यों नहीं?

हम सान्ध्य आकाश की छटा को एक स्वतन्त्र विभूति मानते हैं, पर वह है क्या? वह है किसी अन्य के, किसी अस्त हुए आलोक की प्रतिच्छाया मात्र...

और, हम समझते हैं, सन्ध्या में एक आत्मभूत, आत्यन्तिक सौन्दर्य है, पर वहाँ वैसा कुछ नहीं है...हम सन्ध्या में देखते हैं–केवल अपने अन्तर का प्रतिबिम्ब, अपनी बुझी हुई आशाओं–आकांक्षाओं का स्फूर्तिमान कंकाल...

नहीं तो, यह कैसे होता कि जिस सान्ध्य आकाश में कार्मेन को ऐसा भव्य चित्र दीखता है, उसी में चालीस मील दूर मेटांज़ास के फौजी जेल में बैठे मिगेल को इतना बीभत्स चित्र दीखता है...

चार–पाँच खेमे गड़े हैं, जिनके आस–पास कँटीले तार का जँगला लगा हुआ है। उसके भीतर–बाहर, दोनों ओर सशस्त्र सिपाहियों का पहरा है और उससे कुछ दूर एक और खेमा लगा है, जिसके बाहर बैठे सिपाही गाली–गलौज कर रहे हैं। उसके सामने ही तीन–तीन बन्दूकों को मिलाकर बनाए हुए चार–पाँच कुन्दले हैं। और उनसे आगे प्रशान्त खेत और पश्चिमीय क्षितिज...

एक खेमे के बाहर मिगेल खड़ा है। उसे बाहर निकालने की अनुमति नहीं है, किन्तु पहरेवाले सिपाही की दया से वह कुछ देर के लिए बाहर का दृश्य देखने निकला है। वह उन बन्दूकों के कुन्दले की अग्रभूमि से, और खेतों के मौन से पार के सान्ध्य आकाश को देख रहा है और सोच रहा है...

इसी दिशा में चालीस मील दूर हवाना है, वहाँ उसका सब कुछ है। कुल चालीस मील; पर चालीस मील! वह सोचता है, यदि आज मैं छूटकर हवाना पहुँच सकूँ तो क्या कुछ कर सकूँगा...न जाने वहाँ क्या परिस्थिति है–बहुत दिनों से समाचार नहीं आया है, विद्रोह की इतनी तैयारियाँ थीं और शायद उसका आरम्भ

भी हो गया हो...जिस विद्रोह को जगाने में उसने इतना यत्न किया, जिसके लिए वह यहाँ भी आया, उसी में वह भागी नहीं हो सकेगा–हाय वंचना!

वह चाहता है, तीव्र गति से इधर-उधर चलकर अपने अन्दर भरते हुए इस अवसाद को कुछ कम कर ले; पर, उसे तो वहाँ निश्चल खड़ा रहना है। उसे तो हिलना भी नहीं, वह तो वहाँ खड़ा भी है तो एक सिपाही की अनुकम्पा से, मैकाडो के सिपाही की अनुकम्पा से...हाय परवशता!

उसके मन में विचार उठता है, आज रात ही इसका अन्त करना है। वह अकेला ही है, अकेला ही यत्न करेगा। वह इस बन्धन का अन्त आज ही रात में करेगा–मुक्ति के लिए प्राणों पर खेल जाएगा। प्राण तो जाते ही हैं–शायद पहले मुक्ति मिल जाए। एक सिपाही ने उसे सहायता का वचन दिया है, वह उसे कँटीले तार के पार तक जाने देगा। उसके आगे मिगेल का अधिकार है। उसके पास एक पिस्तौल है। वह यदि निकलकर भाग न सकेगा, तो अपना अन्त तो कर सकेगा। यदि शत्रु की गोली से भी मरेगा, तो उस कँटीले तार के उस पार तो मरेगा! उस कँटीले तार की रेखा ही उसके लिए जीवन और मरण की विभाजक रेखा हो रही है, मुक्ति का संकेत–हाय दासता!

बुद्धि उसे कहती है, ये विचार तुझे विचलित कर देंगे। युद्ध में निश्चय हो जाने के बाद विकल्प नहीं करना चाहिए–वह तो उससे पूर्व की बातें हैं...तब वह कहीं पढ़ी हुई कविता की दो-चार पंक्तियाँ दुहराता है और सूर्यास्त को देखकर, वही बीभत्स कल्पनाएँ करने लगता है...

यह वही आकाश है, वही आलोक का छायानर्तन...वही कलुषमयी लाली, वही फीका-फीका मैलापन...पर मिगेल क्या देखता है! जैसे रोगिणी क्षितिज का रक्तमिश्रित रजःस्राव...या, जैसे कालगति से किसी विकराल जन्तु के प्रसव के बाद गिरे हुए फूल...अपनी कल्पना की बीभत्सता से वही मचमचा जाता है, पर वह आती है और आती है...और इतना ही नहीं, वह यह भी सोचने लगता है कि वह विकराल जन्तु क्या होगा, जिसके प्रसव के ये फूल हैं–वह क्रूर, भयंकर, नामहीन, आतंक...

वह तो बहुत दूर है यहीं हवाना के अन्तिक में उसी सूर्यास्त को एक और व्यक्ति देख रहा है–सेबेस्टिन।

वह अपने घर में अकेला है, यद्यपि उसके पास ही उसकी स्त्री और बच्चे हैं, और उसकी स्त्री उसे कुछ कह रही है। वह कुछ सुन नहीं रहा, उसे आज अपनी स्त्री के चुभ जानेवाले शब्दों का भी ध्यान नहीं, वह उससे भी अधिक चुभनेवाली बातों पर विचार कर रहा है...वह विश्वासघात की तैयारी कर रहा है; वह जानता है कि यह विश्वासघात होगा; यह भी अनुभव कर रहा है कि यह भयंकर पाप, अत्यन्त नीचता होगा, वह इस पर लज्जित भी है; किन्तु किसी अमर शक्ति से बँधा

हुआ-सा वह यह अनुभव कर रहा है कि यह होगा अवश्य, उससे होगा, और वह सब कुछ देखते हुए भी अन्धा होकर इसे करेगा...

क्या करेगा? कुछ भी तो नहीं। किसी के पास आवश्यकता से अधिक धन है, उसे ले लेगा, उनके लिए जिन्हें उसकी आवश्यकता है-अपनी बीवी और बच्चों के लिए...यह कोई पाप है? और फिर, उसने इसके लिए योजना तो बनाई नहीं, उसे कब आशा थी कि मेरिया धनी है-उसने तो पता लगाने के लिए प्रश्न पूछा था...मेरिया स्वयं ही कहती है...भाग्य उसे कुछ देता है, तो वह न लेनेवाला कौन? वह झूठा, दगाबाज़, आत्मवंचक। अब उसे दीखता है, वह कुछ हो, वह एक अप्रतिरोध प्रेरणा से बँधा हुआ है...। और उसके लिए, यदि कहीं क्षमा नहीं तो उसी प्रेरणा से अवश्य मिलेगी...

सारा आकाश, सारी सृष्टि, आग के लाल प्रतिबिम्ब और काले-काले धुएँ से भरी हुई है! तब वही कहाँ से एक शीतल आत्मा ले आवे, वही कहाँ से आदर्श पुरुष हो जाए, वही कहाँ उस लाल प्रतिज्योति और उस काले धुएँ से बचकर जा पहुँचे।

और वह अकेला ही उसे नहीं देख रहा, यहीं हवाना शहर में, उसी सूर्यास्त में अनेक व्यक्तियों को क्या कुछ दीख रहा है...

यहाँ हवाना का वह अंश रहता है, जिसे कभी उसका अंश गिना नहीं जाता, किन्तु जिस पर उसका अस्तित्व निर्भर करता है...जो हवाना की गरीबी का निकेत है, किन्तु जो हवाना की सम्पत्ति को बनाता है...यहाँ वे पुरुष हैं जो दिन-भर मज़दूरी करके एक मास में उतना कमा पाते हैं, जितना अमरीकन मज़दूर एक घंटे में, जिसके भले के नाम पर इन लोगों को पीसा जा रहा है और जो स्वयं किसी और के लिए पिसेंगे? यहाँ वे औरतें भी हैं, जो दिन-भर और आधी रात भर सिलाई का काम करती हैं और एक दर्जन कमीज़ें सीकर पाँच आने वेतन पाती हैं, या जो अपने शरीर को बेचकर उसके मूल्य से कुछ आने पैसे और कोई मारक रोग पाकर, कृतज्ञ भी हो सकती हैं...यहाँ वे लड़के भी हैं, जो अपने माता-पिता का पेट भरने-माता-पिता के पेट का खालीपन कम करने के लिए वह भी करने को तैयार रहते हैं, जिसके विरुद्ध समस्त मानवता चिल्लाती है-

वे सब सूर्यास्त को देख नहीं रहे हैं, पर सूर्यास्त उनकी आँखों के आगे है। उन्हें कुछ-न-कुछ दीखता भी है। उनके पास इतना समय नहीं कि रुककर उसे देखें, उस पर विचार करें, पर उनकी अशान्ति में सूर्यास्त के प्रति एक भाव जाग रहा है...

वही कलुषपूर्ण लाल-लाल, मैला-सा आकाश...उनके मन में ऐसा है, जैसे क्रोध की पिघली हुई आग उबल-उबलकर बैठ गई हो; ऊपर सतह पर छोड़ गई हो एक धूसर-सी, जली-बुझी सुलगती-सी एक कुढ़न की आग...

उनके हृदय में भी, कुढ़न की आग-सी उठ रही है...वे समझते हैं, उनमें क्रोध की ज्वाला है, पर क्रोध करने के लिए शक्ति की आवश्यकता होती है, और वे हैं

निर्बल और अपनी निर्बलता से परिचित। वे कुढ़ ही सकते हैं, जैसा कि वे अब तक करते रहे हैं...

आज वे जो तैयारी कर रहे हैं, वह क्रोध नहीं, वह भी कुढ़न की आग ही है। तभी तो वे ऐसे चुप-चुप से हैं, यद्यपि वे विद्रोह की तैयारी में हैं; उसी के लिए निकल भी पड़े हैं...उनके प्रतिनिधियों का एक दल जा रहा है महल और फौजी बारकों की ओर, और दूसरा दल चला है विद्रोह के द्रोहियों की तलाश में, पर उनकी प्रेरणा क्रोध नहीं, उनकी प्रेरणा है केवल भूख...उन्हें फौज से सहायता की आशा है, पर वे पुलिस से डर भी रहे हैं, क्योंकि वे जानते हैं कि पुलिस के जत्थे भी विद्रोहियों की खोज में हैं। और क्योंकि उनके हृदय में डर है, इसीलिए वे सोच भी सकते हैं, तैयारी भी कर सकते हैं, भविष्य की ओर उन्मुख भी हो सकते हैं...

सन्ध्या बहुत घनी हो गई...

4

कार्मेन मेरिया से पूछ रही थी, ''बड़ी देर कर दी?'' कि सेबेस्टिन ने पुकारकर पूछा, ''आ जाऊँ?''

मेरिया ने कन्धे पर से चादर उतारकर रखी और कार्मेन से बोली, ''ले, देख!''

कार्मेन व्यग्रता से उस हँड़िया को खोलकर, उसके भीतर मोमजामे में लिपटे हुए आभूषणों को निकालकर देखने लगी। सेबेस्टिन ने दबे विस्मय से पूछा, ''इन्हें कहाँ से लाई?''

मेरिया एक छोटी-सी सन्तुष्ट हँसी हँसी। फिर कार्मेन से बोली, ''कार्मेन, तू इन्हें ले जाकर सो, हम ज़रा बातें कर लें।''

कार्मेन चली गई तो मेरिया ने धीमे स्वर में सेबेस्टिन से पूछा, ''पर्याप्त होंगे?''

''होने तो चाहिए? तुम्हें मूल्य का कुछ अनुमान है?''

''पाँच सौ से तो कहीं ज़्यादा के हैं।''

''हाँ, पर आजकल तो बहुत घाटे पर देने पड़ेंगे। और, आज तो बहुत ही कम।''

''आ ज कोई खास बात है?''

''हाँ, पर वह ठहरकर बताऊँगा। तो, ये मैं ले जाऊँ?''

मेरिया ने कुछ हिचकिचाते हुए कहा, ''हाँ।'' सेबेस्टिन ने समझा, शायद सन्देह के कारण हिचकिचा रही है। ऐसी अवस्था में उसने चुप रहना ही उचित समझा। मेरिया बोली, ''मैं ले आऊँ?'' और भीतर चली गई।

वहाँ से लौटकर आते, उसे केवल आभूषण लाने में जितनी देर लगनी चाहिए थी, उससे अधिक लगी। क्योंकि उसे एक बार फिर कार्मेन से पूछना था कि आभूषण देखकर उसकी राय बदल तो नहीं गई, उसे बताना था कि कौन किसका था, उसे और कुछ नहीं तो मिगेलवाला मोती उसके हाथों गले में पहनकर दिखाना भी था, उसके मोती रखने का आग्रह सुनकर उसे टालना भी था और फिर सब आभूषण दे डालने के लिए उसकी प्रसन्न स्वीकृति पर, उसे चूमना भी था और उसके शरारत भरे इस कथन पर कि, ''तुम्हारे मिगेल के लिए तो है।'' एक हल्का-सा मीठा चपत लगाकर तब कहीं बाहर आना था।

सेबेस्टिन ने चुपचाप गहने लेकर वस्त्रों में कहीं रख लिये। तब बोला, ''कोशिश करूँगा, आज ही धन का प्रबन्ध हो जाए, एक-दो अमरीकन बैंकर हैं, जो रात में भी काम करते हैं...बल्कि रात में ही काम करते हैं।''

''हाँ।''

थोड़ी देर चुप्पी रही। फिर मेरिया एकाएक बोली, ''हाँ, यह तो बताओ, वह खास बात क्या थी?''

''अरे, मैं तो भूल ही चला था इतनी ज़रूरी बात! यहाँ फौजवालों और विद्यार्थियों के साथ मिलकर लोगों ने कल बड़े सवेरे विद्रोह कर देने का निश्चय किया है।''

''हैं! कल? अभी पिछले निश्चय को दस ही दिन तो हुए हैं!''

''हाँ, अब भी आशा बहुत है। फौज सारी विद्रोही है, मैकाडो के पक्ष में पुलिस ही होगी। अगर कहीं मार-काट हुई भी तो थोड़ी ही। अकस्मात् ही कहीं हो जाए, नहीं तो जितना होगी, हवाना शहर के बाहर ही होगी।''

''पर घुड़सवार पुलिस भी तो सशस्त्र है, और खुफिया?''

''हाँ, उनसे आशंका है। पर वे हैं कितने?''

''जितने भी हों।''

''देखा जाएगा!'' कहकर सेबेस्टिन ने विदा माँगी और चला। चलते-चलते न जाने क्या सोचकर एकाएक रुक गया और बोला, ''मेरिया, इन आभूषणों में से कोई एक-आध रखना हो तो रख लो।''

''नहीं, जब पाँच सौ डॉलर पूरे होने की आशा नहीं तो क्यों? यदि अधिक मिल सके, तब चाहे कोई रख लेना-।''

''कौन-सा?''

मेरिया ने इस प्रश्न का उत्तर विधि पर डालते हुए कहा, ''जो भी हो! पर, कोई भी क्यों रखना, जितना धन मिले, सब भेज देना। क्या पता, उसे अधिक की ज़रूरत पड़ जाए-ऐसे समय लोभ नहीं करना चाहिए!''

"हाँ, यह बात तो है।" कहकर सेबेस्टिन जल्दी से चला गया। मेरिया वहीं खड़ी-खड़ी बाहर अन्धकार की ओर देखकर कुछ सोचने लगी, कुछ देखने लगी, तभी कार्मेन की आवाज़ आई, "सोने नहीं आओगी?"

उसके ऊपर एक कोमल उदासी छा गई।

मेरिया कोहनी टेके एक करवट लेटी हुई थी, किन्तु सिर उठाए हुए, उसे हथेली पर टेककर। और कार्मेन उससे चिपटकर उसकी छाती में मुँह छिपाए पड़ी थी!

समाचार मेरिया सुन चुकी थी। दोनों ने यह निश्चय कर लिया था कि कल उन्हें क्रान्ति-विद्रोह में मिल जाना होगा; यद्यपि कैसे क्या करना होगा, यह वे नहीं सोच सकी थीं।

और, इस निश्चय पर पहुँच जाने के बाद, जो विचार-रहस्य-गर्भित मौन छा गया था, उसी में दोनों पर वह उदासी छा गई थी, न जाने क्यों...

कार्मेन देख रही थी क्रान्ति की विजय का स्वप्न, और उस स्वप्न की भव्यता में उसे एक कँपकँपी-सी आती थी, एक रोमांच-सा होता था, किन्तु मेरिया और मिगेल की उस विजय पर छाई हुई छाया और मेरिया का इस समय का घनिष्ठ समीपत्व उसे उदासी के उस नशे में से बाहर नहीं निकलने देता था...

मानो मेरिया के शरीर में से, किसी अज्ञात मार्ग से, उसका प्रगाढ़ नैराश्य कार्मेन में प्रविष्ट हो रहा था। क्योंकि मेरिया के हृदय पर नैराश्य की छाया थी; ऐसा नैराश्य, जो अपनी सीमा पर पहुँचकर नष्ट हो गया है, भाव नहीं रहा, एक आदत सी हो गई है और इसलिए स्वयं मेरिया को भी दृश्य नहीं होता।

कार्मेन ने किसी गहरी छाया के दबाव का अनुभव करके धीरे से कहा, "कुछ गाओ!"

मेरिया ने दूरस्थ भाव से कहा, "आज तो जी नहीं करता कार्मेन! कल सुन लेना।"

"कल तो..." कहकर कार्मेन एकाएक चुप हो गई। जिस छाया से वह बच रही थी, वह तनिक और भी गहरी हो गई...

बहुत देर बाद, कार्मेन एकाएक चौंकी। मेरिया की आँखों से एक आँसू उसके गाल पर गिरा था-एक अकेला, बड़ा-सा, गर्म...

उसके चौंकते ही मेरिया ने ज़ोर से उसे अपने से चिपटा लिया और बार-बार घूँटने लगी...

मेरिया का भाव कार्मेन समझ नहीं सकी, किन्तु फिर भी, यह अतिरेक अच्छा-सा लगा...वह मेरिया के मानसिक संसार में प्रविष्ट नहीं हो सकी, किन्तु मेरिया के शरीर के इस दबाव का प्रतिदान देने लगी...उस श्रोता की तरह, जो किसी कलाकार गायक का गान सुनते हुए, स्वयं गाने की क्षमता न रखकर भी अपने को भूलकर गुनगुनाने और ताल देने लगा है...

तब न जाने कितनी और देर बाद, मेरिया भी बहुत धीमे स्वर में गाने लगी–एक अंग्रेज़ी कविता का टुकड़ा, जो उसने अपने समृद्ध जीवन में कभी सीखा था...

मस्ट ए लिटल वीप, लव,
फूलिश मी!
एंड सो फाल एस्लीप, लव,
लव्ड बाई दी...[1]

और उन्हें इस व्यवहार में लीन देखकर रात चुपके-चुपके तीव्र गति से भागने लगी, मानो उन्हें धोखा देने के लिए, मानो ईर्ष्या से...

और मेरिया और कार्मेन बार-बार चौंक-सी जातीं और थोड़ी देर बातें कर लेतीं और फिर चुप हो जातीं, और कार्मेन दो-चार झपकियाँ सो भी लेती...कभी-कभी एकाध आँसू गिर जाता तो दोनों ही अपने आँसू-भरे हृदयों में सोचतीं, किसका था? और, फिर अपने को छिपाने के लिए बातें करतीं, या आलिंगन करतीं और इसी चेष्टा में वही प्रकट हो जाता जो वे छिपा रही थीं...तब वे इसी अतिशय समीपत्व की वेदना से घबराकर आगे देखने लगतीं–भविष्य की ओर। मेरिया किधर और कार्मेन किधर...उनके पथ विभिन्न थे और प्रतिकूल, किन्तु न जाने कैसे अपने अन्त में वे मिल जाते थे–एक खारी बूँद में, एक दबाव में, एक साँस में, एक तपे हुए मौन में, या इन सभी की अनुपस्थिति की शून्यता में!

प्रतीक्षा की रातों को प्रतीक्षक का भाव ही लम्बी बनाता है, किन्तु यदि उनसे वह भी न हो, तो वे रातें कैसे कटें–अन्तहीन ही न हो जाएँ।

5

रात में आग फट पड़ी है।

जलती हुई पृथ्वी को रौंदते हुए, काल के घोड़े दौड़े जा रहे हैं...और उनके मुँह से पिघली हुई आग का फेन गिर रहा है, उनके फटे-फटे नथूनों में से ज्वाला की लपटें निकल रही हैं...और काल-पुरुष मृत्यु के धुएँ में घिरा बैठा है, घोड़ों को ढील देता जा रहा है और शब्दहीन किन्तु सदर्प आज्ञापना से कह रहा है, "बढ़ो, रौंदते चले जाओ!" और पृथ्वी की लाली और काल-पुरुष के प्रयाण की लाली के साथ उषा के जलते हुए आकाश की लाली मिल रही है–

---

1. थोड़ा सा रोऊँगी–
भोली मैं!
और तब सोऊँगी,
तेरे प्यार में...

हवाना में विद्रोह हो गया है।

उसमें बुद्धि नहीं है–अशान्ति को कहाँ बुद्धि? उसमें संगठन नहीं है–रिक्तता का कैसा संगठन? उसमें नियन्त्रण नहीं है–भूख का क्या नियन्त्रण? उसकी कोई प्रगति भी नहीं–विस्फोट की किधर प्रगति?

विद्रोह इन सबसे परे है...वह मानवता के स्वाभाविक विकास का पथ नहीं, वह उसके अस्वाभाविक संचय के बचाव का साधन है, उसकी बाढ़ का रेचन...वह ज्वार की तरह बढ़ रहा है।

उसका घात है–

इधर जहाँ मैकाडो के महल के आगे इतनी बड़ी भीड़ इकट्ठी हो रही है, जहाँ महल लूट लिया गया है, जहाँ महल का सब सामान यथावत् पड़ा है, केवल खाद्य पदार्थ लूटे जा रहे हैं, और बिखर रहे हैं;

इधर जहाँ बहुत से निहत्थे लोगों ने किसी समृद्ध राज-कर्मचारी के एक घर से एक मोटा-सा सुअर निकाला है और उसे कच्चा ही काट-काटकर, नोच-नोचकर खा रहे हैं; भूनने के लिए भी नहीं रुक सकते, तद्यपि आग पास ही जल रही है;

इधर जहाँ कई एक कर्मचारी अपने अच्छे-अच्छे वस्त्र फेंककर अपने नौकरों के फटे मैले-कुचैले कपड़े पहन रहे हैं कि वे भी इस गन्दी शून्यता में छिप सकें;

इधर जहाँ बीसियों नंगे लड़के, महलों के पीछे जमे हुए कूड़े-कर्कट के ढेर में से टुक्कड़ बीन-बीन कर खा रहे हैं–वही टुक्कड़, जिन्हें वहाँ के कौए भी न खाते थे;

इधर जहाँ पुरुषों की भीड़ में अनेक अच्छी-बुरी स्त्रियाँ और वेश्याएँ तक उलझ रही हैं, पर किसी को ध्यान नहीं कि वे स्त्रियाँ भी हैं;

इधर जहाँ पाँच-चार विद्रोही सैनिकों के साथ जुटी हुई विद्यार्थियों और नवयुवकों की भीड़ केना के फूल और खजूर की डालियाँ तोड़-तोड़कर, उछाल-उछालकर चिल्ला रही है, और मैकाडो के पलायन की खुशी में अपना ध्येय, कर्तव्य और योजनाएँ भूल गई हैं; पागल हो गई है...

इधर जहाँ शोर हो रहा है, पर शोर की भावना से नहीं; नाच हो रहा है, पर नाच की भावना से नहीं; झगड़ा हो रहा है, पर झगड़े की भावना से नहीं; हत्या हो रही है, पर हत्या की भावना से नहीं; बदले लिये जा रहे हैं, पर बदले की भावना से नहीं...

इधर जहाँ क्रान्ति हो रही है, पर बिना उसे क्रान्ति समझे हुए, बिना उसे किए हुए ही...

और उसका प्रतिघात...

उधर जहाँ मैकाडो के कर्मचारियों की स्त्रियाँ व्यस्त-वस्त्रों में किन्तु मुँह को चित्र-विचित्र पंखों की आड़ में छिपाए, मोटरों या गाड़ियों में बैठ-बैठकर भाग रही हैं;

उधर जहाँ मैकाडो की पुलिस, मैकाडो के भाग जाने पर भी अपने पुलिसपन की धुन में मदमत्त, स्त्री-पुरुष-बच्चा जो सामने आ जाता है उसी को पीटती हुई बढ़ी जा रही है;

उधर जहाँ खुफिया पुलिस के सिपाही एक छोटे-से लड़के से उसके विद्रोही पिता का पता पूछ रहे हैं और उसकी प्रत्येक इन्कारी पर कैंची से उसकी एक-एक उँगली काटते जाते हैं;

उधर जहाँ उन्हीं का एक समूह लोगों को पकड़-पकड़कर समुद्र में डाल रहा है, जहाँ शार्क मछलियाँ उन्हें चबाती हैं;

उधर जहाँ विद्रोहियों के नाखूनों के नीचे तप्त सुए चुभाए जा रहे हैं; और तपी हुई सलाखों से उनकी जननेन्द्रियाँ जलाई जा रही हैं;

उधर जहाँ घुड़सवार पुलिस के सिपाहियों ने एक ग्यारह-बारह साल की लड़की को पकड़ लिया है; और किसी पाशव उद्देश्य से उसके कपड़े फाड़ रहे हैं; उन सिपाहियों में से एक कहता है, "छोड़ दो, अभी बच्ची है" दूसरा बीभत्स हँसी हँसकर कहता है, "क्यूबा में तो बारह साल की लड़की को..."

उधर जहाँ सेबेस्टिन मेरिया के गहनों को बेच आया है, अपनी स्त्री को सन्तुष्ट कर आया है और स्वयं अपने हृदय से आत्मग्लानि मिटाकर अपने को निर्दोष मानकर, धीरे-धीरे एक गली में टहलता हुआ सोच रहा है कि यदि उसकी स्त्री न होती तो वह मेरिया को ठगने की बजाय उससे विवाह ही कर लेता, क्योंकि ठगी निर्दोष होकर भी ठगी ही है...

और उधर जहाँ मिगेल, जो रात-भर एक चुराए हुए घोड़े को दौड़ाता हुआ सेंटियागो से हवाना आया है, जिसका घोड़ा गोली से मर चुका है और जिसकी टाँग भी गोली लगने से लँगड़ी हो गई है और खून से भरी पट्टी में लिपटी हुई है। मिगेल मेरिया और कार्मेन को घर में न पाकर हवाना की सूनी-सूनी गलियाँ पार करता हुआ जा रहा है, देखने कि कहाँ क्या हो रहा है, यह सोचता हुआ कि कोई परिचित या विश्वासी मिल जाए तो पता ले कि मेरिया और कार्मेन कहाँ हैं, कि बन्धुओं के और विद्रोह के समाचार क्या हैं, और नगर को एकाएक यह क्या हो गया है। मिगेल, जिसका चेहरा पीड़ा से नहीं, पीड़ाओं से विकृत है; जिसका अधनंगा बदन भूख का नहीं, अनेक बुभुक्षाओं का साकार पुंज है...जो थकान से नहीं, अनेक थकानों में चूर है और गिरता-पड़ता भी नहीं, गिरता ही चला जाता है...

और मेरिया और कार्मेन, जो इस भयंकर ज्वार के घात में भी नहीं, प्रतिघात में भी नहीं, वे कहाँ, किस अपूर्व और स्वच्छन्द समापन की ओर जा रही हैं? इस

रौद्ररस-प्रधान नाटक की मुख्य कथा से अलग होकर, किस अन्तर्कथा की नायिका बनने किस विचित्र प्रहसन की नटी बनने, विधि की वाम रुचि की कौन-सी पुकार का उत्तर देने, कौन सी कमी पूरी करने?

इस व्यापक तूफान के बाहर भी कहीं कुछ है?

कहाँ?

क्या?

6

मेरिया और कार्मेन स्त्रियाँ हैं, जाति-दोष से ही वे प्रतिघात पक्ष की हैं, पर अपनी शिक्षा और अपनी रिक्तताओं के कारण उनमें विद्रोह जागा हुआ है, इसलिए वे उधर नहीं जा सकतीं...तभी तो वे कहीं दीख नहीं पड़तीं, न उस लुटी हुई भीड़ में, न उस लूटनेवाली भीड़ में; न उस भूखी भीड़ में, न उस भूखा रखनेवाली भीड़ में...वे उस क्रान्ति में नहीं मिलतीं, क्योंकि वे उसकी संचालिका नहीं हैं, वे केवल संदेश-वाहिका हैं...

मानव बनाता है, विधि तोड़ती है। मानव अपने सारे मनसूबे बाँधता है रात में अँधेरे में छिपकर; विधि उन्हें छिन्न-भिन्न करती है दिन में, प्रकाश में, खुले, परिहास भरे दर्प से। मेरिया और कार्मेन ने, बहुत रो-धोकर रात में निश्चय किया था कि दिन में वे भी क्रान्ति में खो जाएँगी, कार्मेन ने छिपे उत्साह से और मेरिया ने छिपी निराशा से, किन्तु दोनों ने ही दृढ़ होकर...पर, दिन में उन्हें कुछ नहीं दीखा, वे नहीं सोच पाईं कि क्या करें...उन्होंने क्रान्ति की गति के बारे में जो कुछ सीखा था, वह मिगेल से सीखा था, पर मिगेल वहाँ था नहीं। उनके साथी उनके अपरिचित थे, और जो परिचित थे भी, वे मिल नहीं सकते थे। तब, वे क्या करतीं-कैसे उसके संगठन में हाथ बटातीं? उनके पास कोई साधन नहीं था-यदि था, तो उन्हें ज्ञात नहीं था। वे अपनी एक ही प्रेरणा पहचानती थीं-अपना निश्चय, और उसी को लेकर वे क्रान्ति करने निकल पड़ी थीं...

यह कोई नई बात नहीं है। संसार में नित्य ही. हजारों और लाखों व्यक्ति कुछ करने निकलते हैं, बिना जाने कि क्या; और कुछ कर जाते हैं, बिना जाने कि क्या या कैसे या क्यों? यह तो सामान्य जीवन में ही होता है, जहाँ आदमी की सामान्य बुद्धि काम कर सकती है, तब क्रान्ति में क्यों नहीं सौ-गुना और सहस्र गुना अधिक होगा...जो क्रान्ति करते हैं, उनमें कोई इना-गिना होता है जो जानता है कि वह क्या कर रहा है; यदि कोई कुछ जानते हैं तो इतना ही कि वे कुछ कर रहे हैं, कुछ करना चाहते हैं, कुछ करेंगे...और इतना भी बहुत है; क्योंकि अधिकांश तो इतना भी नहीं जानते कि वे कुछ कर भी रहे हैं, इतना भी नहीं कि कुछ हो रहा है! वे तो एक भीड़

के भीड़पन के नशे में खोकर, नींद में चलनेवाले रोगी की तरह, एकाएक चौंककर जागते हैं और तब वे जानते हैं कि कुछ हो गया है; अब जो है, वह पहले नहीं था, और पहले जो था, वह अब नहीं है...जो कुछ हो चुका होता है, वह एक प्रगूढ़ आवश्यकता के कारण होता है। प्रायः परिस्थितियों की अनियन्त्रणीय प्रतिच्छवि होती है, जो सर्वसाधारण के भले के लिए ही क्रियाशील होती है; पर यह सब दूसरी बात है, बल्कि यह तो यही सिद्ध करती है कि सर्वसाधारण का उसके करने में कोई हाथ नहीं होता...

हाँ, तो मेरिया और कार्मेन एक ऐसी आन्तरिक माँग को लेकर, अपने जीवन की किसी छिपी हुई न्यूनता को, किसी और भी छिपी हुई प्रेरणा को आज्ञापना से पूरी करने के लिए निकल पड़ी थीं। वह था उषा के तत्काल बाद ही, और अब तो दिन काफी प्रकाशमान हो चुका था, धूप में काफी गर्मी आ गई थी...

उन्होंने हवाना की गलियों में आकर देखा–कहीं कोई नहीं था। वे इधर-उधर ढूँढ़ती फिरीं, पर सभी लोग किसी अज्ञात अफवाह के उत्तर में इतने सवेरे ही कहीं गुम हो गए थे...

केवल कहीं गली में दो–चार लड़कियाँ और बूढ़ी औरतें उन्हें मिलीं, और वे उनके साथ हो लीं। और वे धीरे–धीरे हवाना के बन्दरगाह की ओर उन्मुख होकर चलीं कि और कहीं नहीं तो वहाँ पर लोग अवश्य मिलेंगे, क्योंकि उसके सब ओर हवाना का अभिजात वर्ग और उनके सहायक–राजकर्मचारी, अफसर, सिपाही, पुलिसवाले, व्यापारी–इस विराट् प्रपंच के स्तम्भ–बसते हैं।...

वे क्रान्तिकारिणी नहीं थीं–उनमें क्या था, जो क्रान्तिकारी कहा जा सकता है? वे एक निश्चय, और जीवन के प्रति एक भव्य विस्मय का भाव लेकर चल पड़ी थीं! उनमें वह क्रूर प्रचार–भाव नहीं था, जिससे क्रूसेडर लड़ा करते थे, या इस्लाम के मुजाहिद। यदि प्रचार की कोई भावना उनमें थी तो वैसी ही, जैसी तिब्बत में होकर चीन जाते हुए बौद्ध प्रचारक कुमारगुप्त के हृदय में...

जिधर वे जा रही थीं, उधर बहुत शोर हो रहा था और उसको सुन-सुनकर वे और भी तीव्र गति से चलती जाती थी, उन दो-एक बूढी स्त्रियों में भी किसी प्रकार का जोश जाग रहा था...

आगे–आगे कार्मेन उछलती हुई जा रही थी–जैसे सूर्य के सात घोड़ों के आगे उषा। बीच–बीच में, कभी वह किलकारी भरकर कहती थी, "क्रान्ति चिरंजीवी हो!" और मानो क्रान्ति की सत्यता के आगे इस नारे की क्षुद्रता के ज्ञान से, एकाएक चुप हो जाती थी–तब तक, जब तक कि उसकी आत्मविस्मृति उसे फिर नारा लगाने की ओर प्रेरित नहीं कर देती थी। बुड्ढियाँ चुप थीं–शायद इसलिए कि उन्हें क्या, उनके सात पुरखाओं को भी क्रान्ति का पता नहीं रहा था...

और मेरिया? वह इस परिवर्तन और अशान्ति में भी अपना वैधव्य नहीं भूली थी। वह कार्मेन के साथ-साथ चलने का प्रयत्न कर रही थी, किन्तु फिर भी बिना जल्दी के, एक भव्य मन्थरता लिये हुए। उसमें कार्मेन का उत्साह, सुख, यौवन की प्रतीक्षमान चुनौती नहीं थी! न उन बुड्ढियों का उदासीन, विवश स्वीकृति भाव, उसमें था एक सन्तुष्ट अलगाव, मानो वह कहीं और हो, कुछ और सोच रही हो, कोई और जीवन जी रही हो, उसने मानो इस जीवन की सम्पूर्णता पा ली थी...

क्यों?

उसके जीवन में आरम्भ से ही वंचना रही थी, लगातार आज तक; तब फिर सन्तोष कहाँ था?

यह जीवन का अन्याय (या एक क्रूर न्याय!) है कि उन्हीं की वंचना सबसे अधिक होती है, जो जीवन से सबसे अल्प माँगते हैं। मेरिया ने कभी जीवन से कुछ नहीं माँगा, इसीलिए वह इतनी वंचिता रही है कि उसे कुछ भी नहीं मिला...किन्तु शायद इसीलिए वह आज वंचना में इतनी सन्तुष्ट है कि सोचती है, वह सफल हो चुकी है, जीवन पा चुकी है और जी चुकी है।

उसने अपना कुछ-अपना सब-कुछ!-मिगेल को नहीं तो मिगेल के नाम पर दे दिया है...

वह विधवा है। मिगेल उसका कोई नहीं। पर...

उसका जीवन सम्पूर्ण हो गया है। उसके जाने, मिगेल उसकी सहायता से छूट गया है, अमरीका चला गया है, आकर क्यूबा को स्वाधीन और सुशासित कर गया है। इसके अलावा और कुछ हो ही नहीं सकता-क्या उसने अपना सब-कुछ इसी उददेश्य से नहीं दे दिया?

विधवा मेरिया! तेरी फूटी आँखें, फूटी बुद्धि, फूटे भाग्य! चलो दोनों, देखो, सम्पूर्णता से भी आगे कुछ है...

गली से सड़क, सड़क से चौराहे पर आकर वे एकाएक रुक गई हैं।

चौराहे के आगे ही हवाना महल के सामने का खुला मैदान है। वहाँ बहुत-सी भीड़ इकट्ठी हो रही है, इकट्ठी हो चुकी है, और फिर भी लोग सब ओर से धँसे चले आ रहे हैं। कोई कुछ कर नहीं रहा-क्रान्ति में कौन क्या करता है?-पर सब धँसे आ रहे हैं, मानो स्वाधीनता यहीं बिखरी पड़ी है और वे उसे बटोरकर ले जाएँगे। और कोई जानता नहीं कि वे किसलिए वहाँ आ रहे हैं, केवल और लोगों के उपस्थित होने के कारण वे भी यहाँ आ जुटते हैं...

यहाँ क्या होगा? कुछ नहीं होगा, मानवता अपनी मूर्खता का प्रदर्शन अपने ही को करेगी, और फिर झेंपकर स्वयं लौट जाएगी। या अपने ही से पिटी हुई-सब लोग कहेंगे कि क्रान्ति सफल हो गई; या दूसरों से-तब लोग जानेंगे कि प्रतिक्रान्ति की जीत रही। और दोनों अवस्थाओं में वे उस ध्येय को नहीं पाएँगे,

जिसके लिए उनमें अशान्ति उठ रही थी–क्योंकि अभी उनमें उसे प्राप्त करने की शक्ति नहीं है। वे स्वाधीनता के किसी एक नाम से दासता का कोई एक नया रूप ले जाएँगे!

मेरिया स्तिमित-सी होकर खड़ी देख रही है। ये सब भाव उसके हृदय में से होकर दौड़े जा रहे हैं। उसका व्यथा से निर्मल हुआ अन्तर बहुत दूर भविष्य को भेदकर देख रहा है, यद्यपि वह वर्तमान नहीं देख पाता। उसके मन में एक निराश प्रश्न उठ रहा है, जिसे वह कह नहीं सकती; एक प्रकांड संशय, जिसका वह कारण नहीं समझती। उसका हृदय एकाएक रोने लगा है, यद्यपि वह यही जानती है कि उसे इस समय आह्लाद से भर जाना चाहिए, इस नवल प्रभात में, जब उसका देश जागकर स्वतंत्र हो रहा है।

एक थी कैसांड्रा, जिसकी दिव्य-दृष्टि अभिशप्त थी, जिसके फलस्वरूप उसकी भविष्यवाणी का कोई विश्वास नहीं करता था...एक है मेरिया, जो इतनी अभिशप्त है कि स्वयं ही अपनी दृष्टि पर विश्वास नहीं कर पाती...उसे कुछ समझ ही नहीं आता, वह पागल की तरह देख रही है...

नहीं तो, वह तो सफल हो चुकी है, सम्पूर्ण हो चुकी है, उसे अब क्या? वह तो सन्तुष्ट है, प्रसन्न है।

वह मुड़कर, कार्मेन को आँखों से खोजती है। कार्मेन उससे कुछ ही दूर खड़ी किसी से बात कर रही है।

क्या कह रही है? उस व्यक्ति को सुनाकर कार्ल मार्क्स के कुछ वाक्य दुहरा रही है, जिसे उन दोनों ने इकट्ठे पढ़ा था। और मेरिया को अनुभव होता है, कार्मेन प्रयत्न कर रही है कि उन वाक्यों को मेरिया की तरह बोले...वह व्यक्ति उपेक्षा से, तिरस्कार से, शायद क्रोध से या भय से या किसी मिश्रित भाव से, सुन रहा है, क्योंकि वह मैकाडो की पुलिस का आदमी है, (होने दो!) कार्मेन की ध्वनि सुनकर मेरिया आनन्द से और आह्लाद से भर जाती है, उसका सारा निराशावाद और असन्तोष निकल जाता है...क्या हुआ यदि वह कुछ नहीं है, वह कुछ नहीं पा सकी, वह रोती रही, वह अनाथिनी, अभागी, वंचिता रही है? उसके दो हैं, जो ऐसे नहीं, और उसी के कारण ऐसे नहीं–कार्मेन और मिगेल...कार्मेन, जिसे उसने सुखी रखा और जो उसके पास खड़ी है; मिगेल, जिसे उसने छुड़ाया है और जो इस समय अमरीका के पथ पर होगा...ओ स्वतंत्र, स्वाधीन क्यूबा, तुझे मेरे ये दो उपहार हैं; और मेरा जीवन अब सफल और सम्पूर्ण हो चुका है...

मेरिया का गला घुटता है, वह चीख भी नहीं सकती, झपटती है...

उस व्यक्ति ने जेब से रिवॉल्वर निकालकर कार्मेन पर गोली चला दी है, कार्मेन बिना खींची हुई साँस को छोड़े भी, ढेर हो गई है...

7

वहाँ उसके आस-पास, एक छोटा-सा घेरा खाली हो गया है।

वह उसके मध्य में खड़ी है। वह एक स्वप्न में आई थी, एक स्वप्न में झुकी थी, अब एक स्वप्न में खड़ी है। एक मरा हुआ स्वप्न उसकी बाँह में लटक रहा है; मरा हुआ, किन्तु रक्त-रंजित, अभी गर्म...और उसकी दूसरी बाँह उसके सिर पर धरी हुई है, मानो सिर से कह रही हो, "ठहर, अभी यहीं रह..."

कहीं से उसी व्यक्ति की कर्कश हँसी सुन पड़ती है, पर सहमी हुई भीड़ में कोई नहीं है, जो इस समय भी उसे चुप करा दे! और मेरिया के सिर पर से तूफान बहा जा रहा है, निःशब्द भैरव, निरीह तूफान...पर उसका सिर झुका नहीं, उसकी आँखें झपकी नहीं। वह स्थिर, शून्य, जड़, स्वप्न-दृष्टि से सामने देख रही है, नींद में भीड़ के मुखों में कुछ पढ़ रही है, उन मुखों में लगी हुई आँखों में, जो उसकी बाँह से लटकते हुए अभी तक गर्म रक्त-रंजित स्वप्न को देख रही है, किन्तु जो मेरिया की फटी आँखों से मिलती नहीं...

मेरिया टूट गई है, पर अभी जीती है, और सामने देख रही है...सामने, जहाँ भीड़ स्तब्ध हो रही है...

यह सब क्षण-भर में-क्षण-भर तक! तब भीड़ में कुछ फैलता है जो भय से हजार गुना त्वरगामी जान पड़ता है, और भीड़ भागती है-इधर-उधर, जिधर हो...कहाँ को न जाने; किससे, न जाने; पर यहाँ से कहीं अन्यत्र, इस स्वप्निल स्त्री-रूप की छाया से बाहर कहीं भी, जहाँ संसार का अस्तित्व हो...

स्वप्न टूटता है। मेरिया उस भगदड़ में देखती है-एक भूखा, लँगड़ा, अधनंगा शरीर, एक प्यासा, थका हुआ, व्यथित मुख, जो उसके देखते-देखते क्षण-भर में ही अत्यन्त आह्लाद और अत्यन्त पीड़ा में चमक उठता है-और खो जाता है।

मेरिया एक हाथ से कार्मेन को उठाए है-उसका दूसरा हाथ आगे बढ़ता है, मानो सहारे के लिए! ओठ कुछ उठकर खुलते हैं, मानो पुकार के लिए-और मिगेल के लड़खड़ाकर गिरे हुए शरीर को रौंदती हुई भीड़ चली जाती है, चली जाती है, चली जाती है...

इसका भी अन्त होगा। सभी कुछ का अन्त होगा। और नई चीज़ें होंगी, जो इससे विभिन्न होंगी। अच्छी हों, बुरी हों, ऐसी तो नहीं होंगी। वह देश के अमर शहीदों में से होगी या अपमानित परित्यक्त वेश्या, सब एक ही बात है-ऐसे तो नहीं होगी, ऐसे खड़ी तो नहीं रहेगी...जैसे अब खड़ी है। एक हाथ से कार्मेन का शव लटक रहा है, और दूसरा मानो सहारे के लिए आगे बढ़ा है; शरीर और मुँह एक दर्प से उठा हुआ है, जो टूटता भी नहीं; आँखें एक भावातिरेक को लेकर भरी हुई हैं; और यह चित्र मानो शब्दहीन, रक्तहीन, जीवहीन, अत्यन्त श्वेत पत्थर का खिंचा हुआ उस जनहीन मैदान में खड़ा है...

यह क्या किसी कुछ का संकेत नहीं है–कुछ नश्वर, कुछ अमर; कुछ अच्छा, कुछ बुरा; कुछ सच्चा, कुछ झूठा; कुछ मूक, कुछ व्यंजक; कुछ अतिशय विकराल...

एक हाथ पर मरे हुए प्रेम का बोझ लिये, दूसरे हाथ से किसी चिर–विस्मृत मृत प्रेम को भीड़ में से बुलाती हुई, आँखों से भव को फाड़ती हुई, एक सन्देशवाहिनी पीड़ा...।

घोड़े गुज़र जाते हैं। मनुष्य गुज़र जाते हैं। भीड़ गुज़र जाती है। प्रमाद गुज़र जाता है। पर आशा–आशा–विभ्राट; भूख–भूख–रिक्तता; वेदना–वेदना–पराजय; बिखरी हुई प्रतिज्ञाएँ, यह है क्रान्ति की गति। प्रलय–लहरी क्यूबा में–जैसे वह अन्यत्र गुज़री है; वैसे वह सर्वत्र गुज़रेगी–विद्रोह...

किन्तु कोई जानता नहीं। कोई देखता नहीं। कोई सुनता नहीं। कोई समझता नहीं। मेरिया की अनझिप आँखें–कैसांड्रा का अभिशाप...।

मुल्तान जेल, दिसम्बर, 1933

गैंग्रीन

दोपहर में उस सूने आँगन में पैर रखते हुए मुझे ऐसा जान पड़ा, मानो उस पर किसी शाप की छाया मँडरा रही हो, उसके वातावरण में कुछ ऐसा अकथ्य, अस्पृश्य, किन्तु फिर भी बोझल और प्रकम्पमय और घना-सा फैल रहा था...

मेरी आहट सुनते ही मालती बाहर निकली। मुझे देखकर, पहचानकर उसकी मुरझायी हुई मुख-मुद्रा तनिक से मीठे विस्मय से जागी-सी और फिर पूर्ववत् हो गई। उसने कहा, "आ जाओ!" और बिना उत्तर की प्रतीक्षा किए भीतर की ओर चली। मैं भी उसके पीछे हो लिया।

भीतर पहुँचकर मैंने पूछा, "वे यहाँ नहीं हैं?"

"अभी आए नहीं, दफ़्तर में हैं। थोड़ी देर में आ जाएँगे। कोई डेढ़-दो बजे आया करते हैं।"

"कब के गए हुए हैं?"

"सवेरे उठते ही चले जाते हैं।"

मैं 'हूँ' कर पूछने को हुआ, 'और तुम इतनी देर क्या करती हो?' पर फिर सोचा, आते ही एकाएक प्रश्न ठीक नहीं है। मैं कमरे के चारों ओर देखने लगा।

मालती एक पंखा उठा लाई और मुझे हवा करने लगी। मैंने आपत्ति करते हुए कहा, "नहीं, मुझे नहीं चाहिए।" पर वह नहीं मानी, बोली, "वाह! चाहिए कैसे नहीं? इतनी धूप में तो आए हो। यहाँ तो..."

मैंने कहा, "अच्छा, लाओ, मुझे दे दो।"

वह शायद 'ना' करनेवाली थी, पर तभी दूसरे कमरे से शिशु के रोने की आवाज़ सुनकर उसने चुपचाप पंखा मुझे दे दिया और घुटनों पर हाथ टेककर एक थकी हुई 'हुँह' करके उठी और भीतर चली गई।

मैं उसके जाते हुए, दुबले शरीर को देखकर सोचता रहा-यह क्या है...यह कैसी छाया-सी इस घर पर छाई हुई है...

मालती मेरी दूर के रिश्ते की बहन है, किन्तु उसे सखी कहना ही उचित है, क्योंकि हमारा परस्पर सम्बन्ध सख्य का ही रहा है। हम बचपन से इकट्ठे खेले हैं, इकट्ठे लड़े और पिटे हैं, और हमारी पढ़ाई भी बहुत-सी इकट्ठे ही हुई थी, और

हमारे व्यवहार में सदा सख्य की स्वेच्छा और स्वच्छन्दता रही है, वह कभी भ्रातृत्व के, या बड़े-छोटेपन के बन्धनों में नहीं घिरा...

मैं आज कोई चार वर्ष बाद उसे देखने आया हूँ। जब मैंने उसे इससे पूर्व देखा था, तब वह लड़की ही थी, अब वह विवाहिता है, एक बच्चे की माँ भी है। इससे कोई परिवर्तन उसमें आया होगा और यदि आया होगा तो क्या, यह मैंने अभी तक सोचा नहीं था, किन्तु अब उसकी पीठ की ओर देखता हुआ मैं सोच रहा था, यह कैसी छाया इस पर छाई हुई है...और विशेषतया मालती पर...

मालती बच्चे को लेकर लौट आई और फिर मुझसे कुछ दूर नीचे बिछी हुई दरी पर बैठ गई। मैंने अपनी कुर्सी घुमाकर कुछ उसकी ओर उन्मुख होकर पूछा, "इसका नाम क्या है?"

मालती ने बच्चे की ओर देखते हुए उत्तर दिया, "नाम तो कोई निश्चित नहीं किया, वैसे टिटी कहते हैं।"

मैंने उसे बुलाया, "टिटी-टिटी, आ जा," पर वह अपनी बड़ी-बड़ी आँखों से मेरी ओर देखता हुआ अपनी माँ से चिपट गया, और रुआँसा-सा होकर कहने लगा, "उहुँ-उहुँ-उहुँ-ऊँ..."

मालती ने फिर उसकी ओर एक नज़र देखा, और फिर बाहर आँगन की ओर देखने लगी...

काफी देर मौन रहा। थोड़ी देर तक तो वह मौन आकस्मिक ही था, जिसमें मैं प्रतीक्षा में था कि मालती कुछ पूछे, किन्तु उसके बाद एकाएक मुझे ध्यान हुआ, मालती ने कोई बात ही नहीं की...यह भी नहीं पूछा कि मैं कैसा हूँ, कैसे आया हूँ...चुप बैठी है, क्या विवाह के दो वर्ष में ही वह बीते दिन भूल गई? या अब मुझे दूर-इस विशेष अन्तर पर-रखना चाहती है? क्योंकि वह निर्बाध स्वच्छन्दता अब तो नहीं हो सकती...पर फिर भी, ऐसा मौन, जैसा अजनबी से भी नहीं होना चाहिए...

मैंने कुछ खिन्न-सा होकर, दूसरी ओर देखते हुए कहा, "जान पड़ता है, तुम्हें मेरे आने से विशेष प्रसन्नता नहीं हुई-"

उसने एकाएक चौंककर कहा, "हूँ?"

यह 'हूँ' प्रश्न-सूचक था, किन्तु इसलिए नहीं कि मालती ने मेरी बात सुनी नहीं थी, केवल विस्मय के कारण। इसलिए मैंने अपनी बात दुहराई नहीं, चुप बैठा रहा। मालती कुछ बोली ही नहीं, तब थोड़ी देर बाद मैंने उसकी ओर देखा। वह एकटक मेरी ओर देख रही थी, किन्तु मेरे उधर उन्मुख होते ही उसने आँखें नीची कर लीं। फिर भी मैंने देखा, उन आँखों में कुछ विचित्र-सा भाव था, मानो मालती के भीतर कहीं कुछ चेष्टा कर रहा हो, किसी बीती हुई बात को याद करने की, किसी बिखरे हुए वायुमंडल को पुनः जगाकर गतिमान करने की, किसी टूटे हुए

व्यवहार-तन्तु को पुनरुज्जीवित करने की, और चेष्टा में सफल न हो रहा हो...वैसे जब बहुत देर से प्रयोग में न लाए हुए अंग को व्यक्ति एकाएक उठाने लगे और पाए कि वह उठता ही नहीं है, चिरविस्मृति में मानो मर गया है, उतने क्षीण बल से (यद्यपि वह सारा प्राप्य बल है) उठ नहीं सकता...मुझे ऐसा जान पड़ा, मानो किसी जीवित प्राणी के गले में किसी मृत जन्तु का तौक डाल दिया गया हो, वह उसे उतारकर फेंकना चाहे, पर उतार न पाए...

तभी किसी ने किवाड़ खटखटाए। मैंने मालती की ओर देखा, पर वह हिली नहीं। जब किवाड़ दूसरी बार खटखटाए गए, तब वह शिशु को अलग करके उठी और किवाड़ खोलने लगी।

वे, यानी मालती के पति आए। मैंने उन्हें पहली बार देखा था, यद्यपि फोटो से उन्हें पहचानता था। परिचय हुआ। मालती खाना तैयार करने आँगन में चली गई, और हम दोनों भीतर बैठकर बातचीत करने लगे, उनकी नौकरी के बारे में, उनके जीवन के बारे में, उस स्थान के बारे में, और ऐसे अन्य विषयों के बारे में जो पहले परिचय पर उठा करते हैं, एक तरह का स्वरक्षात्मक कवच बनकर...

मालती के पति का नाम है महेश्वर। वह एक पहाड़ी गाँव में सरकारी डिस्पेन्सरी के डॉक्टर हैं, उसी हैसियत से इन क्वार्टरों में रहते हैं। प्रातःकाल सात बजे डिस्पेन्सरी चले जाते हैं और डेढ़ या दो बजे लौटते हैं, उसके बाद दोपहर-भर छुट्टी रहती है, केवल शाम को एक-दो घंटे फिर चक्कर लगाने के लिए जाते हैं, डिस्पेन्सरी के छोटे-से अस्पताल में पड़े हुए रोगियों को देखने और अन्य ज़रूरी हिदायतें करने...उनका जीवन भी बिलकुल एक निर्दिष्ट ढर्रे पर चलता है, नित्य वही काम, उसी प्रकार के मरीज, वही हिदायतें, वही नुस्खे, वही दवाइयाँ। वह स्वयं उकताए हुए हैं और इसलिए और साथ ही इस भयंकर गरमी के कारण ही अपने फुरसत के समय में भी सुस्त ही रहते हैं...

मालती हम दोनों के लिए खाना ले आई। मैंने पूछा, "तुम नहीं खाओगी? या खा चुकीं?"

महेश्वर बोले, कुछ हँसकर, "वह पीछे खाया करती है..."

पति ढाई बजे खाना खाने आते हैं, इसलिए पत्नी तीन बजे तक भूखी बैठी रहेगी।...

महेश्वर खाना आरम्भ करते हुए मेरी ओर देखकर बोले, "आपको तो खाने का मज़ा क्या ही आएगा ऐसे बेवक़्त खा रहे हैं?"

मैंने उत्तर दिया, "वाह! देर से खाने पर तो और अच्छा लगता है, भूख बढ़ी हुई होती है, पर शायद मालती बहिन को कष्ट होगा।"

मालती टोककर बोली, "ऊँहूँ, मेरे लिए तो यह नई बात नहीं है...रोज़ ही ऐसा होता है..."

मालती बच्चे को गोद में लिये हुए थी। बच्चा रो रहा था, पर उसकी ओर कोई भी ध्यान नहीं दे रहा था।

मैंने कहा, ''यह रोता क्यों है?''

मालती बोली, ''हो ही गया है चिड़चिड़ा-सा, हमेशा ही ऐसा रहता है।'' फिर बच्चे को डाँटकर कहा, ''चुप कर।'' जिससे वह और भी रोने लगा, मालती ने भूमि पर बैठा दिया। और बोली, ''अच्छा ले, रो ले।'' और रोटी लेने आँगन की ओर चली गई।

जब हमने भोजन समाप्त किया तब तीन बजनेवाले थे। महेश्वर ने बताया कि उन्हें आज जल्दी अस्पताल जाना है, यहाँ एक-दो चिन्ताजनक केस आए हुए हैं, जिनका ऑपरेशन करना पड़ेगा...दो की शायद टाँग काटनी पड़े, गैंग्रीन हो गया है...थोड़ी ही देर में वह चले गए। मालती किवाड़ बन्द कर आई और मेरे पास बैठने ही लगी थी कि मैंने कहा, ''अब खाना तो खा लो, मैं उतनी देर टिटी से खेलता हूँ।''

वह बोली, ''खा लूँगी, मेरे खाने की कौन बात है,'' किन्तु चली गई। मैं टिटी को हाथ में लेकर झुलाने लगा, जिससे वह कुछ देर के लिए शान्त हो गया।

दूर...शायद अस्पताल में ही, तीन खड़के। एकाएक मैं चौंका, मैंने सुना, मालती वहीं आँगन में बैठी अपने-आप ही एक लम्बी-सी थकी हुई साँस के साथ कह रही है, ''तीन बज गए...'' मानो बड़ी तपस्या के बाद कोई कार्य सम्पन्न हो गया हो...

थोड़ी ही देर में मालती फिर आ गई, ''मैंने पूछा, तुम्हारे लिए कुछ बचा भी था? सब कुछ तो...''

''बहुत था।''

''हाँ, बहुत था, भाजी तो सारी मैं ही खा गया था, वहाँ बचा कुछ होगा नहीं, यों ही रौब तो न जमाओ कि बहुत था।'' मैंने हँसकर कहा।

मालती मानो किसी और विषय की बात कहती हुई बोली, ''यहाँ सब्जी-वब्जी तो कुछ होती ही नहीं, कोई आता-जाता है, तो नीचे से मँगा लेते हैं, मुझे आए पन्द्रह दिन हुए हैं, जो सब्जी साथ लाए थे वही अभी बरती जा रही है...''

मैंने पूछा, ''नौकर कोई नहीं है?''

''कोई ठीक मिला नहीं, शायद एक-दो दिन में हो जाए।''

''बरतन भी तुम्हीं माँजती हो?''

''और कौन?'' कहकर मालती क्षण-भर आँगन में जाकर लौट आई।

मैंने पूछा, ''कहाँ गई थीं?''

''आज पानी ही नहीं है, बरतन कैसे मँजेंगे?''

''क्यों, पानी को क्या हुआ?''

''रोज़ ही होता है...कभी वक़्त पर तो आता नहीं, आज शाम को सात बजे आएगा, तब बरतन मँजेंगे।''

"चलो, तुम्हें सात बजे तक छुट्टी हुई," कहते हुए मैं मन-ही-मन सोचने लगा, 'अब इसे रात के ग्यारह बजे तक काम करना पड़ेगा, छुट्टी क्या खाक हुई?'

यही उसने कहा, मेरे पास कोई उत्तर नहीं था, पर मेरी सहायता टिटी ने की, एकाएक फिर रोने लगा और मालती के पास जाने की चेष्टा करने लगा। मैंने उसे दे दिया।

थोड़ी देर फिर मौन रहा, मैंने जेब से अपनी नोटबुक निकाली और पिछले दिनों के लिये हुए नोट देखने लगा, तब मालती को याद आया कि उसने मेरे आने का कारण तो पूछा नहीं, और बोली, "यहाँ आए कैसे?"

मैंने कहा ही तो, "अच्छा, अब याद आया? तुमसे मिलने आया था, और क्या करने?"

"तो दो-एक दिन रहोगे न?"

"नहीं, कल चला जाऊँगा, ज़रूरी जाना है।"

मालती कुछ नहीं बोली, कुछ खिन्न-सी हो गई। मैं फिर नोटबुक की तरफ देखने लगा।

थोड़ी देर बाद मुझे भी ध्यान हुआ, मैं आया तो हूँ मालती से मिलने किन्तु यहाँ वह बात करने को बैठी है और मैं पढ़ रहा हूँ, पर बात भी क्या की जाए? मुझे ऐसा लग रहा था कि इस घर पर जो छाया घिरी हुई है, वह अज्ञात रहकर भी मानो मुझे भी वश कर रही है, मैं भी वैसा ही नीरस निर्जीव-सा हो रहा हूँ, जैसे-हाँ, जैसे यह घर, जैसे मालती...

मैंने पूछा, "तुम कुछ पढ़ती-लिखती नहीं?" मैं चारों ओर देखने लगा कि कहीं किताबें दीख पड़ें।

"यहाँ!" कहकर मालती थोड़ा-सा हँस दी। वह हँसी कह रही थी, 'यहाँ पढ़ने को है क्या?'

मैंने कहा, "अच्छा, मैं वापस ज़रूर कुछ पुस्तकें भेजूँगा..." और वार्तालाप फिर समाप्त हो गया...

थोड़ी देर बाद मालती ने फिर पूछा, "आए कैसे हो, लॉरी में?"

"पैदल।"

"इतनी दूर? बड़ी हिम्मत की।"

"आखिर तुमसे मिलने आया हूँ।"

"ऐसे ही आए हो?"

"नहीं, कुली पीछे आ रहा है, सामान लेकर। मैंने सोचा, बिस्तरा ले ही चलूँ।"

"अच्छा किया, यहाँ तो बस..." कहकर मालती चुप रह गई फिर बोली, "तब तुम थके होंगे, लेट जाओ।"

"नहीं, बिलकुल नहीं थका।"

"रहने भी दो, थके नहीं, भला थके हैं?"

"और तुम क्या करोगी?"

"मैं बरतन माँज रखती हूँ, पानी आएगा तो धुल जाएँगे।"

मैंने कहा, "वाह!" क्योंकि और कोई बात मुझे सूझी नहीं...

थोड़ी देर में मालती उठी और चली गई, टिटी को साथ लेकर। तब मैं भी लेट गया और छत की ओर देखने लगा...मेरे विचारों के साथ आँगन से आती हुई बरतनों के घिसने की खन-खन ध्वनि मिलकर एक विचित्र एक-स्वर उत्पन्न करने लगी, जिसके कारण मेरे अंग धीरे-धीरे ढीले पढ़ने लगे, मैं ऊँघने लगा...

एकाएक वह एक स्वर टूट गया–मौन हो गया। इससे मेरी तन्द्रा भी टूटी, मैं उस मौन में सुनने लगा...

चार खड़क रहे थे और इसी का पहला घंटा सुनकर मालती रुक गई थी...

वही तीन बजे वाली बात मैंने फिर देखी, अबकी बार और उग्र रूप में। मैंने सुना, मालती एक बिलकुल अनैच्छिक, अनुभूतिहीन, नीरस, यन्त्रवत्–वह भी थके हुए यन्त्र के-से स्वर में कह रही है, "चार बज गए," मानो इस अनैच्छिक समय को गिनने में ही उसका मशीन-तुल्य जीवन बीतता हो, वैसे ही, जैसे मोटर का स्पीडोमीटर यन्त्रवत् फ़ासला नापता जाता है, और यन्त्रवत् विश्रान्त स्वर में कहता है (किससे!) कि मैंने अपने अमित शून्यपथ का इतना अंश तय कर लिया...न जाने कब, कैसे मुझे नींद आ गई।

तब छह कभी के बज चुके थे, जब किसी के आने की आहट से मेरी नींद खुली, और मैंने देखा कि महेश्वर लौट आए हैं, और उनके साथ ही बिस्तर लिये हुए मेरा कुली। मैं मुँह धोने को पानी माँगने को ही था कि मुझे याद आया, पानी नहीं होगा। मैंने हाथों से मुँह पोंछते-पोंछते महेश्वर से पूछा, "आपने बड़ी देर की?"

उन्होंने किंचित् ग्लानि-भरे स्वर में कहा, "हाँ, आज वह गैंग्रीन का ऑपरेशन करना ही पड़ा, एक कर आया हूँ, दूसरे को एम्बुलेन्स में बड़े अस्पताल भिजवा दिया है।"

मैंने पूछा, "गैंग्रीन कैसे हो गया?"

"एक काँटा चुभा था, उसी से हो गया, बड़े लापरवाह लोग होते हैं यहाँ के..."

मैंने पूछा, "यहाँ आपको केस अच्छे मिल जाते हैं? आय के लिहाज से नहीं, डॉक्टरी के अभ्यास के लिए?"

बोले, "हाँ, मिल ही जाते हैं, यही गैंग्रीन, हर दूसरे-चौथे दिन एक केस आ जाता है, नीचे बड़े अस्पतालों में भी..."

मालती आँगन से ही सुन रही थी, अब आ गई, बोली, "हाँ, केस बनाते देर क्या लगती है? काँटा चुभा था, इस पर टाँग काटनी पड़े, यह भी कोई डॉक्टरी है? हर दूसरे दिन किसी की टाँग, किसी की बाँह काट आते हैं, इसी का नाम है अच्छा अभ्यास!"

महेश्वर हँसे, बोले, "न काटें तो उसकी जान गँवाएँ?"

"हाँ, पहले तो दुनिया में काँटे ही नहीं होते होंगे? आज तक तो सुना नहीं था कि काँटों के चुभने से मर जाते हैं..."

महेश्वर ने उत्तर नहीं दिया, मुसकरा दिए। मालती मेरी ओर देखकर बोली, "ऐसे ही होते हैं डॉक्टर, सरकारी अस्पताल है न, क्या परवाह है। मैं तो रोज़ ही ऐसी बातें सुनती हूँ! अब कोई मर-मुर जाए तो खयाल ही नहीं होता। पहले तो रात-रात भर नींद नहीं आया करती थी।"

तभी आँगन में खुले हुए नल ने कहा-टिप्-टिप्-टिप्-टिप्-टिप्-टिप्...

मालती ने कहा, "पानी!" और उठकर चली गई। खनखनाहट से हमने जाना, बरतन धोए जाने लगे हैं...

टिटी महेश्वर की टाँगों के सहारे खड़ा मेरी ओर देख रहा था, अब एकाएक उन्हें छोड़कर मालती की ओर खिसकता हुआ चला। महेश्वर ने कहा, "उधर मत जा!" और उसे गोद में उठा लिया, वह मचलने और चिल्ला-चिल्लाकर रोने लगा।

महेश्वर बोले, "अब रो-रोकर सो जाएगा, तभी घर में चैन होगी।"

मैंने पूछा, "आप लोग भीतर ही सोते हैं? गरमी तो बहुत होती है?"

"होने को तो मच्छर भी बहुत होते हैं, पर यह लोहे के पलंग उठाकर बाहर कौन ले जाए? अब के नीचे जाएँगे तो चारपाइयाँ ले आएँगे।" फिर कुछ रुककर बोले, "आज तो बाहर ही सोएँगे। आपके आने का इतना लाभ ही होगा।"

टिटी अभी तक रोता ही जा रहा था। महेश्वर ने उसे एक पलंग पर बिठा दिया, और पलंग बाहर खींचने लगा, मैंने कहा, "मैं मदद करता हूँ," और दूसरी ओर से पलंग उठाकर निकलवा दिए।

अब हम तीनों...महेश्वर, टिटी और मैं, दो पलंगों पर बैठ गए और वार्तालाप के लिए उपयुक्त विषय न पाकर उस कमी को छुपाने के लिए टिटी से खेलने लगे, बाहर आकर वह कुछ चुप हो गया था, किन्तु बीच-बीच में जैसे एकाएक कोई भूला हुआ कर्तव्य याद करके रो उठता था, और फिर एकदम चुप हो जाता था...और कभी-कभी हम हँस पड़ते थे, या महेश्वर उसके बारे में कुछ बात कह देते थे...

मालती बरतन धो चुकी थी। जब वह उन्हें लेकर आँगन के एक ओर रसोई के छप्पर की ओर चली, तब महेश्वर ने कहा, "थोड़े से आम लाया हूँ, वह भी धो लेना।"

"कहाँ हैं?"

"अँगीठी पर रखे हैं, काग़ज़ में लिपटे हुए।"

मालती ने भीतर जाकर आम उठाए और अपने आँचल में डाल लिये। जिस काग़ज़ में वे लिपटे हुए थे वह किसी पुराने अखबार का टुकड़ा था। मालती चलती-चलती सन्ध्या के उस क्षण प्रकाश में उसी को पढ़ती जा रही थी...वह नल के पास जाकर खड़ी उसे पढ़ती रही, जब दोनों ओर पढ़ चुकी, तब एक लम्बी साँस लेकर उसे फेंककर आम धोने लगी।

मुझे एकाएक याद आया...बहुत दिनों की बात थी...जब हम अभी स्कूल में भरती हुए ही थे। जब हमारा सबसे बड़ा सुख, सबसे बड़ी विजय थी–हाज़िरी हो चुकने के बाद चोरी से क्लास से निकल भागना और स्कूल से कुछ दूरी पर आम के बगीचे में पेड़ों पर चढ़कर कच्ची आमियाँ तोड़-तोड़ खाना। मुझे याद आया...कभी जब मैं भाग आता और मालती नहीं आ पाती थी तब मैं भी खिन्न मन लौट आया करता था।

मालती कुछ नहीं पढ़ती थी, उसके माता-पिता तंग थे, एक दिन उसके पिता ने उसे एक पुस्तक लाकर दी और कहा कि इसके बीस पेज रोज़ पढ़ा करो, हफ्ते भर बाद मैं देखूँ कि इसे समाप्त कर चुकी हो, नहीं तो मार-मार कर चमड़ी उधेड़ दूँगा। मालती ने चुपचाप किताब ले ली, पर क्या उसने पढ़ी? वह नित्य ही उसके दस पन्ने, बीस पेज, फाड़कर फेंक देती, अपने खेल में किसी भाँति फ़र्क़ न पड़ने देती। जब आठवें दिन उसके पिता ने पूछा, "किताब समाप्त कर ली?" तो उत्तर दिया..."हाँ, कर ली," पिता ने कहा, "लाओ, मैं प्रश्न पूछूँगा," तो चुप खड़ी रही। पिता ने कहा, तो उद्धत स्वर में बोली, "किताब मैंने फाड़कर फेंक दी है, मैं नहीं पढ़ूँगी।"

उसके बाद वह बहुत पिटी, पर वह अलग बात है। इस समय मैं यही सोच रहा था कि वह उद्धत और चंचल मालती आज कितनी सीधी हो गई है, कितनी शान्त, और एक अखबार के टुकड़े को तरसती है...यह क्या, यह...

तभी महेश्वर ने पूछा, "रोटी कब बनेगी!"

"बस, अभी बनाती हूँ।"

पर अबकी बार जब मालती रसोई की ओर चली, तब टिटी की कर्तव्य-भावना बहुत विस्तीर्ण हो गई, वह मालती की ओर हाथ बढ़ाकर रोने लगा और नहीं माना, मालती उसे भी गोद में लेकर चली गई, रसोई में बैठकर एक हाथ से उसे थपकने और दूसरे से कई छोटे-छोटे डिब्बे उठाकर अपने सामने रखने लगी...

और हम दोनों चुपचाप रात्रि की, और भोजन की, और एक-दूसरे के कुछ कहने की, और न जाने किस-किस न्यूनता की पूर्ति की प्रतीक्षा करने लगे।

हम भोजन कर चुके थे और बिस्तरों पर लेट गए थे और टिटी सो गया था। मालती पलंग के एक ओर मोमजामा बिछाकर उसे उस पर लिटा गई थी। वह सो

गया था, पर नींद में कभी-कभी चौंक उठता था। एक बार तो उठकर बैठ भी गया था, पर तुरन्त ही लेट गया।

मैंने महेश्वर से पूछा, "आप तो थके होंगे, सो जाइए।"

वह बोले, "थके तो आप अधिक होंगे...अठारह मील पैदल चलकर आए हैं।" किन्तु उनके स्वर ने मानो जोड़ दिया...'थका तो मैं भी हूँ।'

मैं चुप रहा, थोड़ी देर में किसी अपर संज्ञा ने मुझे बताया, वह ऊँघ रहे हैं।

तब लगभग साढ़े दस बजे थे, मालती भोजन कर रही थी।

मैं थोड़ी देर मालती की ओर देखता रहा, वह किसी विचार में-यद्यपि बहुत गहरे विचार में नहीं-लीन हुई धीरे-धीरे खाना खा रही थी, फिर मैं इधर-उधर खिसककर, पर आराम से होकर, आकाश की ओर देखने लगा।

पूर्णिमा थी, आकाश अनभ्र था।

मैंने देखा-उस सरकारी क्वार्टर की दिन में अत्यन्त शुष्क और नीरस लगनेवाली स्लेट की छत भी चाँदनी में चमक रही है, अत्यन्त शीतलता और स्निग्धता से छलक रही है, मानो चन्द्रिका उन पर से बहती हुई आ रही हो, झर रही हो...

मैंने देखा, पवन में चीड़ के वृक्ष...गरमी से सूखकर मटमैले हुए चीड़ के वृक्ष...धीरे-धीरे गा रहे हों...कोई राग जो कोमल है, किन्तु करुण नहीं, अशान्तिमय है, किन्तु उद्वेगमय नहीं...

मैंने देखा, प्रकाश से धुँधले नीले आकाश के तट पर जो चमगादड़ नीरव उड़ान से चक्कर काट रहे हैं, वे भी सुन्दर दीखते हैं...

मैंने देखा-दिन-भर की तपन, अशान्ति, थकान, दाह, पहाड़ों में से भाप से उठकर वातावरण में खोए जा रहे हैं, जिसे ग्रहण करने के लिए पर्वत-शिशुओं ने अपनी चीड़ वृक्षरूपी भुजाएँ आकाश की ओर बढ़ा रखी हैं...

पर यह सब मैंने ही देखा, अकेले मैंने...महेश्वर ऊँघ रहे थे और मालती उस समय भोजन से निवृत्त होकर दही जमाने के लिए मिट्टी का बरतन गरम पानी से धो रही थी, और कह रही थी..."अभी छुट्टी हुई जाती है।" और मेरे कहने पर ही कि "ग्यारह बजने वाले हैं," धीरे से सिर हिलाकर जता रही थी कि रोज़ ही इतने बज जाते हैं...मालती ने वह सब-कुछ नहीं देखा, मालती का जीवन अपनी रोज़ की नियत गति से बहा जा रहा था और एक चन्द्रमा की चन्द्रिका के लिए, एक संसार के लिए, रुकने को तैयार नहीं था...

चाँदनी में शिशु कैसा लगता है, इस अलस जिज्ञासा से मैंने टिटी की ओर देखा और वह एकाएक मानो किसी शैशवोचित वामता से उठा और खिसककर पलंग से नीचे गिर पड़ा और चिल्ला-चिल्लाकर रोने लगा। महेश्वर ने चौंककर कहा-"क्या हुआ?" मैं झपटकर उसे उठाने दौड़ा, मालती रसोई से बाहर निकल आई,

मैंने उस 'खट्' शब्द को याद करके धीरे-से करुणा भरे स्वर में कहा, "चोट बहुत लग गई बेचारे के।"

यह सब मानो एक ही क्षण में, एक ही क्रिया की गति में हो गया।

मालती ने रोते हुए शिशु को मुझसे लेने के लिए हाथ बढ़ाते हुए कहा, "इसके चोटें लगती ही रहती हैं, रोज़ ही गिर पड़ता है।"

एक छोटे क्षण-भर के लिए मैं स्तब्ध हो गया, फिर एकाएक मेरे मन ने, मेरे समूचे अस्तित्व ने, विद्रोह के स्वर में कहा-मेरे मन ने भीतर ही, बाहर एक शब्द भी नहीं निकला-"माँ, युवती माँ, यह तुम्हारे हृदय को क्या हो गया है, जो तुम अपने एकमात्र बच्चे के गिरने पर ऐसी बात कह सकती हो-और यह अभी, जब तुम्हारा सारा जीवन तुम्हारे आगे है!"

और, तब एकाएक मैंने जाना कि वह भावना मिथ्या नहीं है, मैंने देखा कि सचमुच उस कुटुम्ब में कोई गहरी भयंकर छाया घर कर गई है, उनके जीवन के इस पहले ही यौवन में घुन की तरह लग गई है, उसका इतना अभिन्न अंग हो गई है कि वे उसे पहचानते ही नहीं, उसी की परिधि में घिरे हुए चले जा रहे हैं। इतना ही नहीं, मैंने उस छाया को देख भी लिया...

इतनी देर में, पूर्ववत् शान्ति हो गई थी। महेश्वर फिर लेटकर ऊँघ रहे थे। टिटी मालती के लेटे हुए शरीर से चिपटकर चुप हो गया था, यद्यपि कभी एक-आध सिसकी उसके छोटे-से शरीर को हिला देती थी। मैं भी अनुभव करने लगा था कि बिस्तर अच्छा-सा लग रहा है। मालती चुपचाप ऊपर आकाश में देख रही थी, किन्तु क्या चन्द्रिका को या तारों को?

तभी ग्यारह का घंटा बजा, मैंने अपनी भारी हो रही पलकें उठाकर अकस्मात् किसी अस्पष्ट प्रतीक्षा से मालती की ओर देखा। ग्यारह के पहले घंटे की खड़कन के साथ ही मालती की छाती एकाएक फफोले की भाँति उठी और धीरे-धीरे बैठने लगी, और घंटा ध्वनि के कम्पन के साथ ही मूक हो जानेवाली आवाज़ में उसने कहा, "ग्यारह बज गए..."

डलहौज़ी, मई, 1934

दुख और तितलियाँ

शेखर उस पहाड़ी रास्ते से उतरता हुआ चला जा रहा था। उसके कदम अपनी अभ्यस्त साधारण गति से पड़ रहे थे, वह किसी प्रकार की जल्दी नहीं कर रहा था। क्योंकि यद्यपि वह अपने मन में उसे स्वीकार नहीं कर रहा था, तथापि उसके बहुत भीतर कहीं, उसकी आत्मा के छिपे-से-छिपे स्तर में लिपटी हुई कहीं, इस बात की पूर्ण अनुभूति थी कि वह व्यर्थ जा रहा है, कि उसकी माँ तो मर चुकी है, कि अब डॉक्टर आकर कुछ नहीं कर सकता–सिवाय इसके कि एक क्रिया को जो पूर्ण हो चुकी है, अपने विशेष ज्ञान द्वारा एक और पूर्णता, एक अन्तिमत्व दे दे; एक विशिष्ट महत्त्व, जिसे जानकर वे सब–शेखर, शेखर के पिता, शेखर के भाई–रो पड़े।

और वह सोच रहा था : हमारे सुन्दर घर की इकाई छिन्न-भिन्न होकर नष्ट हो जाएगी–क्यों? उसका अवश मन भाग-भाग जाता था भूत की ओर–उसके भाई-बहिनों के बाल्यकाल की ओर, बहुत पूर्व आबाद किए हुए घरों और स्थानों की ओर, पुराने मकानों की ओर, पुराने फर्नीचर की ओर, भूले हुए चित्रों की ओर...और वह इन सब विचारों से लदा हुआ भी, बिना किसी प्रकार की व्यस्तता या जल्दी के, अपनी अभ्यस्त साधारण गति से चला जा रहा था उस पहाड़ी रास्ते से उतरता हुआ...

एकाएक वह रास्ते के मध्य में रुककर खड़ा हो गया, और एक तीखे फुसफुसाते स्वर में बोला, ''वह मर गई है...'' फिर दो-चार कदम चला और फिर रुक गया।

कौन मर गई है?

माँ। माँ मर गई है। माँ मर गई है...

मर गई है। क्या अभिप्राय है इसका–मर गई है?

कोई अभिप्राय नहीं है। कोई अर्थ नहीं है। कुछ नहीं है।

कुछ परवाह नहीं है...

और शेखर फिर उसी गति से चल पड़ा।

पता नहीं, उसने डॉक्टर से क्या कहा। या कैसे कहा। पर कुछ कहा जरूर, क्योंकि डॉक्टर ने अमोनिया, ब्रांडी, इंजेक्शन के लिए एड्रिनलिन और अन्य दवाइयाँ, जो

हार्ट-फेल्योर में दी जाती हैं, निकालकर उसे देकर और इंजेक्शन की पिचकारी अपनी जेब में रखते हुए पूछा था, 'कितनी दूर है?' और उसका उत्तर, 'तीन मील है-और चढ़ाई में,' सुनकर कहा था, 'देर हो जाएगी-यहाँ पहाड़ों में यही तो मुश्किल है।'

वे दोनों उसी रास्ते पर वापस चढ़े जा रहे थे। शेखर की अभ्यस्त गति से भी धीरे, क्योंकि वयस्क डॉक्टर धीरे चलता था।

शेखर की डॉक्टर से जितनी बात चलने से पहले हो गई थी, उतनी ही होकर रह गई थी, उससे अधिक कुछ नहीं हुई। वे बिलकुल चुपचाप बढ़े जा रहे थे। और किसी समय ऐसे जाना अशिष्टता होती; किन्तु इस समय चुप रहने के लिए यही कारण पर्याप्त था कि चढ़ाई में साँस फूल जाती है, बोलना असम्भव नहीं तो कठिन अवश्य हो जाता है।

पर शेखर बोल नहीं रहा था, इसलिए सोच भी नहीं हो, यह बात नहीं थी। वह सदा की अपेक्षा अधिक एकाग्रता से सोच रहा था, जिस घटना ने उसे विभिन्न विषयों पर विचार करने में असमर्थ कर दिया था, वही उसे एक विषय-विशेष पर अपनी सारी शक्ति लगाकर अत्यन्त उग्र-अनुभूतिपूर्ण विचार करने को बाध्य कर रही थी।

वह सोच रहा था, वह घटना कैसे हुई-पहले-पहल उसे उसका क्या संकेत मिला...

उसे याद आया, वह अपने कमरे में बैठा एक पत्र पढ़ रहा था-अपनी विधवा बहिन का पत्र, जो उसी समय आया था। उसे वह वाक्य भी याद आया, जिसे पढ़ते-पढ़ते उसने अपने पिता की अत्यन्त करुण और विवश करनेवाली पुकार सुनी थी-"शेखर, देख तो!" वह वाक्य पता नहीं क्यों, उसकी बहिन ने उसी पत्र में लिखा था; पता नहीं क्यों, वह पत्र उसी समय आया था; पता नहीं क्यों, वह उस समय वही वाक्य पढ़ रहा था जो अब इतना अभिप्रायपूर्ण हो गया है...

"हमारे वंश में एक परम्परा है कि हममें बहिनें प्राय: निस्सन्तान होती थीं, और इसलिए अपने छोटे भाइयों को गोद ले लेती थीं। और मैं सोचती हूँ कि बहिन जब माँ बनती है, तब माँ से कितनी अधिक हो जाती है..."

क्यों नहीं उसे उसी समय ध्यान आया था कि-कि अब कौन बनेगी उसकी माँ! वह दौड़ा हुआ उस कमरे में गया था जहाँ उसकी माँ कई दिनों से शय्याग्रस्त पड़ी थी, और जहाँ उस समय उसके पिता एक विचित्र मुद्रा से अपने सामने पड़े हुए एक क्षीण, मुरझाए हुए और किसी अवाक् पीड़ा से इधर-उधर सिर पटकते हुए प्रौढ़ शरीर को देख रहे थे...शेखर के पहुँचते ही उन्होंने एक प्रश्नभरी दृष्टि से उसकी ओर देखा। शेखर उसका उत्तर नहीं दे सका। उसने नाड़ी की गति देखी। श्वास की गति देखी। आँखों की पलकें उठाकर देखा। चुप रहा।

पिता ने पूछा, "क्या हुआ है?"

विवश कुछ कहना ही पड़ा, "कोलैप्स है!"

"फिर?"

उत्तर में शेखर ने ब्रांडी की बोतल उठाई, थोड़ी-सी एक काँच के गिलास में डाली और हाथ से मुँह खोलकर उसमें डाल दी।

वह गले से उतरी नहीं, एक निरर्थक-सी धारा में ओठों से बह गई।

एकाएक माँ ने फिर आँखें खोलीं। गरदन फेरकर पति की ओर देखने की चेष्टा करने लगी। गरदन अधिक नहीं घूमी, तो आँखें फिराकर पति के मुख की ओर देखने लगी-स्थिर, अपलक और किस उग्र अभिप्राय-भरी दृष्टि से?

पिता ने टूटती सी आवाज़ में पूछा, "क्या, कहो, क्या होता है?"

शरीर वैसा ही स्थिर, किन्तु एक जड़ता लिये हुए। आँखें उधर ही उन्मुख, अपलक। पर अब चिर-अपलक! उस अभिप्राय से शून्य!

शेखर ने दबे पाँव बढ़कर पास पड़ी टॉर्च उठाई, आँखों में उसका प्रकाश छोड़कर पुतली देखी। वह भी शून्य। रिक्त।

ये सब घटनाएँ, सब दृश्य एक-एक करके शेखर के आगे से हो गए-ऐसे, जैसे उसके सामने के पथ पर ही, किसी दीप्त रंगराशि से वे चित्रवत् खींच दिए गए हों...

डॉक्टर ने पूछा, "उनकी आयु कितनी है?"

"कोई पचास।"

"हूँ!"

चुप।

शेखर फिर वहीं पहुँच गया। उसके पिता ने पूछा था, "क्या-"और चुप रह गए थे। और वह किस मुख से उत्तर देता कि क्या...

पिता ने मुँह फेर लिया। शेखर ने जल्दी से हाथ बढ़ाकर माँ की पलकें दाबकर बन्द कर दीं; किन्तु वे फिर खुल गईं-पहले-सी नहीं, अधखुली रह गईं।

शेखर ने पूछा, "डॉक्टर को बुला लाऊँ?"

"अच्छा!"

जिस प्रकार प्रश्न में आशा या निराशा कुछ भी व्यक्त नहीं की गई थी, उसी प्रकार उत्तर भी पूर्ण संवेदन-शून्य वाणी से दिया गया था। इतना शून्य कि शेखर सोचने लगा, "क्या ये भी जान गए हैं और मुझसे छिपाना चाहते हैं, या अभी अनभिज्ञ हैं..."

वह उस कमरे से निकला, तो किसी आशंकित भाव से नहीं; उसने कोई इंगित नहीं दिया कि-क्या हो गया है। केवल उस साधारण शीघ्रता से जिससे डॉक्टर को बुलाने जाना चाहिए...

जब शेखर अपने पुकारे जाने से लेकर डॉक्टर को बुलाने के लिए निकल पड़ने तक सब घटनाओं को देख चुका, तब उसका मन कुछ क्षण के लिए रुक गया। वह बिलकुल शून्य-दृष्टि से पथ की ओर देखता हुआ चलता रहा।

उस दिन सवेरे वर्षा दो दिन के बाद थमी थी। शेखर ने देखा, पथ पर अनेक फिलें, अपनी पीठ पर अपनी ऐहिक सम्पत्ति, अपना घोंघा घर लादे हुए अपनी लेसदार मूँछों से पथ टटोलती हुई मन्थर गति से चली जा रही हैं; जब शेखर गया था, तब भी वे ऐसे ही चली जा रही थीं; किन्तु तब कोई उनकी छाप शेखर के मन पर नहीं बैठी थी। अब इन्हें देखकर उसे याद आया, वह तब भी इन्हें देख गया था।

चलते-चलते शेखर ने देखा, एक फिल डॉक्टर के पैर के नीचे आकर कुचल गई है-डॉक्टर सामने देखता हुआ चल रहा था और शेखर भूमि की ओर। तब शेखर ने यह भी देखा, पथ में अनेक स्थलों पर वैसी अनेक दुर्घटनाएँ हो चुकी हैं, अनेक स्थलों पर एक घिनौनी कीच-सी पड़ी है, जो थोड़ी ही देर पहले एक प्राणी थी-एक प्राणी ही नहीं, एक समूची गृहस्थी, क्योंकि उसका घोंघा-रूपी घर भी तो पीठ पर ही लदा होता है!

शेखर फिर एकाएक रुक गया। उसे ऐसा लगा कि वह कुछ सोचने के लिए रुका है, एक विचार उसके मन में उठने ही वाला है। किन्तु वह उठा नहीं। शेखर ने अपने-आपसे पूछा, 'क्या सोचने लगे थे?' और उत्तर न पाकर, अपने पर नीरस हँसी हँसकर, वह फिर चल पड़ा।

और चलते-चलते उसे विचार आया, हम व्यर्थ ही मृत्यु को इतना तूल देते हैं...

2

पर घर से कुछ दूर पहुँचकर ही उसे जान पड़ा, वह भूल है। मृत्यु में एक भयंकर यत्परोनास्तित्व है, जो क्षुद्र हो ही नहीं सकता, जो एक व्यक्ति के जीवन से सम्बद्ध होकर भी व्यापक रूप से सर्वत्र छाई है। उसे लगा, घर के वातावरण में ही कुछ बदल गया है, एक भीमकाय, दैत्य-सा आकार, झूम-झूमकर फुंकार कर रहा है; किन्तु वह फुंकार है शीतल और बिलकुल शब्दहीन, और इसलिए और भी भयंकर!

क्या यह व्यक्ति-संवेदना से उत्पन्न एक भावना-मात्र है? उसके दुख-जनित मोह की परछाईं। किन्तु वह तो इस घटना को बिलकुल असम्पृक्त दृष्टि से देख रहा है, उसे तो यह जान ही नहीं पड़ता कि वह किसी प्रकार की पीड़ा का अनुभव कर रहा है! वह तो मानो सम्पूर्णतया असंलग्न, निरीह होकर इसकी आलोचना कर रहा है।

उसने दबे पाँव भीतर प्रवेश किया!

आँगन में कोई नहीं था।

पहले कमरे में भी कोई नहीं था।

कहीं कोई दीख भी नहीं पड़ता था।

शेखर ने चाहा, किसी को पुकारूँ, ताकि सूचना हो जाए कि डॉक्टर साहब आ गए हैं; पर उससे पुकारा नहीं गया।

तीसरे कमरे में शेखर का भाई खड़ा था; पर उसने शेखर से आँख नहीं मिलाई, हिला भी नहीं।

शेखर और डॉक्टर 'उस' के साथ वाले कमरे में पहुँचे। वहाँ पिता खड़े थे। देखते ही उन्होंने अंग्रेज़ी में कहा, ''यू आर टू लेट!'' (आप बहुत देर से आए हैं।)

उस नीरस वाणी को सुनकर शेखर के मन में भाव उठा कि उसके पिता अंग्रेज़ी इसलिए बोले हैं कि एक विदेशी भाषा में अपने को छिपा लेना अधिक सहज है। अपनी भाषा का अपनापन हमें अपना हृदय खोल देने को खामखाह विवश कर देता है। और साथ ही उसे विस्मय भी हुआ कि वह कैसे इस समय भी ऐसी बातें सोच सकता है।

पिता के मूक संकेत की अनुमति से डॉक्टर उस कमरे की ओर बढ़ा–शेखर पीछे–पीछे। वहाँ 'वह', जो शेखर की माँ थी, एक रजाई से पूर्णतया ढँपी हुई पड़ी थी। डॉक्टर ने मुँह पर से रजाई हटाई और तुरन्त फिर ज्यों–की–त्यों कर दी।

पिता दूर ही से देख रहे थे। वे बोले, ''हूँ...''

थोड़ी देर एक बोझल–सा मौन रहा। फिर डॉक्टर ने कहा, ''कारण हार्ट फ़ेल्योर ही रहा होगा। तपेदिक था तो–''

पिता ने कहा, ''नहीं, तपेदिक नहीं था–''

डॉक्टर ने शेखर की ओर इशारा करते हुए कहा, ''मुझसे यह कह रहे थे–''

''नहीं, पहले वह ख़याल था, किन्तु बाद का डायग्नोसिस (निदान) उसके विरुद्ध था।'' फिर एकाएक बिखरते हुए–से–स्वर में, ''पर इससे अब क्या–मृत्यु मृत्यु है...''

थोड़ी देर फिर स्तब्धता। शेखर ने चुपचाप दवाइयाँ इत्यादि डॉक्टर को दे दीं। डॉक्टर ने शेखर के पिता की ओर देखते हुए, कुछ झिझकते हुए कहा, ''मैं अत्यन्त दुखी हूँ। आप–'' और चुप रह गया। क्षण–भर बाद वह चला गया। फ़ीस उसने नहीं ली।

शेखर उसे दरवाज़े तक छोड़कर लौटा, तो जिस कमरे में पिता बैठे थे, उसके दरवाज़े पर आकर खड़ा रहा। बहुत देर खड़ा रहा। तब एकाएक पिता उसकी ओर देखकर बोले, ''खड़े क्यों हो, जाओ, कुछ करो।'' फिर कुछ कठोर, कुछ चिड़-चिड़े से स्वर में, ''अब क्या फायदा है? अब लौटकर थोड़े ही आएगी? वह तो गई अब। वह तो मर गई। अब क्या! वह तो मर गई...'' और दृढ़, ललकार भरी–सी चाँप से, मानो पृथ्वी को दबाते हुए, ऊपर जाने के लिए सीढ़ियाँ चढ़ने लगे।

और पिता के वाक्यों में 'मर' शब्द पर दिया हुआ ज़ोर बार-बार उसके मन में गूँजने लगा। मानो उसके हतसंज्ञ मस्तिष्क पर मृत्यु की अगाध, अच्छेद्य अन्तिमता की छाप बिठा देने का व्यर्थ प्रयत्न करता हुआ।

3

घाटी पर उतरकर, उसकी तलहटी के छोर पर ही, एक छोटा-सा पत्थरों से चुना हुआ चबूतरा। ऊपर छिड़का हुआ पानी। उससे ऊपर लकड़ी से चुना हुआ एक और चौकोर स्तूप, जिसमें लकड़ी के भीतर से लाल और श्वेत वस्त्रों की झाँकी मिल जाती है। पास में पड़ा हुआ मटका भर पानी, और एक बड़े से थाल में हवन सामग्री।

कुछ दूर पर शेखर के पिता, भाई और कई एक लोग। दूसरी ओर शेखर अकेला।

उसके बाद एक तन्द्रा। एक गतिमान तन्द्रा, जिसमें कोई भी निश्चल नहीं बैठता, सभी कुछ-न-कुछ करते जाते हैं; पर कोई जानता नहीं कि क्या हो रहा है।

केवल जब चिता जलने लगी, तब मंत्रोच्चार के साथ-साथ एक लम्बे हत्थेवाले स्रुवा से उसमें घी की आहुति डालते हुए शेखर को याद आया, जब चिता चुनी जा रही थी, सारा शरीर ढका जा चुका था, केवल मुख ढकना बाकी रह गया था, तब उसके पिता ने आकर एकाएक कहा था, ''एक फ़ोटो ले लेते-'' पर सब ओर से मौन पाकर, स्वयं भी कुछ देर मौन रहकर प्रश्न-सूचक आवाज़ में कह दिया था, ''क्या करना है...'' तब शेखर ने दबे स्वर में कहा था, ''क्या करना है...'' यद्यपि स्वयं उसके मन में भी यह बात उठी थी कि फोटो ले लेना चाहिए। तब पिता ने धीरे से एक लज्जित सी हँसी हँसकर-मानो अपनी कोई कमजोरी प्रकट करते हुए लज्जित हों पर रह भी न सकते हों-कहा था, ''मुख तो देखूँगा ज़रूर...''

पता नहीं, वह कैसे क्यों हुआ कि बहुत कोशिश करने पर भी कपड़ा नहीं हट सका। ऊपर जो सूत लपेटा गया था, वह खोला गया; पर कपड़ा कहीं लकड़ी में अटक गया था, नहीं छूटा, नहीं छूटा। पिता ने फिर एक हँसी-किस-किस कुछ को 'हँसी' कहा जा सकता है!-हँसकर उसे छोड़ दिया और पीछे हट गए।

शेखर सोचने लगा कि उस समय उनके मन पर क्या बीती होगी। पर क्यों? उसके अपने मन पर उस घटना का क्या प्रभाव हुआ था? कुछ नहीं, उस समय तो प्रभाव के लिए अवकाश कहाँ था; प्रभाव तो बाद में होगा, जब उस सब-कुछ की तात्कालिक उग्रता कम हो जाएगी, जब वह जड़ बनानेवाली न रहकर केवल रुलानेवाली रह जाएगी...

शेखर को पता नहीं था कि उसके हाथ उस लम्बे स्रुवा को उठाए-उठाए थक गए हैं, पर तभी उसके भाई ने वह उसके हाथ से ले लिया। शेखर घाटी के उतार पर ही बैठ गया, और अपलक-नयन चिता की ओर देखने लगा।

उन लपलपाती जिह्वाओं में, उन असंख्य रक्त–मुकुरों में, उसे माँ की साधारण सौम्य मूर्ति का प्रतिबिम्ब नहीं दीखा। दीखे भूत के चित्र, वार्तालाप, भाव, जो थोड़ी देर में एक भयंकर स्मृति में परिणत हो गए...एक स्मृति, जो साकार उसके आगे नाचने लगी और हटाए नहीं हटी...

वह दृष्टि–माँ उस अन्तिम क्षण में पिता की ओर देख रही थी...क्यों? क्या कहने को? उस अन्तिम एक क्षण में, ऐसी कौन–सी बात उसे याद आ गई थी जो वह अपने तीस वर्ष के वैवाहिक जीवन में नहीं कह चुकी थी, जिसका इसी समय कह डालना इतना महत्त्वपूर्ण हो गया था–मृत्यु के अन्तिम, अमोघ आघात से भी अधिक महत्त्वपूर्ण? क्या यही मात्र कहना चाहती थी कि वह आघात अन्तिम है, अमोघ है, कि अब...

अब क्या?

शेखर भूल गया कि वह किस भाँति वाक्य को पूरा करना चाहता था। वह उसी दृश्य में खो गया, उसी समय की विकार मालाएँ फिर उसके मन में भर गईं। उसे याद आया, उसी समय उस दृष्टि को देखकर उसके मन में एक तूफान–सा उठा था–विचार आए थे लहरों की तरह, एक के ऊपर एक, किसी एक ही गति से प्रेरित किन्तु परस्पर–असम्बद्ध। उसने मन ही मन में, किन्तु खिंचे हुए स्वर में कहा था–

'माँ, माँ, तुम्हारी दृष्टि क्या मेरे लिए नहीं है? किसी और के लिए नहीं? किसी वस्तु के लिए नहीं? केवल मात्र उसी के लिए वह अचल, शब्दहीन सन्देश...?' ओफ़, वह इस सन्देश की भस्म कर देनेवाली तीक्ष्णता के आगे झुक क्यों नहीं जाता, नष्ट–भ्रष्ट, क्षार क्यों नहीं हो जाता! कहता जाता है, 'पथराई जा रही हैं–पथराती हैं–यह क्या हो रहा है...'

वह क्रोध था या और कुछ, जिससे अभिभूत होकर शेखर ने ज़ोर से अपना मुँह बन्द कर लिया था ताकि ओठों पर आए हुए शब्द न निकल जाएँ?–

"मूढ़, सुनो, वे क्या कहती हैं, सुनो; यह शिकायत फिर भी हो सकेगी–बाद में; अभी उनका सन्देश मत खोओ..."

तब फिर, रिक्त! तब वह खिंचाव नष्ट हो गया था, और वह डॉक्टर के पास जाने की तैयारी करते हुए एक शान्त भाव से सोचने लगा था, माँ को सम्बोधित करके कहने लगा, "माँ, अब निर्जीव शरीर–मात्र, उस एक दृष्टि में तुमने सब कुछ कह दिया है, तुमने अपना जीवन समाप्त किया है एक अन्तिम दिव्य सौन्दर्यमयी मुद्रा में! तुम माँ रही हो, तुम्हारा जीवन अपनी सन्तान में और गृहस्थी की सैकड़ों–हज़ारों छोटी–छोटी उलझनों में फँसा रहा है; किन्तु तुम्हारी प्रकृति के घोरतम तल में कुछ था, जो माँ नहीं, स्त्री था; जो उसका था, उसका रहा और अब सदा के लिए रहेगा...मृत्यु क्या है? पारलौकिक जीवन क्या है? स्मृतियाँ, श्रुतियाँ क्या हैं? ईश्वर क्या है? मान लिया कि तुम मर गईं, सम्पूर्णतया नष्ट, बिलकुल लुप्त, निःशेष हो गईं। उससे क्या होता है? तुमने वह कह दिया है..."

शेखर एकाएक उठ खड़ा हुआ। एक बार उसने अपने चारों ओर देखा, मंत्रोच्चार करते हुए भी तीन-चार जन उसी की ओर देख रहे थे। उसने अपने भाई से स्रुवा ले लिया और यन्त्रवत् चिता में घी डालने लगा।

जब चिता जल भी चुकी, दाह-संस्कार समाप्त हो चुका, तब भी कुछ देर शेखर को होश नहीं हुआ। उसके बाद वह एकाएक चौंका-सा और चारों ओर देखकर, लज्जित सा होकर, स्रुवा रखकर चुपचाप खड़ा हो गया। उसके पिता ने कहा, "अब क्या है शेखर, अब चलो।" तो बिना लौटकर देखे भी चल पड़ा। पीछे-पीछे पंडित लोग और अन्य लोग आए, सबसे पीछे पिता, दो-एक बार लौट-लौटकर देखकर, चोरी से आँखें पोंछकर!

किन्तु शेखर की आँखें? निर्निमेष। गम्भीर, हर चिन्ताहीन। किसी भी प्रकार की अनुभूति से हीन। वह उस सारे जुलूस (!) के आगे-आगे चला जा रहा था...

4

पथ पर।

मन्दिर के पथ पर, जहाँ पहुँचकर यह समूह बिखरेगा; जहाँ जाकर अनन्तपथ-पथिक की अन्तिम झाँकी लेकर, फिर उसे भुलाया जाएगा, सदा के लिए जीवन की परिधि के बाहर धकेलकर उससे अलग कर दिया जाएगा।

उस समय तक वह माँ है, स्त्री है, मानवी है, अपनी है; उस समय वह हो जाएगा-एक स्मृति।

शेखर सोच रहा है कि लोग मन्दिर क्यों जाते हैं, क्या करने जाते हैं? वह स्वयं जाता रहा है; किन्तु वह जाता रहा है वहाँ का संगीत सुनने, वहाँ के समवेत आरती-गान की श्रद्धा-भरी ध्वनि के कम्पन से एक अकथ्य अनुभूति प्राप्त करने, जो मन्दिर के बाहर, देवस्थान के बाहर, कहीं नहीं प्राप्त होती-या किसी असाधारण अवसर पर ही प्राप्त होती है। वह जाता है उस अनुभूति को प्राप्त करने ही नहीं, उस कोमल झुटपुटे में चुपचाप उसे दृढ़ करने, धूप-धूम्र, सुमन-सौरभ और घंटानाद से सजीव उस रहस्यपूर्ण वातावरण में उसका संचय करके उसे साथ ले आने के लिए। क्या अन्य लोग भी इसी भावना से जाते हैं?

वह देखता है कि इसका कोई प्रमाण कहीं नहीं मिलता-न उसके साथ जानेवालों के चेहरों में, न उनकी वाणी में, न उनकी बातचीत में।

उस भीड़ में कई ऐसे भी हैं जो अपने को शेखर का सम्बन्धी बताते हैं। यही उनका शेखर से सम्बन्ध है। अन्यथा शेखर के पुरखाओं के वे चाहे कुछ रहे हों, शेखर उन्हें न जानता है, न मानता है, न उनसे किसी प्रकार की निकटता का अनुभव ही कर सकता है। वह उनकी बातें सुनता जाता है और अधिकाधिक विस्मय में

सोचता जाता है कि यदि ये मनुष्य हैं, तो क्या मैं ही कोई पशु हूँ, या प्रेत हूँ, जो इनकी दृष्टि से देख नहीं सकता!

''कैसी दर्दनाक मृत्यु है! मरते वक्त एक शब्द भी नहीं कह सकी। हमारा सारा कुनबा बिखर गया। माली बाग लगाकर छोड़ गया। उसकी देख-रेख कौन करेगा? बेचारी ने कुछ सुख भी नहीं देखा, मरते वक्त कोई बात भी तो नहीं कह सकीं। अब घर कौन सँभालेगा? किसी को कुछ पता नहीं कि कहाँ क्या है। जानेवाली तो गई। कुछ कह ही जाती। मृत्यु तो हर एक को ही आती है, पर ऐसी मृत्यु! बिना एक शब्द कहे मर जाना! हरे राम!''

शेखर चुपचाप सुनता है। पर ज्वालामुखी के उबलते हुए लावा के उफान की भाँति उसके भीतर कुछ उठता है, उठता रहता है। यदि वह कुछ कह भी पातीं, तो क्या कह पातीं? कुछ एक निरर्थक शब्दों के अतिरिक्त क्या? मृत्यु की इतनी बड़ी महत्ता के आगे-क्षुद्र! उनसे होता क्या-अब जब वह मर ही चुकी? वह मर ही चुकीं, तो उनके कहे हुए, या उनके द्वारा कहे जा सकनेवाले, किसी भी शब्द से क्या-किसी भी शब्द से! अब इस सबसे क्या...

फिर कहीं कोई कह रहा है-

''सुना है, मरते समय उनकी कुछ खातिर भी नहीं हो सकी। उसी दिन सवेरे उन्होंने एक पान माँगा था-वह नहीं मिल सका। वे यह कहती ही मर गईं कि मेरे लिए एक पान का भी प्रबन्ध नहीं हो सकता-देखो न उनकी दशा-''

शेखर को एकाएक वह क्षण याद आया, ज़ब उसके पिता ने उससे पूछा था, 'क्या-?' और उसने कहा था, 'कोलैप्स है...' और उसके थोड़ी देर बाद, पिता ने फिर पूछा था-इस बार अंग्रेज़ी में-'इज़ देअर लाइफ़? (जीवन शेष है?)' और वह चुप रह गया था-यह सोचकर कि शायद नहीं शेष है, और कैसी परिस्थिति में खोया है-एक अन्तिम सुद्र शिकायत लेकर कि मेरे लिए पास नहीं आ सका...ईश्वर!

शेखर ने एक लम्बी साँस ली। पर उसे दुख नहीं मालूम हुआ। उसने बात कहनेवाले व्यक्तियों की ओर देखा। एकाएक क्रोध से उसका बदन जल उठा; पर वह ओठ काटकर उसे दबा गया। ओठ से खून निकल आया...

शेखर की गति धीमी हो गई। अभी तक सारी भीड़ उसके पीछे थी, अब धीरे-धीरे आगे निकलने लगी। एक-आध व्यक्ति ने चाहा, उसे ढाढ़स दिलाए और आगे चलने के लिए कहे, पर उसके मुख की ओर देखकर किसी को साहस नहीं हुआ।

शेखर की गति क्रमशः और भी धीमी होती गई...

5

शेखर अभी मन्दिर से बहुत इधर ही था जब सारी भीड़ उसे पीछे छोड़कर आगे निकल गई, और वह चुपचाप लौटकर चला आया उसी के अवशेष के पास।

क्रोध कहीं उठता है, और किधर-किधर बहकर कहाँ पहुँच जाता है! इस समय शेखर अपने ही को कह रहा था–"यदि तुम्हारा दुख उनसे भिन्न है, यदि तुम्हारी अनुभूति उनसे तीखी, उनसे गहरी है, तो तुम ऐसे निर्वेद क्यों हो? तुम्हें क्यों क्लेश नहीं होता, तुम क्यों नहीं रोते? या तुम्हारा दुख रोने से परे है, तो क्यों नहीं तुम वज्राहत की तरह पड़े हो? तुम्हें कुछ भी नहीं हुआ, रत्ती भर दुख नहीं हुआ, तुम यहाँ चिता के किनारे खड़े भी सुस्थचित्त यह सोच सकते हो कि तुम्हें दुख हुआ या नहीं? दिव्य पुरुष तुम नहीं हो; तब पशु, या पत्थर..."

उसे कुछ भी समझ नहीं आ रहा था। उसका मस्तिष्क ठीक काम कर रहा था, किन्तु वह सारा काम था निष्फल, किसी परिणाम तक पहुँचने में पूर्णतया असमर्थ; बिलकुल व्यर्थ।

शेखर चिता की ओर देखने लगा। वह अभी तक सुलग रही थी, और जहाँ शेखर बैठा था, वहाँ तक उसका ताप पहुँचता था।

उसमें से धुआँ निकल रहा था; पर एक उत्तप्त वाष्प-सा उठ रहा था, जिसके कारण उसके पार का दृश्य शेखर की दृष्टि में एक विशेष प्रकार से कम्पित हो रहा था, मानो अधूरा जीवन पाकर लड़खड़ा-सा रहा हो...शेखर उसी को देख रहा था, मुग्ध-सा, मूढ़-सा, ऐन्द्रिय अनुभूति से परे कहीं।

एकाएक किसी ओर से तितलियों का एक जोड़ा उड़ता हुआ आया, सीधा चिता की ओर। शेखर ने देखा, वे चिता के पास आकर, शायद गर्मी का अनुभव करके, एकाएक ऊपर उठीं, किन्तु उठते-उठते उस उत्तप्त वाष्प के घेरे में आ गईं; निकलने की चेष्टा में उद्भ्रान्त इधर-उधर लड़खड़ाईं, फिर काँपकर, मुरझाकर, झड़ती हुई पँखुड़ी की भाँति, चिता में गिर गईं। जल गईं।

शेखर ने किसी अपर इन्द्रिय से यह सब देखा। उसे कुछ भी अनुभव नहीं हुआ। एक छोटे-से क्षण में उसके मन में एक भाव गुजरा कि यह घटना भी उस जैसी है, इन दोनों में कोई भेद नहीं है। पर यह कितनी निरर्थक है, उसके अनुभव से कितनी परे-यद्यपि यह उससे सौ-गुनी करुणा-भरी है, और कुछ नहीं तो इस निरर्थकता के कारण! इनके मर जाने पर, इनका क्या रह गया होगा? घर-बार? यश? कीर्ति? कृतियाँ? स्मृतियाँ? सन्तान रही होगी, किन्तु उस मस्तिष्कहीन, ज्ञानशून्य सन्तान को इससे क्या कि वह किससे पैदा हुई थी! कितनी साधारण, कितनी निरर्थक, कितनी क्षुद्र, प्रकृतिगति में कितनी नगण्य घटना है यह मृत्यु!

शेखर को अनुभव कुछ भी नहीं हुआ। पर वह लड़खड़ाकर बैठ गया, एक बड़ा-सा बुलबुला-सा उसकी छाती में उठा और गले में आकर फूट गया, आँखें उमड़ आईं; और एक व्यथा-भरी सिसकी में वह रो पड़ा, "माँ!"

डलहौज़ी, अगस्त, 1934

शान्ति हँसी थी

"जानकीदास, मुजरिम, तुम पर जुर्म लगाया जाता है कि तुमने तारीख 14 दिसम्बर की शाम के आठ बजे हॉलीवुड पार्क के दरवाज़े पर दंगा किया; और कि तुम्हारी रोज़ी का कोई ज़रिया नहीं है। बोलो, तुम्हें जवाब में कुछ कहना है?"

जवाब के बदले जानकीदास को टुकुर-टुकुर अपनी ओर देखता पाकर न जाने क्यों मजिस्ट्रेट पसीज उठे। उन्होंने कहा, "जो कुछ तुम्हें जवाब में कहना हो, सोच लो। मैं तुम्हें पाँच मिनट की मोहलत देता हूँ।"

पाँच मिनट!

जानकीदास के वज्राहत मन को, मानो कोड़े की चोट-सा, मानो बिच्छू के डंक-सा यह एक फ़िकरा काटने लगा, बताने की फ़िजूल कोशिश करने लगा...'पाँच मिनट।'

पाँच मिनट।

जैसे नदी के किनारे पड़ा हुआ कछुआ, पास कहीं खटका सुनकर तनिक-सा हिल जाता है और फिर वैसा ही रह जाता है लोंदे का लोंदा, वैसे ही जानकीदास के मन ने कहा, 'शान्ति हँसी थी,' और रह गया।

पाँच मिनट।...

कुछ कहना है अवश्य, सफ़ाई देनी है अवश्य...

पाँच मिनट...

शान्ति हँसी थी।

कब? कहाँ? क्यों हँसी थी? और कौन है वह, क्यों है, मुझे क्या है उससे?...

पाँच मिनट...

उसे धीरे-धीरे याद-सा आने लगा। किन्तु याद की तरह नहीं। बुखार के बुरे सपनों की तरह।

शान्ति ने रोटी उसके हाथ में थमाकर उसी में भाजी डालते-डालते कहा था, "इस वक़्त तो खा लेते हैं, उस बेर मेरी एकादशी है।"

उसने पूछा था, "क्यों?"

"क्यों क्या? तुम्हें खिला दूँगी..." और हँस दी थी।

उस जून के लिए रोटी नहीं है, यह कहने के लिए हँस दी थी।

दोपहर में, सड़कों पर फिरता हुआ जानकीदास सोच रहा था–इतनी बड़ी दुनिया में, इतने कामों से भरी हुई दुनिया में, क्या मेरे लिए कोई भी काम नहीं है? वह पढ़ा-लिखा था, अपने माँ-बाप से अधिक पढ़ा-लिखा था, पर उन्हें मरते समय तक कभी कष्ट नहीं हुआ था, चाहे धनी वे नहीं हुए, तब वह क्यों भूखा मरेगा? और शान्ति, उसकी बहिन, भी हिन्दी पढ़ी है और काम कर सकती है।

जहाँ-जहाँ से उसे आशा थी, वहाँ वह सब देख चुका था। बल्कि जहाँ आशा नहीं थी, वहाँ भी देख-देखकर वह लौट चुका था।

अब उसे कहीं और जाने को नहीं था–सिवाय 'घर के।' और वहाँ उस बेर के लिए रोटी नहीं थी और यह बताने को शान्ति हँसी थी–हँसी थी...

तब तक, भले ही उसके मन में सम्पन्नता का, पढ़ाई का, दरजे का, इज़्ज़त-आबरू का, बुर्जुआ मनोवृत्ति का, कुछ निशान भी बाक़ी रहा हो, तब नहीं रहा। उसके लिए कुछ नहीं रहा था। केवल एक बात रही थी कि उस बेर के लिए रोटी नहीं है और शान्ति हँसी थी।

राह चलते उसने देखा, दाईं ओर एक बड़ा-सा आँगन है, एक भव्य मकान का, जिसमें तीन-चार सुन्दर बच्चे खेल रहे हैं। एक ओर एक लड़की बिना आग के एक छोटे-से चूल्हे पर, लकड़ी की हँड़िया चढ़ाए रसोई पका रही है और खेलनेवाले लड़कों से कह रही है, "आओ भइया, रोटी तैयार है..."

वह एकाएक आँगन के भीतर हो लिया। लड़के सहमकर खड़े हो गए–शायद उसका मुँह देखकर।

उसने एक लड़के से कहा, "बेटा, जाकर अपने पिता से पूछ लो, यहाँ कोई पढ़ाने का काम है?"

लड़के ने कहा, "हम नहीं जाते। आप ही पूछ लो।"

जानकीदास ने दूसरे लड़के से कहा, "तुम पूछ दोगे? बड़े अच्छे हो तुम..."

उस लड़के ने एक बार अपने साथी की ओर देखा, मानो पूछ रहा हो, "मैं भी ना कह दूँ?" लेकिन फिर भीतर चला गया और आकर बोला, "पिताजी कहते हैं, कोई काम नहीं है।"

जानकीदास ने फिर कहा, "एक बार और पूछ आओ, कोई जिल्दसाज़ी का काम है? या बढ़ई का? या और कोई?"

लड़के ने कहा, ''अब की तो पूछ लेता हूँ, फिर नहीं जाने का।'' और भीतर चला गया। आकर बोला, ''पिताजी कहते हैं, यहाँ से चले जाओ। कोई काम नहीं है। फ़िज़ूल सिर मत खाओ।''

जानकीदास बाहर निकल आया।

कोई पढ़ाने का काम है? किसी क्लर्क की ज़रूरत है? जिल्दसाज़ की? बढ़ई की? रसोइया की? भिश्ती की? टहलुए की? मोची-मेहतर की?

कोई ज़रूरत नहीं है। सबके अपने-अपने काम हैं, केवल जानकीदास की कोई ज़रूरत नहीं है।

और उस बेर खाने को नहीं, और शान्ति हँसी!

शाम को हॉलीवुड पार्क के दरवाज़े के पास जो भीड़ खड़ी थी, उन्हीं में वह भी था। दुनिया है, घर है, शान्ति है, रोटी है, यह सब वह भूल गया था। भूल नहीं गया था, याद रखने की क्षमता, मन को इकट्ठा, अपने वश में, रखने की सामर्थ्य वह खो बैठा था। न उसकी कोई सोच थी, न उसकी कोई इच्छा थी। यहाँ भीड़ थी, लोग खड़े थे-इसीलिए वह भी था।

भीतर असंख्य बिजली की बत्तियाँ जगमगा रही थीं। बड़े-बड़े झूले, रंग-बिरंगी रोशनी में, किसी स्वप्न-आकाश के तारों से लग रहे थे। कहीं एक बहुत ऊँचा खम्भा था, जिसकी कुल लम्बाई नीली और लाल लैम्पों से सजी हुई थी। और उसके ऊपर एक तख्ता बँधा हुआ था।

उसके बारे में बातें हो रही थीं। और जानकीदास मंत्र-मुग्ध-सा सुन रहा था।

''वह जो है न खम्भा, उसी पर से आदमी कूदता है। नीचे एक जलता हुआ तालाब होता है, उसी में।''

''उससे पहले दूसरा खेल भी होता है, जिसमें कुत्ता कूदता है?''

''नहीं, वह बाद में है। पहले साइकल पर से कूदनेवाला है। वह यहाँ से नहीं दीखता।''

''वह कितने बजे होगा?''

''अभी थोड़ी देर में होनेवाला है-आठ बजे होता है।''

''यह आवाज़ क्या है।''

''अरे, जो वह गुम्बद में मोटर-साइकल चलाता है, उसी की है।''

जानकीदास का अपना कुछ नहीं था। इच्छाशक्ति भी नहीं। जो दूसरे सुनते थे, वह उसे सुन जाता था; जो दूसरे देखते थे, वह उसे दीख जाता था।

"वह देखो!"

झूले चलने लगे थे। चरखड़ियाँ घूमने लगी थीं। उन पर बैठे हुए लोग नहीं दीखते थे, पर प्रकाश में कभी-कभी उनके सिर चमक जाते थे और कभी किसी लड़की की तीखी और कुछ डरी-सी हँसी वहाँ तक पहुँच जाती थी-डरी-सी किन्तु प्रसन्न, आमोद भरी...

जानकीदास देखता था और सुनता था और निश्चल खड़ा भी उत्तेजित हो जाता था। वही क्यों, सारी भीड़ ही धीरे-धीरे उत्तेजित होती जा रही थी।

तभी अन्दर कहीं बिगुल बजा। तीखा। किसी प्रकार की सोच या चिन्ता से मुक्त। पुकारता हुआ।

किसी ने कहा, "अब होगा साइकलवाला खेल। चलो, चलें अन्दर।"

"तुम नहीं चलोगे?"

"चलो!"

"मैं भी चलता हूँ यार! यह तो देखना ही चाहिए..."

"आओ न-जल्दी, फिर जगह नहीं रहेगी।"

भीड़ दरवाज़े की ओर बढ़ी। उत्तेजना भी बढ़ी, फैली, फिर बढ़ी।

जानकीदास भी साथ पहुँचा, टिकटघर के दरवाज़े पर।

लोग टिकट लेकर भीतर घुसने लगे। जानकीदास खड़ा देखने लगा।

तभी एक लड़का एक छोटी लड़की का हाथ पकड़े, उसे घसीटता हुआ, जल्दी से टिकटघर पर पहुँचा और टिकट लेकर, बड़े उत्तेजना से भर्राए हुए स्वर में बोला, "कमला, अगर देर से पहुँचे तो याद रखना, मार डालूँगा! उमर में एक मौक़ा मिला है..."

आगे जानकीदास नहीं सुन सका। वह लपककर टिकटघर पर पहुँचा। टिकट माँगी। ली। जेब में डाली। दूसरा हाथ अन्दर की जेब में डाला-पैसे निकालने के लिए-चार आने।

डाला और पड़ा रहने दिया। निकाला नहीं, उत्तेजना टूट गई।

जेब में एक पैसा भी नहीं था।

"मुजरिम, तुम्हें कुछ कहना है?"

जानकीदास ने फिर एक बार दीन दृष्टि से मजिस्ट्रेट की ओर देख दिया, बोला नहीं। उसका मन कछुए की तरह तनिक और हिलकर बिलकुल जड़ हो गया।

उस बेर उसने नहीं खाई थी, तो शान्ति ने खा ली होगी।

मजिस्ट्रेट साहब सेकंड-भर सोचकर बोले, "एक साल"

शान्ति हँसी थी। उस बेर के लिए रोटी नहीं है, यह कहने के लिए शान्ति हँसी थी।

लाहौर, जनवरी, 1935

प्रतिध्वनियाँ

गिरजाघर से कुछ दूर हटकर जो सरू के सुन्दर वृक्षों से सजा हुआ छोटा-सा टीला था, उसी के ऊपर एक सुन्दर साड़ी पहने एक युवती टहल रही थी।

उसका मुख कुछ चिन्तित-सा था, लेकिन चिन्ता इतनी गहरी नहीं थी कि उसके सुन्दर मुख को विकृत करे। केवल हल्की-सी एक रेखा थी, जो किसी दर्शक को एकाएक और भी आकर्षित कर लेती थी और वह पूछ बैठता था-इतने सुन्दर मुख पर यह क्यों?

यह बाग के मध्य से टीले के एक सरू वृक्ष तक टहल रही थी। यह टीला नैसर्गिक नहीं था, मनुष्यों की मेहनत से बना था, और इसके सिरे पर, उसे कायम रखने के लिए ईंटें चुनी गई थीं। उस ईंटों के मोर्चे तक आकर युवती एक बार उड़ती हुई निगाह से नीचे देख लेती थी और फिर लौट जाती थी।

नीचे एक छोटी-सी सड़क-चाहे गली कह लीजिए-थी। एक तरह से यह टीलेवाले बाग का पिछवाड़ा था। और इधर नीचे मामूली हैसियत के लोग रहते थे-जो कभी उन लोगों की बराबरी करने का ख़याल भी नहीं कर सकते थे जो गिरजे के सामनेवाली ओर रहते हैं और जिनमें उस युवती का अपना एक स्थान है।

युवती का नाम था अरुणा। वह ईसाई नहीं थी-लेकिन उसके अपने धर्म की तफ़सील यह है कि वह अपने को हिन्दू भी नहीं कहती थी। उसके पिता ने अपने पिता से काफ़ी धन पाया था और इसलिए यह नहीं सीखा था कि अमीरों का जो जुआ है, सट्टा, वह असल में गरीबों को ही खेलना चाहिए। वह आजकल सट्टे के मशहूर व्यापारी थे।

अरुणा ईसाई नहीं थी, पर मन्दिर भी नहीं जाती थी क्योंकि उस बड़े नगर में कोई भी सुन्दर मन्दिर नहीं था। जब कभी उसे कोई सोच होती, या उसका मन अपने दैनिक जीवन से उचाट हो जाता, तब वह गिरजाघर से सटे हुए इसी छोटे-से बाग में आकर, कुछ देर टहलकर, कुछ शान्ति और सुस्थ होकर लौट जाती।

अरुणा टहलती हुई टीले के छोर पर पहुँची ही थी कि गिरजे के घंटे एकाएक बजने लगे। अरुणा चौंकी, फिर ठिठक गई और सुनने लगी। पाँच भिन्न-भिन्न स्वरों के घंटे थे-जिनकी एक खास क्रम से आवृत्ति हो रही थी-टिन्-टिन्-टेन्-टन्-टन्!...

अरुणा ने धीरे-से कहा, आज इतवार है क्या? फिर उन घंटों के संगीत में उसे कुछ भी होश नहीं रहा। वह जड़ित, स्तब्ध, तन्मय उस स्वर को सुनने लगी; स्थूल निराकार होकर वातावरण को चीरकर जाते हुए पंख-युक्त तीरों पर बैठकर उन्मुक्त उड़ने लगी-वह गई...उसकी आँखें नीचे गली की ओर लगी हुई थीं, खड़ी थीं लेकिन जिस अनुभूति में वह बही जा रही थी-जो अनुभूति उसे बहाए लिये जा रही थी, उसकी गति का परिमाण कहाँ है?

अरुणा के मुख पर वह विस्मृति का भाव टूट गया। आकाश से कठोर भूतल पर गिरकर उसने देखा, नीचे गली में एक कलईगर अपनी भट्ठी सुलगाए एक हाथ से धौंकनी चला रहा था और दूसरे से एक चिमटी पकड़े एक पतीली को आँच में घुमाता जा रहा था। आग की लाल चमक में उसके मुख पर एक अमानुषी रंग छाया हुआ था, और जिस उत्साहमय एकाग्रता से वह पतीली घुमाने में लगा हुआ था, वह भी अरुणा को अमानुषी ही मालूम हुआ, क्योंकि क्या मानुष भी इतना अन्धा, इतना बहरा, इतना संज्ञाहीन हो सकता है कि वैसे सुन्दर संगीत के आँचल में बैठकर भी अँगीठी और पतीली में इतना लीन हो-उस दिव्य उपहार की उपेक्षा किए जाए!

अरुणा को बहुत बुरा लगा। यहाँ तक कि वह चाहने पर भी उस वातावरण में नहीं लौट सकी जिसमें वह क्षण-भर पहले थी, हालाँकि घंटे अभी बज रहे थे। तब झुँझलाकर उसने पुकारा : "कलईवाले! ओ कलईवाले!"

खैर, कलईवाले ने सुन तो लिया। सिर उठाकर देखा, फिर बड़े इत्मीनान से भट्ठी में कुछ कोयले हटाकर पतीली वहाँ रखी, धौंकनी को बन्द किया, फिर उठकर धीरे-धीरे टीले के पास आकर बोला, "कहिए बीबी जी, कुछ काम है?"

अरुणा ने कहा, "नहीं, काम तो कुछ नहीं है। पर तुम कैसे काम में लगे हो। जो गिरजे के घंटे हैं, ये क्या तुमने नहीं सुने?"

जिस तरह कलईवाले ने कहा, "कौन से घंटे?"-और रुक गया, उससे अरुणा ने उत्तर पा लिया। उसने फिर पूछा, "तुम्हारे पास ही इतनी सुन्दरता और मिठास बही जा रही है और तुम्हें खबर नहीं है, तुम अपनी धौंकनी और पतीली में मस्त हो! माना कि रोटी भी कमानी होती ही है, लेकिन उसमें क्या कोई इतना रम जाता है कि दुनिया के लिए मर ही जाए?"

कलईगर ने भौचक-सा होकर कहा, "क्या..."

"तुम्हारी उम्र कितनी है?"

"यही कोई बाईस साल..."

"कुल! तुम्हें अभी पचास बरस और जीना है-बल्कि शायद ज़्यादा। पचास बरस तक धौंकनी और पतीलियाँ-उफ़ तुम्हारा दिल कभी इसके अलावा कुछ नहीं माँगता?"

कलईगर ने और भी घबराकर कहा, "बीबी जी–"

अरुणा ने अधिकार के स्वर में कहा, "यहीं खड़े रहकर ज़रा सुनो तो सही, इन घंटों की आवाज़! ये क्या तुम्हें कुछ भी नहीं कहते?"

कलईगर सहमा हुआ–सा खड़ा होकर सुनने लगा। उसकी मुद्रा मानो यह दिखाने की कोशिश कर रही थी कि "मैं सुन रहा हूँ। है बिलकुल निकम्मी बात, वक्त ज़ाया करना, लेकिन मैं सुन रहा हूँ!"

और अरुणा उसकी ओर देखने लगी।

धीरे–धीरे कलईगर के शरीर की तनी हुई पेशियाँ ढीली पड़ने लगीं। बलात् केन्द्रित ध्यान का भाव उस पर से मिटने लगा, और सहज आकर्षित ध्यान का आने लगा। मानो कानों ने जान लिया कि यह काम सिर्फ हमारा है, और बाकी शरीर को छुट्टी दे दी कि वह आराम करे, और उस दैवी देन को पाए, भोगे, जो कानों द्वारा उसे प्राप्त हो रही है...और अरुणा उसकी ओर देखने लगी...

कलईगर मानो संगीत में घुल गया। संगीत मानो उसके भीतर समाकर, उसका होकर उसके चेहरे से फूट निकलने लगा–ऐसा पूर्ण संगीतमय हो गया था उसका चेहरा...

थोड़ी देर बाद जब घंटे एकाएक बन्द हो गए, तब भी कलईगर चौंका नहीं, उसी स्वप्न–से में, उसी प्रकार मुँह उठाए, मुँह पर संगीत की ज्योतिर्मय छाया लिये, धीरे–धीरे वहाँ से हटकर अपनी भट्ठी की ओर चल पड़ा। अरुणा से उसने बात नहीं की, उसकी अनुमति नहीं माँगी, उस वरदान के लिए उसे धन्यवाद नहीं दिया। पर अरुणा को इसका तनिक भी खेद नहीं हुआ, वह प्रसन्नमना उसे देखती रही। उसके अपने मुख पर जो चिन्ता की रेखा थी, उसका स्थान लिया एक सन्तोषमय आनन्द ने, क्योंकि किसी दूसरे की आत्मा को जगा देना, उसमें कला को ग्रहण करने की शक्ति को चेता देना, कितने गौरव की बात है!

अरुणा फिर भी उसकी ओर देखती रही। जब कलईगर अपने स्थान पर जाकर बैठ गया, एक हाथ में धौंकनी उठा ली और दूसरे में चिमटी, तब भी उसके मुँह पर वही पारलौकिक भाव था, पर जभी उसकी चिमटी पतीली से टकराई, उसने धौंकनी और चिमटी को ऐसे चौंककर छोड़ दिया जैसे साँप पकड़ लिया हो...और फिर उसकी ओर अनदेखती–सी आँखों से देखने लगा–

अरुणा मुस्कराई। उसने जान लिया कि अब यह व्यक्ति सदा के लिए अपने वातावरण और संसार से असन्तुष्ट है–कि अब इसकी आत्मा जाग गई है, और सदा जागेगी, सदा अतृप्त रहेगी...अब वह पारखी की आत्मा है, कलाकार की आत्मा है।

अरुणा ने एक काग़ज़ पर अपना नाम और पता लिखा, और फहराकर टीले से नीचे गिरा दिया।

वह लौटी, तब उसके हृदय में आनन्द और अभिमान था। वह आत्मा मैंने जगाई है–उसके हृदय में जिस वाणी के तार झनक उठे हैं उसे मैंने छेड़ा था, मैंने!

2

एक-एक सीढ़ी ऊपर–एक-एक सीढ़ी नीचे...

धौंकनी और पतीली जाती है, सट्टे का व्यापार गर्म होता है; बीवी भूखी मरती है, रुपए की माँग बढ़ती है; सारंगी आती है, धन जाता है; प्रसिद्धि होती है, दीवाले निकलते हैं; कला आती है, कला जाती है...

एक-एक सीढ़ी ऊपर–एक-एक सीढ़ी नीचे...

और घंटे बजते जाते हैं...

बीस वर्ष...

साँझ की प्रार्थना हो चुकी थी। गिरजे के बाहर टीले पर, अच्छा-सा सूट पहने और हाथ में वायलिन थामे हुए अधेड़ उम्र का किन्तु देखने में आकर्षक एक व्यक्ति टहल रहा था। उसका मन कहीं और था, लेकिन कभी-कभी उसकी उँगलियाँ तारों पर कमान को खींच ले जाती थीं, तब एक गम्भीर गूँज से मानो सरू भी काँप से जाते थे...

जो लोग प्रार्थना करने आए थे, वे एक-एक करके जा रहे थे। जब सब चले गए, तब उस व्यक्ति ने वायलिन को अच्छी तरह ठोड़ी से दबाया, कमान उठाई, और क्षण-भर सोचकर बजाने लगा...

बिजलियाँ काँपीं। पपीहे बोले। विरहिणियाँ पुकारा कीं। पहाड़ी झरने, मानो एक हँसी से दूसरी हँसी की ओर उछलते हुए बहा किए। फूल फूटे और कुम्हलाए और कलियों के नीचे छिप गए। प्रकाश की लहरें बहती रहीं...

और संगीतकार वायलिन बजाता हुआ टहला किया...

एकाएक टीले के सिरे पर आकर वह रुक गया। नीचे एक भीड़ एकत्र हो रही थी। सुन रही थी, आनन्दित हो रही थी। सन्नाटा था। और वायलिन बजता जा रहा था...

खुट्-खुट्-खुट्...

गली की एक ओर से एक बुढ़िया लकड़ी टेकती हुई बढ़ी आ रही थी। सिर उसका झुका हुआ था, चेहरे पर झुर्रियाँ थीं। और वह गली को जल्दी से पार कर लेने की चेष्टा में धीरे-धीरे चली जा रही थी।

संगीतकार को अच्छा नहीं लगा। उस बुढ़िया की ओर देखने लगा जिसने उसके संगीत की ओर ध्यान नहीं दिया–तन्मय होना तो दूर, बिलकुल अनसुनी कर दी...

भीड़ बुढ़िया के सब तरफ़ होती हुई बिखरने लगी। बुढ़िया अपना आगे बढ़ना असम्भव पाकर लाठी टेककर खड़ी हो गई, मानो कह रही हो, 'लो, पहले तुम्हीं चले जाओ। तुम्हारे ठहरने से दुनिया का काम रुक जाएगा; पर मैं और दुनिया अलग-अलग हैं। मेरा कोई हर्ज नहीं होता...

थोड़ी देर में भीड़ छँट गई–गली सूनी हो चली। तब बुढ़िया फिर आगे बढ़ने को हुई–

खुट्-खुट्-खुट्...

संगीतकार ने अपने उलहना-भरे स्वर में कुछ विनय लाने की चेष्टा करते हुए कहा, "बुढ़िया, तुम्हें संगीत अच्छा नहीं लगता?"

बुढ़िया ने कुछ पास आकर, रुककर, सिर उठाकर उसकी ओर ऐसे देखा, मानो कहना चाहती हो, 'क्या कहते हो तुम?'

चेहरा देखकर व्यक्ति ने जाना, वह उतनी बुढ़िया नहीं थी–अकाल ही में ये झुर्रियाँ पड़ गई थीं उसके चेहरे पर, जो कभी बहुत सुन्दर रहा होगा...

वह उसकी ओर देखती जा रही है, यह नोट करते हुए उसने पूछा, "क्यों बुढ़िया, संगीत तुम्हें अच्छा नहीं लगता?"

बुढ़िया फिर भी कुछ नहीं बोली, ध्यान से उसकी ओर देख रही है तो बस, देखती जा रही है, यह जानकर, कुछ अचकचाए स्वर में वह फिर बोला, "क्या..."

बुढ़िया ने एक शब्द कहा, लेकिन उस शब्द में था विस्मय, उसमें थी वेदना, उसमें था अभिमान-सा भी कुछ, जो नींद से नहीं, मौत से जागने की चेष्टा कर रहा था–"कलईगर!"

संगीतकार के सधे हुए कान ने इस पुकार में वह जान लिया जो आँखों ने नहीं पाया था और वह भी बोल उठा, "अरुणा!"

थोड़ी देर बाद, कुछ अधिक अनिश्चित-से, सहमे हुए-से बहुत ही धीमे स्वर में उसने फिर कहा, "अरुणा..."

लाहौर, दिसम्बर, 1935

नई कहानी का प्लॉट

रात के ग्यारह बजे हैं; लेकिन दफ़्तर बन्द नहीं हुआ है। दो-तीन चरमराती हुई लँगड़ी मेज़ों पर सिर झुकाए, बाएँ हाथ से अपनी तक़दीर पकड़े-पकड़े और दाएँ से कलम घिसते हुए कुछ-एक प्रूफरीडर बैठे हैं। उनके आगे, दाएँ, बाएँ, सब ओर कागज़ों का ढेर लगा है, जो अगर फ़र्श पर होता, तो कूड़ा कहलाता; लेकिन मेज़ पर पड़ा होने की वजह से 'काफी' या 'गेली' या 'आर्डरी' कहलाने का गौरव पाता है।

दफ़्तर से परे हटकर दूसरे लम्बे-से कमरे में बिजली के प्रकाश में कम्पोज़ीटर अपनी उलटे अक्षरों की दुनिया में मस्त है। पीछे प्रेस की गड़गड़ाहट के मारे कान बहरे हो रहे हैं।

और कम्पोज़िंग रूम के बाहर बरामदे में सम्पादकजी टहल रहे हैं। माथे पर झुर्रियाँ पड़ी हैं, कमरे के पीछे टिके हुए एक हाथ में स्लिपों की पैड है, दूसरे में पेंसिल। सम्पादकजी बैठकर काम करनेवाले जीव हैं; लेकिन आज वे बैठे नहीं हैं। आज उनसे बैठा नहीं जा रहा है। आज सम्पादकजी व्यस्त हैं; सन्त्रस्त हैं।

विशेषांक निकल रहा है। शुरू के पेजों में एक कहानी देनी है। लेकिन अच्छी कहानी कोई है नहीं। क्या करूँ? दो सड़ी-सी कहानियाँ हैं जो देने के काबिल नहीं हैं। लेकिन देनी तो होंगी। आग्रह करके मँगाई हैं। नखरे करके भेजी हैं। लक्ष्मीकान्त 'शारदा' का सम्पादक है, उसकी कहानी मँगाकर न छापूँगा तो जान को आ जाएगा। आलोचना में वैर निकालेगा। फोटो भी छपाएगा, पैसे भी लेगा, उस पर देगा यह सड़ी-सी चीज! नाली की दुर्गन्ध आती है। आखिरी पेजों में सही...लेकिन पहली कहानी-कहानी तो चाहिए। कहाँ से लाऊँ, क्या करूँ?

लेखक बहुत हैं। मर गए लेखक। कम्बख़्त वक्त पर काम न आए तो क्या करूँ-आग लगाऊँ?

लेकिन-पहली कहानी। क्या करूँ? खुद लिखूँ? लेकिन-पहले ही मैं? दीवालियापन? लेकिन...

एकाएक घूमकर सम्पादकजी ने आवाज़ दी-''लतीफ़! ओ मियाँ अब्दुल लतीफ़!''

मियाँ लतीफ़ आकर सम्पादकजी के सामने खड़े हो गए। उन्होंने न आवाज़ का जवाब दिया था, न अब बोले। सिर्फ़ सामने आकर खड़े हो गए।

"देखो लतीफ़, एक कहानी चाहिए। कल सवेरे तक।"

"जी। लेकिन..."

"कल सवेरे तक। एक कहानी। दो पेज। दूसरा फ़रमा।" कहकर सम्पादकजी ने और भी व्यस्तता दिखाते हुए टहलाई पुनः जारी करने के लिए मुँह मोड़ा।

"जी!" कहकर मियाँ अब्दुल लतीफ़ लौट पड़े और प्रूफरीडरों से कुछ हटकर एक टीन की कुर्सी पर बैठ गए।

मियाँ लतीफ़ का नाम कुछ और है। क्या है, उससे मतलब नहीं। सब लोग उन्हें मियाँ अब्दुल लतीफ़ कहते हैं। नाम से ध्वनि होती है कि वे पागल हैं। लेकिन हैं वे वैसे नहीं। उनमें एक खास प्रतिभा है। जो काम औरों से हताश होकर उन्हें सिपुर्द कर दिया जाता है, वह हो जाता है, चाहे कैसा ही हो। इस सर्वकार्यदक्षता का परिणाम है कि वे किसी भी काम पर नियुक्त नहीं हैं, सभी उन्हें या तो मदाखलत का अपराधी समझते हैं, या एक आलसी और निकम्मा घोंघाबसन्त। प्रूफरीडर समझते हैं, वह मशीनमैन का असिस्टेंट है; मशीनमैन समझता है, वह कामचोर कम्पोज़ीटर है; कम्पोज़ीटरों का विश्वास है कि वह चपरासी है। चपरासी उन्हें कह देता है कि बाबू, मुझे फुरसत नहीं है, इसलिए ज़रा यह चिट्ठी तुम पहुँचा देना।

और मियाँ लतीफ़ सब कुछ कर देते हैं। कभी उन्हें याद आ जाता है कि वे सहकारी सम्पादक के पद के लिए बुलाए गए थे, तो वे उस स्मृति को निकाल बाहर करते हैं। उससे उनकी हेठी होती है। वे क्या केवल सम्पादक के सहकारी हैं? उन्हें 'सहकारी' कुछ कहा जा सकता है, तो 'सहकारी विधाता' ही कह सकते हैं...

खैर! जैसे विधाता को सुख में कोई याद नहीं करता, वैसे ही अब काम ठीक चलने पर मियाँ लतीफ़ की पूछ नहीं है। वे अलग कोने में टीन की कुर्सी पर बैठे हैं, बाएँ हाथ में दवात है, दाहिने में कलम, घुटने पर स्लिप-बुक और मस्तिष्क में-मस्तिष्क में क्या है?

2

माथापच्ची।

दो पेज। दूसरा फ़रमा। कहानी अच्छी होनी चाहिए।

विशेषांक है।

रोमांस। रोमांटिक कहानी हो। रोमांटिक यानी प्रेम। प्रेम यानी-यानी-रोमांटिक। नहीं, ऐसे काम नहीं चलेगा।

क्या बचपन में मैंने कभी प्रेम नहीं किया? प्रेम न सही, वही कुछ अधकचरा खटमिट्ठा-सा ही सही! कुछ–

मियाँ लतीफ़ को याद आया, जब वे गाँव में रहते थे, तब एक बार रोमांस उनके जीवन के बहुत पास आया था। गाँव से पूर्व की ओर एक शिवालय था, जिसके साथ एक बगीचा था, जिसमें नींबू और अमरूद के कई पेड़ थे। लतीफ़ स्कूल से भागकर वहाँ जाते थे। एक दिन वहीं अमरूद के पेड़ के नीचे उन्होंने देखा, उनकी समवयस्का एक लड़की खड़ी है और लोलुप दृष्टि से पेड़ पर लगे एक कच्चे अमरूद को देख रही है। लतीफ़ ने चुपचाप पेड़ पर चढ़कर वह अमरूद गिरा दिया। वह लड़की के पैरों के पास गिरा। लतीफ़ खड़े रहे कि लड़की उठा लेगी; लेकिन लड़की ने वैसा न कर उनसे पूछा–'क्यों जी, तुमने मेरा अमरूद क्यों गिरा दिया?'

'तुम्हारे खाने के लिए।' लतीफ़ ज़रा हैरान हुए; लेकिन उन्होंने जेब में से एक चाकू निकाला, जिसका फल कुछ टूटा हुआ था, फिर दूसरे जेब में से एक पुड़िया निकाली, अमरूद काटा और आगे बढ़ाते हुए कहा, 'यह लो, नमक-मिर्च भी है। खाओ।'

लड़की ने अमरूद तो खा लिया; लेकिन खा चुकने के बाद कहा, 'अब बिना पूछे मेरे अमरूद मत तोड़ना, नहीं तो मैं नहीं खाऊँगी।' और चली गई।

हाँ, पहला दृश्य तो कुछ ठीक है। दूसरा?

एक दिन फिर मिले। अब की लड़की ने अपना नाम बताया–किस्सो–लेकिन कहानी में किस्सो कैसे जाएगा? नाम बताया रश्मि। नहीं जी, यह बहुत संस्कृत है। रोमांटिक नाम चाहिए। किरण–लेकिन यह बहुत 'कॉमन' (प्रचलित) हो गया। हाँ, तो नाम बताया–मदालसा। मियाँ लतीफ़ ने अपना नाम और उसका नाम एक अमरूद के पेड़ पर चाकू से खोद दिए। अमरूद पर नाम बहुत साफ़ खुद सकता है।–किस्सो–मदालसा–खुश हो गई। उसने लतीफ़ के–नहीं लतीफ़ कैसे?–मदालसा ने चित्रांगद के गले में हाथ डालकर कहा, 'तुम बड़े अच्छे हो। यहाँ हमारा नाम साथ लिखा है, अब हमारा नाम साथ ही लिया जाएगा।'

ठीक तो है। दूसरा दृश्य भी ठीक है। और नामों का जोड़ा क्या फिट बैठता है–'मदालसा–चित्रांगद!'

पर –

किस्सो की शादी हो गई। कह लो मदालसा; शादी तो हो गई, और एक अहीर के साथ हुई, जिसने मुर्गियों का फ़ार्म खोल रखा था।

रोमांटिक। दुखान्त। मदालसा। चित्रांगद। अहीर को बलराम कह लो। लेकिन शादी तो हुई, मुर्गी फार्म के मालिक के साथ तो हुई? रोमांटिक कहानी की नायिका रहे किस्सो और पाले मुर्गियाँ!

टन्-टन्-टन्...टन्! घड़ी ने बारह बजा दिए।

मियाँ लतीफ़ उठे। उठकर उन्होंने कुर्सी को घुमाया। अब तक उनका रुख प्रूफरीडरों की ओर था, अब ठीक उलटी ओर दीवार की तरफ हो गया, मानो कुर्सी का रुख पलटने से विचार-धारा भी पलट जाएगी।

रोमांटिक की ऐसी-तैसी। यथार्थवाद का जमाना है। क्यों न वैसा लिखूँ!

यथार्थवाद। सुबह भुने चने, दुपहर को खेसारी की दाल, शाम को मकई की रोटी और मूली के पत्ते का साग। कभी फ़ाका। पसीना और मैल और लीद-गोबर और ठिठुरन और मच्छर। और मलेरिया और न्युमोनिया और कुएँ का कच्चा पानी और नंग-धड़ंग बच्चे।

तो, वहीं से चलें। किस्सो और बल्ली। और उनका मुर्गियों का फ़ार्म। बीमारी आती है, मुर्गियाँ एक-एक करके मरने लगती हैं। चूज़े सुस्त होकर बैठ जाते हैं। किस्सो अंडे गिनती है और सोचती है, भविष्य में क्या होगा?

बल्ली का प्रिय एक मुर्गा है, विलायती लेगहॉर्न नस्ल का। एक दिन वह भी सुस्त होकर बैठ गया। दिन ढलते उसकी गर्दन एक ओर को झुक गई, शाम होते ऐंठ गई। बल्ली हतसंज्ञा-सा देखता रह गया। किस्सो मुर्गे को गोद में लेकर धाड़ें मारकर रोने लगी...

किस्सो-विलाप।

अब्दुल लतीफ़ की कहानी-और नायिका एक मुर्गे के लिए रोती है। कहते हैं, कालिदास 'अज-विलाप' बहुत सुन्दर लिख गए हैं। अज माने बकरा। 'मुर्गी-विलाप।'

अब्दुल लतीफ़। काठ का उल्लू।

घड़ी ने एक खड़का दिया।

3

अब्दुल लतीफ़ बाहर निकल आए। बरामदे से नीचे झाँककर देखा, एक अखबार के पोस्टर का टुकड़ा पड़ा था-"स्पेन-युद्ध : लाखों स्त्रियाँ-"

हाँ तो। आज संसार इतनी तूफानी गति से जा रहा है, क्या उसमें एक भी प्लॉट काम का नहीं निकल सकता? प्लॉटों से अख़बार भरे पड़े हैं। मुझे क्या ज़रूरत है रोमांटिक-रियलिस्टिक की, मैं सामयिक लिख दूँ-वही तो चाहिए भी।

लतीफ़ ने कई-एक अख़बार उठाए और पन्ने उलटने लगा।

अबीसीनिया में घोर युद्ध। इटली आगे बढ़ रहा है। मुसोलिनी की आज्ञा : इटली के तमाम वयस्क आदमी शस्त्र सम्हाल लें।

जर्मनी की घोषणा : हम पर ज़बर्दस्ती प्रतिबन्ध लगाए गए हैं, ताकि हम निकम्मे रहें; हमने तय किया है कि हम सब प्रतिबन्धों को तोड़कर अपने राष्ट्र का शस्त्रीकरण करेंगे।

ब्रिटेन में सब ओर पुकार : इंग्लैंड खतरे में है! हमारी शान्तिप्रियता हमारा सर्वनाश करेगी! अब शस्त्रीकरण में ही हमारा निस्तार है, अतः हम ज़ोरों से अस्त्र-शस्त्र और जहाज़ी बेड़ों का निर्माण करेंगे।

स्पेन से युद्ध...पक्ष लेने के लिए सभी राष्ट्र तैयार हो रहे हैं...

रूस में फ़ौजी तैयारियाँ...

चीन में लड़ाई...

जापान में सैनिकों की सरगर्मियाँ...

मंचूरिया...

संसार-भर में अशान्ति है। एक नहीं, असंख्य कहानियों का प्लॉट यहाँ रखा है, कोई लिखनेवाला तो हो! लेकिन प्लॉट क्या बनाया जाए?

धीरे-धीरे लतीफ़ के आगे चित्र खिंचने लगे, विचार आने लगे।

एक बड़ी तोप। बहुत-सा धुआँ। इधर-उधर गड़गड़ाहट की ध्वनि। जहाँ-तहाँ लाशें। और जाने क्यों और कैसे, एक ही शब्द-कुटुम्ब। और इस सबको घेरे हुए ऊपर-नीचे, दाएँ-बाएँ सर्वत्र फालतू खाद्य-वस्तुओं के जलने की दुर्गन्ध...

और टन्-टन्-टन्...तीन!

नहीं। हाँ। उनकी कहानी युद्ध के बारे में ही तो होनी चाहिए-संसारव्यापी युद्ध के बारे में। हाँ। नहीं। हाँ, शुरू तो की जाए। हाँ।

'सर्वत्र अशान्ति के बादल-समझ लीजिए कि प्रलय-पावस में अशान्ति-रूपी घनघोर घटा उमड़ी आ रही है। सब ओर कारखाने हैं-जो कल कपड़ा बुनने की मशीनें बनाते थे, तो आज बन्दूकें बना रहे हैं; कल मोटरें बना रहे थे, तो आज लड़ाकू टैंक बना रहे हैं; कल खिलौने बना रहे थे, तो आज बम फेंकने की मशीनें बना रहे हैं; कल शराब बनाते थे, तो आज भयंकर विस्फोटक पदार्थ बना रहे हैं। सारा देश पागल-सारा यूरोप पागल-सारी दुनिया पागल! इस विराट् पृष्ठभूमि के आगे हमारी कहानी का नायक खड़ा है और सोचता है, क्या मैं अकेला इस सबको बदल सकूँगा, ठीक कर सकूँगा?'

उँहुँक। सब गलत!

नहीं।

लतीफ़ ऊँघने लगे। उन्होंने एक स्वप्न देखा। कि सवेरे छह बजे घर पहुँच रहे हैं। सब लोग सो गए हैं, शायद भूखे ही सो गए हैं, क्योंकि पहले दिन सवेरे लतीफ़ घर से चले थे, तब उनके शाम तक कुछ प्रबन्ध करने की बात थी। किवाड़ बन्द है। लतीफ़ ने किवाड़ खटखटाया, फिर दुबारा खटखटाया। आखिर उनकी पत्नी ने आकर दरवाज़ा खोला और उन्हें देखते ही बन्दूक की गोली की तरह कहा, 'खाना खा आए?' फिर क्षण-भर रुककर-'नहीं, कहाँ खा आए होंगे। मिला ही नहीं होगा। भरा पेट होता, तो भला घर आते? लेकिन यहाँ क्या रखा है? यहाँ रोटी नहीं

है। जाओ, हमें मरने दो।' फिर वह किवाड़ बन्द करने को हुई; लेकिन न जाने क्या सोचकर रह गई और एक हाथ से मुँह ढाँपकर भीतर चली गई। मियाँ लतीफ़ स्तब्ध रह गए, देखते रह गए।

तभी एक झोंके से स्वप्न टूट गया। वे चौंककर उठ बैठे। और उन्होंने देखा, कहानी बिलकुल साफ़ होती चली जा रही है–बन गई है। उन्होंने कलम उठाई और तेज़ी से लिखना शुरू किया। अन्तिम वाक्य उनके सामने चमकने लगे–

'...और वह देखता है कि उसका भोजन 'आधिक्य के कारण' उसकी आँखों के आगे जला जा रहा है, और संसार के सब राष्ट्र उस पर पहरा दे रहे हैं कि कहीं वह आग बुझा न दे, कुछ खा न ले। और देखते-देखते उसे लगने लगता है, वह अकेला नहीं है, व्यक्ति नहीं है, वह सारा संसार ही है, जो अपने इन शक्ति सम्पन्न गुलामों के अत्याचार से पिसा जा रहा है, गुलाम, जो अपने मालिक के भोजन को फालतू माल कहकर जलाए डाल रहे हैं...भूख का बन्धन उसके भीतर वह प्रेम जगाता है, वह विश्वैक्य जगाता है, जो धर्म और दर्शन और बुद्धिवाद नहीं जगा सके थे। वह पूछता है, क्या सभ्यता ही हमारी गुलामी का कारण है? क्या सभ्यता का नाश कर दिया जाए?'

'सभ्यता क्या जवाब देती?'

कहानी लिखी गई। लतीफ़ उठे और सम्पादक के पास ले गए।

सम्पादक ने कहानी उनके हाथ से छीन ली, जल्दी से पढ़ गए, पढ़कर कुछ शिथिल हो गए, फिर एक तीखी दृष्टि से लतीफ़ की ओर देखकर बोले, 'तुम्हें क्या हो गया है?'

'क्यों?'

सम्पादकजी ने धीरे-धीरे, मानो बड़ी एकाग्रता से, कहानी को फाड़ा। दो टुकड़े किए, चार किए, आठ किए और रद्दी को हाथ से गिरा दिया, टोकरी में डालने की कोशिश नहीं की। फिर संक्षेप में बोले, 'फिर लिखो!' और मानो लतीफ़ को भूल गए।

'चार बज गए हैं।'

'अभी छह घंटे और हैं। दो पेज मैटर–काफ़ी समय है।'

'अच्छा, मैं ज़रा घर हो आऊँ।'

'हूँ।'

4

यथार्थता स्वप्न से आगे है। घर पहुँचने पर लतीफ़ ने किवाड़ खटखटाए, फिर खटखटाए; लेकिन दरवाज़ा नहीं खुला। थककर वे सीढ़ी पर बैठ गए। तब उनके

सामने स्पष्ट होने लगा कि वे कहाँ हैं, क्या हैं, क्यों हैं? यानी दीखने लगा कि वे कहीं नहीं हैं, कुछ नहीं हैं, बिला वजह हैं–धब्बे की तरह हैं, सलवट की तरह हैं। उनका हृदय ग्लानि से भर गया। उन्होंने चाहा, अपना अन्त कर दें। जेब में हाथ डाला, तो वहाँ चाकू तो था नहीं, पेंसिल थी। लतीफ़ ने दृढ़ता से उसे खींचकर इस्तीफ़ा लिखना शुरू किया। उन्हें मालूम नहीं था कि वे किस पद पर से इस्तीफा दे रहे हैं, अतः उन्होंने 'अपने पद से' लिखकर काम चला लिया।

इस्तीफ़ा लेकर वे दफ़्तर पहुँचे। लेकिन सम्पादकजी दफ़्तर में थे नहीं।

लतीफ़ टीन की कुर्सी पर घुटने समेटकर बैठ गए और खिड़की से बाहर झाँकने लगे। बाहर पौ फूट रही थी। उषा में चमक नहीं थी, उसके भूरेपन ने केवल रात के स्निग्ध अन्धकार को मलिन कर दिया था।

तभी लड़के ने आकर कहा, 'चलिए, माँ बुला रही हैं। रात–भर बाहर रहे हैं, अब तो चलिए। नाश्ता हो रहा है।'

लतीफ़ ने चौंककर कहा, 'क्या?'

'मामा के यहाँ से गुड़ आया था, उसके गुलगुले बना लिये हैं।'

लतीफ़ कुछ सोच में पड़ गए, कुछ उठने की तैयारी में रह गए।

''और माँ ने कहा है, तनखाह के कुछ रुपए तो लेते आना। तीन–चार दिन में भैयादूज है, कई जगह भेजने होंगे।'' कहती हुई लड़की भी आ गई।

मियाँ लतीफ़ ने एक गहरी साँस ली। अपना इस्तीफ़ा उठाया और उसकी पीठ पर अपनी पिछले महीने की तनख़्वाह का एक हिस्सा पाने के लिए दरख्वास्त लिखने लगे।

तभी सम्पादकजी आ गए। लतीफ़ को यों घिरा हुआ और लिखता देखकर बोले, 'यह क्या है?'

पास आकर उन्होंने मोड़े हुए काग़ज़ पर इस्तीफ़ा पढ़कर काग़ज़ छीनते हुए फिर पूछा, 'यह क्या है?'

'कुछ नहीं, मैं नई कहानी लिखने लगा हूँ।'

सम्पादकजी ने काग़ज़ उलटकर देखा और फिर ज़ोर देकर पूछा, 'यह क्या है?'

'यह मेरी नई कहानी का प्लॉट है, जी।'

सम्पादकजी को एकाएक कुछ कहने को नहीं मिला। उन्होंने बाहर जाने के लिए लौटते हुए कहा, 'तुम रहे सदा वही अब्दुल लतीफ़!'

लेकिन अब्दुल लतीफ़ तब तक लिखने लग गए थे।

आगरा, नवम्बर, 1936

इन्दु की बेटी

जब गाड़ी खचाखच लदी होने के कारण मानो कराहती हुई स्टेशन से निकली, तब रामलाल ने एक लम्बी साँस लेकर अपना ध्यान उस प्राण ले लेनेवाली गर्मी, अपने पसीने से तर कपड़ों, और साथ बैठे हुए नंगे बदनवाले गँवार के शरीर की बू से हटाकर फिर अपने सामने बैठी हुई अपनी पत्नी की ओर लगाया; और उसकी पुरानी कुढ़न फिर जाग उठी।

रामलाल की शादी हुए दो बरस हो चले हैं। दो बरस में शादी का नयापन पुराना हो जाता है, तब गृहस्थ-जीवन का सुख नएपन के अलावा जो दूसरी चीज़ें होती हैं, उन्हीं पर निर्भर करता है। मातृत्व या पितृत्व की भावना, समाज रुचियाँ, इकट्ठे बिताए हुए दिनों की स्मृतियाँ, एक-दूसरे को पहुँचाए गए सुख-क्लेश की छाप-नयापन मिट जाने के बाद ये और ऐसी चीज़ें ही ईंटें होती हैं, जिनसे गृहस्थी की भीत खड़ी होती है। और रामलाल के जीवन में ये सब जैसे थे ही नहीं। उसके कोई सन्तान नहीं थी, जहाँ तक उसके दाम्पत्य जीवन के सुख-दुख की उसे याद थी, वहाँ तक उसे यही दीखता था कि उन्होंने एक-दूसरे को कुछ दिया है तो क्लेश ही दिया है। इससे आगे थोड़ी-बहुत मामूली सहूलियत एक-दूसरे के लिए पैदा की गई है, लेकिन उसका शिक्षित दिमाग उन चीज़ों को सुख कहने को तैयार नहीं है। उदाहरणतया, वह कमाकर कुछ लाता रहा है, और स्त्री रोटी पकाकर देती रही है, कपड़े धोती रही है, झाड़ू लगाती रही है, चक्की भी पीसती रही है। क्या इन चीज़ों का नाम सुख है? क्या उसने शादी इसलिए की थी कि एक महरी उसे मिल जाए और वह खुद एक दिन से दूसरा दिन करने की चख-चख से बच जाए और बस? क्या उसने बी.ए. तक पढ़ाई इसीलिए की थी कि हर महीने बीस-एक रुपल्लियाँ कमाकर इसके आगे लाकर पटक दिया करे कि ले, इस कबाड़खाने को सँभाल और इस ढाबे को चलता रख!-इस गँवार, अनपढ़, बेवकूफ औरत के आगे, जो चक्की पीसने और झाड़ू लगाने से अधिक कुछ नहीं जानती और यह नहीं समझती कि एक पढ़े-लिखे आदमी की भूख दो वक्त की रोटी के अतिरिक्त कुछ और भी माँगती है!

उसकी खीझ एकाएक बढ़कर क्रोध बन गई। स्त्री की ओर से आँख हटाकर वह सोचने लगा, इसका यह नाम किसने रखा? इन्दु! कैसा अच्छा नाम है–जाने किस बेवकूफ ने यह नाम इसे देकर डुबाया! और कुछ नहीं तो सुन्दर ही होती, रंग ही कुछ ठीक होता!

लेकिन जब यह पहले–पहल मेरे घर आई थी, तब तो मुझे इतनी बुरी नहीं लगी थी! क्यों मैंने इसे कहा था कि मैं अपने जीवन का सार, बोझ तुम्हें सौंपकर निश्चिन्त हो जाऊँगा–कैसे कह पाया था कि जो जीवन मुझसे अकेले चलाए नहीं चलता, वह तुम्हारा साथ पाकर चल जाएगा? पर मैं तब इसे जानता कब था–मैं तो समझता था कि–

रामलाल ने फिर एक तीखी दृष्टि से इन्दु की ओर देखा और फौरन आँखें हटा लीं। तत्काल ही उसे लगा कि यह अच्छा हुआ कि इन्दु ने वह दृष्टि नहीं देखी। उसमें कुछ उस अहीर का–सा भाव था जो मंडी से एक हट्टी–कट्टी गाय खरीदकर लाए और घर आकर पाए कि यह दूध ही नहीं देती।

तभी गाड़ी की चाल फिर धीमी हो गई। रामलाल अपने पड़ोसी गँवार की ओर देखकर सोच ही रहा था कि कौन–सी बीभत्स गाली हर स्टेशन पर खड़ी हो जानेवाली इस मनहूस गाड़ी को दे, कि उसकी स्त्री ने बाहर झाँककर कहा, "स्टेशन आ गया!"

रामलाल की कुढ़न फिर भभक उठी। भला यह भी कोई कहने की बात है? कौन गधा नहीं जानता कि स्टेशन आ रहा है? अब क्या यह भी सुनना होगा कि गाड़ी रुक गई। गार्ड ने सीटी दी। हरी झंडी हिल रही है। गाड़ी ने सीटी दी। गाड़ी चल पड़ी...

लेकिन मैं इस पर क्यों खीझता हूँ? इस बिचारी का दिमाग जहाँ तक जाएगा, वहीं तक की बात वह करेगी न? अब मैं उससे आशा करूँ कि इस समय वह 'मेघदूत' मुझे सुनाने लग जाए और वह इस आशा को पूरा न करे तो उसका क्या कसूर है?

लेकिन मैंने उसे कभी कुछ कहा है? चुपचाप सब सहता आया हूँ। एक भी कठोर शब्द उसके प्रति मेरे मुँह से निकला हो तो मेरी ज़बान खींच ले। आखिर पढ़–लिखकर इतनी भी तमीज़ न आई तो पढ़ा क्या खाक? समझदार का काम है सहना। मैंने उससे प्यार से कभी बात नहीं की; लेकिन जो हृदय में नहीं है, उसका ढोंग करना नीचता है। क्रोध को दबाने का यह मतलब थोड़े ही है कि झूठ–मूठ का प्यार दिखाया जाए?

गाड़ी रुक गई। इन्दु ने बाहर की ओर देखते–देखते कहा, "प्यास लगी है..."

रामलाल को वह स्वर अच्छा नहीं लगा। उसमें ज़रा भी तो आग्रह नहीं था कि हे मेरे स्वामी, मैं प्यासी हूँ, मुझे पानी पिला दो! सीधे शब्दों में कहा नहीं तो खैर, पर वहाँ तो ध्वनि भी नहीं है। ऐसा कहा है जैसे "मैं जता देती हूँ कि मैं प्यासी हूँ–आगे पानी ला देगा तो मैं पी लूँगी। नहीं तो ऐसे भी काम चल जाएगा। इतनी उत्सुक? मैं किसके लिए हूँ कि पानी लाने के लिए कह सकूँ?" फिर भी रामलाल

लोटा उठाया, बाहर झाँका और यह देखकर कि गाड़ी के पिछले सिरे के पास प्लेटफॉर्म पर कुछ लोग धक्कम-धक्का कर रहे हैं और एक-आध जो ज़रा अलग हैं, कान में टँगा हुआ जनेऊ उतार रहे हैं, वह उतरकर उधर को चल पड़ा।

वह मुझे कह ही देती कि पानी ला दो, तो क्या हो जाता? मैं जो कुछ बन पड़ता है, उसके लिए करता हूँ। अब अधिक नहीं कमा सकता तो क्या करूँ? गाँव में गुंजाइश ही इतनी है। अब शहर में शायद कुछ हो-पर शहर में खर्च भी होगा।

मैं खर्च की परवाह न करके उसे अपने साथ लिये जा रहा हूँ-और होता तो गाँव में छोड़ जाता-शहर में अकेला आदमी कहीं भी रह सकता है, पर गृहस्थी लेकर तो-और उसे इतना ख़याल नहीं कि ठीक तरह बात ही करे-बात क्या करे, रोटी-पानी, पैसा माँग ही ले...क्या निकम्मेपन में भी अभिमान होता है?

रामलाल नल के निकट पहुँच गया।

2

गाड़ी ने सीटी दी और चल दी। रामलाल को यह नहीं सुनना पड़ा कि 'हरी झंडी हिल रही है-गाड़ी चली' इन्दु ने कहा भी नहीं। गार्ड की सीटी हो जाने पर भी जब रामलाल नहीं पहुँचा, तब इन्दु खिड़की के बाहर उझककर उत्कंठा से उधर देखने लगी, जिधर वह गया था। गाड़ी चल पड़ी, तब उसकी उत्कंठा घोर व्यग्रता में बदल गई। लेकिन तभी उसने देखा, एक हाथ में लोटा थामे रामलाल दौड़ रहा है। वह अपने डिब्बे तक तो नहीं पहुँच सकेगा, लेकिन पीछे के किसी डिब्बे में शायद बैठ जाए।

इन्दु ने देखा कि रामलाल ने एक डिब्बे के दरवाज़े पर आकर हैंडल पकड़ लिया है और उसी के सहारे दौड़ रहा है, लेकिन गाड़ी की गति तेज़ होने के कारण अभी चढ़ नहीं पाया। कहीं वह रह गए तब? क्षण-भर के लिए एक चित्र उसके आगे दौड़ गया-परदेस में वह अकेली-पास पैसा नहीं, और उससे टिकट तलब किया जा रहा है और वह नहीं जानती कि पति को कैसे सूचित करे कि वहाँ है। लेकिन क्षण-भर में ही इस डर का स्थान एक दूसरे डर ने ले लिया। कहीं वह उस तेज़ चलती हुई गाड़ी पर सवार होने के लिए कूदे और...यह डर उससे नहीं सहा गया। वह जितना बाहर झुक सकती थी, झुककर रामलाल को देखने लगी-उसके पैरों की गति को देखने लगी...और उसके मन में यह होने लगा कि क्यों उसने पति से प्यास की बात कही-यदि कुछ देर बैठी रहती तो मर न जाती...

एकाएक रामलाल गाड़ी के कुछ और निकट आकर कूदा। इन्दु ज़रा और झुकी कि देखे, वह सवार हो गया कि नहीं और निश्चिन्त हो जाए। उसने देखा-

अन्धकार-कुछ डूबता-सा-एक टीस-जाँघ और कन्धे में जैसे भीषण आग-फिर एक दूसरे प्रकार का अन्धकार।...

गाड़ी मानो विवश क्रोध से चिंचियाती हुई रुकी कि अनुभूतियों से बँधे हुए इस क्षुद्र चेतन संसार की एक घटना के लिए किसी ने चेन खींचकर उस जड़, निरीह और इसलिए अडिग शक्ति को क्यों रोक दिया है।

गाड़ी के रुकने का कारण समझ में उतरने से पहले ही रामलाल ने डिब्बे तक आकर देख लिया कि इन्दु उसमें नहीं है।

3

रेल का पहिया जाँघ और कन्धे पर से निकल गया था। एक आँख भी जाने क्यों बन्द होकर सूज आई थी–बाहर कोई चोट दीख नहीं रही थी–और केश लहू में सनकर जटा-से हो गए थे।

रामलाल ने पास आकर देखा और रह गया! ऐसा बेबस, पत्थर रह गया कि हाथ का लोटा भी गिरना भूल गया।

थोड़ी देर बाद जब ज़रा काँपकर इन्दु की एक आँख खुली और बिना किसी की ओर देखे ही स्थिर हो गई और क्षीण स्वर ने कहा, ''मैं चली,'' तब रामलाल को नहीं लगा कि वे दो शब्द विज्ञप्ति के तौर पर कहे गए हैं–उसे लगा कि उनमें खास कुछ है, जैसे वह किसी विशेष व्यक्ति को कहे गए हैं, और उनमें अनुमति माँगने का-सा भाव है...

उसने एकाएक चाहा कि बढ़कर लोटा इन्दु के मुँह से छुआ दे, लेकिन लोटे का ध्यान आते ही वह उसके हाथ से छूटकर गिर गया।

रामलाल उस आँख की ओर देखता रहा, लेकिन फिर वह झपी नहीं। गाड़ी चली गई। थोड़ी देर बाद एक डॉक्टर ने आकर एक बार शरीर की ओर देखा, एक बार रामलाल की ओर, एक बार फिर उसी खुली आँख की ओर, और फिर धीरे-से पल्ला खींचकर इन्दु का मुँह ढँक दिया।

4

गाड़ी ज़रा-सी देर रुककर चली गई थी। दुनिया ज़रा भी नहीं रुकी। गाड़ी आदमी की बनाई हुई थी, दुनिया का बनानेवाला ईश्वर है।

बीस साल हो गए। घिरती रात में हरेक स्टेशन पर रुकनेवाली एक गाड़ी के सेकंड क्लास डिब्बे में रामलाल लेटा हुआ था। वह कलकत्ते से रुपया कमाकर लौट रहा था। आज उसके मन में गाड़ी पर खीझ नहीं थी–आज वह यात्रा पर जा नहीं रहा था। और वह थका हुआ था।

एक छोटे स्टेशन पर वह एकाएक भड़भड़ाकर उठ बैठा। बाहर झाँककर देखा कहीं कोई कुली नहीं था। वह स्वयं बिस्तर और बैग बाहर रखने लगा। तभी, स्टेशन

के पाइंटमैन ने आकर कहा, ''बाबूजी, कहाँ जाइएगा?'' छोटे स्टेशनों पर लाइनमैन और पाइंटमैन ही मौके-बे-मौके कुली का काम कर देते हैं। रामलाल ने कहा, ''यहीं एक तरफ करके रख दो।''

''और कुछ सामान नहीं है?''

''बाकी ब्रेक में है, आगे जाएगा।''

''अच्छा।''

गाड़ी चली गई। बूढ़े पाइंटमैन ने सामान स्टेशन के अन्दर ठीक से रख दिया। रामलाल बेंच पर बैठ गया। स्टेशन के एक कोने में एक बड़ा लैम्प जल रहा था, उसकी ओर पीठ करके जाने क्या सोचने लग गया, भूल गया कि कोई उसके पास खड़ा है।

बूढ़े ने पूछा, ''बाबूजी, कैसे आना हुआ?'' ऐसा बढ़िया सूट-बूट पहननेवाला आदमी उसने उस स्टेशन पर पहले नहीं देखा था।

''यों ही।''

''ठहरिएगा?''

''नहीं। अगली गाड़ी कब जाती है?''

''कल सवेरे। उसमें जाइएगा?''

''हाँ।''

''इस वक्त बाहर जाइएगा?''

''नहीं।''

''लेकिन यहाँ तो वेटिंग रूम नहीं है-''

''यहीं बेंच पर बैठा रहूँगा।''

बूढ़ा मन में सोचने लगा-यह अजब आदमी है जो बिना वजह रात-भर यहाँ ठिठुरेगा और सवेरे चला जाएगा! पर अब रामलाल प्रश्न पूछने लगा-

''तुम यहाँ कब से हो?''

''अजी, क्या बताऊँ-सारी उमर यहीं कटी है।''

''अच्छा! तुम्हारे होते यहाँ कोई दुर्घटना हुई?''

''नहीं-'' कहकर बूढ़ा रुक गया। फिर कहने लगा, ''हाँ, एक बार एक औरत रेल के नीचे आकर कट गई थी-उधर प्लेटफॉर्म से ज़रा आगे।''

''हूँ।'' रामलाल के स्वर में जैसे अरुचि थी, लेकिन बूढ़ा अपने-आप ही उस घटना का वर्णन करने लगा।

''कहते हैं, उसका आदमी यहाँ पानी लेने के लिए उतरा था, इतनी देर में गाड़ी चल पड़ी। वह बैठने के लिए गाड़ी के साथ दौड़ रहा था, औरत झाँककर बाहर देख रही थी कि बैठ गया या नहीं, तभी बाहर गिर पड़ी और कट गई।''

''हूँ।''

थोड़ी देर बाद बूढ़े ने फिर कहा, "बाबूजी, औरत-जात भी कैसी होती है! भला वह गाड़ी से रह जाता, तो कौन बड़ी बात थी? दूसरी में आ जाता। लेकिन औरत का दिल कैसे मान जाए-"

रामलाल ने जेब से चार आने पैसे निकालकर उसे देते हुए संक्षेप में कहा, "जाओ।"

"बाबूजी-"

रामलाल ने टाँगें बेंच पर फैलाते हुए कहा, "मैं सोऊँगा।"

बूढ़ा चला गया। जाता हुआ स्टेशन का एकमात्र लैम्प भी बुझा गया-अब उसकी कोई ज़रूरत नहीं थी।

रामलाल उठकर प्लेटफॉर्म पर टहलने लगा और सोचने लगा...

उसने पानी नहीं माँगा था, लेकिन अगर मैंने ही कह दिया होता कि मैं अभी लाए देता हूँ, पानी, तो-तो-

आदमी जब चाहता है जीवन के बीस वर्षों को बीस मिनट-बीस सेकंड में जी डालता; और वह बीस सेकंड भी ऐसे जो आज के नहीं हैं, बीस वर्ष पहले के हैं, मर चुके हैं, तब उसकी आत्मा का अकेलापन कहा नहीं जा सकता, अँधेरे में ही कुछ अनुभव किया जा सकता है...

5

रामलाल स्टेशन का प्लेटफॉर्म पार करके रेल की पटरी के साथ हो लिया। एक सौ दस कदम चलकर वह रुका और पटरी की ओर देखने लगा। उसे लगा, पटरी के नीचे लकड़ी के स्लीपरों पर जैसे खून के पुराने धब्बे हैं। वह पटरी के पास ही बैठ गया। लेकिन बीस वर्ष में तो स्लीपर कई बार बदल चुकते हैं। ये धब्बे खून के हैं, या तेल के?

रामलाल ने चारों ओर देखा। वही स्थान है-वही स्थान है। आस-पास के दृश्य से अधिक उसका मन गवाही देता है।

और रामलाल घुटनों पर सिर टेककर, आँखें बन्द करके पुराने दृश्यों को जिलाता है। वह कठोर एकाग्रता से उस दृश्य को सामने लाना चाहता है-नहीं, सामने आने से रोकना चाहता है-नहीं, वह कुछ भी नहीं चाहता, वह नहीं जानता कि वह क्या चाहता है। या नहीं चाहता है। उसने अपने आपको एक प्रेत को समर्पित कर दिया है। जीवन में उससे खिंचे रहने का यही एक प्रायश्चित्त उसके पास है। और इस समय स्वयं मिट्टी होकर, स्वयं प्रेत होकर, वह मानो उससे एक हो लेना चाहता है, उससे कुछ आदेश पा लेना चाहता है...

जाने कितनी देर बाद वह चौंकता है। सामने कहीं से रोने की आवाज़ आ रही है। एक औरत के रोने की। रामलाल उठकर चारों ओर देखता है, कहीं कुछ नहीं

दीखता। आवाज़ निरन्तर आती है। रामलाल आवाज़ की ओर चल पड़ता है--जो स्टेशन से परे की ओर है...

इन्दु कभी रोई थी? उसे याद नहीं आता। लेकिन यह कौन है जो रो रहा है? और इस आवाज़ में यह कशिश क्यों है...

"कौन है?"

कोई उत्तर नहीं मिलता। दो-चार कदम चलकर रामलाल कोमल स्वर में फिर पूछता है, "कौन रोता है?" रेल की पटरी के पास से कोई उठता है-रामलाल देखता है। किसी गाढ़े रंग के आवरण में बिलकुल लिपटी हुई एक स्त्री उसे पास देखकर जल्दी से एक ओर को चल देती है और क्षण-भर में झुरमुट की ओट हो जाती है। रामलाल पीछा भी करता है, लेकिन अन्धकार में पीछा करना व्यर्थ है-कुछ दीखता ही नहीं।

रामलाल पटरी की ओर लौटकर वह स्थान खोजता है, जहाँ वह बैठी थी।

क्या यहीं पर? नहीं, शायद थोड़ा और आगे। यहाँ पर? नहीं, थोड़ा और आगे।

उसका पैर किसी गुदगुदी चीज़ से टकराता है। वह झुककर टटोलता है-एक कपड़े की पोटली। बैठकर खोलने लगता है। पोटली चीख उठती है। काँपते हाथों से उठकर वह देखता है, पोटली एक छोटा-सा शिशु है जिसे उसने जगा दिया है।

वह शिशु को गोद में लेकर थपथपाता हुआ स्टेशन लौट आता है और बेंच पर बैठ जाता है। घड़ी देखता है, तीन बजे हैं। पाँच बजे गाड़ी मिलेगी। अपने ओवरकोट से वह बच्चे को ढँक लेता है-दो घंटे के लिए इतना प्रबन्ध काफी है। गाड़ी में बिस्तर खोला जा सकेगा...

6

रामलाल ने अपने गाँव में एक पक्का मकान बनवा लिया है और उसी में रहता है। साथ रहती है वह पाई हुई शिशु-कन्या जिसका नाम उसने इन्दुकला रखा है, और उसकी आया, जो दिन-भर उसे गाड़ी में फिराया करती है।

गाँव के लोग कहते हैं कि रामलाल पागल है। पैसेवाले भी पागल होते हैं। और इन्दु जहाँ-जहाँ जाती है, वे उँगली उठाकर कहते हैं-"वह देखो, उस पागल बूढ़े की बेटी।" इसमें बड़ा गूढ़ व्यंग्य होता है, क्योंकि वे जानते हैं कि बूढ़ा रामलाल किसी के पाप का बोझ ढो रहा है। लेकिन रामलाल को किसी की परवाह नहीं है, वह निर्द्वन्द्व है। उसके हृदय में विश्वास है। वह खूब जानता है कि उसकी क्षमाशीला इन्दु ने स्वयं प्रकट होकर अपने स्नेहपूर्ण अनुकम्पा के चिह्न स्वरूप अपना अंश और प्रतिरूप वह बेटी उसे भेंट की थी।

सितम्बर, 1936

जिजीविषा

कलकत्ता, सेंट्रल एवेन्यू, गिरीश पार्क से कुछ आगे दक्खिन की ओर सड़क किनारे की चौड़ी पटरी।

बातरा अपनी घुटनों तक ऊँची, कमर के पास फटी हुई और छाती के सिर्फ बाएँ भाग को मुश्किल से ढाँपने में समर्थ मैली धोती का छोर पकड़कर उसे बदन से सटाती हुई चल रही है। वह चलना निरुद्देश्य है, लेकिन रस की अनुपस्थिति के कारण उसे टहलना नहीं कहा जा सकता। वह यों ही वहाँ चल रही है; क्योंकि उसे भूख तो लगी है, लेकिन भीख माँगने का उसका मन नहीं होता है। उसमें आत्माभिमान अभी तक थोड़ा-थोड़ा बाकी है, और उसे यह भी दीखता है कि इस इतने बड़े बहुत यथार्थ और बहुत यथार्थवादी शहर कलकत्ते में आकर भी वह यथार्थता को ठीक-ठीक समझ नहीं पाई है, उसके हृदय में कुछ रस की माँग रहती है। जैसे अब वह भूखी भी है तो सिर्फ रोटी पाना ही नहीं चाहती, पाने में कुछ मिठास भी चाहती है। भूखे कुत्ते को रोटी मिलती है, तो लार तो उसके मुँह से टपक ही आती है, फिर भी वह (हो सके तो) किसी घर से खास अपने लिए आई हुई रोटी को पसन्द करेगा, गली में माँगने नहीं जाएगा...

बातरा सन्थाल है। बच्ची थी, तभी उसके माँ-बाप इधर चले आए थे और ईसाई हो गए थे। पादरी ने ईसाइयत के पानी से लड़की की खोपड़ी सींचते हुए जब उसका नाम बीएट्रिस रख दिया था, तब माता-पिता भी बड़े चाव से उसे 'बातरा! बातरा!' कहकर पुकारने लगे थे।

लेकिन वे मर गए। बातरा ने चाहा, मिशन में जाकर नौकरी कर ले; लेकिन मिशन के भीतर पंजाब से आए हुए ईसाई खानसामों का जो अलग मिशन था, उसकी नौकरी उसे मंजूर न हुई और वह भाग आई।

बातरा जानती थी कि वह कुत्तों से अच्छी है। उसने मेमों के चिकने-चुपड़े मखमल में लिपटे और प्लेट में 'सामन' मच्छी खानेवाले कुत्ते देखे थे और इस समय अपने बिखरे और उलझे हुए जूँ-भरे केश, बिवाइयोंवाले नंगे पैर, और कलकत्ते की धूप, बारिश और मैल से बिलकुल काला पड़ गया अपना पहले ही से साँवला शरीर, यह सब भी वह देख रही थी; फिर भी वह जानती थी कि वह कुत्तों से अच्छी है।

वह चाहती थी, अच्छी तरह साफ–सुथरे इन्सान की तरह जीवन बिताए, चाहती थी कि उसका अपना घर हो, जिसके बाहर गमले में दो फूल लगाए और भीतर पालने में दो छोटे–छोटे बच्चों को झुलाए, और चाहती थी कि कोई और उस पालने के पास खड़ा हुआ करे, जिसके साथ वह उन बच्चों को देखने का सुख और अपने हाथ का सेंका हुआ टुक्कड़ बाँटकर भोगा करे–कोई और जो उसका अपना हो–वैसे नहीं, जैसे मालिक कुत्ते का अपना होता है, वैसे जैसे फूल खुशबू का अपना होता है। अब तक यह सब हुआ नहीं था; लेकिन बातरा जानती थी कि वह होगा, क्योंकि बातरा अभी जवान है, और उस कीच–कादों में पल रही है, जिससे जीवन मिलता है, जीवन–शक्ति मिलती है...

बातरा एवेन्यू की पटरी पर टहलती जाती है और यह सब सोचती जाती है, और बीच–बीच में सिर उठाकर इधर–उधर आने–जानेवाले लोगों की ओर भी देखती जाती है, आसपास के भिखमंगों–आवारों–बेघरों की ओर भी।

उसकी आँखें एक आदमी की आँखों से मिलती हैं जो उसकी ओर जाने कब से देख रहा है, अटकती हैं, हट जाती हैं और फिर मिल जाती हैं। अबकी बार उनमें एक उद्दंडता सी है, मानो कह रही हों, तुम नहीं हटाते, तो मैं ही क्यों हटाऊँ? मुझे काहे की लज्जा?

वह आदमी मुस्करा देता है, फिर उठकर गिरीश पार्क की ओर चल देता है।

थोड़ी देर बाद बातरा उसी के पीछे चल देती है। वह नहीं जानती कि क्यों उसे इस आधे से अधिक नंगे गठे हुए बदनवाले गन्दे आदमी के बारे में कुतूहल हो आया है।

वह गिरीश पार्क की दीवार पर बैठा हुआ आगे जानेवालों से भीख माँग रहा था। उसे कुछ खास मिलता नहीं था; लेकिन माँगते वक्त वह एक विचित्र ढंग से मुस्करा देता था, जिसमें कुछ बेबसी थी और कुछ बेशर्मी, और उसने अनुभव से जान लिया था कि विशुद्ध गिड़गिड़ाहट से यह ढंग अधिक फलदायक होता है, क्योंकि गिड़गिड़ाने से करुणा तो जाग उठती है, पर अहंकार झुंझलाता है, लेकिन इस बेशर्मी से अहंकार भी चुप होकर पैसा–दो पैसे कुर्बान कर ही देता है।

बातरा ने पूछा, ''ऐसे कुछ मिलता भी है?''

वह एक हाथ से अपने पेट के पास टटोलते हुए बोला, ''तुमको आज कुछ मिला?''

''मैंने तो छुट्टी कर दी।''

''कुछ खाया? तुम्हारा नाम क्या है? कहाँ की हो?''

''बातरा।'' कहकर बातरा चुप हो गई, और उसकी चुप्पी में बाकी दोनों प्रश्नों का उत्तर हो गया।

''मेरा नाम दामू है।'' कहकर उसने दूर पर बैठे हुए एक छाबड़ीवाले को बुलाकर कहा, ''ओ बे, दो अमरूद दे जा!''

छाबड़ीवाले ने उपेक्षा से कहा, "आव, ले जाव।"

"अबे पैसे मिलेंगे, दे जा!"

"वाह रे तेरे नखरे, भिखमंगे!" कहता हुआ छाबड़ीवाला मुस्कराता हुआ उठा और दो अमरूद दे गया और पैसे ले गया।

"खा।" कहकर दामू ने बड़ा अमरूद बातरा को दिया और दूसरा स्वयं खाने लगा।

बातरा भी खाने लगी। और ज्यों-ज्यों वह खाती जाती थी, उसके भीतर जीवन-शक्ति जाग्रत् होती जाती थी...

2

बातरा के अठारह सालों की संचित लालसा ने मानो एक आधार पाया। गिरीश पार्क में कुछ आगे एक छोटा किन्तु घना अशोक का पेड़ था, उसी के नीचे उसने अपना करीब-करीब स्थायी अड्डा जमा लिया और उसी पेड़ के नीचे दूसरी तरफ दामू ने अपना अँगोछा डालकर माँगने की और रहने की जगह बना ली। किसी दिन वह भीख माँगता, यदि कभी चार पैसे मिल जाते, तो उसके अमरूद खरीदकर अपने अंगोछे पर सजाकर दुकान कर लेता।

आस-पास के दुकानदार जो उससे परिचित थे, मज़ाक बनाते, लेकिन फिर अमरूद महँगे दामों खरीद भी लेते। इसी प्रकार कभी दिन में चार-छह पैसों का नफा हो जाता, तो दामू बातरा के लिए तरबूज की एक फाँक खरीद लेता, या पकौड़ियाँ ले आता और उसे कहता, "देख, आज तू किसी से मत माँगना।"

वह हँसकर कहती, "और कोई दे जाए तो?"

"तो कहना, ले जा, हम कोई भिखमंगे हैं?"

और दोनों हँस पड़ते।

लेकिन इस लापरवाही से और कभी दैवात् बिक्री न होने से उसकी शाम इतनी सुखद न होती और बातरा थके हुए स्वर में कहती, "भूख लग आई..." तब दामू एकाएक दुकान उठा देता और दोनों जने फल बाँटकर खा जाते। अगले दिन सवेरे ही दामू कहीं चल देता, गली-गली में भटककर और कचरा-पेटियाँ देखकर पुराने टीन, बोतलें, टूटे पुर्ज़े बटोरकर लाता और एक कबाड़िए के पास दो-तीन पैसों में बेच लेता...

एक दिन से दूसरा दिन हो जाता, लेकिन कुछ जुटने की नौबत न आती और बातरा की संचित लालसा उस कभी न फूलनेवाले अशोक के आस-पास चक्कर काटकर रह जाती...लेकिन जैसे उसने हारना सीखा ही नहीं था, लालसा को कम उग्र करना भी नहीं सीखा था।

साल-भर होने को आया। गर्मियाँ फिर चुक चलीं, आकाश में बादल घिरने लगे। वे आते, घिरकर बिना बरसे ही फिर बिखर जाते और बातरा को लगता, दुनिया गलत हो गई है। वह अशोक के दूसरी ओर बैठे हुए दामू की ओर देखती और न जाने क्यों उसका हृदय उमड़ आता, उसमें खलबली-सी मच जाती, उसकी आँखों को धुँधला-सा कुहरा-सा दीखने लगता और उन दोनों के बीच में खड़ा वह अशोक वृक्ष का तना उसकी दृष्टि में काँप-सा उठता...वह आकाश की ओर मुँह उठाकर कहती, "अब तो बारिश होनी ही चाहिए!" और दामू भी आकाश की ओर देखता हुआ ही उत्तर देता, "हाँ, अब तो मेरा जी भी तरस गया।"

बातरा का हृदय मानो उछल पड़ता, और वह जैसे पूछने को हो उठती, "किस चीज़ के लिए तरस गया है?" पर साहस न होता और दिल फिर बैठ जाता...

और आस-पास के लोग भी देखने लगे कि उस अशोक वृक्ष के नीचे कुछ बदल गया है। वे लोग बीच-बीच में कभी एक तीखी दृष्टि से बातरा की ओर देखते, उस दृष्टि में थोड़ा-सा उपहास और थोड़ी सी लोलुप सी प्रशंसा भी होती। बातरा उस दृष्टि को देखती, तो सिमट-सी जाकर अपने से पूछ उठती, "क्या मेरी सूरत अच्छी है?" फिर उसका ध्यान अपने साँवले बदन की और अपने सूखे बालों की ओर जाता और प्रश्न मानो मूक होकर बैठ जाता।

3

"आज तो होकर रहेगी!"

दामू ने बातरा की ओर देखा, फिर उसकी दृष्टि का अनुसरण करते हुए आकाश की ओर, और बैठते हुए बोला, "हाँ, लो, यह लाया हूँ।"

रात को बातरा ने गली में कचरा-पेटी के पीछे छिपकर यह दूसरी धोती लपेटी, जो पुरानी और कुछ मैली तो थी, पर फटी कहीं से नहीं थी और मोटी भी खूब थी। अपनी जगह लौटकर उसने पुरानी धोती नीचे बिछाई, कुछ दिन पहले लाए गए बोरिए के टुकड़े को ऊपर ओढ़ने के लिए रखा और पेड़ की आड़ से दामू की ओर देखने लगी।

रात को बारिश शुरू हुई। लेकिन बातरा को लगा कि वह जैसे भीग ही नहीं रही है, उसे बोरिए के टुकड़े से इतना काफी बचाव हो रहा था। लेकिन हवा के झोंकों से जब वह बोरिया बार-बार उड़ने लगा और साथ ही धोती को भी उड़ाने लगा, तब बातरा पेड़ की आड़ लेने के लिए बिलकुल तने से सट गई।

दूसरी ओर से सटे हुए दामू ने पूछा, "क्यों, भीग रही हो?" और बोरिए का छोर पकड़कर बातरा के बदन के नीचे दाब दिया।

तब आधी रात थी। वक्त वैसे बहुत नहीं हुआ था, फिर भी बारिश की वजह से एवेन्यू सुनसान पड़ा था। बिजली की गड़गड़ाहट सभ्यता की नीरवता को और

भी स्पष्ट कर रही थी। बातरा को लगा, वह अकेली है, और उसे कुछ ठंड-सी भी लगी। उसने पेड़ के और निकट सिमटते हुए कहा, "नहीं..."

दामू ने उसकी ओर हाथ बढ़ाकर बाल छूते हुए कहा, "भीग तो गई..."

बातरा के भीतर उसका एकान्त सहसा उमड़-उमड़ आया, उसकी पुरानी लालसा तड़प उठी...दामू का कोमल स्वर सुनकर उसके भीतर न जाने क्या हुआ, वह एकाएक हतप्रभ, शून्य-सी होकर अपने ऊपर छाए हुए और कभी-कभी चमक जानेवाले अशोक के गीले पत्तों की ओर देखने लगी...

दामू ने फिर बुलाया, "क्या हुआ, बातरा?"

"कुछ नहीं।"

"कुछ कैसे नहीं? बताओ न? कोई तकलीफ है?"

बातरा से सहा नहीं गया। उसका बदन जैसे एकदम तप उठा। वह उठकर बैठ गई, बोरिया उसने उतार फेंका, अशोक के तने की छाल में एक हाथ के नाखून ज़ोर से गड़ाकर, आँखें फाड़-फाड़कर सड़क की धुली हुई कालिख की ओर देखने लगी।

दामू ने उसका हाथ धीरे-धीरे पेड़ से अलग करके अपने दोनों हाथों में ले लिया। बातरा ने छुड़ाया नहीं–उसे जैसे पता नहीं था कि वह कहाँ है...

दामू ने पुकारा, "बातरा!"

वह चौंकी। उसने दामू का हाथ झटक दिया, पेड़ से कुछ हटकर बैठ गई। बोली, "मुझे मत बुलाओ!"

"क्यों?" अचम्भे के स्वर में पूछता हुआ दामू उठा और पेड़ के इधर बैठ गया।

"मुझे माँ की याद आ गई–वह ऐसे बुलाती थी।" कहकर बातरा एकाएक रो उठी और थोड़ी देर में उसकी हिचकी बँध गई...

दामू ने कहा, "लेट जाओ!" वह बिना विरोध किए लेट गई। दामू उसका सिर थपकने लगा और वह सो गई।

सवेरा होने को हुआ, तब भी अभी दामू वहीं बैठा था। बातरा एकदम हड़बड़ाकर उठी और बोली, "अरे–"

दामू ने जल्दी से टोकते हुए पूछा, "क्यों, फिर भी याद आई?"

बातरा को अपनी रात में कही हुई बात याद आ गई। वह झूठ नहीं बोली थी; लेकिन अब उसे लगा कि वह सच नहीं था...

उसने दामू से कहा, "तुम सोए नहीं? जाओ-सोओ!"

लेकिन दामू पेड़ के दूसरी तरफ नहीं लौटा। उसे लगा कि पेड़ के एक तरफ से दूसरी तरफ आने का पड़ाव डेढ़ वर्ष में तय कर पाया है, तो एक बार कहने से नहीं लौटेगा।

और एक बार से अधिक बातरा ने कहा भी नहीं। आस-पास के दुकानदारों ने यह नई व्यवस्था देखी, तो एक-दूसरे को बुलाकर उन पर फबतियाँ कसने लगे; एक ने सुनाकर कहा, "आखिर खुल ही गई हकीकत राँड़ की!" लेकिन बातरा ने जब उद्दंड रोष से कहा, "चुप रहो, लाला" तब वह बीभत्स हँसी हँसकर चुप हो गया।

और बातरा को पैसे अधिक मिलने लगे। लोगों के भीतर छिपा हुआ शैतान जब समझता है कि दूसरों के भीतर भी शैतान बसा है, तब अपनी उस कल्पित मूर्ति को सिर झुकाए बिना नहीं रहता, फिर बाहर से चाहे जो कहे!

और बातरा के भीतर जीवन-शक्ति उमड़ने लगी, उसकी वह उत्कंठा घनी होने लगी-कभी-कभी रात में वह न जाने कैसा स्वप्न देखकर चौंक उठती और अपना भीगा हुआ सिर दामू के कन्धे में छिपाकर अपना बोरिए का टुकड़ा कुछ दामू के ऊपर भी खींचकर ज़रा-सा काँपकर फिर सो जाती...

4

सर्दियाँ आईं, तो बातरा के ऊपर एक जेल से नीलाम हुए काले कम्बल का आधा हिस्सा था, दामू के सिर पर एक पुरानी खाकी पगड़ी। और जब वसन्त के दिनों एक शाम को गिरीश पार्क से मधुमालती की एक बेल में से कुछ फूल तोड़कर उन्हें दामू के पास डालते हुए बातरा ने अपनी पीड़ा को दबाते हुए लज्जित स्वर में कहा था, "मैं अभी आती हूँ, तुम यहीं रहना।" और एक ओर को चल दी थी, तब अशोक के पेड़ के नीचे एक अल्मूनियम का गिलास पड़ा था, एक लिपटी हुई छोटी चटाई, एक टूटी कंघी, एक पीतल की डिबिया, और पेड़ की शाख में एक पीले कपड़े की पोटली भी टँगी हुई थी। बातरा जब इन दो बरसों में इकट्ठी हुई चीज़ों को देखती थी, तब उसका जी भर आता था, उसे लगता था कि उसकी लालसा अब फलने के निकट है, क्योंकि अब तो...अब तो...और वह लज्जा से सिमट जाती थी, चोरी से दामू की तरफ देखती थी कि कहीं उसने यह देख तो नहीं लिया, उसके स्वप्न पढ़ तो नहीं लिये...

तो उस दिन साँझ को वह दामू को मधुमालती के फूल देकर चल दी, और रात नहीं लौटी। दामू को प्रतीक्षा में बैठे-बैठे भोर हो आई, तब वह आई, अपनी लालसा के स्वर्ग की एक और सीढ़ी चढ़कर-गोद में एक गुदड़ी में लिपटा हुआ शिशु लिये हुए। दामू ने उसके पीले मुँह की ओर देखा, फिर उसकी एक विचित्र स्निग्ध प्रकाश से भरी हुई आँखों की ओर, और मौन स्वीकृति में सब कुछ अपनाकर कहा, "अरे, हम तो कुनबा हो गए!"

कितना मधुर था वह एक शब्द 'कुनबा'-एक सिहरन-सी बातरा के शरीर में दौड़ गई। वह खड़ी न रह सकी, धम से बैठ गई-

दामू ने कहा, "अब धूप तो नहीं लगा करेगी?"

धीरे-धीरे टीन की चादर का एक टुकड़ा आया जो पेड़ के साथ बँध गया और छतरी का काम देने लगा, फिर एक बहुत छोटी-सी खाट जिसकी रस्सियाँ धुएँ से काली पड़ी हुई थीं और जिस पर बातरा के बहुत सँभलकर बैठने पर भी रोज़ एक-न-एक रस्सी टूट ही जाती थी, फिर एक छाबड़ी जिसमें चकोतरे की फाँकें और पान के बीड़े तक सजने लगे। कभी-कभी कोई आकर दामू के पास बैठता, तो एक बोतल सोडे की भी आ जाती...

बातरा अपने सब ओर फैलते हुए परिग्रह की ओर देखती, फिर ऊपर टीन की छत की ओर और फिर अनदेखती-सी दृष्टि से दूर की उस मधुमालती लता के फूलों की ओर देखकर सोचती, कभी गमले भी आ जाएँगे-मेरे फूल...

फिर बरसात आई, तब बच्चे ने चिल्ला-चिल्लाकर नाक में दम कर दिया। तब अशोक की शाख में एक पालना भी बँधा और टीन को छत के साथ बाँधकर बोरिये के टुकड़े आड़ के लिए लटक गए।

एक आदमी के भीतर जो शैतान होता है, वह तब तक दूसरे आदमी के भीतर के शैतान का पक्ष लेता है, जब तक कि उसका स्वार्थ न बिगड़े। पास-पड़ोस के दुकानदार दामू को बदमाश और बातरा को राँड़ से कम कभी कुछ नहीं कहते थे, फिर भी उनके प्रति काफी सहनशील रहते थे, अपने गन्दे मज़ाक के भाईचारे में उन्हें खींच लिया करते थे। लेकिन अब पेड़ के बने इस घोंसले को देखकर कुछ को लगा कि उनकी दुकान के आगे की जगह घिर रही है और ग्राहक की दृष्टि से वह छिप गई है। दामू और बातरा के प्रति उनकी उदारता मिटने लगी, और अब उन्हें यह सोचकर दुगुना क्रोध आने लगा कि इस परिवार पर उन्होंने इतनी मेहरबानी क्यों दिखाई...

लेकिन दिन बीतते गए, और बातरा स्वप्न देखती आई...उसके भीतर जो शक्ति थी, जिसने हारना नहीं जाना था, आगे देखना ही जाना था, वह भोजन पाकर बढ़ने लगी।

5

और फिर सर्दियाँ आईं, फिर ग्रीष्म। फिर बारिश हुई, खूब हुई और चुक चली। शरद के मधुर दिन आए, दीवाली के आलोक से कलकत्ता जगमगा उठा, उस बोरिए से घिरे हुए और टीन से छाए हुए थोड़े-से स्थान में भी दो मोमबत्तियों के आलोक ने काँपकर कहा, अरे, मुझे इससे अधिक आड़ नहीं मिलेगी? और निराश होकर बुझ गया; फिर धीरे-धीरे ठंड बढ़ने लगी और रातों में ओस भी पड़ने लगी...दिन अच्छे थे; बातरा को कभी बचपन में देखे हुए अपने ऊबड़-खाबड़ प्यारे देश की याद आ

जाती; लेकिन वह कुछ अस्वस्थ रहने लगी। उसकी आँखें भर-भर-सी आतीं और दूर कहीं के ध्यान में-अनुभूति में-खो जाती; कभी उसे लगता, उसके भीतर न जाने क्या काँप सा रहा है, कभी उसका जी मिचला उठता, उसे लगता कि उसका शरीर एकदम से शिथिल हो गया है, टाँगें भारी होकर निकम्मी हो गई हैं। वह घबराकर बैठ जाती...तब एक दिन एकाएक वह जान गई कि उसे क्या हुआ है, और लज्जा से भरकर उसने दामू से कहा, "मैं भीतर ही रहूँगी-" दामू पहले समझा नहीं, फिर गम्भीर हो गया, फिर कुछ चिन्तित-सा होकर बातरा के कन्धे पर हाथ रखकर थोड़ी देर खड़ा रहा, और तब बाहर चला गया...

महीने-भर के अन्दर ही बातरा ने देखा, उस अशोक के नीचे बँधे हुए टीन के चारों ओर बोरिए की बजाय टीन की चादरें लग गई हैं, जिसे उसका छोटा-सा बच्चा हाथ से पकड़कर हिलाता है, और खन-खन ध्वनि होने पर ज़रा रुककर माँ की ओर देखता हुआ अपनी चालाक आँखों से मुस्करा देता है। बातरा कहती है, 'चल, बदमाश!' तब खिलखिलाकर हँस पड़ता है।

जिस दिन सामने की ओर टीन की कटी हुई चादर बाँधकर बन्द हो सकनेवाला किवाड़ बन गया, उस दिन भीतर आकर दामू ने झूठ-मूठ की कठोरता से कहा, "अब तो झूठ बोलकर नहीं भागेगी, बाती?"

बातरा कुछ बोल न सकी। उसकी आँखें, उसका हृदय, उसका मन एकाएक उस स्वप्न से पुलक उठा-दो बच्चे, दो गमले, दो-एक फूल, और-और...

6

लेकिन सवेरे पिछवाड़े के दुकानदार ने कहा, "क्यों बे दामू के बच्चे, यहाँ हवेली खड़ी करेगा क्या?"

दामू ने कहा, "लाला, हमें भी तो रहने को जगह चाहिए : तुम तो-"

"ऐंहें! बड़ा आया घर में रहनेवाला! और जब यहीं नंगा पड़ा रहता था और कुत्ते बदन चाटते थे?" फिर तीखे बीभत्स व्यंग्य से, "अब वह आ गई है न लुगाई, तभी तो घर चाहिए उसके-"

दामू ने उद्धत होकर कहा, "लाला, आबरू रखनी है तो ज़बान सम्हालकर बात कहो!"

लाला चुप हो गया। पर शाम को कॉरपोरेशन के इन्स्पेक्टर ने आकर अपनी छड़ी बातरा की पीठ में गड़ाते हुए कर्कश स्वर में पूछा, "क्यों री, यह सब क्या है?"

बातरा लेटी थी। दामू कहीं गया हुआ था। उठकर बच्चे को गोद से उतारती हुई बोली, "क्यों? मेरा घर।"

"तेरे बाप की खरीदी हुई ज़मीन थी, जो घर बनाया? बनी है नवाबज़ादी, टके-टके के लिए गलियों में ऐसी-तैसी कराती है, यहाँ सेंट्रल एवेन्यू पर घर चाहिए?"

बरस-भर से बातरा ने किसी को गाली नहीं दी थी, न दुकानदारों के तकिया-कलाम 'राँड़' शब्द के अतिरिक्त कोई गाली सुनी ही थी। अब इन्स्पेक्टर के मुँह से यह पुण्यसलिला फूटती देखकर वह एकाएक कुछ कह न सकी, उससे हुआ तो सिर्फ इतना कि उसने खींचकर एक थप्पड़ इन्स्पेक्टर के मुँह पर मार दिया!

इन्स्पेक्टर एक क्षण भौचक रह गया, फिर उसने अपनी छड़ी से बातरा की छाती में, कमर में, टाँगों में प्रहार करना आरम्भ किया और ज़बान से इन्स्पेक्टर के दौरे करते-करते दिमाग में भरकर सड़ाँध पैदा करती हुई तमाम कलकत्ते की गन्दगी उगलने लगा। और आखिर में बच्चे को एक ठोकर मारकर आगे बढ़ा और पुकारने लगा, "पुलिस! पुलिस!"

पुलिस आई। बातरा के हथकड़ी लग गई। सहमे हुए बच्चे को अपनी नंगी छाती से चिपटाए उसने देखा, उसकी पोटली, चटाई, चारपाई, गिलास-सब पुलिस ने ज़ब्त कर लिये और उसे स्थिर-अनझिप आँखों के आगे टीन की चादरें भी उतर गईं और अशोक का पेड़ वैसा ही नंगा हो गया, जैसा तीन वर्ष पहले था-नशे से में ही बातरा घिसटती हुई थाने की ओर चली, उसे होश तब तक नहीं आया, जबकि हिरासत में बन्द होकर वह बच्चे को नीचे बिठाने लगी-तब उसने देखा कि बच्चे की गर्दन एक ओर लटक रही है और मुँह से राल में मिला हुआ खून बह रहा है।

सिपाही ने आकर उसकी फटी धोती का छोर खींचते हुए कहा, "इसे निकालो, तलाशी ली जाएगी।" लेकिन बातरा को होश नहीं था। सिपाही उसका बहुत बढ़ा हुआ और कुरूप पेट देखकर धोती वहीं फेंककर झेंपा हुआ-सा बाहर निकल गया है, यह भी उसे नहीं मालूम हुआ; बाहर दो-तीन कान्स्टेबलों की बीभत्स हँसी भी उसने नहीं सुनी। उसने यन्त्रवत् धोती में बच्चे को लपेटा, उसे गोद में लेकर धोती के छोर से उसका मुँह पोंछा, फिर उठकर कोठरी के कोने के अँधेरे में सिमटकर बैठ गई।

सवेरे चार बजे उसे कोठरी से निकाल दिया गया। बच्चा उसे नहीं दिया गया-साधनहीन लोगों के मुर्दे जलाने का पुण्यकार्य कॉरपोरेशन कर देता है।

7

गिरीश पार्क से पूर्व की ओर मुड़कर विवेकानन्द रोड पर एक कोयले की दुकान के हाते को घेरनेवाली टीन की चादरों की दीवार की आड़ में दामू और बातरा।

दामू कुछ पुराने अखबारों के गट्ठर में से अखबार निकालकर एक के ऊपर एक बिछाता जा रहा है, कि बैठने लायक जगह बन जाए; बातरा टीन की चादर को सम्हालनेवाले खम्भों के सहारे खड़ी प्रतीक्षा कर रही है। मदद उससे की नहीं जाती, उसकी टाँगें काँप रही हैं। वह फटी-फटी सी, दृष्टिहीन-सी आँखों से बिछते हुए कागज़ों की ओर देखती जाती है, ऐसे मानो आँखें बाहर की ओर नहीं; भीतर की ओर देख रही हों, जहाँ उसमें दुर्बल, असहाय, लेकिन नया जीवन छटपटा रहा है; जहाँ एक अदम्य जीवन-शक्ति नींद में भी तड़प उठती है अकथनीय सपने देखकर-दरवाज़े के आगे दो छोटे-छोटे फूल भरे गमले, भीतर पालने में दो छोटे-छोटे बच्चे, और बातरा के पास एक और-कोई एक और...

कलकत्ता, अक्टूबर, 1937

परम्परा : एक कहानी

खेलावन गली के मोड़ की ओर बेतहाशा भागा जा रहा था। उसके भागने का कोई कारण नहीं था; बात यह थी कि पहली सन्तान के होने की खुशी से वह फूला नहीं समा रहा था और उसे जान पड़ता था कि वह गली में घुटा जा रहा है। भागकर बड़ी सड़क पर निकलेगा, तभी बचेगा। मोड़ के आगेवाली बड़ी सड़क पर, जो किसी दानव की शय्या की तरह उस बड़े शहर के आर-पार बिछी हुई है, चिकनी, तपी हुई, चमाचम, खचाखच...

खुशी से जैसे उसकी आँखें चढ़ी हुई थीं। वह बिना देखे-सुने सड़क की ओर बढ़ा जा रहा था...

उसे सड़क के इस किनारे चलना है, या उस किनारे, अथवा सड़क पार करनी है, इसका कोई ज्ञान उसे नहीं था। मुख्य बात यह थी कि गली से सड़क पर जाना है, और बेतहाशा जाना है, और चलना नहीं, दौड़ना है।

किन्तु मोड़ के कुछ आगे ही बीच सड़क पर से गुज़रती हुई एक लॉरी उसके ऊपर से निकल गई। वह दानव की शय्या की चादर मानो लाल रंग के कलफ से ऐंठ गई।

सिपाही ने ड्राइवर को पकड़ लिया। ड्राइवर बहुत गिड़गिड़ाया, पर उसकी एक न चली। चलती भी कैसे? इतनी भीड़ तो वहाँ देख रही थी कि सिपाही क्या करता है। उसके पास और कोई चारा नहीं था सिवाय इसके कि उसे थानेदार के आगे पेश करे।

पर थानेदार को कोई देखता नहीं था। ड्राइवर ने साहस बटोरकर थानेदार से एक सीधी-सी युक्तिपूर्वक बात कही, जो थानेदार को जँच गई। उसने ड्राइवर से और मोटर के मालिक से ग्यारह सौ रुपए रिश्वत लेकर उसे छुट्टी दे दी, इसलिए कि वह जाकर और लोगों को मारे और इस प्रकार थानेदारों को और आमदनी कराए! ड्राइवर छूट गया।

ग्यारह सौ रुपए बड़ी चीज़ होते हैं। थानेदार हिसाब लगाने बैठे तो उन्हें मालूम हुआ कि ग्यारह सौ में वे अपनी पिछले महीने में पी हुई शराब की कीमत देकर आगे के छह महीने के लिए भी बेहिसाब शराब पी सकते हैं। वे शराब की दुकान में गए,

पुराना हिसाब चुकाकर उन्होंने ठेकेदार से तय किया कि वे अब वहीं दुकान में रहेंगे और शराब पिएँगे–बचा हुआ साढ़े नौ सौ रुपया उन्होंने उसी के पास जमा करा दिया।

और उन्होंने अपनी बात भी सच्ची कर दिखाई। वे उसी दुकान में रहते रहे–तब तक, जब तक कि दो महीने के बाद वे वहीं आर्थ्राइटिस से बीमार होकर मर नहीं गए। साढ़े पाँच सौ की शराब तब तक वे और पी चुके थे।

ठेकेदार को शराब के मुनाफे के अलावा चार सौ रुपए घाते में मिले तो उसे याद आया : उसकी कई इच्छाएँ हैं जो हाथ की तंगी के कारण उसने अपने आगे नहीं आने दीं। उसने जो कुछ सुन रखा था, उससे उसने अपने ठेकेदाराना दिमाग से हिसाब लगाया कि वह चार सौ रुपए में अधिक नहीं तो कम-से-कम अस्सी भली वेश्याओं के यहाँ जा सकता है–या एक ही वेश्या के यहाँ कम-से-कम सौ बार जा सकता है क्योंकि धन है तो सामर्थ्य है। और सामर्थ्य बेकार नहीं बैठ सकती; उसे कारगर होना ही होगा।

किस वेश्या पर यह पूँजी लगाई जाए, यह निश्चित करते कुछ समय लगा। जब आखिर निश्चय हुआ तब वह अपने रुपए के अतिरिक्त एक और चीज़ भी अपनी चहेती को दे आया।

अभी ठेकेदार के रुपए चुके नहीं थे कि वेश्या उससे पाए हुए रोग से बीमार होकर मर गई। ठेकेदार के बचे हुए रुपए वेश्या की लड़की माया ने माँ की दवा-दारू के लिए माँगे थे। जब माँ मर गई और ठेकेदार अपने रुपए नकद या सेवा द्वारा माँगने लगा, तब लड़की के मन की दुविधा मिट गई और वह रुपया-उपया लेकर एक गुंडे के साथ भाग गई!

गुंडे के लिए माया 'पहली प्राप्ति नहीं थी, आखिरी भी वह नहीं हुई। ऊबकर वह एक दिन उसे अकेली छोड़ गया। जब माया को अपनी दशा पर समझ आ गई, तब वह समाज के कबाड़खाने–एक अनाथाश्रम–में दाखिल हो गई। कबाड़ से उठने की कोशिश उसके लिए व्यर्थ है–यह सोचकर कुछ शान्ति से दिन बिताने की उम्मीद में उसने अपना भाग्य चुपचाप स्वीकार कर लिया।

गुंडे के मन से उतरकर भी माया के पास अभी पर्याप्त रूप है, यह बात उसे समझाने की अनाथालय के मैनेजर ने पूरी कोशिश की। इसका सबूत देने के लिए उसने उस रूप की कीमत भी लगाई, पर जब माया के निरीह उपेक्षाभाव पर कोई असर नहीं हुआ, और इस बीच एक ऐसा व्यक्ति भी आ गया, जो माया के रूप की अधिक कीमत लगा रहा था, तब मैनेजर ने माया को एक नए बने हुए सेठ के पास बेच दिया।

सेठ साहब को अपने बहुत जल्दी कमाए हुए अर्थ और बहुत देर से चेते हुए काम के लिए एक साझीदार की ज़रूरत थी। जब माया की मार्फ़त दोनों उद्देश्य

पूरे होने लगे, तब उनको सब चिन्ता भूल गई और वे दिलेर होकर सट्टा करने लगे। एक दिन उनका दीवाला निकल गया।

जब उन्होंने देखा कि अर्थ समाप्त हो जाने से माया–जिसका घना उपेक्षाभाव अभी मिटा नहीं था–अब काम की अपेक्षा करती है, तब एक दिन उन्होंने मार-पीटकर उसे निकाल दिया। लेकिन इससे कोई भी समस्या हल नहीं होती थी, इसलिए फेर लाए। फिर एक दिन निकाल दिया और फिर लौटा लाए। फिर आखिर एक दिन निकाल दिया और फिर लौटा लाए। फिर आखिर एक दिन जब माया बीमार हुई, तब उन्होंने समझ लिया कि जब उद्देश्य ही पूरे न हो सके तब अर्थ का ही ख़याल कर लेना चाहिए; क्योंकि अर्थ हो तो काम भी पूरा हो सकता है; और माया जैसी 'रंडी की बेटियाँ' गुलाम बनाई जा सकती हैं। नतीजा यह हुआ कि बीमारी की हालत में माया फिर एक बार बिक गई।

उसे एक मारवाड़ी सेठ की कोठी के दरबान ने खरीद लिया था, जिसके सगे कोई नहीं थे और जिसकी भंग पीने की आदत के कारण उसकी शादी नहीं होती थी।

दरबान ने माया को अच्छी तरह रखा। अपने घर में वेश्या की लड़की और दूसरे घरों में वेश्या की तरह रहकर माया ने इस घर में कुछ नया वातावरण पाया, और दरबान की ममता के आगे वह पिघल गई। यहाँ तक कि जब झोंक में आकर दरबान उसे प्यार की बातें कहता, तब यह जानकर भी कि ये सब बड़ी-बड़ी बातें भंग के सहारे ही सूझती हैं, माया उसके गले का भारी रुद्राक्ष का दाना और पीतल का तावीज पकड़कर इतना ही कहती, 'कितने बक्की हो तुम!'

तब एक दिन दरबान के घर उजाला फूटा; अभी दरबान हक्का-बक्का खड़ा ही था कि ऊपर से मालिक की आवाज़ आई और नीचे कराहती हुई माया ने कहा, 'दाई बुला लाओ–'

और फिर एक नए जन्म की छाया में, एक दरबान रामभुज (या खेलावन या लालबहादुर या भरोसे या रामबहोरी) बेतहाशा भागा बाहर की गली की ओर, बड़ी सड़क की ओर, लारियों और मोटरों के गोरखधन्धे के बीच, उस चमाचम, खचाखच दानवी शय्या पर बिछने के लिए–

2

बड़ी सुन्दर कहानी है! यदि इसे एक-एक बात से रस लेकर, घटना के हर कौर को लज़ीज़ और चटपटा बनाकर कहा जाए; यदि उससे वासना की मिठास या अतृप्त वासना की हल्की कसक जाग्रत् हो, तो यह कहानी 'कला कला के लिए' का नमूना हो जाएगी; यदि उसे तीखे आक्रोश के साथ, कुढ़न और क्रोध के साथ कहा जाए

तो वह प्रगतिशील कला का प्रतीक बन जाएगी। लेकिन जनता और जनार्दन का झगड़ा छोड़ दें, तो भी यह स्पष्ट है कि कहानी में जीवन की निर्व्याघात प्रवहमानता, मानवता की अटूट परम्परा प्रतिबिम्बित होती है, इसलिए मानना पड़ेगा कि यह चाहे कैसे भी कही जाए, वह सच्ची कला है, महान कहानी है।

लेकिन आपको यह पसन्द नहीं है। क्यों पसन्द नहीं है?

क्योंकि इसमें जीवन के प्रति एक विद्रूप, तिरस्कार का भाव है। क्योंकि इसमें निष्ठा की, विश्वास की कमी है।

कला से हम क्या चाहते हैं?

कला से हम माँगते हैं कि वह हमारी परिस्थिति का भार हल्का करे, यानी हमारी तारीफ करे, हम पर तरस खाए, हमसे सहानुभूति दिखाए–जैसे भी हो, हमारा अपने में विश्वास बनाए रखे और हमारे अहं की पुष्टि करे।

और जो कहानी मैंने कही है, उसमें आपको वे गुण नहीं मिलते। आपको लगता है, आपको धोखा दिया गया है, अपमानित किया गया है, ओछा दिखाया गया है! आप तिरस्कृत अनुभव करते हैं, आपमें ग्लानि उत्पन्न होती है; क्योंकि आप विश्वास माँगते हैं; आप निष्ठा माँगते हैं; आप नहीं चाहते कि आप पर कोई हँसे; आपकी अवज्ञा करे; आपको उपहास का पात्र बनावे!

किन्तु क्या मेरी कहानी में सचमुच विश्वास और निष्ठा की कमी है? क्या उसका व्यंग्य एक बन्द गली में जाकर समाप्त होनेवाला वह करुण विश्वास ही नहीं है जो प्रत्येक मानव में, समूची मानवता की आत्मा में समाया है और जो मेरी कहानी को उसकी 'एपिक क्वालिटी' देता है–इतनी विराट् और इतनी कटु! मेरी कहानी का सड़क का मोड़ आपकी समूची सभ्यता का चित्र है–पहली सन्तान के होने की खुशी में फूली न समाती हुई वह मदहोश होकर बाहर को भागी जा रही है, एक नृशंस दानवी यंत्र के नीचे बजरी से लदी हुई एक निष्प्राण मशीन के नीचे कुचली जाने के लिए!

मेरी कहानी में आपको विश्वास नहीं दीखता, तो मैं क्या करूँ? जबकि वह आपके विश्वास की ट्रेजेडी की कहानी है, आपको लगता है जैसे आपके पेट में किसी ने लात मार दी हो, तो मैं क्या करूँ जबकि लात आपकी है!

कलकत्ता, सितम्बर, 1939

रमन्ते तत्र देवताः

अक्टूबर सन् 1946 का कलकत्ता। तब हम लोग दंगे के आदी हो गए थे, अखबार में इक्के-दुक्के खून और लूट-पाट की घटनाएँ पढ़कर तन नहीं सिहरता था; इतने से यह भी नहीं लगता था कि शहर की शान्ति भंग हो गई। शहर बहुत-से छोटे-छोटे हिन्दुस्तान-पाकिस्तानों में बँट गया था, जिनकी सीमाओं की रक्षा पहरेदार नहीं करते थे, लेकिन जो फिर भी परस्पर अनुल्लंघ्य हो गए थे। लोग इसी बँटी हुई जीवन-प्रणाली को लेकर भी अपने दिन काट रहे थे; मान बैठे थे कि जैसे जुकाम होने पर एक नासिका बन्द हो जाती है तो दूसरी से श्वास लिया जाता है-तनिक कष्ट होता है तो क्या हुआ, कोई मर थोड़े ही जाता है?-वैसे ही श्वास की तरह नागरिक जीवन भी बँट गया तो क्या हुआ...एक नासिका ही नहीं, एक फेफड़ा भी बन्द हो जा सकता है और उसकी सड़न का विष सारे शरीर में फैलता है और दूसरे फेफड़े को भी आक्रान्त कर लेता है, इतनी दूर तक रूपक को घसीट ले जाने की क्या ज़रूरत?

बीच-बीच में इस या उस मुहल्ले में विस्फोट हो जाता है। तब थोड़ी देर के लिए उस या आस-पास के मुहल्लों में जीवन स्थगित हो जाता था, व्यवस्था पटकी खा जाती थी और आतंक उसकी छाती पर चढ़ बैठता था। कभी दो-एक दिन के लिए भी गड़बड़ रहती थी, तब बात कानो-कान फैल जाती थी कि 'ओ पाड़ा भालो ना' और दूसरे मुहल्लों के लोग दो-चार दिन के लिए उधर आना-जाना छोड़ देते थे। उसके बाद ढर्रा फिर उभर आता था और गाड़ी चल पड़ती थी...

हठात् एक दिन कई मुहल्लों पर आतंक छा गया। ये वैसे मुहल्ले थे जिनमें हिन्दुस्तान-पाकिस्तान की सीमाएँ नहीं बाँधी जा सकती थीं, क्योंकि प्याज़ की परतों की तरह एक के अन्दर एक जमा हुआ था इनमें यह होता था कि जब कहीं आस-पास कोई गड़बड़ हो, या गड़बड़ की अफवाह हो, तो उसका उद्भव या कारण चाहे हिन्दू सुना जाए चाहे मुसलमान, सब लोग अपने-अपने किवाड़ बन्द करके जहाँ के तहाँ रह जाते, बाहर गए हुए शाम को घर न लौटकर बाहर ही कहीं रात काट देते, और दूसरे-तीसरे दिन तक घर के लोग यह न जान पाते कि गया हुआ व्यक्ति इच्छापूर्वक कहीं रह गया है या कहीं रास्ते में मारा गया है...

मैं तब बालीगंज की तरफ रहता था। यहाँ शान्ति थी और शायद ही कभी भंग होती थी। यों खबरें सब यहाँ मिल जाती थीं, और कभी-कभी आगामी 'प्रोग्रामों' का कुछ पूर्वाभास भी। मंत्रणाएँ यहाँ होती थीं, शरणार्थी यहाँ आते थे, सहानुभूति के इच्छुक आकर अपनी गाथाएँ सुनाकर चले जाते थे...

आतंक का दूसरा दिन था। तीसरे पहर घर के सामने बरामदे में आराम-कुर्सी पर पड़े-पड़े मैं आने-जानेवालों को देख रहा था। 'आने-जानेवालों' यों भी अध्ययन की श्रेष्ठ सामग्री होते हैं, ऐसे आतंक के समय में तो और भी अधिक। तभी देखो, मेरे पड़ोसी एक ही सिख सरदार साहब, अपने साथ तीन-चार और सिखों को लिए हुए घर की तरफ जा रहे हैं। ये अन्य सिख मैंने पहले उधर नहीं देखे थे-कौतूहल स्वाभाविक था, और फिर आज अपने पड़ोसी को लम्बी किरपान लगाए देखकर तो और भी अचम्भा हुआ। सरदार बिशनसिंह सिख तो थे, पर बड़े संकोची, शान्तिप्रिय और उदार विचारों के; प्रतीक रूप से किरपान रखते रहे हों, मैंने देखी नहीं थी और ऐसे उद्धत ढंग से कोट के ऊपर कमरबन्द के साथ लटकाई हुई तो कभी नहीं।

मैंने कुछ पंजाबी लहजा बनाकर कहा, "सरदार जी, अज्ज किद्धर फौजां चल्लियाँ ने?"

बिशनसिंह ने व्यस्त आँखों से मेरी ओर देखा। मानो कह रहे हों, 'मैं जानता हूँ कि तुम्हारे लहजे पर मुस्कराकर तुम्हारा विनोद स्वीकार करना चाहिए, पर देखते हो, मैं फँसा हूँ...' स्वयं उन्होंने कहा, "फेर हाज़िर होवांगा..."

टोली आगे बढ़ गई।

जो लोग आराम-कुर्सियों पर बैठकर आने-जानेवालों को देखा करते हैं, उन्हें एक तो देखने को बहुत-कुछ नहीं मिलता है, दूसरे जो कुछ वे देखते हैं उसके साथ उनका रागात्मक लगाव तो ज़रा भी होता नहीं कि वह मन में जम जाए। मैं भी सरदार बिशनसिंह को भूल-सा गया था जब रात को वे मेरे यहाँ आए। लेकिन अचम्भे को दबाकर मैंने कुर्सी दी और कहा, "आओ बैठो, बड़ी किरपा कीती?"

वे बैठ गए। थोड़ी देर चुप रहे। फिर बोले, "अज जी बड़ा दुखी हो गया ए।"

मैंने पंजाबी छोड़कर गम्भीर होकर कहा, "क्या बात है सरदार जी? खैर तो है?"

"सब खैर-ही-खैर है इस अभागे मुल्क में, भाई साहब और क्या कहूँ! मैं तो कहता हूँ, दंगा और खून-खराबा न हो तो कैसे न हो जबकि हम रोज़ नई जगह उसकी जड़ें रोप आते हैं फिर उन्हें सींचते हैं...मुझे तो अचम्भा होता है, हमारी कौम बची कैसे रही अब तक!"

उनकी वाणी में दर्द था। मैंने समझा कि वे भूमिका में उसे बहा न लेंगे तो बात न कह पाएँगे, इसलिए चुप सुनता रहा। वे कहते गए, "सारे मुसलमान अरब और

फारस या तातार से नहीं आए थे। सौ के एक होगा जिसको हम आज अरब या फारस या तातार की नस्लें कह सकें। और मेरा तो ख़याल है–ख़याल नहीं तजरुबा है कि अरब या ईरानी बड़ा नेक, मिलनसार और अमनपसन्द होता है। तातरियों से साबिका नहीं पड़ा। बाकी सारे मुसलमान कौन है? हमारे भाई, हमारे मज़लूम जिनका मुँह हम हजारों बरसों से मिट्टी में रगड़ते आए हैं! वही, आज वही मुँह उठाकर हम पर थूकते हैं, तो हमें बुरा लगता हैं। पर वे मुसलमान हैं, इसलिए हम खिसियाकर अपने और भाइयों को पकड़कर उनका मुँह मिट्टी में रगड़ते है! और भाइयों को ही क्यों, बहिनों को पैरों के नीचे रौंदते हैं, और चूँ नहीं करने देते क्योंकि चूँ करने से धरम नहीं रहता–''

आवेश में सरदार की ज़बान लड़खड़ाने लगी थी। वे क्षण-भर चुप हो गए। फिर बोले, ''बाबू साहब, आप सोचते होंगे, यह सिख होकर मुसलमान का पच्छ करता है। ठीक है, उनसे किसी का वैर हो सकता है तो हमारा ही। पर आप सोचिए तो, मुसलमान है कौन? मज़लूम हिन्दू ही तो मुसलमान हैं। हमने जिससे हिकारत की, वह हमसे नफरत करे तो क्या बुरा करता है–हमारा कर्ज़ ही तो अदा करता है न! मैं तो यह भी कहता हूँ कि यह ठीक न भी हो, तो भी हम नुक्स निकालनेवाले कौन होते हैं? इन्सान को पहले अपना ऐब देखना चाहिए, तभी वह दूसरे को कुछ कहने लायक बनता है। आप नहीं मानते?''

मैंने कहा, ''ठीक कहते हैं आप। लेकिन इन्सान आखिर इन्सान है, देवता नहीं।''

उन्होंने उत्तेजित स्वर में कहा, ''देवता! आप कहते हैं देवता। काश कि वह इन्सान भी हो सकता! बल्कि वह खरा हैवान ही होता तो कुछ भी बात थी–हैवान भी अपने नियम-कायदे से चलता है! लेकिन मैं बहस करने नहीं आया, आप आज की बात सुन लीजिए।''

मैंने कहा, ''आप कहिए। मैं सुन रहा हूँ।''

''आप जानते हैं कि मेरे घर के पास गुरुद्वारा है। जहाँ जब-तब कुछ लोगों ने पनाह पाई है, और जब-तब मैंने भी वहाँ पहरा दिया है। यह कोई तारीफ की बात नहीं, गुरुद्वारे की सेवा का भी एक ढर्रा है, पनाह देने की भी रीति चली आई है, इसलिए यह हो गया है। हम लोगों ने इन्सानियत की कोई नई ईजाद नहीं की। खैर, कल शाम मैं बाज़ार से वापस आ रहा था तो देखा, रास्ते में अचानक मिनटों में सन्नाटा छाता जा रहा है। दो-एक ने मुझे भी पुकारकर कहा, 'घर जाओ, दंगा हो गया है,' पर यह न बता पाए कि कहाँ। ट्राम तो बन्द थी ही।

''धरमतल्ले के पास मैंने देखा, एक औरत अकेली घबराई हुई आगे दौड़ती चली जा रही है, एक हाथ में एक छोटा बंडल है, दूसरे में ज़ोर से एक छोटा मनी बैग दाबे है। रो रही है। देखने से भद्दरलोक की थी। मैंने सोचा, भटक गई है और

डरी-डरी हुई है, यों भी ऐसे वक्त में अकेली जाना-और फिर बंगालिन का-ठीक नहीं, पूछकर पहुँचा दूँ। मैंने पूछा, 'माँ, तुम कहाँ जाओगी?' पहले तो वह और सहमी, फिर देखकर कि मुसलमान नहीं सिख हूँ, ज़रा सँभली। मालूम हुआ कि उत्तरी कलकत्ता से उसका खाविन्द और वह दोनों धरमतल्ले आए थे, तय हुआ कि दोनों अलग-अलग सामान खरीदकर के.सी. दास की दुकान पर नियत समय पर मिल जाएँगे और फिर घर जाएँगे; इसी बीच गड़बड़ हो गई, वह सन्नाटे से डरकर घर भागी जा रही है-दास की दुकान पर नहीं गई, रास्ते में चाँदनी पड़ती है जो उसने सदा सुना है कि मुसलमानों का गढ़ है।

"मैंने उससे कहा कि डरे नहीं, मेरे साथ धरमतल्ला पार कर ले। अगर के.सी. दास की दुकान पर उसका आदमी मिल गया तो ठीक, नहीं तो वहाँ से बालीगंज की ट्रॉम तो चलती होगी, उसमें जाकर गुरुद्वारे में रात रह जाएगी और सवेरे मैं उसे घर पहुँचा आऊँगा। दिन छिप चला था, बिजली सड़कों पर वैसे ही नहीं है, ऐसे में पाँच-छह मील पैदल दंगे का इलाका पार करना ठीक नहीं है।" इतना कहकर सरदार बिशनसिंह क्षण भर रुके, और मेरी ओर देखकर बोले, "बताइए, मैंने ठीक कहा कि गलत? और मैं क्या कर सकता था?"

"ठीक ही तो कहा, और रास्ता ही क्या था?"

"मगर ठीक नहीं कहा। बाद में पता लगा कि मुझे उसे अकेली भटकने देना चाहिए था।"

"क्यों?" मैंने अचकचाकर पूछा।

"सुनिए!" सरदार ने एक लम्बी साँस ली, "के.सी. दास की दुकान बन्द थी। पति देवता का कोई निशान नहीं थी। मैं उस औरत को ट्राम में बिठाकर यहाँ ले आया। रात वह गुरुद्वारे के ऊपरवाले कमरे में रही। मैं तो अकेला हूँ आप जानते हैं, मेरी बहिन ने उसे वहीं ले ज़ाकर खाना खिलाया और बिस्तरा वगैरह दे आई। सवेरे मैंने एक सिख ड्राइवर से बात करके टैक्सी की, और ढूँढ़ता हुआ उसके घर ले गया। शामपुकुर लेन में था-एकदम उत्तर में। दरवाज़ा बन्द था, हमने खटखटाया तो एक सुस्त से महाशय बाहर निकले-पति देवता।"

"आप लोगों को देखते ही उछले पड़े होंगे?"

सरदार क्षण भर चुप रहे।

"हाँ, उछल तो पड़े। लेकिन बहू को देखकर तो नहीं, मुझे देखकर। उन्होंने फिर एक लम्बी साँस ली। " महाशय के.सी. दास घर पर नहीं ठहरे थे, दंगे की खबर हुई तो कहीं एक दोस्त के यहाँ चले गए थे। रात वहीं रहे थे, हमसे कुछ पहले ही लौटकर आए थे। आँखें भरी थीं। दरवाज़ा खोलकर मुझे देखकर चौंके, फिर मेरे पीछे स्त्री को देखकर तनिक ठिठके और खड़े-खड़े बोले, 'आप कौन?' मैंने कहा, 'पहले इन्हें भीतर ले जाइए, फिर मैं सब बतलाता हूँ।' स्त्री पहले ही सकुची झुकी

खड़ी थी, इस बात पर उसने घुँघट ज़रा आगे सरकाकर अपने को और भी समेट-सा लिया।''

बिशनसिंह फिर ज़रा चुप रहे, मैं भी चुप रहा।

''पति ने फिर पूछा, 'ये रात आपके यहाँ रहीं? मैंने कहा, हाँ, हमारे गुरुद्वारे में रहीं। शाम को यहाँ आना मुमकिन नहीं था।' उन्होंने फिर कहा, 'आपके बीवी-बच्चे हैं?' मैंने कहा, 'नहीं, मेरी विधवा बहिन साथ रहती है, पर इससे आपको क्या?'

''उन्होंने मुझे जवाब नहीं दिया। वहीं से स्त्री की ओर उन्मुख होकर बंगाली में पूछा, 'तुम रात को क्या जाने कहाँ रही हो, सवेरे तुम्हें यहाँ आते शरम न आई?' सरदार बिशनसिंह ने रुककर मेरी ओर देखा।

मैंने कहा, ''नीच!''

बिशनसिंह के चेहरे पर दर्द भरी मुस्कान झलककर खो गई। बोले, ''मैं न जाने क्या करता उस आदमी को-और सोचता हूँ कि स्त्री भी न जाने क्या जवाब देती। लेकिन औरत ज़ात का जवाब न देना भी कितना बड़ा जवाब होता है, इसको आजकल का कीड़ा इन्सान क्या समझता है? मैंने पीछे धमाका सुनकर मुड़कर देखा, वह औरत गिर गई थी-बेहोश होकर। मैं फौरन उठाने को झुका, पर उस आदमी ने ऐसा तमाचा मारा था कि मेरे हाथ ठिठक गए। मैंने उसी से कहा, 'उठाओ, पानी का छींटा दो...' पर वह सरका नहीं, फिर उसकी ढबर-ढबर आँखें छोटी होकर लकीरें-सी बन गईं, और एकाएक उसने दरवाज़ा बन्द कर लिया।''

मैं स्तब्ध सुनता रहा। कुछ कहने को न मिला।

''लोग इकट्ठे होने लगे थे। मैं उस स्त्री की बात सोचकर ज़्यादा भीड़ करना भी नहीं चाहता था। ड्राइवर की मदद से मैंने उसे टैक्सी में रखा और घर ले आया। बहिन को उसकी देखभाल करने को कहके बाबा बचित्तरसिंह के पास गया-वे हमारे बुजुर्ग हैं और गुरुद्वारे के ट्रस्टी। वहीं हम लोगों ने मीटिंग करके सलाह की कि क्या किया जाए। कुछ की तो राय थी कि उस आदमी को कत्ल कर देना चाहिए, पर उससे उसकी विधवा का मसला तो हल न होता। फिर यही सोचा गया कि पाँच सरदारों का जत्था गुरुद्वारे की तरफ से उस औरत को उसके घर लेकर जाए और उसके आदमी से कहे कि या तो इसको अपनाकर घर में रखो या हम समझेंगे कि तुमने गुरुद्वारे की बेइज़्ज़ती की है और तुम्हें काट डालेंगे।''

''आप शायद कल तीसरे पहर वहीं से लौट रहे होंगे...''

''हाँ। नहीं तो आप जानते हैं कि मैं वैसे किरपान नहीं बाँधता। एक जमाने में जिन वजूहात से गुरुओं ने किरपान बाँधना धर्म बताया था, आज उनके लिए राइफल से कम कोई क्या बाँधेगा? निरी निशानी का मोह अपनी बुज़दिली को छिपाने का तरीका बन जाता है, और क्या! खैर, हम लोग औरत को लेकर गए। हमें देखते ही

पहले तो और भी कई लोग जुट गए, पर जत्थे को देखकर शायद पति देवता को अकल आ गई, उन्होंने हमसे कहा, 'अच्छा ठीक है, आप लोगों की मेहरबानी,' और औरत से कहा, 'चल, भीतर चल,' और बस। हमें आने या बैठने को नहीं कहा...हम बैठते तो क्या उस कमीने के घर में...''

''औरत भीतर चली गई? कुछ बोली नहीं?''

''बोलती क्या? जब से होश आया तब से बोली नहीं थी। उसकी आँखें न जाने कैसी हो गई थीं, उनमें झाँककर भी कोई जैसे कुछ नहीं देखता था, सिर्फ एक दीवार। मुझसे तो उसके पास नहीं ठहरा जाता था। वह चुपचाप खड़ी रही। जब हम लोगों ने कहा, 'जाओ माँ, घर में जाओ अब...' तब जैसे मशीन-सी दो-तीन कदम आगे बढ़ी। पति के फैलते-सिकुड़ते नथनों की ओर उसने नहीं देखा, एक-एक कदम पर जैसे और झुकती और छोटी होती जाती थी। देहरी तक हो गई, फिर वहीं लड़खड़ाकर बैठ गई। मैं तो समझा था फिर गिरी, पर बैठते-बैठते उसका सिर चौखटे से टकराया तो चोट से वह सँभल गई। बैठ गई। उसे वैसे ही छोड़कर हम चले आए।''

हम दोनों देर तक चुप रहे।

थोड़ी देर बाद सरदार बिशनसिंह ने कहा, ''बोलिए कुछ, भाई साहब!''

मैंने कहा, ''चलिए, बात खतम हो गई जैसे-तैसे उन्होंने उसे घर में ले लिया...''

बिशनसिंह ने तीखी दृष्टि से मेरी तरफ देखा, ''आप सच-सच कह रहे हैं बाबू साहब?''

मैंने चौंककर कहा, ''क्यों? झूठ क्या है?''

''आप सचमुच मानते हैं कि बात खत्म हो गई?''

मैंने कुछ रुकते-रुकते कहा, ''नहीं, वैसा तो नहीं मान पाता। यानी हमारे लिए भले ही खतम हो गई हो, उनके लिए तो नहीं हुई।''

''हमारे लिए भी क्या हुई है? पर उसे अभी छोड़िए, बताइए कि उस औरत का क्या होगा?''

मैंने अपने शब्द तौलते हुए कहा, ''बंगाल में आए दिन अखबारों में पढ़ने को मिलता है कि स्त्री ने सास या ननद या पति के अत्याचार से दुखी होकर आत्महत्या कर ली, ज़हर खा लिया या कुएँ में कूद पड़ी। और...कभी-कभी ऐसे एक्सीडेंट भी होते हैं कि स्त्री के कपड़ों में आग लग गई, चाहे यों ही, चाहे मिट्टी के तेल के साथ...''

''हाँ, हो सकता है। आप माफ करना, मैं कड़वी बात कहनेवाला हूँ। इससे अगर आपको कुछ तसल्ली हो तो कहूँ कि अपने को हिन्दू मानकर ही यह कह रहा

हूँ। आप हिन्दू हैं न, इसलिए यही सोचते हैं। वह मर जाएगी; छुटकारा हो जाएगा। हिन्दू धर्म उदार है न; मानता नहीं, मरने का सब तरह से सुभीता कर देता है। इसमें दो फायदे हैं–एक तो कभी चूक नहीं होती, दूसरे, यह तरीका दया का भी है। लेकिन यह बताइए, अगर आदमी पशु है तो औरत क्यों देवता हो? देवता मैं जान-बूझकर कहता हूँ, क्योंकि इन्सान का इन्साफ तो देवताओं से भी ऊँचा उठ सकता है। देवता सूद न लें, धेले-पाई की वसूली पूरी करते हैं।...करते हैं कि नहीं?''

मैंने कहा, ''सरदार साहब, आपको सदमा पहुँचा है इसलिए आप इतनी कड़वी बात कह रहे हैं। मैं उस आदमी को अच्छा नहीं कहता, पर एक आदमी की बात को आप हिन्दू जाति पर क्यों थोपते हैं?''

''क्या वह सचमुच एक आदमी की बात है? सुनिए, मैं जब सोचता हूँ कि क्या हो तो उस आदमी के साथ इन्साफ हो, तब यही देखता हूँ कि वह औरत घर से दुतकारी जाकर मुसलमान हो, मुसलमान जने, ऐसे मुसलमान जो एक-एक सौ-सौ हिन्दुओं को मारने की कसम खाएँ। और आप तो साइकॉलोजी पढ़े हैं न, आप समझेंगे–हिन्दू औरतों के साथ सचमुच वही करे जिसकी झूठी तोहमत उसकी माँ पर लगाई गई! देवताओं का इन्साफ तो हमेशा से यही चला आया है–नफरत के एक-एक बीज से हमेशा सौ-सौ ज़हरीले पौधे उगे हैं। नहीं तो यह जंगल यहाँ उगा कैसे, जिसमें आज हम-आप खो गए हैं और क्या जाने निकलेंगे कि नहीं? हम रोज़ दिन में कई बार नफरत का नया बीज बोते हैं और जब पौधा फलता है तो चीखते हैं कि धरती ने हमारे साथ धोखा किया!''

मैं काफी देर तक चुप रहा। सरदार बिशनसिंह की बात चमड़ी के नीचे कंकड़-सी रड़कने लगी। वातावरण बोझीला सा हो गया। मैंने उसे कुछ हल्का करने के लिए कहा, ''सिख कौम की शिवेलरी मशहूर है। देखता हूँ, उस बिचारी का दुख आपकी शिवेलरी को छू गया है!''

उन्होंने उठते हुए कहा, ''मेरी शिवेलरी!'' और थोड़ी देर बाद फिर ऐसे स्वर में, जिसमें एक अजीब गूँज थी, ''मेरी शिवेलरी, भाई साहब!''

उन्होंने मुँह फेर लिया, लेकिन मैंने देखा, उनके होंठों की कोर काँप रही है–हल्की-सी, लेकिन बड़ी बेबसी के साथ...

इलाहाबाद, 1947

बदला

अँधेरे डिब्बे में जल्दी-जल्दी सामान ठेल, गोद के आबिद को खिड़की से भीतर सीट पर पटक, बड़ी लड़की जुबैदा को चढ़ाकर सुरैया ने स्वयं भीतर घुसकर गाड़ी के चलने के साथ-साथ लम्बी साँस लेकर पाक परवरदिगार को याद किया ही था कि उसने देखा, डिब्बे के दूसरे कोने में चादर ओढ़े जो दो आकार बैठे हुए थे, वे अपने मुसलमान भाई नहीं-सिख थे! चलती गाड़ी में स्टेशन की बत्तियों से रह-रहकर जो प्रकाश की झलक पड़ती थी, उसमें उसे लगा, उन सिखों की स्थिर अपलक आँखों में अमानुषी कुछ है। उनकी दृष्टि जैसे उसे देखती है पर उसकी काया पर रुकती नहीं, सीधी भेदती हुई चलती जाती है; और तेज़ धार-सा एक अलगाव उनमें है, जिसे जैसे कोई छू नहीं सकता, छुएगा तो कट जाएगा! रोशनी इसके लिए काफी नहीं थी, पर सुरैया ने मानो कल्पना की दृष्टि से देखा कि उन आँखों में लाल-लाल डोरे पड़े हैं, और...और...वह डर से सिहर गई। पर गाड़ी तेज़ चल रही थी, अब दूसरे डिब्बे में जाना असम्भव था : कूद पड़ना, एक उपाय होता, किन्तु उतनी तेज़ गति में बच्चे-कच्चे लेकर कूदने से किसी दूसरे यात्री द्वारा उठाकर बाहर फेंक दिया जाना क्या बहुत बदतर होगा? यह सोचती और ऊपर से झूलती हुई खतरे की चेन के हैंडिल को देखती हुई वह अनिश्चित सी बैठ गई...आगे स्टेशन पर देखा जाएगा...एक स्टेशन तक तो कोई खतरा नहीं है-कम-से-कम अभी तक तो कोई वारदात इस हिस्से में हुई नहीं...

"आप कहाँ तक जाएँगी?"

सुरैया चौंकी। बड़ा सिख पूछ रहा था। कितनी भारी उसकी आवाज़ थी! जो शायद दो स्टेशन बाद उसे मारकर ट्रेन से बाहर फेंक देगा, वह यहाँ उसे 'आप' कहकर सम्बोधन करे, इसकी विडम्बना पर वह सोचती रह गई और उत्तर में देर हो गई। सिख ने फिर पूछा, "आप कितनी दूर जाएँगी?"

सुरैया ने बुरका मुँह से उठाकर पीछे डाल रखा था, सहसा उसे मुँह पर खींचते हुए कहा, "इटावे जा रही हूँ।"

सिख ने क्षण-भर सोचकर कहा, "साथ कोई नहीं है?"

उस तनिक-सी देर को लक्ष्य करके सुरैया ने सोचा, 'हिसाब लगा रहा है कि कितना वक्त मिलेगा मुझे मारने के लिए...या रब, अगले स्टेशन पर कोई और

सवारियाँ आ जाएँ...और साथ कोई ज़रूर बताना चाहिए–उससे शायद यह डरा रहे! यद्यपि आजकल के जमाने में वह सफर में साथ क्या जो डिब्बे में साथ न बैठे...कोई छुरा भोंक दे तो अगले स्टेशन तक बैठी रहना कि कोई आकर खिड़की के सामने खड़ा होकर पूछेगा, 'किसी चीज़ की ज़रूरत तो नहीं...'

उसने कहा, "मेरे भाई हैं...दूसरे डिब्बे में..."

आबिद ने चमककर कहा, "कहाँ माँ! मामू तो लाहौर गए हुए हैं।..."

सुरैया ने उसे बड़ी ज़ोर से डपटकर कहा, "चुप रह!"

थोड़ी देर बाद सिख ने पूछा, "इटावे में आपके अपने लोग हैं?"

"हाँ।"

सिख फिर चुप रहा। थोड़ी देर बाद बोला, "आपके भाई को आपके साथ बैठना चाहिए था; आजकल के हालात में कोई अपनों से अलग बैठता है?"

सुरैया मन-ही-मन सोचने लगी कि कहीं कम्बख्त ताड़ तो नहीं गया कि मेरे साथ कोई नहीं है!

सिख ने मानो अपने-आपसे ही कहा, "पर मुसीबत में किसी का कोई नहीं है, सब अपने ही अपने हैं..."

गाड़ी की चाल धीमी हो गई। छोटा स्टेशन था। सुरैया असमंजस में थी कि उतरे या बैठी रहे? दो आदमी डिब्बे में और चढ़ आए–सुरैया के मन ने तुरन्त कहा, 'हिन्दू' और तब वह सचमुच और भी डर गई, और थैली-पोटली समेटने लगी।

सिख ने कहा, "आप क्या उतरेंगी?"

"सोचती हूँ, भाई के पास जा बैठूँ..." क्या जीव है इन्सान कि ऐसे मौके पर भी झूठ की टट्टी की आड़ बनाए रखता है...और कितनी झीनी आड़, क्योंकि डिब्बा बदलवाने भाई स्वयं न आता? आता कहाँ से, हो जब न?–

सिख ने कहा, "आप बैठी रहिए। यहाँ आपको कोई डर नहीं है। मैं आपको अपनी बहिन समझता हूँ और इन्हें अपने बच्चे...आपको अलीगढ़ तक ठीक-ठीक मैं पहुँचा दूँगा। उससे आगे खतरा भी नहीं है, और वहाँ से आपके भाई-बन्द भी गाड़ी में आ ही जाएँगे।"

एक हिन्दू ने कहा, "सरदार जी, जाती है तो जाने दो न, आपको क्या?"

सुरैया न सोच पाई कि सिख की बात की, और इस हिन्दू की टिप्पणी को किस अर्थ में ले, पर गाड़ी ने चलकर फैसला कर दिया। वह बैठ गई।

हिन्दू ने पूछा, "सरदार, आप पंजाब से आए हो?"

"जी।"

"कहाँ घर है आपका?"

"शेखूपुरे में था। अब यहीं समझ लीजिए..."

"यहीं? क्या मतलब?"

"जहाँ मैं हूँ, वहीं घर है! रेल के डिब्बे का कोना।"

हिन्दू ने स्वर को कुछ संयत कर, जैसे गिलास में थोड़ी-सी हमदर्दी उँड़ेलकर सिख की ओर बढ़ाते हुए कहा, "तब तो आप शरणार्थी हैं..."

सिख ने मानो गिलास को 'जी, मैं नहीं पीता' कहकर ठेलते हुए, एक सूखी हँसी हँसकर कहा, जिसकी अनुगूँज हिन्दू महाशय के कान नहीं पकड़ सके, "जी!"

हिन्दू महाशय ने तनिक और दिलचस्पी के साथ कहा, "आपके घर के लोगों पर तो बहुत बुरी बीती होगी–"

सिख की आँखों में एक पल के अंश-भर के लिए अंगार चमक गया, पर यह इस दाने को भी चुगने न बढ़ा। चुप रहा।

हिन्दू ने सुरैया की ओर देखते हुए कहा, "दिल्ली में कुछ लोग बताते थे, वहाँ उन्होंने क्या-क्या जुल्म किए हैं हिन्दुओं और सिखों पर। कैसी-कैसी बातें वे बताते थे, क्या बताऊँ, ज़बान पर लाते शर्म आती है। औरतों को नंगा करके..."

सिख ने अपने पास पोटली बनकर बैठे दूसरे व्यक्ति से कहा, "काका, तुम ऊपर चढ़कर सो रहो।" स्पष्ट ही वह सिख का लड़का था, और जब उसने आदेश पाकर उठकर अपने सोलह-सत्रह बरस के छरहरे बदन को अँगड़ाई में सीधा करके ऊपरी बर्थ की ओर देखा, तब उसकी आँखों में भी पिता की आँखों का प्रतिबिम्ब झलक आया। वह ऊपरी बर्थ पर चढ़कर लेट गया, नीचे सिख ने अपनी टाँगें सीधी कीं और खिड़की से बाहर की ओर देखने लगा।

हिन्दू महाशय की बात बीच में रुक गई थी, उन्होंने फिर आरम्भ किया, "बाप-भाइयों के सामने ही बेटियों-बहिनों को नंगा करके..."

सिख ने कहा, "बाबू साहब, हमने जो देखा है वह आप हमीं को क्या बताएँगे..." एक बार वह अनुगूँज पहले ही स्पष्ट थी, लेकिन हिन्दू महाशय ने अब भी नहीं सुनी। मानो शह पाकर बोले, "आप ठीक कहते हैं। हम लोग भला आपका दुख कैसे समझ सकते हैं! हमदर्दी हम कर सकते हैं, पर हमदर्दी भी कैसी जब दर्द कितना बड़ा है यही न समझ पाएँ! भला बताइए, हम कैसे पूरी तरह समझ सकते हैं कि उन सिखों के मन पर क्या बीती होगी जिनकी आँखों के सामने उनकी बहू-बेटियों को..."

सिख ने संयम से काँपते हुए स्वर में कहा, "बहू-बेटियाँ सबकी होती हैं, बाबू साहब!"

हिन्दू महाशय तनिक से अप्रतिभ हुए कि सरदार की बात का ठीक आशय उनकी समझ में नहीं आ रहा। किन्तु अधिक देर तक नहीं! बोले, "अब तो हिन्दू-सिख भी चेते हैं। बदला लेना बुरा है, लेकिन कहाँ तक कोई सहेगा? इधर दिल्ली में तो उन्होंने डटकर मोर्चे लिये हैं, और कहीं-कहीं तो ईंट का जवाब पत्थर से देनेवाली मसल सच्ची कर दिखाई है। सच पूछो तो इलाज ही यह है। सुना है, करोलबाग में किसी मुसलमान डॉक्टर की लड़की को..."

अबकी बार सिख की वाणी में कोई अनुगूँज नहीं थी, एक प्रकट और रड़कनेवाली रुखाई थी। बोला, ''बाबू साहब, औरत की बेइज़्ज़ती सबके लिए शर्म की बात है। और बहिन...'' यहाँ सिख सुरैया की ओर मुखातिब हुआ, ''आपसे माफी माँगता हूँ कि आपको यह सुनना पड़ रहा है।''

हिन्दू महाशय ने अचकचाकर कहा, ''क्या-क्या, क्या-क्या? मैंने इनसे कुछ थोड़े ही कहा है?'' फिर अपने मन को कुछ सँभालते हुए, और ढिठाई से कहा, ''ये-आपके साथ हैं?''

सिख ने और भी रुखाई से कहा, ''जी! अलीगढ़ तक मैं पहुँचा रहा हूँ।''

सुरैया के मन में किसी ने कहा, 'यह बिचारा शरीफ आदमी अलीगढ़ जा रहा है! अलीगढ़-अलीगढ़...' उसने साहस करके पूछा, ''आप अलीगढ़ उतरेंगे?''

''हाँ।''

''वहाँ कोई हैं आपके?''

''मेरा कहाँ कौन है? लड़का तो मेरे साथ है।''

''वहाँ कैसे जा रहे हैं? रहेंगे?''

''नहीं, कल लौट आऊँगा।''

''तो तफरीहन जा रहे हैं?''

''तफरीह!'' सिख ने खोए-से स्वर में कहा, ''तफरीह!'' फिर सँभलकर, ''नहीं; हम कहीं नहीं जा रहे-अभी सोच रहे हैं कि कहाँ जाएँ-और जब टिकाऊ कुछ न रहे, तब चलती गाड़ी में ही कुछ सोचा जा सकता है...''

सुरैया के मन में फिर किसी ने कोंचकर कहा, 'अलीगढ़...अलीगढ़...बेचारा शरीफ है...'

उसने कहा, ''अलीगढ़...अच्छी जगह नहीं है। आप क्यों जाते हैं?''

हिन्दू महाशय ने भी कहा, जैसे किसी पागल पर तरस खा रहे हो, ''भला पूछिए...''

''मुझे क्या अच्छी और क्या बुरी!''

''फिर भी-आपको डर नहीं लगता? कोई छुरा ही मार दे रात में...''

सिख ने मुस्कराकर कहा, ''उसे कोई नजात समझ सकता है, यह आपने कभी सोचा है?''

''कैसी बातें करते हैं आप!''

''और क्या! मारेगा भी कौन? या मुसलमान, या हिन्दू। मुसलमान मारेगा, तो जहाँ घर के और सब लोग गए हैं वहीं मैं भी जा मिलूँगा; और अगर हिन्दू मारेगा, तो सोच लूँगा कि यही कसर बाकी थी-देश में जो बीमारी फैली है वह अपने शिखर पर पहुँच गई-और अब तन्दुरुस्ती का रास्ता शुरू होगा।''

''मगर भला हिन्दू क्यों मारेगा? हिन्दू लाख बुरा हो, ऐसा काम नहीं करेगा...''

सरदार को एकाएक गुस्सा चढ़ आया : उसने तिरस्कारपूर्वक कहा, "रहने दीजिए, बाबू साहब! अभी आप ही जैसे रस ले-लेकर दिल्ली की बातें सुना रहे थे–अगर आपके पास छुरा होता और आपको अपने लिए कोई खतरा न होता, तो आप क्या–अपने साथ बैठी सवारियों को बख्श देते? इन्हें–या मैं बीच में पड़ता तो मुझे?" हिन्दू महाशय कुछ बोलने को हुए पर हाथ के अधिकारपूर्ण इशारे से उन्हें रोकते हुए सरदार कहता गया, "अब आप सुनना ही चाहते हैं तो सुन लीजिए कान खोलकर। मुझसे आप हमदर्दी दिखाते हैं कि मैं आपका शरणार्थी हूँ। हमदर्दी बड़ी चीज़ है, मैं अपने को निहाल समझता अगर आप हमदर्दी के काबिल होते। लेकिन आप मेरा दर्द कैसे जान सकते हैं, जब आप उसी साँस में दिल्ली की बातें ऐसे बेदर्द ढंग से करते हैं? मुझसे आप हमदर्दी कर सकते होते–इतना दिल आपमें होता तो जो बातें आप सुनाना चाहते हैं उनसे शर्म के मारे आपकी जबान बन्द हो गई होती-सिर नीचा हो गया होता! औरत की बेइज़्ज़ती औरत की बेइज़्ज़ती है, वह हिन्दू या मुसलमान की नहीं, वह इन्सान की माँ की बेइज्जती है। शेखूपुरे में हमारे साथ जो हुआ सो हुआ–मगर मैं जानता हूँ कि उसका मैं बदला कभी नहीं ले सकता–क्योंकि उसका बदला हो ही नहीं सकता! मैं बदला दे सकता हूँ–और वह यही, कि मेरे साथ जो हुआ है, वह और किसी के साथ न हो। इसीलिए दिल्ली और अलीगढ़ के बीच इधर और उधर लोगों को पहुँचाता हूँ मैं; मेरे दिन भी कटते हैं और कुछ बदला चुका भी पाता हूँ, और इसी तरह, अगर कोई किसी दिन मार देगा तो बदला पूरा हो जाएगा–चाहे मुसलमान मारे, चाहे हिन्दू! मेरा मकसद तो इतना है कि चाहे हिन्दू हो, चाहे सिख हो, चाहे मुसलमान हो, जो मैंने देखा है वह किसी को न देखना पड़े; और मरने से पहले मेरे घर के लोगों की जो गति हुई, वह परमात्मा न करे, किसी की बहू-बेटियों को देखनी पड़े!"

इसके बाद बहुत देर तक गाड़ी में बिलकुल सन्नाटा रहा। अलीगढ़ के पहले जब गाड़ी धीमी हुई, तब सुरैया ने बहुत चाहा कि सरदार से शुक्रिया के दो शब्द कह दे, पर उसके मुँह से भी बोल नहीं निकला।

सरदार ने ही आधे उठकर ऊपर के बर्थ की ओर पुकारा, "काका उठ, अलीगढ़ आ गया है।" फिर हिन्दू महाशय की ओर देखकर बोला, "बाबू साहब, कुछ कड़ी बात कह गया हूँ तो माफ करना, हम लोग तो आपकी सरन हैं!"

हिन्दू महाशय की मुद्रा से स्पष्ट दीखा कि वहाँ वह सिख न उतर रहा होता तो वे स्वयं उतरकर दूसरे डिब्बे में जा बैठते।

इलाहाबाद, 1947

•

हीली-बोन् की बत्तखें

हीली-बोन् ने बुहारी देने का ब्रुश पिछवाड़े के बरामदे के जँगले से टेककर रखा और पीठ सीधी करके खड़ी हो गई। उसकी थकी-थकी सी आँखें पिछवाड़े के गीली लाल मिट्टी के काई-ढँके साफ फर्श पर टिक गईं। काई जैसे लाल मिट्टी को दीखने देकर भी एक चिकनी झिल्ली से उसे छाए हुए थी; वैसे ही हीली-बोन् की आँखों पर भी कुछ छा गया जिसके पीछे आँगन के चारों ओर तरतीब से सजे हुए जरेनियम के गमलों, दो रंगीन बेंत की कुर्सियों और रस्सी पर टँगे हुए तीन-चार धुले हुए कपड़ों की प्रतिच्छवि रहकर भी न रही। और कोई और गहरे देखता तो अनुभव करता कि सहसा उसके मन पर भी कुछ शिथिल और तन्द्रामय छा गया है, जिससे उसकी इन्द्रियों की ग्रहणशीलता तो ज्यों-की-त्यों रही है पर गृहीत छाप को मन तक पहुँचाने और मन को उद्वेलित करने की प्रणालियाँ रुद्ध हो गई हैं...

किन्तु हठात् वह चेहरे का चिकना बुझा हुआ भाव खुरदरा होकर तन आया; इन्द्रियाँ सजग हुईं, दृष्टि और चेतना केन्द्रित, प्रेरणा प्रबल-हीली-बोन् के मुँह से एक हल्की-सी चीख निकली और वह बरामदे से दौड़कर आँगन पार करके एक ओर बने हुए छोटे-से बाड़े पर पहुँची; वहाँ उसने बाड़े का किवाड़ खोला और फिर ठिठक गई। एक और हल्की-सी चीख उसके मुँह से निकल रही थी, पर वह अधबीच में ही रव-हीन होकर एक सिसकती-सी लम्बी साँस बन गई।

पिछवाड़े से कुछ ऊपर की तरफ पहाड़ी रास्ता था; उस पर चढ़ते व्यक्ति ने वह अनोखी चीख सुनी और रुक गया। मुड़कर उसने हीली-बोन् की ओर देखा। कुछ झिझका, फिर ज़रा बढ़कर बाड़े के बीच के छोटे-से बाँस के फाटक को ठेलता हुआ भीतर आया और विनीत भाव से बोला, "खू-ब्लाई!"

हीली-बोन् चौंकी। 'खू-ब्लाई' खासिया भाषा का 'राम-राम' है, किन्तु यह उच्चारण परदेसी है और स्वर अपरिचित-यह व्यक्ति कौन है? फिर भी खासिया जाति के सुलभ आत्म-विश्वास के साथ तुरन्त सँभलकर और मुस्कराकर उसने उत्तर दिया, "खू-ब्लाई!" और क्षण भर रुककर फिर कुछ प्रश्न-सूचक स्वर में कहा, "आइए! आइए!"

आगन्तुक ने पूछा, "मैं आपकी कुछ मदद कर सकता हूँ? अभी चलते-चलते-शायद कुछ।"

"नहीं, वह कुछ नहीं," कहते-कहते हीली का चेहरा फिर उदास हो आया। "अच्छा, आइए, देखिए।"

बाड़े की एक ओर आठ-दस बत्तखें थीं। बीचो बीच फर्श रक्त से स्याह हो रहा था और आस-पास बहुत-से पंख बिखर रहे थे। फर्श पर जहाँ-तहाँ पंजों और नाखूनों की छापें थीं।

आगन्तुक ने कहा, "लोमड़ी!"

"हाँ। यह चौथी बार है। इतने बरसों में कभी ऐसा नहीं हुआ था; पर अब दूसरे-तीसरे दिन एक-आध बत्तख मारी जाती है और कुछ उपाय नहीं सूझता। मेरी बत्तखों पर सारे मंडल के गाँव ईर्ष्या करते थे-स्वयं 'सियेम' के पास भी ऐसा बढ़िया झुंड नहीं था! पर अब-" हीली चुप हो गई।

आगन्तुक भी थोड़ी देर चुपचाप फर्श को और बत्तखों को देखता रहा। फिर उसने एक बार सिर से पैर तक हीली को देखा और मानो कुछ सोचने लगा। फिर जैसे निर्णय करता हुआ बोला, "आप ढिठाई न समझें तो एक बात कहूँ?"

"कहिए।"

"मैं यहाँ छुट्टी पर आया हूँ और कुछ दिनों नाङ्-थ्लेम ठहरना चाहता हूँ। शिकार का मुझे शौक है। अगर आप इजाज़त दें तो मैं इस डाकू की घात में बैठूँ-" फिर हीली की मुद्रा देखकर जल्दी से, "नहीं, मुझे कोई कष्ट नहीं होगा, मैं तो ऐसा मौका चाहता हूँ। आपके पहाड़ बहुत सुन्दर हैं, लेकिन लड़ाई से लौटे हुए सिपाही को छुट्टी में कुछ शगल चाहिए।"

"आप ठहरे कहाँ हैं?"

"बँगले में। कल आया था, पाँच-छह दिन रहूँगा। सवेरे-सवेरे घूमने निकला था, इधर, ऊपर जा रहा था कि आपकी आवाज़ सुनी। आपका मकान बहुत साफ और सुन्दर है-"

हीली ने एक रूखी-सी मुस्कान के साथ कहा, "हाँ, कोई कचरा फैलानेवाला जो नहीं है! मैं यहाँ अकेली रहती हूँ।"

आगन्तुक ने फिर हीली को सिर से पैर तक देखा। एक प्रश्न उसके चेहरे पर झलका, किन्तु हीली की शालीन और अपने में सिमटी-सी मुद्रा ने जैसे उसे पूछने का साहस नहीं दिया। उसने बात बदलते हुए कहा, "तो आपकी इजाज़त है न? मैं रात को बन्दूक लेकर आऊँगा। अभी इधर आस-पास देख लूँ कि कैसी जगह है और किधर से किधर गोली चलाई जा सकती है।"

"आप शौकिया आते हैं तो ज़रूर आइए। मैं इधर को खुलनेवाला कमरा आपको दे सकती हूँ।" कहकर उसने घर की ओर इशारा किया।

"नहीं-नहीं, मैं बरामदे में बैठ लूँगा-"

"यह कैसे हो सकता है? रात को आँधी-बारिश आती है। तभी तो मैं कुछ सुन नहीं सकी रात! वैसे आप चाहें तो बरामदे में आराम-कुर्सी भी डलवा दूँगी। कमरे में सब सामान है।" हीली कमरे की ओर बढ़ी, मानो कह रही हो, 'देख लीजिए।'

"आपका नाम पूछ सकता हूँ?"

"हीली-बोन् यिर्वा। मेरे पिता सियेम के दीवान थे।"

"मेरा नाम दयाल है-कैप्टेन दयाल। फौजी इंजीनियर हूँ।"

"बड़ी खुशी हुई। आइए-अन्दर बैठेंगे?"

"धन्यवाद-अभी नहीं। आपकी अनुमति हो तो शाम को आऊँगा। खू-ब्लाई-"

हीली कुछ रुकते स्वर में बोली, "खू-ब्लाई!" और बरामदे में मुड़कर खड़ी हो गई। कैप्टेन दयाल बाड़े में से बाहर होकर रास्ते हो लिये और ऊपर चढ़ने लगे, जिधर नई धूप में चीड़ की हरियाली दुरंगी हो रही थी और बीच-बीच में बुरूस के गुच्छे-गुच्छे गहरे लाल फूल मानो कहे रहे थे-पहाड़ के भी हृदय हैं, जंगल के भी हृदय हैं...

2

दिन में पहाड़ की हरियाली काली दीखती है, ललाई आग-सी दीप्त; पर साँझ के आलोक में जैसे लाल ही पहले काला पड़ जाता है। हीली देख रही थी; बुरूस के वे इक्के-दुक्के गुच्छे न जाने कहाँ अन्धकार-लीन हो गए हैं, जबकि चीड़ के वृक्षों के आकार अभी एक-दूसरे से अलग स्पष्ट पहचाने जा सकते हैं। क्यों रंग ही पहले बुझता है, फूल ही पहले ओझल होते हैं, जबकि परिपार्श्व की एकरूपता बनी रहती है?

हीली का मन उदास होकर अपने में सिमट आया। सामने फैला हुआ नाङ्.-थ्लेम का पर्वतीय सौन्दर्य जैसे भाप बनकर उड़ गया; चीड़ और बुरूस, चट्टानें, पूर्व पुरुषों और स्त्रियों की खड़ी और पड़ी स्मारक शिलाएँ, घास की टीलों-सी लहरें दूर नीचे पहाड़ी नदी का ताम्र-मुकुर, मखमली चादर में रेशमी डोरे-सी झलकती हुई पगडंडी-सब मूर्त आकार पीछे हटकर तिरोहित हो गए। हीली की खुली आँखें भीतर की ओर को ही देखने लगीं-जहाँ भावनाएँ ही साकार थीं, और अनुभूतियाँ ही मूर्त...

हीली के पिता उस छोटे-से मांडलिक राज्य के दीवान रहे थे। हीली तीन सन्तानों में सबसे बड़ी थी, और अपनी दोनों बहिनों की अपेक्षा अधिक सुन्दर भी।

खासियों का जाति संगठन स्त्री प्रधान है; सामाजिक सत्ता स्त्री के हाथ में है और वह अनुशासन में चलती नहीं, अनुशासन को चलाती है। हीली भी मानो नाङ्-थ्लेम की अधिष्ठात्री थी। 'नाङ्क्रेम' के नृत्योत्सव में, जब सभी मंडलों के स्त्री-पुरुष खासिया जाति के अधिदेवता नगाधिपति को बलि देते थे और उसके मर्त्य प्रतिनिधि अपने 'सियेम' का अभिनन्दन करते थे, तब नृत्य-मंडली में हीली ही मौन सर्वसम्मति से नेत्री हो जाती थी, और स्त्री-समुदाय उसी का अनुसरण करता हुआ झूमता था, इधर और उधर, आगे और दाएँ और पीछे...नृत्य में अंग संचालन की गति न द्रुत थी न विस्तीर्ण; लेकिन कम्पन ही सही, सिहरन ही सही, वह थी तो उसके पीछे-पीछे; सारा समुद्र उसकी अंग-भंगिमा के साथ लहरें लेता था...

एक नीरस सी मुस्कान हीली के चेहरे पर दौड़ गई। वह कई बरस पहले की बात थी...अब वह चौंतीसवाँ वर्ष बिता रही है; उसकी दोनों बहिनें ब्याह करके अपने-अपने घर रहती हैं; पिता नहीं रहे और स्त्री-सत्ता के नियम के अनुसार उनकी सारी सम्पत्ति सबसे छोटी बहिन को मिल गई। हीली के पास है यही एक कुटिया और छोटा-सा बगीचा-देखने में आधुनिक साहबी ढंग का बँगला, किन्तु उस काँच और परदों के आडम्बर को सँभालनेवाली इमारत वास्तव में क्या है? टीन की चादर से छूता हुआ चीड़ का चौखटा, नरसल की चटाई पर गारे का पलस्तर और चारों ओर जरेनियम, जो गमले में लगा लो तो फूल है, नहीं तो निरी जंगली बूटी...

ह्यह्ययह कैसे हुआ कि वह 'नाङ्क्रेम' की रानी, आज अपने चौंतीसवें वर्ष में इस कुटी के जरेनियम के गमले सँवारती बैठी है, और अपने जीवन में ही नहीं, अपने सारे गाँव में अकेली है?

अभिमान? स्त्री का क्या अभिमान! और अगर करे ही तो कनिष्ठा करे जो उत्तराधिकारिणी होती है-वह तो सबसे बड़ी थी, केवल उत्तरदायिनी! हीली के ओठ एक विद्रूप की हँसी से कुटिल हो आए। युद्ध की अशान्ति के इन तीन-चार वर्षों में कितने ही अपरिचित चेहरे दीखे थे, अनोखे रूप; उल्लसित, उच्छ्वसित, लोलुप, गर्वित, याचक, पाप-संकुचित, दर्पस्फीत मुद्राएँ...और वह जानती थी कि इन चेहरों और मुद्राओं के साथ उसके गाँव की कई स्त्रियों के सुख-दुख, तृप्ति और अशान्ति, वासना और वेदना, आकांक्षा और सन्ताप उलझ गए थे, यहाँ तक कि वहाँ के वातावरण में एक पराया और दूषित तनाव आ गया था। किन्तु वह उससे अछूती ही रही थी। यह नहीं कि उसने इसके लिए कुछ उद्योग किया था या कि उसे गुमान था-नहीं, यह जैसे उसके निकट कभी यथार्थ ही नहीं हुआ था।

लोग कहते थे कि हीली सुन्दर है, पर स्त्री नहीं है। वह बाँबी क्या, जिसमें साँप नहीं बसता?...हीली की आँखें सहसा और भी घनी हो आईं-नहीं, इससे आगे वह

नहीं सोचना चाहती! व्यथा मरकर भी व्यथा से अन्य कुछ हो जाती है? बिना साँप की बाँबी–अपरूप, अनर्थक मिट्टी का ढूह! यद्यपि वह याद करना चाहती तो याद करने को कुछ था–बहुत कुछ था–प्यार उसने पाया था और उसने सोचा भी था कि –

नहीं, कुछ नहीं सोचा था। जो प्यार करता है, जो प्यार पाता है, वह क्या कुछ सोचता है? सोच सब बात में होता है, जब सोचने को कुछ नहीं होता।

और अब वह बत्तखें पालती है। इतनी बड़ी, इतनी सुन्दर बत्तखें खासिया प्रदेश में और नहीं हैं। उसे विशेष चिन्ता नहीं है, बत्तखों के अंडों से इस युद्धकाल में चार–पाँच रुपए रोज़ की आमदनी हो जाती है, और उसका खर्च ही क्या है? वह अच्छी है, सुखी है, निश्चिन्त है–

लोमड़ी...किन्तु वह कुछ दिन की बात है–उनका तो उपाय करना ही होगा। वह फौजी अफसर ज़रूर उसे मार देगा–नहीं तो कुछ दिन बाद थेङ्क्यू के इधर आने पर वह उसे कहेगी कि तीर से मार दे या जाल लगा दे...कितनी दुष्ट होती है लोमड़ी क्या रोज़ दो–एक बत्तख खा सकती है? व्यर्थ का नुकसान–सभी जन्तु ज़रूरत से ज़्यादा घेर लेते और नष्ट करते हैं–

बरामदे के काठ के फर्श पर पैरों की चाप सुनकर उसका ध्यान टूटा। कैप्टेन दयाल ने एक छोटा–सा बैग नीचे रखते हुए कहा, ''लीजिए, मैं आ गया।'' और कन्धे से बन्दूक उतारने लगे।

''आपका कमरा तैयार है। खाना खाएँगे?''

''धन्यवाद–नहीं। मैं खाना खा आया हूँ। रात काटने को कुछ ले भी आया बैग में! मैं ज़रा मौका देख लूँ, अभी आता हूँ। आपको नाहक तकलीफ दे रहा हूँ लेकिन–''

हीली ने व्यंग्यपूर्वक हँसकर कहा, ''इस घर में न सही, पर खासिया घरों में अक्सर पलटनिया अफसर आते हैं–यह नहीं हो सकता कि आपको बिलकुल मालूम न हो।''

कैप्टेन दयाल खिसिया-से गए। फिर धीरे–धीरे बोले, ''नीचेवालों ने हमेशा पहाड़वालों के साथ अन्याय ही किया है। समझ लीजिए कि पातालवासी शैतान देवताओं से बदला लेना चाहते हैं!''

''हम लोग मानते हैं कि पृथ्वी और आकाश पहले एक थे–पर दोनों को जोड़नेवाली धमनी इन्सान ने काट दी। तब से दोनों अलग हैं और पृथ्वी का घाव नहीं भरता।''

''ठीक तो है।''

कैप्टेन दयाल बाड़े की ओर चले गए। हीली ने भीतर आकर लैम्प जलाया और बरामदे में लाकर रख दिया; फिर दूसरे कमरे में चली गई।

3

रात में दो-अढ़ाई बजे बन्दूक की 'धाँय!' सुनकर हीली जागी और उसने सुना कि बरामदे में कैप्टेन दयाल कुछ खटर-पटर कर रहे हैं। शब्द से ही उसने जाना कि वह बाहर निकल गए हैं, और थोड़ी देर बाद लौट आए हैं। तब वह उठी नहीं; लोमड़ी ज़रूर मर गई होगी और उसे सवेरे भी देखा जा सकता है, यह सोचकर फिर सो रही।

किन्तु पौ फटते-न-फटते वह फिर जागी। खासिया प्रदेश के बँगलों की दीवारें असल में तो केवल काठ के परदे ही होते हैं; हीली ने जाना कि दूसरे कमरे में कैप्टन दयाल जाने की तैयारी कर रहे हैं। तब वह भी जल्दी से उठी, आग जलाकर चाय का पानी रख, मुँह-हाथ धोकर बाहर निकली। क्षण-भर अनिश्चय के बाद वह बत्तखों के बाड़े की तरफ जाने को ही थी कि कैप्टेन दयाल ने बाहर निकलते हुए कहा, "खू-ब्लाई, मिस यिर्वा; शिकार ज़ख़्मी तो हो गया पर मिला नहीं, अब खोज में जा रहा हूँ।"

"अच्छा? कैसे पता लगा?"

"खून के निशानों से। ज़ख़्म गहरा ही हुआ है-घसीटकर चलने के निशान साफ दीखते थे। अब तक बचा नहीं होगा-देखना यही है कि कितनी दूर गया होगा।"

"मैं भी चलूँगी। उस डाकू को देखूँ तो-" कहकर हीली लपककर एक बड़ी 'डाओ' उठा लाई और चलने को तैयार हो गई।

खून के निशान चीड़ के जंगल को छूकर एक ओर मुड़ गए, जिधर ढलाव था और आगे जरैंत की झाड़ियाँ, जिनके पीछे एक छोटा-सा झरना बहता था। हीली ने उसका जल कभी देखा नहीं था, केवल कल-कल शब्द ही सुना था-जरैंत का झुरमुट उसे बिलकुल छाए हुए था। निशान झुरमुट तक आकर लुप्त हो गए थे। कैप्टन दयाल ने कहा, "इसके अन्दर घुसना पड़ेगा। आप यहीं ठहरिए।"

"उधर ऊपर से शायद खुली जगह मिल जाए-वहाँ से पानी के साथ-साथ बढ़ा जा सकेगा-" कहकर हीली बाएँ को मुड़ी, और कैप्टेन दयाल साथ हो लिये।

सचमुच कुछ ऊपर जाकर झाड़ियाँ कुछ विरल हो गई थीं और उनके बीच में घुसने का रास्ता निकाला जा सकता था। यहाँ कैप्टेन दयाल आगे हो लिये, अपनी बन्दूक के कुन्दे से झाड़ियाँ इधर-उधर ठेलते हुए रास्ता बनाते चले। पीछे-पीछे हीली हटाई हुई लचकीली शाखाओं के प्रत्याघात को अपनी डाओ से रोकती हुई चली।

कुछ आगे चलकर झरने का पाट चौड़ा हो गया-दोनों ओर ऊँचे और आगे झुके हुए करारे, जिनके ऊपर जरैंत और होली की झाड़ी इतनी घनी छाई हुई कि

भीतर अँधेरा हो, परन्तु पाट चौड़ा होने से मानो इस आच्छादान के बीच में एक सुरंग बन गई थी जिसमें आगे बढ़ने में विशेष असुविधा नहीं होती थी।

कैप्टेन दयाल ने कहा, "यहाँ फिर खून के निशान हैं–शिकार पानी में से इधर घिसटकर आया है।"

हीली ने मुँह उठाकर हवा को सूँघा, मानो सीलन और जरैंत की तीव्र गन्ध के ऊपर और किसी गन्ध को पहचान रही हो। बोली, "यहाँ तो जानवर की–"

हठात् कैप्टेन दयाल ने तीखे फुसफसाते स्वर से कहा, "देखो–श-श!"

ठिठकने के साथ उनकी बाँह ने उठकर हीली को भी जहाँ का तहाँ रोक दिया।

अन्धकार में कई एक जोड़े अंगारे-से चमक रहे थे।

हीली ने स्थिर दृष्टि से देखा। करारे में मिट्टी खोदकर बनाई हुई खोह में–या कि खोह की देहरी पर–नर लोमड़ी का प्राणहीन आकार दुबका पड़ा था–कास के फूल की झाड़ू-सी पूँछ उसकी रानों को ढँक रही थी जहाँ गोली का ज़ख़्म होगा। भीतर शिथिल-गत लोमड़ी उस शव पर झुकी खड़ी थी, शव के सिर के पास मुँह किए, मानो उसे चाटना चाहती हो और फिर सहमकर रुक जाती हो। लोमड़ी के पाँवों से उलझते हुए तीन छोटे-छोटे बच्चे कुनमुना रहे थे। उस कुनमुनाने में भूख की आतुरता नहीं थी; न वे बच्चे लोमड़ी के पेट के नीचे घुसड़-पुसड़ करते हुए भी उसके थनों को ही खोज रहे थे...माँ और बच्चों में किसी का ध्यान नहीं था कि गैर और दुश्मन की आँखें उस गोपन घरेलू दृश्य को देख रही हैं।

कैप्टेन दयाल ने धीमे स्वर से कहा, "यह भी तो डाकू होगी–"

हीली की ओर से कोई उत्तर नहीं मिला। उन्होंने फिर कहा, "इसे भी मार दें–तो बच्चे पाले जा सकें–"

फिर कोई उत्तर न पाकर उन्होंने मुड़कर देखा और अचकचाकर रह गए।

पीछे हीली नहीं थी।

थोड़ी देर बाद, कुछ प्रकृतिस्थ होकर उन्होंने कहा, "अजीब औरत है!" फिर थोड़ी देर वह लोमड़ी को और बच्चों को देखते रहे। तब 'ऊँह, मुझे क्या!' कहकर वह अनमने-से मुड़े और जिधर से आए थे, उधर ही चलने लगे।

4

हीली नंगे पैर ही आई थी, पर लौटती बार उसने शब्द न करने का कोई यत्न किया हो, ऐसा वह नहीं जानती थी। झुरमुट से बाहर निकलकर वह उन्माद की तेज़ी से घर की ओर दौड़ी, और वहाँ पहुँचकर सीधी बाड़े में घुस गई। उसके तूफानी वेग

से चौंककर बत्तखें पहले तो बिखर गईं, पर जब वह एक कोने में जाकर बाड़े के सहारे टिककर खड़ी अपलक उन्हें देखने लगी तब वे गरदनें लम्बी करके उचकती हुईं-सी उसके चारों ओर जुट गईं और 'क-क! क-क' करने लगीं।

वह अधैर्य हीली को छू न सका, जैसे चेतना के बाहर से फिसलकर गिर गया। हीली शून्य दृष्टि से बत्तखों की ओर ताकती रही।

एक ढीठ बत्तख ने गरदन से उसके हाथ को ठेला। हीली ने उसी शून्य-दृष्टि से हाथ की ओर देखा। सहसा उसका हाथ कड़ा हो आया, उसकी मुट्ठी डाओ के हत्थे पर भिंच गई। दूसरे हाथ से उसने बत्तख का गला पकड़ लिया और दीवार के पास खींचते हुए डाओ के एक झटके से काट डाला।

उसी अनदेखते अचूक निश्चय से उसने दूसरी बत्तख का गला पकड़ा, भिंचे हुए दाँतों से कहा, "अभागिन!" और उसका सिर उड़ा दिया। फिर तीसरी, फिर चौथी, पाँचवीं...ग्यारह बार डाओ उठी और 'खट' के शब्द के साथ बाड़े का खम्भा काँपा; फिर एक बार हीली ने चारों ओर नज़र दौड़ाई और बाहर निकल गई!

बरामदे में पहुँचकर जैसे उसने अपने को सँभालने को खम्भे की ओर हाथ बढ़ाया और लड़खड़ाती हुई उसी के सहारे बैठ गई।

कैप्टेन दयाल ने आकर देखा, खम्भे के सहारे एक अचल मूर्ति बैठी है जिसके हाथ लथपथ हैं और पैरों के पास खून से रँगी डाओ पड़ी है। उन्होंने घबराकर कहा, "यह क्या, मिस यिर्वा?" और फिर उत्तर न पाकर उसकी आँखों का जड़ विस्तार लक्ष्य करते हुए उसके कन्धे पर हाथ रखते हुए फिर, धीमे-से, "क्या, हुआ, हीली-"

हीली कन्धा झटककर, छिटककर परे हटती हुई खड़ी हो गई और तीखेपन से थर्राती हुई आवाज़ से बोली, "दूर रहो, हत्यारे!"

कैप्टेन दयाल ने कुछ कहना चाहा, पर अवाक् ही रह गए, क्योंकि उन्होंने देखा, हीली की आँखों में वह निर्व्यास सूनापन घना हो आया है जो कि पर्वत का चिरन्तन विजन सौन्दर्य है।

इलाहाबाद, 1947

वे दूसरे

हेमन्त कई क्षण तक चुपचाप बालू की ओर देखता रहा। यह नहीं कि उसके मन में शून्य था; यह भी नहीं कि मन की बात कहने को शब्द बिलकुल ही नहीं थे; केवल यही कि बालू पर उसके अपने पैरों की जो छाप पड़ी हुई थी– गीली बालू पर, जो चिकनी पाटी की तरह होती है–उसमें उसके लिए एक आकर्षण था जिसमें निरा कौतूहल नहीं, जिज्ञासा की एक तीखी तात्कालिकता थी। छालियाँ उसके पास तक आकर लौट जाती थीं–क्या कोई बड़ी लहर आकर उस छाप को लील जाएगी। क्या एक ही लहर में वह छाप मिट जाएगी–या कि केवल हल्की पड़ जाएगी–मिटने के लिए कई लहरों को आना होगा, जिन लहरों को पैदा करने के लिए समुद्र की पृथ्वी की आन्तरिक हलचल की, चन्द्र-सूर्य-तारागण के आकर्षण की एक विशेष अन्योन्य-सम्बद्ध स्थिति को बार-बार आना होगा...क्या उसका एक-एक अनैच्छिक पद-चिह्न मिटाने के लिए सारे विश्व-चक्र के एक विशेष आवर्तन की आवश्यकता है?

"कोरा अहंकार!" उसने अपने को झकझोरने के लिए कहा, "कोरा अहंकार! इसलिए नहीं कि बात मूलतः झूठ है, इसलिए कि उसको तूल देना झूठ है। झूठ मूलतः तथ्य का नहीं, आग्रह का दृष्टि का दोष है : झूठ-सच विषयों पर आश्रित सापेक्ष हैं, तथ्य विषयी से परे और निरपेक्ष है।"

और तब उसने अपनी साथिन से कहा, "सुधा, मैं कह नहीं सकता कि मेरे मन में कितनी ग्लानि है और मैं जानता हूँ कि वह वर्षों तक मुझे खाती रहेगी–मुझे लगता है कि अनुपात का यह बोझ मैं सारा जीवन ढोता रहूँगा। लेकिन–" क्षण भर रुककर उसने सुधा के चेहरे की ओर देखा–"लेकिन मैं नहीं चाहता कि कटुता का बोझ तुम्हें ही ढोना पड़े या कि तुम उसे याद भी रखो। और–"

वह फिर थोड़ी देर चुप हो गया। इसलिए भी कि आगे वह जो कहना चाहता था, उसे झिझक थी, और इसलिए भी कि वह चाहता था, ठीक इस स्थल पर सुधा उसकी बात काटकर कुछ कह दे, जिससे उसे कुछ सहारा मिल जाए।

पर सुधा ने कुछ कहा नहीं। वह पिघली भी नहीं। हेमन्त ने यह आशा तो नहीं की थी कि उस पर भी अनुताप का इतना गहरा बोझ होगा कि उसे उदार बना दे,

पर इतने की आशा उसने शायद की थी कि सुधा में और नहीं तो करुणा का ही इतना भाव होगा कि उसकी सच्ची भावना को स्वीकार करा दे। पर सुधा ने जल्दी से मुँह फेर लिया–और हेमन्त ने देखा कि उस फिरते हुए मुँह पर एक मुस्कान दौड़नेवाली है–विजय के गर्व की मुस्कान–मानो कहती हो कि 'अब जाकर तुम जानोगे, अनुताप की आग में जलोगे तो मुझे शान्ति मिलेगी–तुम, जिसने मुझे सताया–जलाया–'

ऐसी विदा की उसने कल्पना नहीं की थी। उसे सहसा लगा कि वह मूर्ख है, महामूर्ख, क्योंकि जब साथ रहना असम्भव पाकर वे अलग हुए, और इतनी कटुता के बाद तलाक हुआ ही, तब और अलग विदा लेना चाहने का क्या मतलब था? क्या यह कलाकार का दम्भ ही नहीं है कि वह पराजय को भी सुघर रूप देना चाहे? अन्त का सौन्दर्य उसकी सुचारुता में, सुघराई में नहीं है, करुणा में भी नहीं है, वह उसके अपरिहार्य अन्तिमपन और काठिन्य में है...अन्त सुन्दर है क्योंकि वह महान है, क्योंकि हम उसका कुछ नहीं कर सकते, उसे केवल स्वीकार कर सकते हैं...

किन्तु उसका मन नहीं माना। देखकर भी उसने सुधा की गर्वीली मुस्कान देखनी नहीं चाही। क्योंकि यह तो निरी मृत्यु–पूजा है। अन्त इसलिए महान है कि हम उसके आगे अशक्त हैं?–नहीं, हमारी स्वीकृति का संयम और साहस उसे महत्ता देता है–

और उसने पूरा साहस बटोरकर अपने मन की बात कह ही डाली, "और अगर तुम मुझे इतना भूल सको–यानी मेरे साथ की कटुता को–दोबारा विवाह की बात तुम्हारे मन में उठे, तो–तो मुझे बड़ी सान्त्वना मिलेगी–मेरा अनुताप तब भी मिटेगा या नहीं, यह तो नहीं कह सकता, पर इतना तो मान सकूँगा कि मैं सदा के लिए शाप न बना, कि–"

अब सुधा फिर उसकी ओर मुड़ी। अब उसने अपने को वश में कर लिया था–वह अप्रतिहत मुस्कान उसके चेहरे पर नहीं थी। उसने रूखे स्वर से कहा, "मेरे विवाह की बात सोचने की तुम्हें ज़रूरत नहीं है। हाँ, उससे तुम अपने को अधिक स्वतन्त्र महसूस कर सकोगे, यह तो मैं समझती हूँ।"

हेमन्त थोड़ी देर बोल ही नहीं सका। फिर जब उसने सोचा कि शायद अब बोल सकूँ, तब उसने पाया कि वह चाहता नहीं है। तीन वर्षों की व्यर्थ चेष्टा में, अलग होने की कटुता में और फिर तलाक की कानूनी कार्रवाई के ग्लानि–जनक प्रसंग में वह जितना नहीं टूटा था, उतना एक क्षण में टूट गया। उसने आँखें फिर पैर की उसी छाप पर टिका लीं। एक लहर आकर उस पर हलके हाथ से लिपाई कर गई थी, गड्ढे कम गहरे हो गए थे पर छाप का आकार स्पष्ट पहचाना जाता था, बल्कि लहर के पीछे हटने के साथ पैर की छाप में भरा हुआ पानी एक ओर को मानो मोरचा तोड़कर बह निकला था और उधर को बालू में एक नई लीक पड़ गई थी। इस छाप

को मिटाना ही होगा–लहर को आना ही होगा, यह लीक–यह लीक एक अनावश्यक आकस्मिक घटना है जिसे और एक आकस्मिक घटना अवश्य मिटाएगी, नहीं तो सब गलत है, सब व्यवस्था गलत है, कार्य–कारणत्व ही धोखा है–और तब सृष्टि एक आधारहीन, कारणहीन, अर्थहीन विसंगति है–पर वह वैसी हो नहीं सकती–

वह आँखों से उस पैर की छाप को पकड़े रहेगा। उसमें स्वास्थ्य है–उसके सहारे यथार्थ से उसका सम्बन्ध जुड़ा है–उस यथार्थ से, जिसमें भावनाएँ अर्थ रखती हैं; और संयत हैं, नहीं तो यथार्थ तो सब कुछ है जो है–पर ऐसा भी हो सकता है कि भावनाएँ ही एक भूल-भुलैया हो जावें–

उसने फिर कहा, "मैं यहाँ से कटुता की स्मृति भी वापस न लेकर जाऊँगा, यही सोचकर यहाँ आया था। और इसीलिए सागर के किनारे–कि शायद यहाँ अपनी क्षुद्रता उतनी प्यारी न लगे, और–" वह फिर रुक गया, उसके वाक्य की गढ़न ठीक नहीं थी क्योंकि इसके अर्थ दोनों तरफ लग सकते हैं और वह केवल अपनी क्षुद्रता की बात करना चाहता है। इस वक्त आरोप-अभियोग उसमें नहीं है, न होने देना होगा, केवल स्वीकृति...एक और लहर आई, जिसके उफनते झाग पैर की छाप के बहुत आगे तक छा गए। जब लहर लौटी, और झाग के बुलबुले बैठ गए, तब हेमन्त ने देखा, छाप मिट गई है। या कि नहीं, उसकी झाईं–सी भी दीखती है? नहीं, निश्चय ही वह उसका भ्रम है; और कुछ न देख सकता, वह इसलिए देखता है कि उसे याद है–

'याद' है! कितनी धुली हुई मिथ्या छायाओं को हम केवल स्मृति के–स्मरण–भ्रम के!–ज़ोर से सच बनाए रहते हैं! सागर का जो तट मीलों तक फैला है–मीलों क्यों, अगर कोई चीज़ भौतिक यथार्थ से इस छोर से उस छोर तक, इस सीमा से उस तक, इस असीम से उस असीम तक फैली है तो वह सागर का तट है! उसी पर एक अदृश्य पैर की छाप को मैं 'देख' रहा हूँ, वह भी इतनी स्पष्टता से कि उससे मेरा जीवन बँध रहा है–क्या यह यथार्थ है? क्या देखना यथार्थ है? क्या–

हेमन्त देखता है–

वे दोनों पहाड़ की चोटी पर खड़े हैं। सामने अत्यन्त सुन्दर दृश्य है–छोटी-छोटी पहाड़ियों से घिरी हुई–सी झील, जो साँझ के आलोक में ऐसी है मानो रंग-बिरंग और मेघिल आकाश ही जमकर नीचे बैठ गया हो; ऊपर पहली शरद के मेघ, जिन्हें डूबते सूरज की आभा ने रँग दिया है–पीला, लाल, धूमिल, बैंगनी। और ऊपर एक अकेला तारा। लेकिन हेमन्त उस दृश्य में नहीं है। वह सुधा के साथ भी नहीं है। वह कहीं और हो, ऐसा नहीं है, वह सुधा और हेमन्त को इस परिपार्श्व में जैसे बाहर से देख रहा है, वह भी पीछे से–और सोच रहा है कि उन दोनों की

पीठ इस झील और आकाश के परदे पर कैसी दीखती होगी? क्या उन पीठों में, उन छायाकृतियों के परस्पर रखाव-झुकाव में, इस बात का कोई संकेत है कि ये दो प्रेमी हैं, या कि पति-पत्नी हैं, विवाह के सप्ताह भर बाद ही इस पहाड़ी झील की सैर, एकान्त सैर के लिए आए हैं, इसलिए 'हनीमूनर' युगल हैं? वह जानता है कि ऐसा कोई संकेत नहीं है, क्योंकि यह झूठ है। तथ्य सब ठीक हैं-पर आग्रह की चूक है, भावना की चूक है। और निरा तथ्य तब तक सत्य की अभिधा नहीं पाता जब तक उसके साथ रागात्मक सम्बन्ध न हो...

बल्कि वह साथ भी नहीं है। मानो वह अगर हाथ बढ़ाकर सुधा का हाथ पकड़ लेगा तो भी उसे छुएगा नहीं, क्योंकि दोनों एक भावात्मक दूरी की चादर में लिपटे हुए हैं।

सुधा ने धीरे से कहा, "हम यहाँ नहीं होंगे, तब भी वह तारा ऐसा ही चमकेगा। पर जैसे हम आज इसे देख रहे हैं, वैसे और कोई नहीं देखेगा-यह आज इस क्षण का तारा है।"

हेमन्त को थोड़ा-सा अचम्भा हुआ। क्या यह सच है? ऐसे क्षण पर भावुकता क्या ज़रूरी है? जो सच होता तो मौन में भी प्रकट होता, वह जब सच नहीं है तो क्या इस बात को भी मौन में ही न छिपे रहना चाहिए? पर यह वह कह भी कैसे सकता है? लेकिन उसे कुछ कहना है, क्योंकि दूसरा जो उत्तर हो सकता है-कि सुधा का हाथ पकड़कर धीरे-से दबा दिया जाता-वह उत्तर भी झूठ है...

उसने कहा, "तारे सबके अलग-अलग होते हैं।" इस वाक्य में चाहे जितना जो अर्थ पढ़ा जा सकता है, अधिक या कम...और अपने मन का सच भी उसने कह दिया है, छिपाया नहीं है...

सुधा ने उसकी ओर देखा। क्या हेमन्त को धोखा ही हुआ कि जब देखा, तब पहचान उन आँखों में नहीं थी, तत्काल बाद आई-कुछ अचकचाहट के साथ!

सुधा बोली, "क्या सुन्दर में हम सब अपने-अपने अलगाव डुबा नहीं सकते?"

"सकते हैं। अपने-अपने एकान्त की लय-" और रुक गया। लेकिन मन के भीतर कुछ बोला, "सुन्दर में; लेकिन एक-दूसरे में नहीं, एक-दूसरे में नहीं!"

अपने को लय करने के लिए सागर की विशालता से अच्छा और कौन द्रावक मिल सकता है? कितने लोग सागर-तट पर खड़े-खड़े इयत्ता को उसमें विलीन कर देते होंगे...लेकिन उससे क्या एक-दूसरे के कुछ भी निकट आ सकते होंगे? सागर में डूबकर भी क्या प्रत्येक चट्टान अलग चट्टान नहीं बनी रहती? जो द्रव नहीं होती, द्रव हो नहीं सकती...

और सागर की छाली, पैर की छाप को मिटाने से पहले उसमें छेद करती है, दरार डालती है, नई लीक बना देती है...

हेमन्त ने फिर देखा :

नदी पर बजरा धीरे-धीरे बह रहा है। उसके डोलने से, और बाहर लकड़ी पर पड़ती माँझी की दबी हुई पद-चाप से ही मालूम हो रहा है कि यह बह रहा है, क्योंकि जहाँ वह बैठा है, वहाँ चारों ओर के परदे खिंचे हुए हैं, बाहर कुछ नहीं दीख रहा है। कहीं भी कुछ दीख रहा है, ऐसा नहीं है; क्योंकि उसका शरीर एक अन्य शरीर से उलझा-गूँथा हुआ है और उस गुंथन में सुलझाव की, तारतम्य की कुछ ऐसी कमी है कि दृष्टि देनेवाली वासना केवल धुआँ दे रही है जिससे आँखें कड़ुआ जाती हैं; क्यों नहीं सब कुछ को दृष्टि से बाहर करके, उस मन्द-मन्द दोलन पर झूलते हुए यह अपर-शरीरत्व का भाव मिटता-क्यों नहीं-

उसने किंचित् बल से सुधा का परे को मुड़ा मुँह अपनी ओर फिराया-कदाचित् उसकी आँखों में आँखें डालकर दोनों इस खाई को पार कर सकें-लेकिन सुधा की आँखें ज़ोर से भिंची हुई थीं-क्यों? वासना अन्धकार माँगती है शायद, ताकि वह अपनी ज्वालामयी सृष्टि को अपने ढंग से देखे, यथार्थ उसमें बाधा न दे-पर बन्द आँखें-क्या वह ज्योति:शरीर अन्धी आँखों से ही देखा जाएगा? पर अन्धी आँखें पृथक् आँखें हैं, और वासना अगर युत नहीं है तो कुछ नहीं है-

उसने भर्राए स्वर में कहा, "आँखें खोलो-"

वह जान सका कि आँखें खुलने के साथ-साथ सुधा का शरीर सहसा कठोर पड़ गया है, और वह जान सका कि पहचान उन आँखों में नहीं थी; उन आँखों में था-वह, वह दूसरा, और इसीलिए आँखें बन्द थीं। बाहर एक धुएँ का खोल है जो उसे भी लपेट लेगा, और भीतर एक ज्योति:शरीर जो-जो कहाँ है? क्या है भी?

और थोड़ी देर के लिए नाव का दोलना, गति, हवा, साँस, हृद्गति-सब कुछ रुक गया था, और फिर धीरे-धीरे अनजाने वह वासना की गुंजलक खुल गई थी-साँप मर गया था-हेमन्त अलग जाकर परदा हटाकर बाहर देखने लगा था। नदी-किनारे के गाँव की मुर्गाबियाँ कगार की छाँह में तैरती हुईं, और सुधा अपने अस्त-व्यस्त कपड़ों की सलवटें ठीक करके पास पड़ी चौकी के फूल सँवारने लगी थी। हेमन्त का मन आत्मग्लानि से भर आया था-वह जो जानता है उसे क्यों भूल सका; भूल नहीं सका, क्यों उसकी अनदेखी करना चाह सका? सुधा की आँखों में वह दूसरा है, और स्वयं उसकी अपनी-क्या उसकी आँखों में भी एक परछाईं नहीं है? और जब तक है तब तक यह उलझन, यह गुंथन उस ज्योति:शरीर का किरण-जाल नहीं है, केवल साँप की गुंजलक है जिसके दंश में केवल मरण है...

और सुधा ने कहा था, "हेमन्त, तुम मेरी एक इच्छा पूरी करोगे?"

"क्या?"

"मैं...मेरे लिए शराब ला सकोगे? मैं शराब पीना चाहती हूँ।"

मुर्गाबियाँ...कगार के कीचड़ में चोंच फिचफिचाती हुई मुर्गाबियाँ और उसके आस-पास बनते हुए लहरों के वृत्त-जो सागर की लहरों में घुल जाते हैं, और सागर, वह रेत की पैरों की छाप धीरे-धीरे मिटा देता है।

शराब वह लाया था। मूक विद्रोह से भरा हुआ, पर लाया था। दोपहर को वे खाना खाने बैठे थे, और साथ सुधा ने शराब पीनी चाही थी-पी थी। दोपहर को कोई नहीं पीता, खाने के साथ कोई नहीं पीता, कम-से-कम जिन-व्हिस्की जैसी भभके की शराबें, और उस ढंग से-यह न वे ठीक जानते थे, न वह सोचने की बात थी। क्योंकि वह शराब वातावरण को रंगीनी देने, बातचीत को आलोकित करने के लिए नहीं थी, वह शराब स्वयं अपनी इन्द्रियों को थप्पड़ मारकर सन्न कर देने के लिए थी...हेमन्त देख रहा था; और केवल देखना, वह भी स्त्री को शराब पीते, स्वयं ग्लानि-जनक है, इसलिए साथ पी रहा था। और जब उसने देखा कि सुधा ने बड़े निश्चयपूर्वक बहुत-सी अपने ग्लास में एक साथ डाल ली है तब मुख्यत: इसलिए कि सुधा और न पी सके, उसने सहसा बोतल उठाकर मुँह को लगा ली थी और सुधा के हाथापाई करते-करते भी सारी पी गया था।

तेज़ शराबों में स्वाद यों भी नहीं होता; और ऐसे पीने में तो और भी नहीं, उसे बड़ी ज़ोर से उबकाई आई थी, पर उसने किसी तरह उसे दबाकर चार-छह ग्रास खाना खा ही लिया था...

फिर उसकी चेतना भी कुछ मन्द पड़ गई थी। याद सब कुछ है, और उसकी प्रत्येक हरकत में एक स्पष्ट प्रेरणा भी काम कर रही थी जिसका उसे ध्यान भी था, पर जैसे उसके भीतर का कोई उच्चतर संचालक हथौड़े की चोट से चित हो, और ऐरे-गैरों की बन आई हो...उसने उठकर सब किवाड़-खिड़कियाँ बन्द कर दी थीं, परदे तान दिए थे। थी अभी दोपहर; पर उसे अभी कुछ धुँधला, कुछ नीला दीखने लगा था, जैसे पानी के नीचे गोता लगाकर आँख खोलने से दीखता है। हवा भी जैसे पानी जैसी भारी और ठोस हो गई थी-चलने में उसे ऐसा जान पड़ता था जैसे वह पानी को ठेल-ठेलकर बढ़ रहा हो...जैसे ठीक प्रतिरोध तो कहीं न हो, लेकिन प्रत्येक अंगक्षेप में अजीब जड़ता आ गई हो...

इससे आगे उसे ठीक या स्पष्ट याद नहीं। यह नहीं कि स्मृति धुँधली और नीले पानी में से मछलियों की तरह नि:शब्द से, वे दोनों एक-दूसरे के पास आए थे, और मछलियाँ पानी में भी बलखाती-सी मानो एक-दूसरे से सटती-सी, पेंच देती-सी चली जाती हैं, उसी तरह धीरे-धीरे आगे बढ़ गए थे...फिर सहसा उसने पाया था कि उन मछलियों के पेंच नहीं खुल रहे हैं, कि वह ठिठुरा हुआ साँप जैसे जाग उठा है, और उसकी गुंजलक में दोनों कसे जा रहे हैं, पर पानी नीला होता जा रहा है, और उनके कपड़े भी मानो मोम से जान पड़ रहे हैं, या कि हैं ही नहीं, केवल नीले पानी में काँपती उनकी परछाईं है, तभी तो उनके हाथों की पकड़ में आते-

और फिर सब नीला-ही-नीला हो गया था, एक द्रव जिसमें वे जड़ होते जा रहे हैं; न उलझे न अलग; गरम पानी में पड़ी हुई मोम की बूँद जो न धुल सकती है, न जम सकती है।

और इसके बाद जो याद है, वह यह है कि जब वह चौंककर जागा था और हड़बड़ाकर उठा था कि वमी करने के लिए कम-से-कम यथास्थान पहुँच जाए, तब दिन छिप रहा था। मुँह-हाथ धोकर जब वह सख्त सिरदर्द लिये कमरे में लौटा था, तब सुधा सोई पड़ी थी। उसने नींद में, या बीच में जागकर, वहीं पास ही कै कर दी थी, पर उसका भी उसे होश नहीं था।

और उसने सब किवाड़-खिड़कियाँ खोली थीं; नौकर बाहर मुस्कराया था कि बाबू साहब दिन भर किवाड़ बन्द करके सोए रहे, चाय-पानी और ब्यालू की चिन्ता भूलकर-नई शादी है न...

तब उसने बैठकर सामने-सामने उस दूसरे की बात को फिर से सोचा था और गहरे बैठा लिया था...जब विवाह हुआ था, तब दोनों जानते थे कि दोनों का पहले अन्यत्र लगाव रहा है जो मिटा नहीं है, लेकिन जिसका कोई रास्ता भी नहीं है। एक विवाहित व्यक्ति था, और पति-पत्नी दोनों ही सुधा के भी और हेमन्त के भी घने मित्र थे...वह परिवार न टूटे, यह भी सबके ध्यान में था, और विवाह हुआ वह जैसे यह भी एक बात पीछे कहीं पर थी कि सभ्य समाज में अगर ऐसी उलझनें पैदा होती हैं, तो सभ्य व्यक्ति उनका सामना भी सभ्य तरीकों से कर सकता है; प्यार जहाँ है वहाँ हो, और विवाह...विवाह तो सामाजिक सम्बन्ध है, व्यक्ति के जीवन में यह बाधक हो ही, ऐसा क्यों?

वह अपनी भूल जानता और मानता है-जान गया। और भूल दोनों की थी, इस बात के पीछे उसने आड़ नहीं ली।

वह दूसरा...क्या वह आज भी उस दूसरे की बात कर सकता है? अपनी ओर से, या दूसरी ओर से? हेमन्त ने सागर की ओर देखा; उसकी लहर में उसे बुरूस के फूलों का एक बड़ा लाल-सा गुच्छा दीखा, जो वास्तव में किसी की कबरी में खोंसा हुआ है। कबरी और माथे की रेखा भी उसे दीख गई, और ग्रीवा की भी; शायद जिस बोध की स्मृति है वही धुँधला, धुएँ से कड़वा, मैला, एक जड़ता लिये हुए है, जैसे जाड़े में ठिठुरा हुआ साँप। उसे याद है कि कहीं नील-बंकिम भंगिमा, किन्तु चेहरा-वहाँ उसकी दृष्टि रुक गई। नहीं...वह दूसरी थी-और आज भी वह कैसे कहे कि वह है नहीं केवल थी, यद्यपि वह जानता है कि वह होकर भी हेमन्त के जीवन से सदा के लिए चली गई है। पर उसको इस झमेले में नहीं लाना होगा, वह अलग ही है। उसने कभी कुछ माँगा...न प्यार, न ब्याह, न वासना...वह देखकर चली गई जैसे बिजली कौंधकर गिरकर मिट जाती है...

और सुधा? हेमन्त को याद आया, ब्याह के बाद सुधा को उस दूसरे की एक चिट्ठी भी आई थी। कई दिन बाद। उसने देखी नहीं थी, कुछ पूछा नहीं था, सुधा को अनमना और अस्थिर देखकर भी नहीं। पर दूसरे–तीसरे दिन सुधा ने ही कहा था, "यह चिट्ठी आई थी–पढ़ लो।"

और उसमें अनिच्छा स्पष्ट थी। "मैंने कह दिया, मेरा कर्तव्य था। तुम इन्कार करो पढ़ने से, क्योंकि तुम्हारा भी वह कर्तव्य है–तुम्हें मुझ पर विश्वास करना होगा!"

हेमन्त ने चिट्ठी न लेते हुए कहा था, "क्या लिखा है?"

"कुछ नहीं–यों ही शुभकामनाएँ–और अपने इलाके का वर्णन–"

हेमन्त ने अनचाहे लक्ष्य किया था कि चिट्ठी लम्बी है। आशीर्वाद छोटे होते हैं...खासकर उसके, जो वह दूसरा व्यक्ति हो...उसकी आँखें चोरी से काग़ज़ पर फिसलती हुई एक वाक्य पर रुक गई थीं : "और मैं सोचता हूँ कि तुम शीघ्र ही उसके बच्चे की माँ भी होगी–उस बच्चे की सूरत उस जैसी होगी लेकिन वह तुम्हारी देह–" और जैसे उसने स्वयं चोर को पकड़ लिया हो, ऐसे चौंककर उसकी दृष्टि हट गई थी।

क्या वह बहुत बड़ा स्वीकार नहीं है? किन्तु कैसी अद्‌भुत है, यह बात कि जिसकी आत्मा हम दूसरों को सौंपने को तैयार हैं–क्योंकि उसके ब्याह की बात स्वीकार करते हैं–उसी की देह को सौंपते क्यों हमें इतना क्लेश होता है? 'दूषित' या 'भ्रष्ट' क्या देह होती है, या मन–आत्मा? या कि देह को हम देख, छू सकते हैं, बस, इतनी सी बात है?

उसने कहा था, "ठीक है, मैं पढ़कर क्या करूँगा? तुम उत्तर दे देना।" और उठकर हट गया था...

बुरूस के गुच्छे-गुच्छे लाल फूल...वह भी क्या ऐसे ही सोचती–कहती? कल्पना का क्या भरोसा, लेकिन हेमन्त जानता है, कभी कुछ कहने का अवसर उसे होता, या कुछ वह कहना चाहती, तो यही कहती, "मैंने अपनी आत्मा तुम्हें दी, इसलिए मेरी देह भी तुम लो–क्योंकि वह आत्मा का खोल है। और उसके बदले कुछ देना कभी मत चाहना, क्योंकि वह मेरे इस उपहार का अपमान है। तुम निरपेक्ष भाव से जब जो दोगे, मैं वर समझकर ले लूँगी..."

यह आदिम, अराजक, व्यक्तिपरक दृष्टिकोण है। लेकिन यही क्या एकमात्र सभ्य दृष्टिकोण नहीं है, जो हमारे सभ्य जीवन के बोझ के नीचे दबा जा रहा है?

"तुम अपने को अधिक स्वतंत्र महसूस कर सकोगे,"...स्मृति का दंश!...लेकिन नहीं, मन; इस पर मत अटक, यह व्यर्थ है; अत्यन्त व्यर्थ! हमारा जीवन हमसे है, उन दूसरों से नहीं, वे हमारे कितने ही निकट क्यों न हों; और हमारी न चाहने की उदारता में ही हमारी स्वतंत्रता है। पाने में नहीं, न पाने की याद करने में नहीं। पैर

की जो छाप सागर-तट की बालू पर बन गई है, उसे सागर की लहरों में घुस जाने दो, चाहे धीरे-धीरे यों ही, चाहे दरारों में कटकर...

"इसीलिए तुम्हें सागर के किनारे पर मिला, कि शायद अपनी क्षुद्रता यहाँ इतनी प्यारी न लगे-"

और स्मृति? व्यर्थ, व्यर्थ, व्यर्थ! क्षमा की पराजय, जीवन की खोज...जीवन की देन हमें या तो विनयपूर्वक स्वीकार करनी है-जिस दशा में स्मृति बेकार है; विनय चरित्र का एक अंग है और स्मृति केवल मस्तिष्क का एक गुण-या फिर...अगर हममें विनय नहीं है, हमें स्वीकार नहीं है, तो स्मृति एक कीड़ा है जिसके दंश से फोड़े होते हैं, और हम केवल अपने फोड़े चाटते रहते हैं। फोड़े चाटना क्या सभ्य कर्म है, सागर का भी अपना विनय है; वह पैरों की छाप मिटाता है, दरारें मिलाता है; सागर का विनय मुग्ध नहीं करता, वह स्वास्थ्य-लाभ को प्रेरित करता है-पैरों की छापें मिटाता हुआ...

"सुधा, मैं सच्चे दिल से कहता हूँ-सागर की कसम खाकर-मेरे मन में कोई कटुता नहीं है। जो कुछ था, या होना चाहा था, उसे जब मिटा दिया तो कटुता क्यों अनिवार्य है? मेरा अपराध का बोध नहीं मिटा, न मिटेगा-पर तुम जाओ तो क्षमा करके जाओ-सागर की तरह; और मैं तो-"

उसकी आवाज़ फिर रुक गई। तभी एक बड़े ज़ोर की छाली आई-हेमन्त के पैर की छाप को पार करती हुई; आगे बढ़कर हेमन्त के पैरों को भी लिपट गई। झाग में खड़े-खड़े उसने बड़ी लम्बी साँस ली और कहा, "सुधा, तुम सुखी रहो!"

सुधा की मुस्कराहट में तीखापन था। उसने पीछे हटते हुए नमस्कार किया और चल पड़ी।

हेमन्त क्षण-भर उसे देखता रहा। फिर उसने पैरों की ओर देखा, वह भगोड़ी छाली लौटती हुई उसके पैरों के तले से थोड़ी-सी बालू काट ले गई थी, और गीली रेत पर पड़े हुए सब पैरों की छाप बिलकुल मिट गई थी-और लिपी-पुती एक नई वेदिका खड़ी हो...

हेमन्त ने लम्बी साँस ली। फिर जैसे सहसा याद करके देखा; सुधा दूर पर चली जा रही थी। और अभी तक वह अकेली थी, अब दूर के एक झाऊ के पीछे से एक और व्यक्ति उसके साथ हो लिया और क्षण ही भर बाद कदम-से-कदम मिलाकर चलने लगा। हेमन्त ने पहचाना, वही दूसरा...

पर वह चौंका नहीं। ठीक है। पैरों की छाप बिलकुल मिट गई है। मन-ही-मन उसने सागर को प्रणाम किया है।

इसी तरह पैरों की छाप मिट जाएगी। सबसे पहले उसकी। धीरे-धीरे उन दूसरों की...सागर आदिम, अराजक, व्यक्ति-परक है, और स्वयं संयत है। सभ्य है...

दिल्ली, सितम्बर, 1950

पठार का धीरज

ऊँचे-नीले टीले, खँडहर, मटमैली-भूरी हरियाली; धुँधले छोटे झोंप, अँधेरी खोहें; बिखरे हुए पत्थर, कुछ गोल, कुछ चपटे, कुछ उभरे, चुभन-से तीखे; दूर पर चपटी लम्बी इमारत की बत्तियाँ, मानो रेलगाड़ी खड़ी हो।

ये सब यथार्थ हैं।

किस पठार का धीरज-भरा फैलाव, दुराव-भरा सन्नाटा, झनझनाती तेज़ हवा चपटे पत्थरों पर मीने के-से हरे-चिट्टे-ललौंहे काही के तारा-फूल, उड़ते-उड़ते बे-भरोस बादल, तीतरों की चौंकी-सी पुकार 'त-तीत्तिरि-त-तीत्तिरि-त-तुः', दूर पर गीदड़ का रोने और भूँकने के बीच का-सा सुर।

ये भी यथार्थ हैं।

लेकिन यथार्थता के स्तर हैं। स्थूल वास्तव, फिर सूक्ष्म वास्तव जिसमें हमारे भाव का भी आरोप है, फिर-क्या और भी कोटियाँ नहीं हैं, जिनमें भाव ही प्रधान हो, जिनमें तथ्य वही पहचाना जाए, जहाँ वह व्यक्ति जीवन के प्रसार में गहरी लीकें काट गया हो, नहीं तो और पहचानने का कोई उपाय न हो, क्योंकि व्यक्ति-जीवन, व्यक्ति-जीवन के क्षण का स्पन्दन इतना तीव्र हो कि सब कुछ उसी से गूँज रहा हो, दूसरी कोई ध्वनि न सुनी जा सके?

उस चट्टानों और खंडहरों से भरे पठार की खुली, फैली, लचीली प्रवहमान व्यापकता से अभिभूत किशोर अगर सहसा सुनता है कि तीतर की बोली 'त-तीत्तिरि-त-तीत्तिरि' न होकर कुछ और है-क्या है, वह ठीक-ठीक सुन लेता है-और उस रेलगाड़ीनुमा इमारत की बत्तियाँ टिमटिमाकर उसे कुछ बहुत ज़रूरी सन्देश कह रही हैं जो उसे चाँद निकलने से पहले सुन लेना है, क्योंकि फीके होते हुए दिग्बिन्दु से अगर चाँद उभर आया है और खँडहर की अधूरी मेहराब पर उसकी जुन्हाई पड़ गई तो न जाने उनकी कौन-सी पोल खुल जाएगी-अगर वह यह सब सुनता है तो क्या उसका सुनना धोखा ही है, क्या वह भी वास्तविकता का नया स्तर नहीं है? और क्या हमेशा ही हमारा जीवन एकाधिक स्तर पर नहीं चलता; हमारा अधिक तीव्रता के साथ जीना, क्या एक ही स्तर पर अधिक गति या विस्तार की अपेक्षा अधिक या नए स्तरों का हठात्, जागा हुआ बोध ही नहीं? तीव्र जीवन के

क्षण नई दृष्टि, नए बोध के क्षण, अनेक स्तरों पर जीवन के स्पन्दन की द्रुत अनुभूति–ये विरल ही होते हैं, जैसे कि तीसरा नेत्र कभी–कभी ही खुलता है...

किशोर ने धीरे–से कहा, ''सुनती हो, यह पक्षी क्या पुकार रहा है? वह कहता है–प्र–मीला, प्र–मीला!''

प्रमीला निःशब्द हँस दी।

''सच, तुम सुनकर देखो–वह देखो–प्र–मीला, प्र–मीला–''

प्रमीला ने मानो कान देकर सुना। अबकी वह ज़रा ज़ोर से हँस दी,...''हाँ ठीक तो, अगर मानकर अनुकूलता से सुनें तो सचमुच तीतर उसी का नाम पुकार रहे हैं, प्रमीला, प्रमीला!''

उसने धीरे–से किशोर का हाथ अपने हाथ में लेकर दबा दिया।

''और अभी जब चाँद निकलेगा, तब तुम देखना, वह जो धुँधली–सी मेहराब दीखती है न टूटी हुई, उसका आकार भी ठीक 'प्र' जैसा बन जाएगा, मानो चाँदनी तुम्हारा नाम लिख रही हो।''

प्रमीला की आँखें चमक उठीं। उसने कहा, ''हाँ, और जब मोर पुकारेगा तो मैं सुनूँगी, वह कह रहा है, किशोर, किशोर! और जब चाँद निकलेगा और बादलों में रुपहली झालर लग जाएगी–''

''हँसी करती हो?''

''नहीं, हँसी क्यों करूँगी भला? मैं सच कह रही हूँ–ये जो दूर–दूर तक पलाश के झुरमुट हैं, इनकी काँपती पत्तियाँ न जाने किसके–किसके नामों पर ताल देकर नाचती हैं, और वह कुंड के पानी में चक्कर काटती टिटिहरी चौंककर न जाने किसे बुलाती है–हम सारा इतिहास थोड़े ही जानते हैं? केवल अपने नाम सुन चुके, वह इसलिए कि–इसलिए कि–''

''कहो न!''

''इसलिए कि मैं–नहीं कहती। कहना नहीं चाहिए।''

''कहो भी न?''

''इसलिए कि मैं–कि तुम–तुम मुझे–'' और प्रमीला ने पास आकर अपनी आवाज़ को किशोर के कन्धे की ओट करते हुए कहा, ''तुम मुझे प्यार करते हो।''

किशोर का हाथ घेरा हुआ–सा बढ़ गया; पर प्रमीला के आस–पास शून्य में ही वृत्त बनाकर खड़ा रहा।

''और इसी तरह कुँवर राजकुमारी को प्यार करता होगा, और कुंड के किनारे मिलने आता होगा, और उसी की बातें पलाशों ने सुन रखी हैं और हवा को सुनाते हैं...''

दूर गीदड़ फिर भूँका। किशोर तनिक सा चौंका; प्रमीला ने पूछा, ''क्या–कौन है?''

किशोर ने भी अचकचाए-से स्वर में कहा, "कौन है?"

थोड़ी दूर पर एक स्त्री स्वर बोला, "तुम लोग वास्तव से भागना क्यों चाहते हो? कुँवर राजकुमारी को प्यार नहीं करता था।"

"फिर किसको करता था? हाथी पर सवार होकर रोज राजकुमारी से मिलने आता था तो–"

"अपनी छाया को। चन्द्रोदय होते ही वह कुंड पर आता था, हाथी पर सवार उसकी अपनी छाया कुंड के एक ओर से बढ़कर दूसरे किनारे नहाती हुई राजकुमारी की जुन्हाई-सी देह को घेर लेती थी। उसी लम्बी बढ़नेवाली छाया से कुँवर को प्रेम था, राजकुमारी तो यों ही उसकी लपेट में आ जाती थी।"

"ऐसा! तो वह रोज़ आता क्यों था? हाथी को पानी में बढ़ाकर जब वह दोनों बाँहें राजकुमारी की ओर फैलाता है–"

"तुम नहीं मानते? मैं कुँवर से ही पुछवा दूँ? अच्छा, ठहरो, वह आता ही होगा–देखो–"

किशोर ने देखा। एक बड़ी-सी छाया कुंड के आर-पार पड़ रही थी–नीचे गोल-सी, मानो हाथी की पीठ; ऊपर सुघड़, लम्बी और नोकदार मानो टोपी पहने राजकुमार।

हाथी धीरे-धीरे पानी में बढ़ रहा था। जब गहरे में उसकी पीठ का पिछला हिस्सा पानी में डूब गया, तब वह खड़ा होकर पानी में सूँड़ हिलाने लगा। कुँवर ने एक बार नज़र चारों ओर दौड़ाई; राजकुमारी को न देखकर वह हाथी की पीठ पर खड़ा हो गया। दोनों हाथों को मुँह के आस-पास रखकर उसने दो बार मोर के पुकारने का-सा शब्द किया–"मैं-तूः, मैं-तूः" और फिर धीरे-से पुकारा, "राजकुमारी! राजकुमारी हेमा!"

स्त्री-स्वर ने कहा, "मैं जा रही हूँ वहाँ...कुँवर के पास। लेकिन वह मुझे नहीं, अपना छाया को प्यार करता था।"

गोरोचन की एक पुतली-सी कुंड की सीढ़ियाँ एक-एक करके उतरने लगी। निचली सीढ़ी पर पहुँचकर वह थोड़ी देर रुकी, देह पर ओढ़ी हुई चादर उतारी और फिर एक पैर पानी की ओर बढ़ाया। पानी में चाँदनी की लहरें-सी खेल गईं।

हाथी की पीठ पर खड़े राजकुमार ने शरीर को साधा, फिर एक सुन्दर गोल रेखाकार बनाता हुआ पानी में कूद गया, क्षण-भर में तैरकर पार जा पहुँचा। दोनों साथ-साथ तैरने लगे।

"हेमा, तुम आज उदास क्यों हो? तुम्हारा अंग-चालन शिथिल क्यों है?"

"नहीं तो। क्या मैं बराबर साथ-साथ नहीं तैर रही हूँ?"

"हाँ, पर...वह स्फूर्ति नहीं है–तुम ज़रूर उदास हो–"

"नहीं-नहीं, मैं तो बहुत प्रसन्न हूँ। मेरी तो आज सगाई हो गई–"

"क्या? राजकुमारी हेमा–क्या कहती हो तुम? ठट्ठा मत करो–" कुँवर तैरता हुआ रुक गया।

हेमा ने रुककर उसे भरपूर देखते हुए कहा, "हाँ, आज तिलक हो गया।"

"कौन–किसके साथ? तुम कैसे मान सकीं?"

हेमा ने धीरे–धीरे कहा, "मैं राजकुमारी हूँ। ऐसी बातों में राजकुमारियों की राय नहीं पूछी जाती। साधारण कन्याएँ राय देती होंगी, पर हमारा जीवन राज्य के कल्याण के पीछे चलता है।"

"और हमारा कल्याण–"

"वह उसी में पाना होगा। अपना अलग हानि–लाभ सोचना क्षत्रियवृत्ति नहीं है, वैसा तो बनिए–"

"यह सब तुम्हें किसने कहा है?"

"मेरी शिक्षा यही है–"

दोनों किनारे की ओर बढ़ रहे थे। कुँवर ने लपककर सीढ़ी को जा पकड़ा, और बाहर निकलकर उस पर जा बैठा। हेमा भी निकलकर पास खड़ी हो गई। शरीर से चिपकते गीले कपड़ों के कारण वह और भी पुतली–सी दीख रही थी, गोरोचन का रंग और चमक आया था।

दोनों देर तक चुप रहे। फिर कुँवर ने कहा, "तो–यह क्या विदा है?"

हेमा ने अचकचाकर कहा, "नहीं, नहीं!"

"सुनो हेमा, राजकुमारी, तुम–अभी मेरे साथ चलो। हाथी पर सवार होकर यहाँ से निकलेंगे, फिर घोड़े लेकर–"

"कहाँ?"

"हाथ में वल्गा, पार्श्व में हेमा राजकुमारी–तो सारा देश खुला पड़ा है...उधर कामरूप–मणिपुर तक, उधर विन्ध्या के पार कन्याकुमारी तक, नहीं तो उत्तर खंड के पहाड़ों–"

"और यहाँ पीछे–विग्रह और मार–काट, और लोहे की साँकलों में बँधे हुए बन्दी, और–"

"प्यार पीछे नहीं देखता, हेमा; उसकी दृष्टि आगे रहती है। मैं देखता हूँ वह सुन्दर भविष्य, जिसमें हम दोनों–"

"मैं भी देखती हूँ, कुँवर, मगर वह भविष्य वर्तमान से कटकर नहीं, उसी का फूल है–जैसे बिना पत्ती के भी मधूक में नया बौर–जैसे पलाश की फुनगी को चूमती हुई आग..."

"नहीं राजकुमारी, मैं सम्पूर्ण जलना चाहता हूँ। धू–धू करके धधक उठना, बेबस, पागल, जैसे चैत्र में पलाश का समूचा वन..."

"कुँवर!"

"कहो, तुम मेरे साथ चलोगी...अभी?"

राजकुमारी चुप रही। फिर उसने धीरे-धीरे कहा, "सगाई तो हुई है, क्योंकि नई सन्धि भी हुई है। विवाह की तो अभी कोई बात नहीं है; क्योंकि विवाह के बाद शायद सन्धि में वह बल नहीं रहेगा–मैं उधर की जो हो जाऊँगी। इस प्रकार मैं देश की शान्ति की धरोहर हूँ...इधर की कुमारी, उधर की वाग्दत्ता...मैं कैसे भाग जाऊँ?"

"तो क्या कहती हो?"

"कुछ नहीं कहती, कुँवर! मैं रोज़ यहाँ आती हूँ, आती रहूँगी। तुम...तुम भी आते हो। यह कुंड हमारा अपना राज्य है...नहीं, राज्य नहीं, हमारा घर है जहाँ हम अपनी इच्छा के स्वामी हैं, धरती के दास नहीं। यहीं हम रहते रहेंगे, चाँदनी और तारों भरा अन्धकार हमें घेरे रहेगा...कुँवर, क्या तुम मुझे ऐसे ही नहीं प्यार कर सकते?"

"और भविष्य?"

"वह किसी का जाना नहीं है। और उतावली करके उसको नष्ट करना..."

"धीरज, धीरज, हेमा! मैं तुम्हें चाँदनी की तरह नहीं चाहता जो आवे और चली जावे, मैं तुम्हें–मैं तुम्हें...अपनी छाया की तरह चाहता हूँ हर समय मेरे साथ, जब भी चाँदनी निकले तभी उभरकर मुझे घेर लेनेवाली..."

"और जब चाँदनी न हो तब क्या अन्धकार मुझे लील लेगा...मैं खो जाऊँगी?" राजकुमारी का शरीर सिहर उठा।

"तब तुम मुझी में बसी रहोगी, राजकुमारी!"

दूर कहीं पर चौंककर तीतर पुकार उठे। पहले एक, फिर दूसरी ओर से और एक। राजकुमारी ने सचेत होकर कहा, "अच्छा, कुँवर, मैं चली। कल फिर आऊँगी। तुम चिन्ता मत करना।"

कुँवर ने कहा, "राजकुमारी!" फिर कुछ भर्राए-से स्वर में कहा, "हेमा!"

हेमा ने धीरे-से कहा, "अपने चाँद को तुम्हें सौंप जाती हूँ। देवता तुम्हारी रक्षा करें, कुँवर..."

उसने जल्दी से चादर ओढ़ी और निःशब्द लचीली गति से सीढ़ियाँ चढ़ चली।

कुँवर ने एक बार दक्षिण आकाश में उभरे वृश्चिक को देखा, फिर झुककर पानी में हो लिया और क्षण-भर में हाथी की पीठ पर पहुँच गया। अँधेरे का एक पुंज-सा पानी में से उठा और कुंड के छोर पर अँधेरे की एक बड़ी-सी कन्दरा में खो गया।

हेमा का स्वर फिर पास कहीं बोला, "समझे?"

किशोर ने कहा, "राजकुमारी, तुम तो कहती हो वह प्यार नहीं करता? वह तो–"

"कब कहती हूँ नहीं करता था? पर मुझे नहीं, अपनी प्रलम्बित छाया को। तभी तो मुझे छोड़कर चला गया-"

"चला गया?"

"हाँ, दूसरे दिन वह नहीं आया। मैं देर रात तक कुंड पर बैठी रही। तीसरे दिन भी नहीं। फिर पता लगा, जहाँ मेरी सगाई हुई थी वहाँ-वहाँ उसने आक्रमण कर दिया है एक अश्वारोही टुकड़ी के साथ-"

"फिर?"

"फिर! इतिहास बाँचना मेरा काम नहीं है, अपरिचित! वह सब तुमने पढ़ा होगा-कितने राज्य, कितने राजकुल विग्रहों से धुल गए, इसका लेखा-जोखा रखना तो तुम्हारी शिक्षा का मुख्य अंग है! हम तो स्वयं जीनेवाले हैं, जीवन के प्रति समर्पित होकर, क्योंकि जीवन का एक अपना तर्क है जो इतिहास के तर्क से-"

"पर कुँवर? राजकुमारी, कुँवर का क्या हुआ?"

"वह नहीं आया। दूसरे दिन नहीं, तीसरे दिन नहीं, सप्ताह नहीं, पखवाड़े नहीं। महीने और वर्ष बीत गए। विग्रह फैला और फैलता ही गया। वह नहीं आया फिर। और-आज भी मैं नहीं जानती कि मैं-कि मैं केवल वाग्दत्ता हूँ कि विधवा, कि-कि केवल इस कुंड की विवाहिता वधू, जिसकी लहरियों से खेलते मैंने वर्ष बिता दिए।"

"पर यह तो कुछ समझ में नहीं आया। बात कुछ बनी नहीं।"

"बात का न बनना ही उसका सार है, अपरिचित! प्यार में अधैर्य होता है, तो वह प्रिय के आस-पास एक छायाकृति गढ़ लेता है, और वह छाया ही इतनी उज्ज्वल होती है कि वह प्रेय हो जाती है, और भीतर की वास्तविकता-न जाने कब उसमें धुल जाती है, तब प्यार भी धुल जाता है। तुम मुझे देख रहे हो, क्योंकि मेरे साथ तुम्हारा कोई रागात्मक सम्बन्ध नहीं है। मैं खँडहर की जमी हुई चाँदनी हूँ...कुंड की एक विजड़ित लहर हूँ! पर मुझे देखो, देर तक देखो, लालसा से देखो-तब देखोगे, मेरे आस-पास कितनी घनी दुर्भेद्य छाया तुमने गढ़ ली है-क्यों भद्रे, तुम क्या कहती हो?"

प्रमीला इस सम्बोधन से अचकचा गई। उसने तनिक-सा किशोर की ओर हटते हुए कहा, "मैं-मैं-कुछ नहीं राजकुमारी, मैं तो-"

राजकुमारी ईषत्? स्मित भाव से बोली, "मैं तो जो कहूँगी इस पार्श्ववर्ती अपरिचित से कहूँगी, यही न?" फिर कुछ गम्भीर होकर, "लेकिन भद्रे, वही ठीक है। यह फैला पठार देखो-आकाश, आँधी, पानी, शीतातप सबके प्रति यह समर्पित है, किसी के आस-पास छायाएँ नहीं गढ़ता, और सबकी वास्तविकता देखता है। तुम तो जानती हो, तुम मेरी बहिन हो। तुम्हें कुछ कहना ही हो, ऐसा क्यों आवश्यक है? यह पठार भी तो कुछ नहीं पूछता! अपरिचित, क्या यह पठार वास्तव है, तुम्हें लगता है?"

"हाँ, और नहीं। मैं नहीं जानता। इस समय मैं मानो इससे आत्मसात् हूँ, अलग उसको जोखने की दूरी मुझमें नहीं।"

"वह तो जानती हूँ। पठार से, कुंड से आत्मसात् न होते, तो क्या मुझे देखते? मेरी बात सुनते? क्योंकि मैं–"

"राजकुमारी, तुम कौन हो? क्या तुम वास्तव नहीं हो?"

"वास्तव!" राजकुमारी हँसी। तारे मानो कुछ और चमक उठे, और हवा कुछ तेज़ हो गई। "वास्तव तो हूँ, शायद; जो कुछ है सभी वास्तव है। लेकिन वास्तविकता के स्तर हैं। धीरज हमें एक साथ ही अनेक स्तरों की चेतना देता है, अधैर्य एक प्रकार का चेतना का धुआँ है जिससे बोध का एक-एक स्तर मिटता जाता है और अन्त में हमारी आँखें कड़वा जाती हैं, हमें कुछ दीखता नहीं–"

फिर वही तीतर बोले, "त-तीत्तिरि, त-तीत्तिरि!"

राजकुमारी ने कहा, "कभी इस पठार के तीतर और मोर दूसरे नाम पुकारा करते थे। मैंने अपना नाम अनेक बार सुना था। पर अब–" उसने फिर मुस्कराकर अर्थ भरी दृष्टि से दोनों को देखा, "अब कदाचित् वह और नाम पुकारते हैं–है न?"

तीतर फिर बोले, "त-तीत्तिरि, त-तीत्तिरि।"

प्रमीला कुछ लजा गई। किशोर ने अचम्भे में आकर कहा, "राजकुमारी, तुम कौन हो?"

"मैं कोई नहीं हूँ। मैं पठार का धीरज हूँ। वह दृष्टि देता है लेकिन मैं चली–"

एक ज़ोर का झोंका आया। कुंड पर अठखेलियाँ करती चाँदनी लहराकर चक्कर खाकर मूर्च्छित हो गई, अदृश्य टिटिहरी उड़ता वृत्त बना चीख उठी, बादल का एक चिथड़ा चाँद का मुँह पोंछ गया, पलाश के झोंप सनसना उठे, कहीं गीदड़ भूँका, प्रमीला किशोर के और निकट सरक आई, और उसे मग्न-सा देखकर बड़े हलके स्पर्श से उसे छूकर स्वयं ठिठक गई; किशोर ने अचकचाए निःशब्द स्वर से मानो कहा, "कौन-कहा?" और फिर सचेत होकर चारों ओर आँखें दौड़ाईं।

कहीं कोई नहीं था, केवल पठार का सन्नाटा।

तीतर एक साथ ज़ोर से पुकार उठे, "त-तीत्तिरि, त-तीत्तिरि।"

किशोर और प्रमीला की आँखें मिलीं, स्थिर होकर मिलीं और मिली रह गईं।

नहीं यह बिलकुल आवश्यक नहीं है कि तीतर किसी का भी नाम पुकारे। पठार की अपनी एक वास्तविकता है, उनकी अपनी एक वास्तविकता है। दोनों समानान्तर हैं, सहजीवी हैं, संयुक्त हैं; यह बिलकुल आवश्यक नहीं है कि वास्तविकता के अलग-अलग स्तर कहीं भी एक-दूसरे को काटें। जो बोध हो, स्वयं

ही हो; चेतना स्वतः उभरकर फैलकर जिस स्तर को भी छू आवे; चेतना स्वच्छन्द रहे, क्योंकि धीरज उनमें है, उनमें रहेगा–

किशोर ने हाथ बढ़ाकर प्रमीला के दोनों शीतल हाथ थाम लिये।

तीतर फिर बोला, 'त–तीत्तिरि!'

आँखों में बड़ी हल्की मुस्कान लिये दोनों ने एक–दूसरे को सिर से पैर तक देखा।

और स्थिर धीरज भरे विश्वास से जान लिया कि छाया किसी के आस–पास नहीं है, दोनों वास्तव में आमने–सामने हैं, हैं।

तब चाँद गोरोचन के बहुत बड़े टीके–सा बड़ा हो आया।

दिल्ली, अक्टूबर, 1950

नगा पर्वत की एक घटना

"मेरी समझ में तो समस्या इससे गहरी है। आप उसे जिस रूप में देख रहे हैं, उतनी ही बात होती तब तो कोई बात न थी।" कप्तान अर्जुन ने समर्थन के लिए कप्तान वासुदेवन की ओर देखा।

"हाँ, फौजी जीवन आदमी को इतना अनुशासनाधीन बना देता है कि फायर का हुक्म मिलते ही गोली दाग देता है, उचित-अनुचित कुछ नहीं सोचता; यह तो कोई इतनी बड़ी बुराई नहीं है। क्योंकि ऐसी डिसिप्लिन तो हम चाहते ही हैं, और जो चाहा जाए उसका हो जाना क्यों बुरा?"

"पर चाहना तो बुरा हो सकता है?" कप्तान चोपड़ा बोले, "क्या आदमी को ड्रिल करा-करा के ऐसा यन्त्र बना देना, कि उसकी मॉरल जजमेंट बिलकुल बेहोश हो जाए, बड़ा पाप नहीं है? यही तो फौजी जीवन करता है।"

"इससे किसे इनकार है? अपनी जजमेंट को दूसरों की जजमेंट के अधीन कर सकना सिपाहीगिरी के लिए ज़रूरी है। लेकिन ऐसा सिर्फ फौज में ही नहीं होता; यह तो हमें हर क्षेत्र में करना पड़ता है।" वासुदेवन ने उत्तर दिया।

"और फिर यह वैसे भी किसी पेशे का दोष नहीं, यह तो मानव का ही दोष है कि वह ऐसा करना चाहता है। मानव को मॉरल जजमेंट की हम चाहे जितनी दुहाई दें, असल में वह इतने गहरे मॉरल में नहीं है कि उस जजमेंट को दूसरों पर छोड़ने में खुश न हो; उसके लिए यह जजमेंट का मामला एक गले में पड़ी आफत है, जिसे वह जितनी जल्दी दूसरों के गले में डाल सके, उतना ही अच्छा। इसलिए मैं कहता हूँ कि आप समस्या को आसान करके देख रहे हैं। फौज का पेशा मानव में कोई नया ऐब पैदा नहीं कर देता, उसमें जो सहज दुर्बलता है उससे लाभ उठाकर चलता है। यह बल्कि ज़्यादा बड़ी आलोचना है। यह क्या कम बात है कि छह हजार बरस की संस्कृति से-वासुदेवन, छह हजार बरस ठीक है न?-पैदा हुआ नैतिक बोध छह महीने की फौजी ड्रिल से ही ऐसा पस्त हो जाए कि हम बिना सोचे-समझे चाहे जिसकी जान ले डालें?"

"नहीं, बोध बिलकुल तो नहीं मर जाता। ऐसे भी तो केस होते हैं जहाँ फौज गोली चलाने से इनकार कर देती है, जैसे-सिविलियनों पर, या औरतों पर-आखिर वह नैतिक बोध ही तो होता है न?"

"हाँ, मगर वह इसलिए कि डिसिप्लिन में ऐसे अपवाद रखे जाते हैं। शिक्षा में दुश्मन की बात सामने लाई जाती है, और आमतौर पर 'दुश्मन' का अर्थ फौजी ही लिया जाता है। बल्कि सिविलियन शत्रु नहीं है, या कि उसे नरमी से जीता जावे, ऐसी शिक्षा भी दी जाती है।"

"यानी आप कह रहे हैं कि अगर ट्रेनिंग में यह भी होता कि दुश्मन ही दुश्मन नहीं, दुश्मन के सिविलियन और औरत-बच्चे भी दुश्मन हैं, तो उनको भी मारने में फौजी को झिझक न होती?"

"बिलकुल, और इस सभ्य लड़ाई में इसकी मिसालें भी कम नहीं हैं। जर्मनी के कंसेंट्रेशन कैम्पों में-"

"तो क्या नैतिक जजमेंट बिलकुल मर जाता है? मगर-"

"मरता है, या बेहोश भी होता है कि नहीं, पता नहीं। कहें कि स्थगित हो जाता है या दूसरे पर टाल दिया जाता है। और टाल देना मानवमात्र का सहज स्वभाव है, फौज का उसमें कोई हाथ नहीं।"

"मेजर वर्धन, आपकी क्या राय है?"

वासुदेवन कुछ कहना चाहते थे। पर मेजर से प्रश्न पूछा गया था, उत्तर के लिए रुके रहे। मेजर वर्धन ने सहसा उत्तर नहीं दिया; अन्य अफसरों ने देखा कि वह चुपचाप आगे को झुके हुए आग की ओर स्थिर दृष्टि से देख रहे हैं। आग की लपटें जैसे-जैसे उठती-गिरती थीं, वैसे-वैसे उनके चेहरे पर एक अजीब धूप-छाँह खेल उठती थी; उनके चेहरे पर एक क्लान्ति, एक उदासीनता का भाव तो था, पर उसके पीछे जैसे कहीं एक घोर करुणा भी छिपी हुई थी, ऐसी करुणा, जो जानती है कि वह अपर्याप्त है, लेकिन फिर भी हार नहीं मानती; जैसे निर्धन माँ, पूस-माघ की सर्दी में अपने सर्वथा अपर्याप्त एवं फटे आँचल को बच्चे पर उढ़ाकर, आँचल के सहारे उतना नहीं, जितना अपनी लगन के सहारे, उसे ठिठुरने से बचा लेना चाहती हो...

फौज से छुट्टी पाकर ये परिचित अफसर कभी-कभी ऐक्स-सोल्ज़र्स क्लब के छोटे कमरे में आ बैठते थे। तीनों कप्तानों ने अपने को सिविलियन जीवन में भी कप्तान कहने के अधिकार का उपयोग किया था; मेजर वर्धन अब अपनी 'मुफ्ती' पोशाक में 'मिस्टर वर्धन' रहना ही पसन्द करते थे, पर अभ्यासवश बाकी उन्हें मेजर कह ही जाते थे...

सहसा सन्नाटे में जैसे चौंककर वह बोले, "मेरी राय तो तुम लोग जानते हो। असल में हम लोग युद्ध की ओर ही ध्यान दें, तो ज़्यादा अच्छा है, फौजी जीवन के दोष देखने से हमारी दृष्टि स्खलित हो जाती है।"

"लेकिन क्या दोनों एक-दूसरे में निहित नहीं हैं? फौजी जीवन और युद्ध को अलग कैसे किया जाए-युद्ध के लिए ही तो फौजी जीवन है?"

"हाँ, लेकिन यह साध्य और साधन वाले झमेले में पड़ना है। यह ठीक है कि साधन की भी परख होनी चाहिए; अच्छे साध्य के लिए लगकर भी बुरा साधन बुरा है। मगर असल में तो साध्य ही बुरा है। साधन तो शायद–उतना बुरा न भी हो।"

"यानी, आप नहीं मानते कि फौजी जीवन आदमी को नीचे खींचता है?"

"हाँ–और नहीं। अनुशासन उसे मशीन–या कि सधा हुआ पशु या शिशु बनाता है, यह ठीक है। लेकिन एक तो हम इच्छा से यह परिणाम चाहते हैं, जैसा कि वासुदेवन ने कहा। दूसरे, सधा हुआ पशु मानव से ऐसा बुरा ही है, यह दावा करना दम्भ नहीं है?"

तीनों ने कुछ चौंकी हुई दृष्टि से मेजर की ओर देखा, मानो कहना चाहते हों, "आपसे ऐसी बात की आशा नहीं थी।"

मेजर वर्धन ने कहा, "आप सोचते होंगे कि मैं सिनिकल हो रहा हूँ, नहीं। सचमुच सधे पशु के लिए मेरे मन में सम्मान है और यह भी मैं मानता हूँ कि वह उतना अधिक बुरा नहीं हो सकता जितना कि युद्ध की परिस्थितियों में मनुष्य हो सकता है, और मनुष्य भी कोई विकृत मनवाला खूँखार प्राणी नहीं; सीधा-सादा, भाई-बहिनों, जोरू-बच्चों के बीच रहनेवाला, दस से छह तक दफ़्तर में–या छह से दस तक खेत में–खटनेवाला अत्यन्त मामूली मनुष्य, जैसे कि फौजी आमतौर पर होते हैं। इसीलिए जहाँ आदमी पशु बन जाता है, वहाँ मैं उसे उतना खतरनाक नहीं मानता। फौज की डिसिप्लिन केवल इतना करती है, इससे बदतर कुछ नहीं। लेकिन युद्ध..."

"यह तो ठीक है कि युद्ध जो करता है, वह फौजी जीवन नहीं करता। मगर युद्ध से आदमी के गुण भी तो उभरते हैं..." चोपड़ा ने कहा।

"हाँ, वैसा भी होता है। और यह भी होता है कि जिनके गुण उभरते हैं वे आगे जाकर मर जाते हैं, और जिनके ऐब उभरते हैं वे जान बचाकर घर लौटते हैं। 'हतो वा प्राप्स्यसे स्वर्गम' आज भी उतना ही सच है, मगर 'जित्वा वा भोक्ष्यसे महीम्'–न मालूम! बल्कि जयी आजकल क्या भोगता है, कोई कह नहीं सकता।"

"लेकिन आप यह क्यों कहते हैं कि मनुष्य पशु से बदतर हो जाता है?"

" यों तो 'मनुष्य जब पशु होता है तब पशु से बदतर होता है...' यह आपने सुना ही है। क्योंकि पशु पशु होकर अपने पद पर है, और मनुष्य अपदस्थ, पतित। मगर आपको इस पर आपत्ति क्यों है? यह बताइए कि जब आप कहते हैं कि मनुष्य सधा हुआ पशु है, तब आपका अभिप्राय क्या होता है?"

कप्तान अर्जुन धीरे-धीरे बोले, "यही कि वह अपना विवेक छोड़कर सिर्फ अनुशासन पर चलता है–हुक्म दो 'गोली मारो' तो गोली मार देगा; 'आग में कूदो' तो आग में कूद पड़ेगा। कभी झिझक भी हो सकती है, डर से, पर अगर पशु ठीक सधा है तो डर रहते भी कूद पड़ेगा।"

"और अनुशासन से डर को दबाने के कारण ही फौज में इतने मेंटल केस होते हैं।"–चोपड़ा ने दाद दी।

"हाँ, ठीक है। तो सधा हुआ मानव–पशु अपनी सहज इच्छा या विवेक के ऊपर दूसरे की इच्छा या विवेक को मानकर उसके अनुसार चलता है! यानी मानव का जो अपने विवेक को अमल में लाने का कर्तव्य है; उसे वह–चलिए, ताक में रख देता है कुछ काल के लिए। यह फौजी अनुशासन की देन है। पर अगर वह पशु अनुशासन के नाम पर अपने नैतिक बोध को, सद्–विवेक को ताक में रख दे, और फिर सहज पशु–प्रवृत्ति की झोंक में अनुशासन को भी भुला दे...तब? तब तो वह पशु से बदतर है न?"

वासुदेवन ने तनिक मुस्कराकर कहा, "पशु–प्रवृत्ति में बहनेवाला तो पशु ही हुआ; पशु से बदतर कैसे कहेंगे–"

"हाँ, मगर सधा हुआ पशु वह नहीं है; और हम यह मान ले रहे हैं कि अशिक्षित पशु शिक्षित पशु से बुरा है और युद्ध फौज के शिक्षित पशु को अशिक्षित बना देता है।"

वासुदेवन ने दिलचस्पी से पूछा, "क्या प्रसंग है यह?"

"वह है न–कि अहम्मन्य मूर्ख कॉलेजों में अपना दिमाग खराब करते हैं–दाखिल होते हैं बछेड़े, लेकिन निकलते हैं पूरे गधे[1]–"

"हाँ!" कहकर चोपड़ा ने ठहाका लगाया।

"मगर एक बात है, बर्न्स ने पशु को और घटिया पशु बनाया, मनुष्य को पशु नहीं।"

"हाँ, क्योंकि वह कॉलेज की पढ़ाई की बात थी–उसमें इससे ज़्यादा ताकत नहीं है। मगर जंग–" मेजर वर्धन ने फिर वातावरण को गम्भीर कर दिया। फिर मानो उन्हें स्वयं ध्यान आया कि क्लब के सामाजिक वातावरण को हल्का ही रहना चाहिए, और वह सहसा चुप हो गए।

कप्तान चोपड़ा थोड़ी देर उन्हें देखते रहे, मानो सोच रहे हों कि उस मौन को तोड़ना उचित है या नहीं। फिर उन्होंने पूछ ही डाला, "मेजर वर्धन, आपकी बात से मैं पूरी तरह कनविंस तो नहीं हुआ; मगर ऐसा लगता है कि आप किसी घटना के परिणाम से ऐसा कह रहे हैं। और घटनाओं का तर्क भी एक अलग तर्क है ही।"

कप्तान अर्जुन भी बढ़ावा देते हुए बोले, "और अपने ढंग का अकाट्य तर्क! सुनाइए, हम सब सुन रहे हैं!"

---

1. A set of dull conceited hashes
   Confuse their drains in college classes
   They gang in stirks and come out asses

   –Robert Burns

मेजर वर्धन ने एक बार तीनों की ओर देखा; फिर एक स्थिर दृष्टि से आग की ओर देखकर बोले, "हाँ, घटना का अपना अलग तर्क होता है। जो घटना अभी मेरे ध्यान में आई थी, वह मेरी बात की पुष्टि करती है या नहीं, न जाने; मगर उसको समझा जा सकता है तो उसी के भीतर तर्क के आधार पर; नहीं तो इन्सान ऐसा अनरीज़नेबल कैसे हो सकता है, समझ नहीं आता। आखिर पशु-बुद्धि भी तो बुद्धि है-"

थोड़ी देर सन्नाटा रहा। चारों आग की ओर देखते रहे। मेजर वर्धन के चेहरे की रेखाएँ कड़ी हो आईं, मानो उनकी स्थिर दृष्टि आग में कुछ देख रही हो और निश्चलता के ज़ोर से उसे पकड़े रहना चाहती हो...फिर उनकी मुद्रा तनिक-सी पसीजती जान पड़ी, मानो बात कहने का ही निश्चय करके उन्हें कुछ तसल्ली मिली हो।

"बात कोहीमा की है। यानी ठीक कोहीमा की नहीं, कोहीमा और जासीम के बीच के इलाके की; डि-चिड् के पार जो खुमनुबाटो का शिखर और जंगल है, वहीं की। मैं कोहीमा की इसलिए कहता हूँ कि मैं तब 23वीं डिवीजन के साथ कोहीमा और जुबजा के बीच डिव-हेडक्वार्टर में पड़ा हुआ था।" वह क्षण-भर रुके, फिर कहने लगे, "वासुदेवन, तुम तो आगे थे-और अर्जुन तो डीमापुर में रहे-यह तो तुम्हें मालूम है कि मैं डीमापुर से इंटेलिजेंस के लिए आगे गया था-"

"हाँ, वह तो ऐसा गुपचुप कुछ काम था कि हम सबको बड़ा कौतूहल रहा। फिर हमने सोच लिया कि कोहीमा के पार जापानी लाइन के पीछे जासूसी करने जा रहे हैं। यह तो हमें मालूम था कि नगा स्काउटों की एक टोली तैयार हुई है, और यह भी सुना था कि उसके कुछ जवान आपके साथ जाएँगे-"

"हाँ, था तो गुपचुप ही; बल्कि जो बात बताने जा रहा हूँ, वह भी उसी दर्जे की है-टॉप सीक्रेट। और अगर वह मेरा या हिन्दुस्तानी फौज का सीक्रेट रहा होता तो मैं शायद अब भी उसकी बात न करता-पता नहीं, अब भी वह कहानी कहना फौजी कानून के खिलाफ है कि नहीं। पर जो हो, सुनकर तुम लोग खुद तय करना कि आगे कही जाए या नहीं। मुझे तो यह बात अचानक ही एक अमेरिकन से पता लगी-हालाँकि थी शुरू में वह मेरी ही बात।"

"आप हमें भड़काने के लिए पहेलियाँ बुझा रहे हैं?"

"नहीं। तुम्हें मालूम नहीं, उन दिनों जापानियों के साथ बहुत-से आज़ाद हिन्द भी शामिल हो गए थे; इससे अँगरेज़ों के मन में बड़ा डर बैठा हुआ था। भेद-भाव तो यों भी था, पर इस डर से इंटेलिजेंस के बहुत से काम सिर्फ अँगरेज़ों-अमेरिकनों को सौंपे जा रहे थे, भले ही हिन्दुस्तानी उसके लिए ज़्यादा उपयुक्त हों। मैं भी, जो नगा जासूसों के साथ गया तो मेरे साथ एक अमेरिकी कर्नल भी था, अमेरिकी इंटेलिजेंस का, जो जापानी भाषा भी जानता था। और हम लोग गए भी उस इलाके

में, जिधर सिर्फ जापानी थे–कोहीमा से उत्तर तेर्हेमत्सेमिन्यू वाले इलाके में। दक्षिण में, जहाँ यह ख़याल था कि जापानियों के साथ हिन्दी भी हैं वहाँ किसी हिन्दुस्तानी को नहीं भेजा गया–उधर सब ब्रिटिश अफसर थे।''

''हाँ।''

''तो इस इलाके में भटकते हुए मुझे एक बात सूझी। उधर का जंगल ऐसा दुर्गम था और अंगामी नगा जातियों के इलाके में ऐसी खेती–पट्टी कुछ होती नहीं कि जापानी लोग लूट–खसोट कर खाते रहें और टिके रहें। आए तो वे इसी भरोसे थे कि पहले लूट–पाट कर खाते रहेंगे, फिर डीमापुर पर कब्ज़ा हो जाएगा तो वहाँ ढेरों रसद जमा होगी ही–हम आखिरी वक्त तक उसे बचाने का लोभ ज़रूर करेंगे। तो मुझे यह सूझा कि नगा पहाड़ियों में नगे तो कन्दमूल और बूटियाँ खाकर रह भी लें, जापानी तो यह सब बातें जानेगा नहीं; जब नगा गाँवों का थोड़ा–बहुत चावल और बकरी–कुत्ते खा चुकेगा, तब भूखे पेट बड़ी जल्दी डिमॉरलाइज़ होगा। और वैसे अर्धबर्बर का हौसला जब गिरता है तो धीरे–धीरे फिसलता नहीं, एकदम नीचे आता है। ऐसे में अगर उसमें यह प्रचार किया जाए कि वह आत्म–समर्पण कर दे, तो उसकी जान भी बचेगी और खाना भी मिलेगा, तो–''

''हाँ, विकट लड़ाका था जापानी। पकड़ा नहीं जाता था–मरता था या आत्मघात कर लेता था। मैंने एक बार पाँच–छह कैदी जापानी देखे–वैसा पस्त जन्तु मैंने कभी नहीं देखा होगा। उनकी आँख नहीं उठती थी। उन्हें कैद का दुख नहीं था, यह था कि वह आत्मघात न कर सके, पहले पकड़े गए। मगर यह भी बात थी कि उन्हें सिखाया जाता था कि पकड़े न जाएँ, नहीं तो बड़ी दुर्गति होगी और यह बात उनकी समझ में भी आ जाती थी, क्योंकि वे खुद कैदियों की बड़ी दुर्दशा करते थे–कम–से–कम कई बार तो ज़रूर। जो हो, मुझे यह सूझा कि यहाँ खाइयों में जो दो सौ–तीन सौ जापानी कीचड़, मच्छर, जोंकों में पड़े सड़ रहे हैं, तिस पर खाने को चावल–मांस कुछ नहीं और पीने को गँदला पानी जो पियो और पेचिश से मरो; और एक बड़ी बात यह कि दुश्मन कहीं दीखता नहीं–क्योंकि उस घने जंगल में वहाँ दिन में भी अँधेरा–सा रहता था, तो दो सौ गज दूर पर दुश्मन की खाइयाँ हो सकती थीं और चिल्लाएँ तो एक–दूसरे की आवाज़ सुन सकते थे।...तो ऐसी हालत में अगर लाउड–स्पीकर से जापानियों में प्रोपेगेंडा किया जाए तो शायद बहुत असर हो–हत्याकांड भी बचे। मुझे यह विचार ही उन जापानी कैदियों को देखकर आया था, क्योंकि उन्हीं से जापानी बुलवाने की बात सूझी थी।''

''मगर कैदी क्या कभी राज़ी होते?''

''यह तो कोशिश करने की बात थी। बाद में हुए भी। मैंने उस अमेरिकी कर्नल को अपनी योजना बताई तो उसने भी कहा कि कोशिश करके देखना चाहिए–उसने यह भी कहा कि उसके साथ दो अमेरिकी सार्जेंट हैं जो वैसे तो जापानी हैं

मगर अमेरिकी नागरिक हैं और अमेरिकी फौज में हैं; ये लोग खुद भी ब्रॉडकास्ट कर सकेंगे और करा भी सकेंगे–और ऐसी तो कई जगहें होंगी जहाँ सामने–सामने खाइयाँ हों। उसके प्रोत्साहन से मैंने योजना बनाकर डीमापुर में एरिया कमांडर के पास आगे जी.एच.क्यू. के लिए भेज दी। फिर बैठकर प्रतीक्षा करने लगा कि आगे कुछ हो। हफ्ता हुआ, दो हफ्ते हुए–तीन हफ्ते हुए–महीना हो गया। मोर्चा सँभल गया, जापानी रुक गए, 33 डिव हवाई जहाज़ से जोरहाट पहुँचा और आगे बढ़ने लगा; सूने कोहीमा पर दोनों ओर से गोले बरसने लगे। कभी उनके ज़ीरो आकर बम गिरा गए, कभी हमारे टैंक बढ़े तो कोहीमा के परले मोड़ तक बढ़ते गए, मगर मोड़ से मुड़ते ही पार की पहाड़ी से ऐसे ज़ोर की गोला–बारी होती कि बस। तो हुआ यह कि बीच में कोहीमा कस्बे की पहाड़यों पर न वे, न हम, उधर परली पहाड़ी में ऊपर नगा बस्ती में जापानी, इधर जुबजा के आगे को जंगल ढँकी पहाड़ी पर हम। मैं यह सोचता रहा कि जी.एच.क्यू. वाले इतनी देर कर रहे हैं–अमर करने का वक्त तो फिर निकल जाएगा। अन्त में मैंने जनरल को कहा कि याद दिलावें।''

''एक महीना तो बहुत होता है सचमुच–''

''रिमाइंडर का जवाब चौथे दिन आ गया।'' मेजर वर्धन ने तनिक रुककर साथियों की ओर देखा। चोपड़ा ने कुछ अधैर्य से कहा, ''क्या?''

''कहा गया कि यह योजना 'आइडिया ब्रांच' को भेज दी गई है। वहाँ उस पर विचार हो जाएगा, हमें आगे याद दिलाने या पूछने की ज़रूरत नहीं है।''

''यह ख़ूब रही!''

''और दो हफ्ते हो गए। अन्त में मैंने समझ लिया कि मेरी योजना व्यावहारिक नहीं समझी गई। मैंने भी उसे मन से निकाल दिया। इस बीच उस अमेरिकी कर्नल से अलग भी हो गया था–डीमापुर वापस बुलाए जाकर वह किसी दूसरे और भी गुपचुप मिशन पर भेज दिया गया था, और मैं 33 डिव के साथ कर दिया गया था; एडवांस के लिए इलाके की जानकारी उन्हें देने के लिए। 33 डिव पूरा गोरा डिव था–लड़ाके अच्छे मगर नगा पर्वत के भूगोल और नग जाति के मामले में बिलकुल सिफर। लेकिन डिव का हरावल जब कोहीमा में घुसा, और दो–तीन दिन में मुर्दों को हटाकर उस मटियामेट ढूहे में हमने किरमिच के बासे खड़े कर लिये, तो हमने पाया कि इधर डीमापुर से एक अमेरिकी अस्पताली टोली आई। और इधर ऊपर से बीस एक नगा बाँकों को साथ लिये वही अमेरिकी कर्नल। मुझे मालूम हुआ कि वह पहले तो डीमापुर से रेल से ही मरियानी चला गया था, वहाँ से मोकोक्चङ की ओर से नगर पर्वतों में घुसा, पहले आया जासूसों के साथ, फिर अंगामियों के; और उधर से बढ़ता हुआ लोङ्सा से दक्खिन को उतरता हुआ चिपोकेटामी से फाकेकेङ्जूमी की ओर जा रहा था, खुई–वी तक गया भी था, लेकिन उसके आगे की स्थिति स्पष्ट नहीं थी इसलिए लौट आया। अब अगर 33 डिव कोहीमा के पूरब

जसामी वाली सड़क से आगे बढ़ेगा तो बीच के इलाके का महत्त्व भी नहीं; जापानी या तो पीछे हटेगा या बीच में फँस जाएगा, और अंगामी फिर किसी को छोड़ने के नहीं–एक तो यों ही वे परदेशी को धँसने नहीं देते, फिर जिसने उनके घर जलाए हों, खलियान लूटे हों, औरतों को बेइज़्ज़त किया हो उनको तो वह भूनकर खा जाएँगे। बातचीत के सिलसिले में मैंने अपनी योजना की बात छेड़ी, और कहा कि जी.एच.क्यू. वाले भी अजीब हैं, जहाँ छह हफ्ते आइडिया ब्रांच एक आइडिया को सेती रहती है। कर्नल ने एक तीखी नज़र मुझ पर डालकर कहा, 'ओ, फर्गेट इट, वर्धन।' मैंने फिर कहा, 'खैर, आइडिया तो अब गया ही, पर आखिरी जी.एच.क्यू. का संगठन क्या है? न ही अच्छा हो आइडिया, एक बार आज़माकर तो देखते! फिर मैंने खुद आगे जाकर प्रयोग करने के लिए वालंटियर किया था।' अबकी बार उसने और भी निश्चयात्मक स्वर में कहा, 'आः पाइप डाउन!' और मेरे ज़िद करने पर बोला, 'वह आइडिया सड़ा हुआ था...इट स्टैंक!'

"मुझे अचम्भा हुआ, कुछ धक्का भी लगा। मैंने कहा, 'कर्नल, जब मैंने पहले आपको बताया था, तब तो आपको वह ऐसा सड़ा हुआ नहीं मालूम हुआ था...'

"अबकी बार उसने फिर मेरी ओर तीखी दृष्टि से देखा, और पूछा, 'तुम्हें सचमुच नहीं मालूम कि उस आइडिया का क्या हुआ?' मैंने और भी विस्मय से कहा, 'नहीं तो...'

"तब वह बोला, 'ऑल राइट, आई'ल टेल यू। वैसे जितना सिक्रेट वह तब था जब तुमने बताया था, उससे ज़्यादा सिक्रेट अब हो गया है...क्योंकि...वह आज़माया जा चुका था...'"

"मैं सन्नाटे में आ गया। 'कब? और...असफल हुआ?'

"मैंने पूछा, 'आपको कैसे मालूम है?' बोला, 'वही मेरा हश–हश मिशन था।' "

तीनों श्रोताओं ने चौंककर कहा, "रीएली, मेजर वर्धन! ऐसी बात थी?"

"हाँ, मैं हक्का–बक्का एक मिनिट उसकी ओर देखता रहा। फिर मैंने कहा, 'मेरी कुछ समझ में नहीं आया, कर्नल! शुरू से कहिए।' "

"वह कहने लगा, हाँ, शुरू से ही कहता हूँ। वैसे शुरू तो तुम्हीं जानते हो; तुम जो सोच रहे हो कि आइडिया ब्रांच वाले गुम होकर बैठे रहें, वह बात नहीं थी। लेकिन..." वह थोड़ा–सा झिझका, लेकिन मैं उसका भाव ताड़ गया। मैंने कहा, 'ओह, मैं समझा। शायद उन्होंने सोचा कि इस आइडिया की जाँच हिन्दुस्तानी को नहीं सौंपनी चाहिए। यही न?'

" 'हाँ, मुझे डर है कि यही। जो हो, मुझे यही आज्ञा मिली। इधर से तो मोकोकचङ् गया, वहाँ आदेश मिला। उधर से फौजें आगे बढ़ रही थीं, सब ब्रिटिश ही थीं, थोड़ी से अमेरिकी टुकड़ियाँ थीं, बस। उनके साथ बढ़ते हुए हम साटाका

से नीचे खुइ–वी पहुँचे, खुइ–वी के पास ही खुमनुबाटो शिखर है और उसकी ढाल पर भारी जंगल। दूसरी पार जुलहामी में और साथाजूमी में जापानी थे, यह हमें मालूम था, पर जंगल में अजीब खिचड़ी थी। कहीं हमारी खाइयाँ, कहीं दुश्मन की; हमें तो कुछ पता न लगता पर वे अंगामी जवान तो जैसे हवा सूँघकर दुश्मन पहचानते थे, उन्हीं के भरोसे हम बढ़ते थे। यानी आइडिया की जाँच के लिए वह आइडियल जगह थी।''

''मेरा कुतूहल बढ़ता जा रहा था। मैंने पूछा, 'फिर...जाँच हुई?' ''

'' 'हाँ, हुई।' उसने कहा, फिर कुछ सोचते हुए, 'मगर कैसी जाँच! यों तो खैर बहुत ठीक जगह थी। इधर जहाँ हमने लाउडस्पीकर फिट किए वहाँ टॉमियों की खाई थी। दो कम्पनियाँ सात दिन से उस खाई में थीं; चार दिन बारिश होती रही थी और उनकी हालत ऐसी हो रही थी...कि कुछ पूछो मत। तुम्हें तो कुछ खुद ही अनुभव है'...करकर वह थोड़ा हँस दिया, क्योंकि कीचड़ से लदफद कहीं रुककर सब कपड़े उतारकर जोंकें ढूँढ़ने का काम हम साथ कर चुके थे। मच्छर से तो मच्छरक्रीम बचा लेती, पर कीचड़ और जोंक से बचाव नहीं था! फिर उसने कहना शुरू किया, 'टॉमियों की हालत देखकर मैंने उन्हें बताया कि हम जापानियों को सरेंडर करने को कहनेवाले हैं...मैंने सोचा कि इससे उनके ऊबे और हारे हुए मन को कुछ सहारा मिलेगा। सात दिन से वहाँ पड़े–पड़े उनका खाना–पीना–सोना सब खाई में ही हो रहा था। इतने दिन में उन्हें एक भी जापानी नहीं दिखा था। लेकिन बाहर निकलकर आगे बढ़ने या झाँकने की भी सख्त मनाही थी क्योंकि सब जानते थे कि सामने बहुत पास दुश्मन है। जापानी की घात में बैठे सड़ रहे हैं, पर जापानी हैं कि दीखकर नहीं देता, यही हाथ था। उधर जापानियों का भी ठीक यही हाल होगा, यह तय बात थी। बल्कि बदतर, क्योंकि हमारी लाइन में कम–से–कम रसद पट्टी तो ठीक–ठीक थी, और वे कमबख्त खाने–पीने से भी लाचार थे...उनकी सप्लाई सर्विस ही नहीं थी! मैंने लाउडस्पीकर लगवा दिए, और एकाएक पूरे ज़ोर से जापानी में ब्रॉडकास्ट शुरू हो गया।'

''मैंने पूछा, 'फिर? क्या असर हुआ?' वह बोला, 'पहले तो आवाज़ होते ही ज़ोरों से मशीनगनों से गोलियों की बौछार हुई। इसका इमकान ही था, हमने खाई से दूर–दूर दो तीन लाउडस्पीकर लगाए थे, कभी कोई बोलता था कभी कोई। फिर धीरे–धीरे बौछार कुछ मद्धिम पड़ी, मानो अनमनी–सी हो गई...जैसे वे बीच–बीच में सुन रहे हों। हमने और ज़ोरों से चिल्लाना शुरू किया...तुम हार गए; तुम्हारी मौत निश्चित है; गोली से नहीं तो भूख और बीमारी से; जोंकों से खून चुसवाना सिपाही का काम नहीं है, हथियार डालकर इधर चले आओ! इधर तुम्हारी जान भी बचेगी, खाइयों से छुट्टी भी मिलेगी, अच्छा खाना मिलेगा–जो आत्म–समर्पण करेगा, उसकी प्राण–रक्षा की हम शपथ लेते हैं, वगैरह। इधर कम्पनी कमांडरों को बता

दिया गया था कि जो जापानी आत्म-समर्पण करने आएँ—निहत्थे या हाथ उठाकर, उन्हें आने दिया जाए, बन्दी करके आराम से रखा जाए, और फिर उन्हीं से आगे ब्रॉडकास्ट कराया जाए।' ''

मेजर वर्धन साँस लेने रुके। फिर उन्होंने जैसे जागते हुए पूछा, ''तुम लोगों का क्या ख़याल है—अपील का क्या असर हुआ?''

वासुदेवन ने कहा, ''मेरी समझ में तो असर होना चाहिए था—पर आप तो बता चुके हैं कि वह नाकामयाब हुई थी।''

मेजर वर्धन फीकी हँसी हँसे। ''हाँ, असर हुआ, ज़ोरों का असर हुआ। नाकामयाब वह अपील नहीं—मेरी योजना हुई थी।''

तीनों प्रतीक्षा में चुप रहे। मेजर वर्धन फिर कहने लगे, ''कर्नल मोज़ ने—यही उस अमेरिकी का नाम था—मुझे बताया, एक घंटे के हुल्लड़ के बाद राइफलें ऊपर उठाए दो सौ जापानी सहसा खाई में से निकल आए और आगे बढ़ने लगे। मुझे स्वप्न में भी उम्मीद नहीं थी कि इतनी जल्दी इतना असर होगा—बाद में मालूम हुआ कि सामने की खाई में कुल इतने ही आदमी थे...दो-तीन अफसरों ने आत्म-समर्पण का विरोध किया था, पर उनको जापानियों ने मार डाला और बाकी पीछे भाग गए दूसरी खाई में—जापानी जंगल की ओट से निकलकर सामने देखने लगे।

''मैंने कहा, 'यह तो आश्चर्यजनक सफलता रही!' वह बोला, 'हाँ...या कि रहती।' और चुप हो गया। मैंने पूछा, 'क्या मतलब?' तो थोड़ा रुककर बोला, 'जैसे ही उनकी मटमैली हरी वर्दी जंगल की हरियाली से अलग पहिचानी गई, और मैंने खुशी से भरकर कहा कि देखो, वह आ रहे हैं, वैसे ही एक अनहोनी घटी। टॉमियों की पूरी कतार ने बिना हुक्म के, बल्कि हुक्म के खिलाफ, खट् से सब मशीनगनें उठाईं और दनादन दाग दीं!' ''

''मैंने कहा, 'हैं?' और कर्नल की ओर देखता रह गया। उसने स्थिर दृष्टि से मेरी ओर देखते हुए कहा, 'हाँ! शिस्त लेने की बात ही नहीं थी, पूरी कतार सामने थी, अभी मैं समझ भी नहीं सका था कि हुआ क्या कि सब जापानी चित हो गए-दो सौ के दो सौ। बहुत से तो एक साँस भी न खींच पाए होंगे, कुछ एक-आध बार कराह सके, दो-एक सिर्फ ज़ख़्मी हुए थे और बाद में अस्पताल में मरे। उस पर वक्त सब साफ हो गया।'

''मैंने पूछा, 'मगर यह हुआ कैसे?' वह बोला, 'अब कैसे क्या बताऊँ? ब्रिटिश आर्मी डिसिप्लिन बहुत अच्छी है; सबसे अच्छी। मगर स्थिति की कल्पना करो : वैसे में जापानी की भावना पर भी गोली दाग़ देना एक ऑटोमैटिक ऐक्शन था...वह हुक्मअदूली है, यह किसी के ध्यान में नहीं आया होगा। और विश्वासघात है, यह तो किसी को सूझा भी नहीं होगा! वह थोड़ी देर चुप रहा। फिर बोला, 'लेकिन-इस तरह योजना फेल कर दी गई—दुबारा मौका नहीं मिला। हमने फिर

भी कोशिश की, मगर विश्वास उठ गया था। हर अपील पर और ज़ोर की बौछार होती, हमारे लाउडस्पीकर भी उड़ा दिए गए। हमारी रिपोर्ट पर कमांड से हुक्म आया कि आइडिया ठप्प है, और इस प्रयोग का कहीं जिक्र न किया जाए।' मैं सुनकर चुप रह गया...मेरे आइडिया का क्या हुआ, मेरी समझ में आ गया।'''

मेजर वर्धन चुप हो गए। तीनों साथी थोड़ी देर तक प्रतीक्षा करते रहे, फिर वासुदेवन ने कहा, ''मैं सोचता हूँ, उन जापानियों के मन की क्या हालत रही होगी उस वक्त?''

अर्जुन ने बात काटकर कहा, ''उनकी ही क्यों, टॉमियों की मानसिक अवस्था भी स्टडी के लायक रही होगी–उस वक्त भी, और फौरन बाद भी जब उन्हें मालूम हुआ होगा कि अपनी बेवकूफी से ही लड़ाई कुछ और लम्बी हो गई–या कम-से-कम उनकी मुसीबत–''

मेजर वर्धन ने कहा, ''हाँ, जापानियों के मन की हालत की कल्पना कम मुश्किल है। टॉमियों की अधिक मुश्किल!''

सहसा चोपड़ा ने कहा, ''लेकिन मेजर, अगर कहानी इतनी ही है तो इसका हमारी बहस से क्या सम्बन्ध है?''

वर्धन ने मानो बात न सुनी हो, अपनी ही बात के सिलसिले में वह कहते गए, ''लेकिन कल्पना ज़्यादा मुश्किल इसलिए नहीं है कि हम टॉमियों के मन की हालत कम जानते हैं और जापानियों की अधिक। बल्कि इससे उलटा। जहाँ ज्ञान कम होता है वहाँ कल्पना सहज होती है। टॉमियों की मनोदशा की कल्पना इसलिए मुश्किल है कि हम उसे ठीक-ठीक जानते हैं–एकदम ठीक, अलजेब्रा की इक्वेशन की तरह।''

चोपड़ा ने आग्रह किया, ''यह तो और पहेली है। लेकिन हमारी बहस–''

मेजर वर्धन ने कहा, ''ओ हाँ, हमारी बहस! हाँ, जो जापानी आए वे–पशु थे, सने हुए पशु, यन्त्र की अपील थी; सुननेवाला भी यन्त्र था–विवेक सोया या मरा या स्थगित जो कह लो, था; भूख, नींद, सूखे कपड़ों की आस, प्राणों का आश्वासन...ये उस पशु को खींच लाए। ठीक है न?''

वैसी परिस्थिति में आत्म-समर्पण अस्वाभाविक तो नहीं है...?''

''वही तो। वही तो। एकदम स्वाभाविक है इसीलिए तो मैं कह रहा हूँ, पशुवत, विवेक से परे। लेकिन टॉमियों का कर्म–वह तो सधे हुए पशु का नहीं था? उसे क्या कहोगे?''

सब थोड़ी देर तक चुप रहे। फिर मेजर वर्धन ने ही कहा, ''स्वाभाविक वह भी था–इसलिए पशु-कर्म उसे भी कह सकते हैं लेकिन अनुशासन से उसका कोई सम्बन्ध नहीं था, और प्राण-रक्षा से भी नहीं था कि प्राण-रक्षावाला पशु तर्क वहाँ लगाया जा सके।''

"यांत्रिक तो उस कर्म को कह सकते हैं–जैसे आँख के पास कुछ आने से आँख झपकती है हमारे बिना चाहे, वैसे ही यह भी अनैच्छिक..."

"हाँ...और आँख के झपकने को आप डिसिप्लिन से नहीं दबा सकते, हैं न? अगर इस तरह गोली दाग देने को आप उस लेबिल पर ले जा रहे हैं, तब तो मुझसे भी आगे जा रहे हैं...मुझे और कुछ कहना नहीं है। फौजी जीवन में आदमी विवेक छोड़कर अनुशासन के सहारे चलता है, और युद्ध का दबाव उसे अनुशासन से भी परे ले जाता है–उस स्थिति को मैं क्या नाम दूँ?"

थोड़ी देर चुप रहकर मेजर वर्धन उठ खड़े हुए। खड़े-खड़े बोले, "उसके लिए नाम नहीं है। मेरा खयाल है कि नाम जिस भाषा में होता वह भाषा हम लोग नहीं जानते।"

तीनों ने कौतूहल से उसकी ओर देखा! वह फिर कहने लगे, "हमारी भाषा–यह विवेकी भाषा–बस्ती–गाँव की भाषा है। पशु की भाषा उसका अर्थहीन चीखना–चिल्लाना है...उसमें अर्थ नहीं है पर अभिप्राय हो सकता है। उस अभिप्राय को समझने के लिए हमें दो–चार–छह–आठ या चलो बीस हज़ार बरस की संस्कृति को भूलना यथेष्ट है। मगर जिस भाषा में जंगल में पेड़–पेड़ से बोलता है, पत्ती–पत्ती मर्मर कर उठती है...उस भाषा को क्या हम जानते हैं? जान सकते हैं? उसे समझने के लिए हज़ारों बरस की सांस्कृतिक परम्परा को नहीं, लाखों–करोड़ों बरस की जैविक परम्परा को भूलना ज़रूरी है। आदम–हव्वा के युग में नहीं, कच्छ, मछली और सुअर के अवतारों के युग में जाना ज़रूरी है...सुअर के दाँत पर जो धरती टँगी हुई थी...बल्कि उसमें भी नहीं, वह सुअर जिस कीच में खड़ा था, उसमें।"

मेजर वर्धन का स्वर आविष्ट था, उसकी गरमी तीनों साथियों को छू रही थी। मगर अँगीठी की आग ठंडी पड़ गई थी, मेजर का चेहरा अँधेरे में था; और तीनों एक हल्की सी सिहरन से काँप गए।

दिल्ली, सितम्बर, 1950

साँप

अच्छाई–बुराई की बात मैं नहीं जानता। कम–से–कम इतनी नहीं जानता कि सबके, और खासकर अपने, बारे में यह फैसला कर सकूँ कि हम अच्छे हैं कि बुरे। लेकिन उसके बिना जी न सकें, चल न सकें, चाह न सकें ऐसा तो नहीं है! उसके लिए जितना हूँ कि वह अच्छी है। और यह भी जानता हूँ कि इस बात को जाने रहना, पकड़े रहना ज़रूरी है कि वह अच्छी है।

सवेरे–सवेरे उससे मिलने गया था। यों तो अक्सर हम मिलते हैं, पर वह सवेरे सवेरे का मिलन कुछ बहुत विशेष था। मैं चौंककर उठा था, तो एक तो जिस स्वप्न से उठा था, वह मेरे मन पर छाया था; दूसरे आँख खोलते ही सामने देखा, बगुलों की एक छोटी–सी डार आकाश में उड़ी जा रही थी। तो पहले तो मैं इसमें उलझा; स्वप्न बहुत मीठा था, उसकी मिठास बिगड़ने का डर नहीं था, बल्कि उलझने से ही डर था, यों छोड़ देने से वह और छाई जा रही थी...इसलिए बगुलों की डार पर चित्त स्थिर किया। न जाने उससे क्यों एक हिलोर एक ललक मन में उठी। उसे मैंने कविता में बाँधना चाहा–कविता मुझे नहीं आती, छन्द बाँधने से तो कसीदा काढ़ना कम दुष्कर मालूम होता है; पर हाँ, आधुनिक ढंग की अनकहनी को अर्थ की बजाय ध्वनि से कहना चाहनेवाली कविता से कुछ ढाढ़स बँधता है कि हाँ, यह तो हीरा–पन्ना–मोती ज़ड़ा देव मुकुट नहीं है, देशी पहरावा है, यह दुपल्ली शायद हम भी ओढ़ लें। तो मैंने कहना चाहा, 'भाले की अनी सी बनी, बगुलों की डार, फूटकियाँ छिटपुट, गोल बाँध डोलतीं, सिहरन उठती है एक दाह में, कोई तो पधारा नहीं मेरे सूने गेह में, तुम फिर आ गए, क्वाँर देह में?' देह में, गेह में तो बाकायदा तुक बन गई; और अन्त में क्वाँर की तुक जो दूर कहीं बगुलों की डार से मिल बैठी तो जैसे स्मृति में कविता छा गई, और कुछ पूरेपन का भाव आ गया, मुझे अच्छा लगा। इतना अच्छा लगा कि फिर आगे नहीं सोचा; फिर स्वप्न–ही–स्वप्न था और मैं डूब गया। स्वप्न भरी आँखें लिये–लिये ही उसके पास पहुँचा, और उससे बोला, "घूमने चलोगी? दूर लम्बी सैर को–जंगल में को चलेगी?"

इतना तो खैर उसे जवाब का मौका देने से पहले कह ही गया। पर इतना ही नहीं। मन–ही–मन आगे और भी बहुत कुछ कह गया, जैसे बगुले की डार देखकर

मन ही मन क्वाँर से बतिया गया था, वह भी कविता में। मैंने कहा कि चलोगी, जंगल में को, जहाँ सन्नाटा है, एकान्त है, जहाँ सब अपनी-अपनी धुन में ऐसे मस्त हैं कि मस्ती की एक नई धुन बन गई है जिसमें सब गूँजते हैं-पर अलग-अलग, बिना एक-दूसरे पर हावी हुए जैसे शहर में होता है-शहर में जहाँ तुम कुछ ही करो, दूसरों को बड़ी दिलचस्पी है, टाँग नहीं अड़ाएँगे तो शोर तो मचाएँगे; और नहीं तो राह-चलते खँखारते हुए ही चले जाएँगे; जंगल में, मस्त मनचले, निर्जन जंगल में जहाँ बड़ा मीठा-मीठा धुँधला अँधेरा है, आसरा और ओट देनेवाली घनी छाँह की बाँह है...उस जंगल में चलोगी? वहाँ जहाँ कोई न होगा, वहाँ-लेकिन इतना कहकर न जाने क्यों जबान रुक जाती थी। मन ही रुक जाता था, भोर को देखा हुआ स्वप्न ही छा जाता था। स्वप्न मुझे याद था, बार-बार उभरकर याद आता था पर गूँगे के गुड़ की तरह-स्वप्न भरी आँख से मैं अब भी देखता था कि उसमें हम-

वह चल पड़ी मेरे साथ सैर को। वह अच्छी जो है। मैं जानता हूँ। मेरे साथ-साथ चलती जा रही थी और साथ चलते-चलते मेरे जैसे दो मन हो गए थे। एक उमग रहा था कि वह कितनी अच्छी है और साथ है और दूसरा अभी स्वप्न की खुमारी में ही था, मीठे स्वप्न की जिसमें हम-

हम लोग जंगल में पहुँच गए। पहले, गीली-गीली, भारी-भारी, ओस से दूधिया घास-उससे भी मैंने चलते-चलते बात कर ली कि घास, ऊपर से तो चिट्टी-चिट्टी दूध-धुली साधू बाबा, भीतर-भीतर उमंगों से कितनी हरी हो रही है, क्या कहा है किसी ने, अरमान मचलते हैं-फिर झाड़ियाँ शुरू सो गईं, फिर छोटे पेड़, फिर न जाने कब जंगल चुपके से घना हो गया। पहले करंज और झाऊ और ढाक, फिर सेमल और तूने और फिर बड़े-बड़े महा-रूख। ज़मीन भी ऊँची-नीची हो गई, कहीं टीला, कहीं पगडंडी तो कहीं पानी की लीक जहाँ कुछ दिन पहले नाला बहता होगा। लेकिन टीला तो उसे कहें जो खुला हो, जिसकी टाँट देखी जाए, यहाँ तो सब ऐसा ढका था! फिर बीहड़ में सहसा एक थोड़ी-सी खुली जगह भी, ज़रा ऊँची मगर वैसे चिपटी, जैसे एक चौकी-सी पड़ी हो झाड़ियों में, उस पर एक पुराना देवी-मन्दिर। मैं इतनी उमगती उदार तरंग में था कि कह गया मन्दिर, नहीं तो उस छोटी-सी, अधटूटी, काही से काली देवली को बहुत कोई माई का थान कह देता, मन्दिर; लेकिन मैंने देवी का मन्दिर ही देखा; बीहड़ वन के बीच मन्दिर; मैंने सोचा, यहाँ कभी तांत्रिक साधक बैठकर देवी को साधते होंगे। और उनकी साधना के औघड़ रूप भी जल्दी से मेरी दृष्टि के सामने दौड़ गए-बहुत से, क्योंकि दृष्टि असल में तो अभी स्वप्न से आविष्ट थी, उसे साधकों की रंगीन विकृतियों से क्या मतलब था, वह तो उसी स्वप्न को देख रही थी जिसमें हम-

हम...यानी वह और मैं, और मेरे साथ चली आ रही थी। बड़े भोलेपन से। उसकी आँखों में मेरी तरह दोहरी दीठ नहीं थी, वे खुली बाउड़ियाँ थीं, स्वच्छ,

शीतल उड़ते बादल की परछाईं दिखानेवालीं। वह वैसी ही मुग्ध अपने में सम्पूर्ण मेरे साथ चली आ रही थी। मैं उसे देख लेता था, उसके साथ होने की बात सहसा मन में उभरती थी, फिर बीहड़ वन के अकेले, हरे, गीले धुँधलेपन की, फिर मेरी आँखें उसकी आँखों की कोर से एक ढुलकी हुई लट के साथ फिसलकर उसके ओठों तक आती थीं और फिर मेरा मन ठिठक जाता था। फिर आगे नहीं सोचता था। फिर पीछे लौट जाता था। क्योंकि पीछे स्वप्न था, स्वप्न जो पूरा था, जिस स्वप्न में हम...

तभी सामने पीछे कुछ तीखी सुरसुराहट हुई। हम ठिठक गए। सहसा वह बोली, "वह देखो सामने, साँप!"

मैंने भी देख लिया। घास के किनारे पर, मन्दिर के आस-पास की बजरी पर रेंगता हुआ, ललौंहे-भूरे रंग का साँप था।

वह गोल-गोल आँखें करके बोली, "कितना सुन्दर है साँप!"

उसकी आँखें सचमुच बड़ी भोली थीं। डर उनमें बिलकुल नहीं था। केवल एक भोला विस्मय, एक मुग्ध भाव कि अरे, ऐसी सुन्दर चीज़ भी होती है, वह भी मिट्टी में पड़ी हुई, अनदेखी, उपेक्षित!

मैंने भी देखा। सचमुच साँप सुन्दर होता है। निर्माता की एक बड़ी सफलता है, बड़े कलाकार की प्रतिभा का एक करिश्मा-कहीं कोने नहीं, कहीं अनावश्यक रेखा नहीं, बाधा नहीं, भार नहीं, लहरीली, निरायास, लययुक्त गति, बिजली सी त्वरा-युक्त। लेकिन बिजली की कौंध से भी कहीं नोकें होती हैं और साँप की गति निरा प्रवाह है...सुन्दर, लचीला, ललौंहा भूरा रंग, झिलमिल चमकीली केंचुल, चित्तियाँ जो न मालूम केंचुल के ऊपर हैं कि भीतर, ऐसी काँच के भीतर झाँकती-सी जान पड़ती हैं...

मैंने तो देख लिया। फिर मैं उसे देखने लगा, और वह साँप को देखती रही। हम दोनों जैसे मंत्रमुग्ध थे, लेकिन एक ही मंत्र से नहीं। वह साँप को देखती थी, मैं उसे देखता था। वह साँप के लयमय प्रवाह पर विस्मय कर रही थी, मैं उसके चहरे की मानो क्षण भर के लिए थम गई चंचल बिजलियों को देख रहा था और सोच रहा था, कोने एक-दूसरे को काटते हैं, पर लहरीली गतिमान रेखाएँ काटती नहीं, झट से कौंधकर मिल जाती हैं, बिजली की कौंध तो है ही लय होने के लिए; लहर को देखो और खो जाओ, डूब जाओ, लय हो जाओ। उसकी आँखें साँप पर टिककर मुग्ध थीं। मेरी आँखों में मेरे भोर में देखे हुए स्वप्न की खुमारी थी। स्वप्न में इसी तरह देखा था कि...

साँप आगे बढ़ गया। मन्दिर की दीवार के साथ सट गया, ऐसा सटकर चिपक गया कि बस-जैसे मन्दिर की रेखा से अलग उसकी रेखा नहीं है, जैसे मन्दिर की नींव से ही वह सटा हुआ उठा है और वैसा ही रहेगा।

और चिपके-चिपके भी वह स्थिर नहीं था, वह आगे सरक रहा था। आगे-आगे, और गहरा चिपकता हुआ। जैसे उसकी देह की रगड़ की आरी से कटकर

मन्दिर की दीवार के नीचे उसके लिए जगह बनती जाती हो और उसमें वह धँसता-पैठता जाता हो।

बढ़ता हुआ वह हमारे सामने की दीवार के कोने तक बढ़कर दूसरी दीवार के साथ मुड़ चला। थोड़ा और बढ़ा, फिर रुक गया। आधा इस दीवार के साथ जो हमारे सामने थी; आधा साथ की, जो हमारी ओट थी। उसका सिर ओट में हो गया, कमर दोनों दीवारों के जोड़ पर टिक गई।

मैंने सहसा कहा, "इस वक्त यह कैसा वेध्य है। अगर मैं मारना चाहूँ, तो निरीह मर जाए-"

"हाँ, लेकिन क्यों मारना चाहो? इतना सुन्दर-"

मैंने अपनी ही झोंक में कहा, "अभी ढेला मारूँ, तो बस, काटने को मुड़ भी न सके-"

"क्या ज़हरीला है?"

"हो भी तो क्या? इस समय असहाय है, मौके की बात है, कुछ कर भी न सके, सारा रूप लिये ज्यों-का-त्यों पड़ा रह जाए बिटुर-बिटुर तकता!"

उसकी पहले ही मुग्ध गोल आँखें करुणा से और बड़ी-बड़ी हो आईं। बोली, "बेचारा कितना असहाय!" कितनी करुणा थी उस स्वर में, कितना निरीह था वह स्वर भी शायद साँप से भी अधिक निरीह! स्वप्न में मैंने देखा था वह और मैं-हम-लेकिन स्वप्न की उलझन-जैसे सुलझ गई, मेरी दोहरी दीठ इकहरी हो गई और मैंने देखा, मैं अलग यहाँ, वह अलग वहाँ, बड़ी सुन्दर, बड़ी अच्छी, मेरे साथ जंगल में अकेली, लेकिन अलग वहाँ। और हम दोनों खड़े उस सुन्दर चित्तीदार ललौंहे-भूरे, लचीली लहर से बल खाते साँप को देखते रहे। मैं भी, वह भी चाहे मैं साँप को जितना देख रहा था उससे अधिक उसी को देख रहा था। साँप तो मन्दिर की भीत से सटा खड़ा था, और वह मुझसे सटी खड़ी थी।

फिर मैंने कहा, "चलो, आगे चलें।"

हम लोग चल पड़े। पर असल में आगे हम नहीं चले, हम लौट आए। वह बीहड़ में का मन्दिर वहीं खड़ा रह गया। तांत्रिक वहाँ कभी अपनी औघड़-पूजा किया करते होंगे, किया करें। उन्होंने वैसा सुन्दर साँप कभी थोड़े ही देखा होगा-कम-से-कम उतना असहाय और वेध्य? यों तो मैंने भी कभी नहीं देखा, स्वप्न में भी नहीं, यद्यपि सपने मैंने एक-से-एक सुन्दर देखे हैं, जिन्हें मैं कह भी नहीं सकता। और किसी को तो क्या, उसको भी नहीं, जो मैं जानता हूँ कि इतनी अच्छी है, चाहे मैं अच्छा होऊँ या बुरा।

दिल्ली, अक्टूबर, 1950

खितीन बाबू

वो चेहरे। कौन-से चेहरे? कौन-सा चेहरा? जो जीवन-भर चेहरों की स्मृतियाँ संग्रह करता आया है, उसके लिए यह बहुत कठिन है कि किसी एक चेहरे को अलग निकालकर कह दे कि यह चेहरा मुझे नहीं भूलता; क्योंकि जिसने भी जो चेहरा वास्तव में देखा है, सचमुच देखा है, वह उसे भूल ही नहीं सकता-फिर वह चेहरा मनुष्य का न होकर चाहे पशु-पक्षी का ही क्यों न हो...यूरोपीय को हर हिन्दुस्तानी का चेहरा एक जान पड़ता है; हिन्दुस्तानी को हर फिरंगी का चेहरा एक। मानव को सब पशु एक से दीखते हैं। वह भी एक तरह का देखना ही है। लेकिन जिसने सचमुच कोई भी चेहरा देखा है, वह जानता है कि हर व्यक्ति अद्वितीय है, और हर चेहरा स्मरणीय। सवाल यही है कि हम उसके विशिष्ट पहलू को देखने की आँखें रहते हों।

मैं भी जब किसी एक चेहरे पर ध्यान केन्द्रित करना चाहता हूँ, तो और अनेक चेहरे सामने आकर उलाहना देते हैं, "क्या हम नहीं? क्या हमें तुम भूल गए हो?" इनमें पुरुष हैं, स्त्रियाँ हैं, बच्चे हैं; इतर प्राणियों में घोड़े हैं; कुत्ते हैं, तोते हैं, एक गिलहरी है, जो मैंने पाली थी और मेरी जेब में रहती थी; एक मुनाल है, जो मेरी गोली से घायल होकर चीखता हुआ मीलों दौड़ा था; एक टूटी चोंच और कटे पंखवाला कौआ है, जो मुलतान-जेल में मेरा दोस्त बना था और 'परकटे' नाम से पुकारने पर आधा उड़ता और उचकता हुआ आकर हाज़िर हो जाता था-कहाँ तक गिनाया जाए, पेड़-पौधों के हम चेहरे नहीं मानते, नहीं तो शायद वे भी सामने आ खड़े होते। कालिदास ने शकुन्तला के जाने पर रोती हुई वनस्पतियों का वर्णन किया है :

"अपसृतपाण्डुपत्रा मुञ्चति अश्रु इव लता:।"

मेरी सहानुभूति उतनी दूर तक शायद नहीं है, लेकिन चेहरों का मेरे पास यथेष्ट संग्रह है-सभी अद्वितीय, सभी स्मरणीय। अगर एक चुनता हूँ, तो किसी असाधारणत्व के लिए नहीं। चुनता हूँ एक अत्यन्त साधारण व्यक्ति का अत्यन्त साधारण चेहरा; क्योंकि यही तो मैं कहना चाहता हूँ-असाधारण ही स्मरणीय नहीं है, हर गुदड़ी में लाल है, ज़रा उसे लौटकर झाँकने का कष्ट तो करो।

वो चेहरे। वह एक चेहरा। खितीन बाबू का चेहरा न सुन्दर था, न असाधारण; न वह 'बड़े आदमी' ही थे–साधारण पढ़े–लिखे, साधारण क्लर्क। मैंने पहले–पहल उन्हें देखा, तो कोई देखने की बात उनमें नहीं थी। इतना ही कि औरों से कुछ कम उनके पास देखने के लायक था; चेचक के दागों से भरे चेहरे पर एक आँख गायब थी और एक बाँह भी नहीं थी–कोट की आस्तीन पिन लगाकर बदन के साथ जोड़ दी गई थी। काने को अपशकुन तो मानते हैं, अति चतुर भी मानते हैं; पर खितीन बाबू की हँसी में एक विलक्षण खुलापन और ऋजुता थी, इसलिए बाद में औरों से उनके बारे में पूछा, तो मालूम हुआ, आँख बचपन में चेचक के कारण जाती रही थी, बाँह पेड़ से गिरने पर टूट गई थी और कटवा देनी पड़ी। उनके हँसमुख और मिलनसार स्वभाव की सभी प्रशंसा करते थे।

मेरी उनसे भेंट अचानक एक मित्र के घर हो गई थी। मैं दौरे पर जानेवाला था, इसलिए दोस्तों से मिल रहा था। दो–तीनं महीने घूम–घामकर फिर आया; लेकिन खितीन बाबू के दर्शन कोई छह महीने बाद उन्हीं मित्र के यहाँ हुए–अबकी बार उनकी एक टाँग भी नहीं थी। रेलगाड़ी दुर्घटना में टाँग कट जाने से वे अस्पताल में पड़े रहे थे, वहाँ से बैसाखियों का उपयोग सीखकर बाहर निकले थे।

उनके लिए घटना पुरानी हो गई थी, मेरे लिए तो एक नई सूचना थी। मैं सहानुभूति प्रकट करना चाहता था; पर झिझक भी रहा था, क्योंकि किसी की असमर्थता की ओर इशारा भी उसे असमंजस में डाल देता है; कि उन्होंने स्वयं हाथ बढ़ाकर पुकारा, "आइए, आइए, आपको अपने नए आविष्कार की बात बतानी है।" उनसे हाथ मिलाते हुए समझ में आया कि एक अवयव के चले जाने से दूसरे की शक्ति कैसे दुगुनी हो जाती है। वैसी ज़ोर की पकड़ जीवन में एक–आध बार ही किसी हाथ से पाई होगी। मैं बैठ ही रहा था कि वे बोले, "देखा आपने, कितना व्यर्थ बोझा आदमी ढोता चलता है? मैंने टांसिल कटवाए थे, कोई कमी नहीं मालूम हुई; एपेंडिक्स कटवाई, कुछ नहीं गया; केवल उसका दर्द गया। भगवान औघड़ दानी हैं न, सब–कुछ फालतू देते हैं–दो हाथ, दो कान, दो आँखें! अब जीभ तो एक है; आप ही बताइए, आपको कभी स्वाद लेने के साधन की कमी मालूम हुई है?"

मैं अवाक् उन्हें देखता रहा। पर उनकी हँसी सच्ची हँसी थी, और उनकी आँखों में जीवन का जो आनन्द चमक रहा था, उसमें कहीं अधूरेपन की पंगुता की झाईं नहीं थी। उन्होंने शरीर के अवयवों के बारे में अपनी एक अद्‌भुत थ्योरी भी मुझे बताई थी; यह ठीक याद नहीं कि वह इसी दूसरी भेंट में या और किसी बार, लेकिन थ्योरी मुझे याद है, और उनका पूरा जीवन उसका प्रमाण रहा। वैसे शायद बताई होगी उन्होंने थोड़ी–थोड़ी करके दो–तीन किस्तों में।

तीसरी बार मैंने देखा, तो वे दूसरी बाँह भी खो चुके थे। मालूम हुआ कि रिक्शे से उतरते समय गिर गए थे; कोहनी टूट गई थी और फिर घाव दूषित हो गया,

जिससे कोहनी से कुछ ऊपर से बाँह काट दी गई। इस बार भी भेंट तो उन्हीं मित्र के यहाँ हुई, मगर उनकी बैठक में नहीं, उनके रसोईघर में। मित्र-पत्नी भोजन बना रही थीं, और खितीन बाबू एक मूढ़े पर बैठे हुए बताते जा रहे थे कि कौन व्यंजन कैसे बनेगा। वे खाने के शौकीन तो थे ही, खिलाने का शौक उन्हें और भी अधिक था, और पाक विद्या के आचार्य थे। मेरे मित्र ने उनकी दावत की थी। दावत का उपलक्ष्य बताया नहीं गया था, लेकिन था यही कि खितीन दा बच गए और अस्पताल से लौट आए; क्योंकि इस बार कई दिन तक उनकी स्थिति संकटापन्न रही थी। खितीन दा भी इस बात को समझ गए थे, तभी उन्होंने कहा था, ''दावत रही और तुम्हारे यहाँ ही रही; पर दूँगा मैं, और सब-कुछ मैं ही बनाऊँगा।'' और खुलासा यह किया था कि वे रसोईघर में बैठकर सब कुछ अपनी देख-रेख में बनवाएँगे, बनाएँगी गृहपत्नी, मगर विधान खितीन बाबू का होगा। मित्र ने यह बात सहर्ष मान ली थी। खितीन बाबू का उत्साह इतना था कि वही सबके लिए सहारा बन जाता था।

मैं भी एक मूढ़ा लेकर उनके पास बैठ गया। निमंत्रण मुझे भी बाहर ही मिल चुका था। मैंने गृहपत्नी से पूछा, ''क्या बना रही हैं?'' और उन्होंने उत्तर दिया, ''मैं क्या बना रही हूँ, बना तो खितीन दा रहे हैं।'' इस पर खितीन दा बोले, ''हाँ; मेरा छुआ हुआ आप खा तो लेंगे न!'' और ठहाका मारकर हँस दिए। उनका छुआ हुआ, जिनके दोनों हाथ नदारद! फिर बोले, ''आपने भोजन-विलासी और शय्या-विलासी की कहानी सुनी है?''

मैंने नहीं सुनी थी। वे सुनाने लगे। एक राजा के पास दो व्यक्ति नौकरी की तलाश में आए। पूछने पर एक ने कहा, ''मैं भोजन-विलासी हूँ।'' यानी? यानी राजा जो भोजन करेंगे, उसे पहले चखकर वह बताएगा कि भोजन राजा के योग्य है या नहीं। जाँच के लिए उसी दिन का भोजन लाया गया; थाली पास आते-न-आते भोजन-विलासी ने नाक बन्द करते हुए चिल्लाकर कहा, ''उँ-हूँ-हूँ, ले जाओ; इसमें से मुर्दे की बू आती है!'' बहुत खोज करने पर मालूम हुआ, जिस खेत के धान से राजा के लिए चावल आए थे, उसके किनारे के पेड़ में एक मरा हुआ पक्षी टँगा था! भोजन-विलासी को नौकरी मिल गई। शय्या-विलासी ने बताया कि वह राजा के बिछौने की परीक्षा करेगा। उसे शयन-कक्ष में ले जाया गया। मखमली गद्दे पर वह ज़रा बैठा ही था कि कमर पकड़कर चीखता हुआ उठ खड़ा हुआ, ''अरे रे, मेरी तो पीठ में बल पड़ गया, क्या बिछाया है किसी ने!'' सबने देखा, कहीं कोई सलवट तक न थी, सब गद्दे-वद्दे उठाकर झाड़े गए, कहीं कुछ न था जो विलासी की कमर में चुभ सकता-पर हाँ, आखिरी गद्दे के नीचे एक बाल पड़ा हुआ था! इस प्रकार शय्या-विलासी को भी नौकरी मिल गई।

कहानी सुनाकर खितीन बाबू बोले, ''वह भी क्या ज़माने थे!''

मित्र-पत्नी ने कहा, "आप उन दिनों होते, तो क्या बात होती?"

खितीन दा ने कहा, "और नहीं तो क्या! मैं होता, तो राजा को दो नौकर थोड़े ही रखने पड़ते?"

मित्र-पत्नी ने मेरी ओर उन्मुख होकर कहा, "खितीन बाबू गाते भी बहुत सुन्दर हैं।"

खितीन दा फिर हँसे। बोले, "हाँ-हाँ, संगीत-विलासी की नौकरी भी मैं ही कर लेता न?"

चार बजे भोजन तैयार हुआ; हम आठ-दस आदमियों ने खाया। मेरे लिए स्मरणीय स्वादों में भोजन का स्वाद प्रधान नहीं है, फिर भी उस भोजन की याद अभी बनी है।

तब लगातार दो-चार दिन तक उनसे भेंट होती रही; पर उसके बाद मैंने खितीन बाबू को एक बार और देखा, एक लम्बी अवधि के बाद। और अबकी बार उनकी दूसरी टाँग भी मूल से गायब थी।

दोनों हाथ नहीं, दोनों टाँगें नहीं, एक आँख नहीं। टांसिल, एपेंडिक्स वगैरह तो, जैसा वे स्वयं कहते, रूंगे में चढ़ा दी जा सकती है। केवल एक स्थाणु : बैठक में गद्‌देदार मूढ़े पर बैठा था। घर तक वे एक विशेष पहिएदार कुर्सी में लाए गए थे, लेकिन वह कुर्सी कमरे में ले जाने में उन्हें आपत्ति थी; क्योंकि वह अपाहिजों की कुर्सी है। कुर्सी से उठाकर उन्हें भीतर ला बिठाया गया था, और यहाँ वे बिलकुल सहज भाव से बैठे थे मानो किसी स्वप्नाविष्ट चतुर मूर्तिकार ने पत्थर से मस्तक और कन्धे तो पूरे गढ़ दिए हों, बाकी स्तम्भ अछूता छोड़ दिया हो।

मैं जाकर चुपके-से एक तरफ बैठ गया-वे कुछ बात कर रहे थे। उन्हें देखते हुए मुझे बचपन में आत्मा के सम्बन्ध में की गई अपनी बहसें याद आ गईं। आत्मा है, तो सारे शरीर में व्याप्त है, या किसी एक अंग में रहती है? अगर सारे शरीर में, तो कोई अंग कट जाने पर क्या आत्मा भी उतनी कट जाती है? अगर एक अंग में, तो अंग कट जाने पर क्या होता है? अपनी थ्योरी याद आ गई, जिसमें इस पहेली को हल कर दिया गया था, कि जब कोई अंग कटता है, तो उसमें से आत्मा सिमटकर बाकी शरीर में आ जाती है, पंगु नहीं होती। यह थ्योरी कहाँ तक मान्य है, इस बहस में तो वैज्ञानिक पड़ें, पर उनको देखते हुए उनके बारे में ज़रूर इसकी सच्चाई मानो ज्वलन्त होकर सामने आ जाती थी, उनकी आत्मा न केवल पंगु नहीं थी, वरन् शरीर के अवयव जितने कम होते जाते थे, उसमें आत्मा की कान्ति मानो उतनी बढ़ती जाती थी-मानो व्यर्थ अंगों से सिमट-सिमटकर आत्मा बचे हुए शरीर में और घनी पुंजित होती जाती-सारे शरीर में भी नहीं, एक अकेली आँख में-प्रेतात्माओं से भरे हुए विशाल शून्य में निष्कम्प दिपते हुए एक आकाश-दीप के समान...

तभी खितीन बाबू ने मुझे देखा। छूटते ही बोले, "बोले छिलाम, बेचे थाक्ते वेशि किछु लागे न!" (मैंने कहा था, बचे रहने के लिए ज़्यादा कुछ नहीं चाहिए!) और हँस दिए।

इसके बाद मैंने फिर खितीन बाबू को नहीं देखा। कहानी की पूर्णता के लिए एक बार और देखना चाहिए था, पर मैं कहानी नहीं सुन रहा, सच्ची बात सुना रहा हूँ। तो मैंने उन्हें फिर नहीं देखा। लेकिन सुननेवाले की कमी में कहानी नहीं रुकती, देखनेवाला न होने से जीवन-नाटक बन्द नहीं हो जाता। मैंने भी सुनकर ही जाना, खितीन बाबू की कहानी अपने चरम उत्कर्ष तक पहुँचकर ही पूरी हुई : टहलने ले जाते समय उनकी पहिएदार कुर्सी एक मोटर-ठेले से टकरा गई थी, वे नीचे आ गए और गाड़ी का पहिया उनके कन्धे के ऊपर से चला गया-बाँह का जो ठूँठ बचा हुआ था, उसे भी चूर करता हुआ। वे अस्पताल ले जाए गए, बाँह अलग की गई और कन्धे की पट्टी हुई, ऑपरेशन के बाद उन्हें होश रहा और उन्होंने पूछा कि कन्धा है या नहीं? फिर कहा, "जाना गेलो, एटा छाड़ाओ चले!" (मालूम हो गया कि इसके बिना भी चल सकता है!) लेकिन अबकी बार वह चलना अधिक देर तक नहीं हुआ; अस्पताल से वे नहीं निकले। शरीर में विष फैल गया था और भोर में अनजाने में उनकी मृत्यु हो गई।

खितीन बाबू : एक साधारण क्लर्क : साधारण दुर्घटना : मृत्यु हो गई। लेकिन क्या सचमुच? अब भी उन्हें देख सकता हूँ। कभी लगता है कि जिसे देखता हूँ वह केवल अंगहीन ही नहीं है मानो अशरीरी है, केवल एक दीप्त-अंगों से क्या? अवयवों से क्या? "जाना गेलो, ऐटा छाड़ाओ चले"-इस सबके बिना काम चल सकता है। केवल दीप्तिः केवल संकल्प-शक्ति। रोटी, कपड़ा, आसरा हम चिल्लाते हैं, ये सब ज़रूरी हैं, निस्सन्देह जीवन के एक स्तर पर ये सब निहायत ज़रूरी हैं, लेकिन मानव-जीवन की मौलिक प्रतिज्ञा यह नहीं है; वह है केवल मानव का अदम्य, अटूट संकल्प...।

दिल्ली, अगस्त, 1952

नीली हँसी

देवकान्त ने एक बार फिर नीचे बहते हुए और ऊपर से बरसते हुए पानी की मिलन रेखा पहचानने की कोशिश की। पर नीचे का मटमैला धुँधला आलोक, कब कहाँ ऊपर से भूरे धुँधले आलोक में परिवर्तित हो जाता था, यह पहचान पान असम्भव था। पानी-पानी-पानी...केवल पैरों के बिलकुल निकट, जहाँ ब्रह्मपुत्र के बौराए हुए पानी ने अभी थोड़ी देर पहले किनारे के एक बहुत बड़े टुकड़े का निवाला बना लिया था, वह देख सकता था कि पानी की बौराहट मानो अन्तर्मुख होकर अपने को ही निगल जा रही थी-पानी के चक्रावर्त घूमते हुए अपने को ही नीचे पाताल की ओर खींचते हुए बहते चले जाते थे...आवर्त के छोर को जो कुछ भी छूता-जलकुम्भी के बहते हुए पौधे, गली हुई टहनियाँ, पुराने छप्पर के काले पड़े हुए बाँस, बाढ़ की नदी में बहकर आनेवाला नानाविध नमकीन कचरा-सब उसे छूते ही मानो आविष्ट हो जाता और बगूले के बीचोबीच जाकर पाताल की ओर कूद पड़ता...दृष्टि भी तो उसे छूते ही मानो नीचे की ओर को चूस ली जाती है, तो और चीज़ों का क्या कहना...

थोड़ी देर स्थिर दृष्टि से बगूले को देखते रहने पर देवकान्त के शरीर में एक सिहरन सी दौड़ गई-उसकी देह कंटकित हो आई। उसने फिर बलात् आँखें उठाकर उसकी ओर देखा जहाँ क्षितिज होना चाहिए। ठाकुर की एक पंक्ति उसकी स्मृति में उभरकर डूब गली : 'रात्रि एशे जेथाय मेमे दिनेर परावारे'-दिन और रात्रि तो इस निर्विशेष प्रकाश में पहचाने नहीं जाते, पर पारावार में मिस जाने का प्रत्यक्ष दृश्य इससे बढ़कर क्या हो सकता है...

लेकिन मिस जाने की बात ऐसे सोचने से काम नहीं चलेगा। नदी और सागर, दिन और रात, आकाश और धरातल, पानी और किनारा-ये उसे अलग-अलग पहचानने होंगे-इन्हें पृथक् करके ही वह उस काम में सफलता की आशा कर सकता है जिसे उठाना ही है, असफलता का जोखिम उठाकर भी हाथ लगाना ही है-यद्यपि असफल उसे नहीं होना है-असफलता की गुंजाइश छोड़ सकने लायक गुंजाइश उसकी सहनशक्ति में नहीं है...

वह, वह-क्या वह क्षितिज रेखा है-जल रेखा है? क्या यह उसका भ्रम है कि ठीक वहाँ पर एक पतली सी श्यामल रेखा भी वह देख सका है-द्वीप की तरु

पंक्तियों की रेखा? नहीं, भ्रम की भी गुंजाइश नहीं है, आँखों को, हाथों को, जी को, किसी को भी चूकने की गुंजाइश नहीं है...

देवकान्त ने एक लम्बी साँस लेकर नाक के एक सिरे से दूसरे तक नज़र डाली, फिर उसकी रस्सी हाथ में लिये-लिये उसके किनारे पर चढ़े हुए हिस्से को ठेलते हुए, कूदकर उस पर सवार हो लिया। नाव थोड़ा-सा काँपी, डगमगाई। फिर धार में पड़ते ही तीर की तरह एक ओर बढ़ चली...देवकान्त ने एक बार फिर पार के क्षितिज की ओर देखा, और स्थिर भाव से डाँड़ चलाने लगा। तनिक-सी देर में ही वह भी किनारे से दूर होकर इतना छोटा-सा दीखने लगा मानो वह भी जलकुम्भी का बहता हुआ एक पौधा हो-वह नहीं, समूची नाव एक छोटा-सा उन्मूलन पौधा हो, और वह उसका ऊब-डूब करता हुआ-सा नीला फूल, कोमल क्षणजीवी फूल, किन्तु जो जब तक है सुन्दर है। मानो एक स्वतःसम्पूर्ण दुनिया है...

कहीं से हवा उठी। उससे पानी के ऊपर की धुन्ध मिटने लगी, वर्षा भी थम गई, पानी स्पष्ट दीखने लगा। स्पष्ट किन्तु सम नहीं, बगूलों का स्थान उत्ताल तरंगों ने ले लिया था-पर ये छोटी-छोटी तरल पहाड़ियाँ न भी होतीं तो भी देवकान्त और उसकी नाव कब के ओझल हो चुके थे...

देश और काल का फैलाव वहीं सबसे अधिक होता है जहाँ उनका महत्त्व सबसे कम होता है-जब-जब जीवन में तनाव आता है और सारी प्राणशक्ति एक केन्द्र या बिन्दु में संचित होने लगती है, तब-तब देश-काल भी उसी अनुपात में सिमट आते हैं...देवकान्त नाव खे रहा है, उसके सामने, आगे-पीछे, कहीं उस क्षण के सिवा कुछ नहीं है जिसमें वह है और नाव खे रहा और मोहन की बड़ी-बड़ी काली आँखों की ओर जा रहा है-मोहन, जो एक हिरन का छौना है जिसे नीलिमा ने उसे दिया था-किन्तु फिर भी उस क्षण में ही कई देश-काल संचित हो आए हैं-वह एक साथ ही कई स्थानों, कई कालों में जी रहा है, कई घटनाओं का घटक है...

द्वीप के आर-पार पत्थरों का ढेर लगाकर पटरी बनाई गई है जिस पर से सड़क के पास ही नीचे भूमि पर बाँस की एक बाड़ है, जिसके भीतर कदली की घनी बाड़ है। देवकान्त बाहर बैठा बाँसुरी बजा रहा है। कदली के पत्तों के बीच में उसे कभी-कभी एक सफेद आँचल की झलक मिल जाती है-नीलिमा भीतर फूल बीन रही है...वह वहीं रहती है, वहीं और लड़कियों के साथ पढ़ती है, वहीं से कभी बाहर वसन्तों के कूजन से भरा हुआ स्वर नाम-कीर्तन करता हुआ सुनाई दे जाया करता है, वहीं...

बाढ़ आती है तो द्वीप में पानी भर जाता है, उतरती है तो जगह-जगह खाल, बील, दिग्घी, ताल बनाकर छोड़ जाती है। निर्धन लोग बचने के लिए पेड़ों पर मचान बनाते हैं, सम्पन्न दो-एक व्यक्तियों ने बजरे रख छोड़े हैं, पानी उतर जाने पर किसी

खाल-पोखर में खड़े रहते हैं। साधारण बाढ़ में यही जीवन रक्षा के लिए यथेष्ट होते हैं-अधिक बाढ़ में उनका भी ठिकाना नहीं-पर ऐसी कौन सी स्थिति है जिसमें किसी प्रकार भी कोई खतरा न हो...ऐसे ही एक बजरे की ओट में पोखर के किनारे उसका घर है। उसका पिता कुशल महावत है और हाथी को साधने में उसकी बराबरी सारे असम में विरला ही कर सकता है। और देवकान्त स्वयं एक मटकी दही की लेकर बजरे के नीचे से गुज़रता है-वह नाव में बैठा भी अपने को मटकी लिये आता देख रहा है...

दो वर्ष बराबर बाढ़ आई थी, द्वीप प्रायः नामशेष हो गया था। और अब वहाँ न जलाने को तेल था, न खाने को नमक-दोनों ही 'चालानी' आते थे...देवकान्त कदली के तने जलाकर उनकी राख मसल रहा है-इसी का खार उन्हें दुर्दिन में नमक का काम देता है...खार वह हँड़िया में भर लेगा-न जाने कितने दिन चलेगी वह। भोजन का धूमिल रंग मानो उसकी दृष्टि के आगे से दौड़ गया, और उसके कटु स्वाद से उसका मुँह कड़वा हो आया-वह थूककर मुँह साफ कर लेता पर उसे ध्यान आया कि कदली की अवज्ञा अनुचित है-जिसकी जड़ें, हाड़, छाल, फूल-फल-सभी उपयोगी हैं और उनके भोजन-छाजन का सहारा है...

"देबू, यह लो!"

देवकान्त चौंककर देखता है। नीलिमा के वस्त्र उजले हैं, नेत्र काले, केश भीगे और डोर से झूलती एक छोटी-सी मुँह बँधी हँड़िया उसकी ओर बढ़ा रही है।

"यह क्या है, नीली?"

"नमक। हमारे पास एक हाँड़ी है। बिहू तक चल जाएगा।"

"लेकिन खार तो अच्छी होती है-हमने इतनी बना ली-"

"लो-बहस मत करो!" आज्ञापना।

"अच्छा, लाओ।" कुछ विनोद का भाव, "नीली, तो आज से हम तुम्हारा नमक खाएँगे-"

"धत्!"

ढोलकों का स्वर। खोल, मादल, झाँझ, वेणु, घंटी। बीच-बीच में ऊँचा उठता समवेत गायन का स्वर।

देवकान्त दौड़ रहा है। विष्णुवोत्सव का आमोद-प्रमोद, और वह अभी पहुँचा नहीं-पिता ने उसे काम में रोक लिया था...

लड़कियों की खिलखिलाहट। पुआल की और पुआल के धुएँ की गंध; बूढ़ों के खाँसने में भी जैसे प्रसन्नता की मींड। गुड़ और खीलों का कसैला मीठा स्वाद। एकाएक पुआल की आग की एक भभकती लपट, उसके लाल प्रकाश में नीलिमा

का दमकता चेहरा–उन आँखों में देवकान्त के शायद वैसे ही दमकते चेहरे की उभरती पहचान–क्या पुआल की आग में उसकी शतांश भी दीप्ति है जो क्षण-भर नीलिमा की आँखों में दमक उठती है?

झाँझ, मजीरा, वेणु, खोल, मादल...

कुछ नहीं बचा है, केवल द्वीप के आर-पार की ऊँची पटरी और पेड़ों के ऊपरी हिस्से–उन पर मचान, पटरी के निकट तीन-चार बजरे...और पटरी पर अनगिनत ढोर-डाँगर, कुछ कुत्ते, कहीं-कहीं दुबकते लोमड़ी-सियार, जगह-जगह अधमरे रेंगते साँप, तीन-चार हाथी...और कभी-कभी दूर के एक टीले की हाथी डूब घास में से आती हुई बाघ की चिंघाड़। और कुछ नहीं बचा है, लेकिन यही तो सब कुछ है, इससे कम पर भी बार-बार उनका जीवन फिर भरा-पूरा हुआ है, बाढ़ उतरेगी तो फिर मादल गूँजेंगे और मृदंग गमक लेंगे और ऋतुस्नाता की भाँति कान्तिमान द्वीप भूमि मेमनों की मिमियाती हँसी से मुखरित हो उठेगी...

अब भी बजरे की ओट में देवकान्त है। पटरी के पार मचान के पास नीलिमा आती है–उसकी गोद में एक मृग का बच्चा है। किन्तु सुन्दर! देवकान्त ललककर कहता है, "यह कहाँ पाया?"

पर नीलिमा के स्वर में अप्रत्याशित गम्भीरता है, "इसे रखोगे?"

"क्यों–क्या बात है?"

"मचान में नहीं रह सकता। तुम अपने साथ पटरी पर रखो, या बजरे पर–वहाँ बच जाएगा।"

"पर पाया कहाँ?"

"पिता लाए थे। भटका हुआ मिला था। मैंने मोहन नाम रखा है।"

"सचमुच मोहन है। इतना प्यारा है! मैं ज़रूर पाल लूँगा–बचा लूँगा।" फिर शरारत से, "पर फिर मैं लौटाऊँगा नहीं–मेरा हो जाएगा!"

"मैंने कुछ भी जो तुम्हें दिया है कभी वापस माँगा है?" स्वर शान्त है, लेकिन उसमें दबी हुई एक कँपकँपी है जिससे देवकान्त चौंक-सा जाता है, "आगे भी जो दूँगी, वापस नहीं माँगूँगी।"

"नीलिमा–नीली?"

"तुम बचाकर रख सको सही।"

"नहीं, भूल नहीं हो सकती, इस बात का मोहन से कोई सम्बन्ध नहीं है..." देवकान्त अवाक् उसे देखता है, उसके भीतर कहीं कुछ गा उठता है–ब्रह्मपुत्र की बहाव की तरह मन्द्र-गम्भीर, मोहन की आँखों की तरह गहरा, गहरा, गहरा...

"नीली, यह देखो, देखो, क्या लाया!"

केवड़े का फूल है गमले में लिपटा हुआ। देवकान्त खोलकर उसे दे देता है।

"गन्ध तो कभी-कभी आती थी। कहाँ पर था? पटरी पर तो मैंने सब देखा था।"

"हाँ, देखा?" देवकान्त के स्वर में विजय का गर्व है। "पटरी पर नहीं था-ऐसी चीज़ें ज़रा मेहनत से मिलती हैं। उस झोंप के अन्दर-" कहते-कहते उसने टीले की ओर इशारा किया।

"झोंप-क्या कहा?" नीली का स्वर सहसा चीत्कार-सा बन गया; उस टीले की ओर से ही तो बाघ की दहाड़ सुनाई दी थी! हटो, मुझे नहीं चाहिए तुम्हारी केतकी-"

नीली ने फूल उसके हाथ पर पटक दिया, काँटे से उसका हाथ छिल गया, पर उससे बोला ही नहीं गया।

"हज़ार बार कहा है देबू, मुझे फूल नहीं चाहिए, मुझे तुम्हारी-" सहसा रुककर उसने ओठ काट लिया, उसका चेहरा लाल हो आया, "अच्छा लाओ दो-" कहकर उसने फूल झपट लिया और आँचल से उसे ढलती हुई भाग गई।

डिबरूगढ़ का स्कूल। देवकान्त ने पढ़ाई पूरी कर ली है, और अभी स्कूल में मास्टरी शुरू की है। इतने छोटे मास्टर से उसने स्वयं कभी नहीं पढ़ा, पर प्रगति तो इसी का नाम है कि कल जो छत्तीस बरस के बुज़ुर्ग करते थे, आज अठारह बरस के जवान करें...

नीली की चिट्ठी। वे लोग द्वीप छोड़कर आनेवाले हैं। बाढ़ आ रही है, और सुना है कि इस साल डूब जाएगा-मोहन की उसे चिन्ता है-अगर सचमुच उतनी बाढ़ आई तो पटरी पर जमा असंख्य जानवरों में उसकी कौन चिन्ता करेगा? वह सोच रही है कि उसके लिए पटरी पर ही एक छोटी-सी झोंपड़ी बनाई जाए, पर क्यों नहीं वह आकर उसे ले जाता? जल्दी आए तो नीली भी उसे देख लेगी-लेकिन अब बड़ा आदमी होकर क्या वह नीली को पहचानेगा भी? नहीं तो मोहन को तो वह ले जा ही सकेगा-स्कूल के मास्टर साहब तो लड़कों से ढोर चरवा लेते हैं, क्या वह मोहन की देखभाल नहीं करा सकेगा?

देवकान्त चिट्ठी पर मोहर देखता है, तारीख पढ़ता है, मानो उँगलियों पर कुछ गिनने को होता है-और फिर हाथ ढीला छोड़ देता है...

झाँझ, मजीरा, ढोल, मादल...पानी का घर्र-घर्र, सर-सर-सर-सर, छप्प-छप्प छप्प-छाऽप-छप्प, डाँड़ों का खट्ट-हुट, देवकान्त की अपनी साँसों का स्वर, जो कानों के पास से सरसराते पवन के स्वर में डूबता नहीं क्योंकि अपनी साँस भीतर से सुनी जाती है, बाहरी कान से नहीं, और डाँड़ों की विलम्बित लय पर अधीर

उसके हृदय का द्रुत धक्क–धुक्, धक्क–धुक्...और स्वरों की इस छोटी–सी गठरी के आसपास चारों ओर मटमैला ललौंहा रानी–पानी–पानी...

वह–वह–वह क्या भूमि की रेखा है? वह छाया–सी–क्या पेड़ है?

मोहन–मोहन...क्योंकि नीली का नाम वह लेगा तो चंचल हो उठेगा, और चंचल उसे नहीं होना है, उसे धैर्य रखना है, जितना धैर्य उसने जीवन में कभी नहीं रखा उतना...

धैर्य का काम अभी शेष नहीं हुआ है। नाव पर मोहन उसके साथ है पर अब हवा सामने की है, और तेज़ है। और मोहन की चिन्ता के मिटने में जो अनेक नई दुश्चिन्ताएँ उसे घेर रही हैं उनसे हारना नहीं है, नहीं है...

खट्ट–हुट, खट्ट–हुट...सर–सर–सर सर–छप्प–छाऽप...उद्वेलित पानी का प्रसार, हवा के थप्पड़ खाकर फुफकारती हुई लहरें, धुँधला पड़ता हुआ पहले ही से मेघिल साँझ का आकाश...ऊब–डूब नाव, डाँड़ चलानेवाला अकेला देवकान्त–तैरता हुआ उन्मूलित जलकुम्भी का पौधा–पौधा नहीं, फूल–फूल की एक कलगी–नीली, जैसे मोहन की आँखें नीली–

नीली...

न, न, नीली का उच्चारना नहीं होगा, उसे मन ही में रहने देना होगा...ऊब–डूब जलकुम्भी का पौधा–लेकिन पौधा तो डूबता नहीं, मीलों बहता है, दिनों बहता है...

पंजिका में लिखा है, इस वर्ष का नाम है, 'प्लव संवत्सर'–

ब्रह्मपुत्र...ब्रह्मा का पुत्र और मानव? वह भी ब्रह्मा की सन्तान...तो क्या यह भ्रातृ–कलह है? खट्ट–हुट–सोचना कुछ नहीं है, ब्रह्मा का केवल एक पुत्र है और उसका नाम है देवकान्त, बाकी केवल तत्त्व हैं, जड़–तत्त्व जिनमें आदमी नष्ट होकर मिलता है–नीचे एक तत्त्व है पानी–नष्ट होकर क्या इनमें मिलना होगा! क्यों मिलना होगा–नष्ट ही क्यों होना होगा?

लहर आती है और जलकुम्भी के पौधे को उछालकर फेंक देती है। वह डूबता नहीं, पर जाएगा कहाँ–दिनों और मीलों तक भी बहकर...

न–यह लहर नाव से बड़ी है, यह अँधेरा साँझ से गहरा है–

भूरा और शीतल, कठोर, डगमग, बिना पेंदी का, अँधेरा, बाँह के नीचे स्निग्ध, मुट्ठी में गीला और कठैठा–

दिन और रात दोनों पारावार हैं, सारे क्षितिज आकर मिल जाते हैं, जलकुम्भी डूबती नहीं है, पर जलकुम्भी पानी का पौधा है, लकड़ी की नाव नहीं...

फिर देश–काल का संकुल : कौन सा देश, कौन सा काल, न जाने, पर घोर संकुल...

द्वीप पर केवल पटरी थी और पेड़ों के शिखर थे। और पशु थे।

मोहन था। अलग एक छोटे से बाड़े में।

और कौन कहाँ था। पर काल का संकुल था, वह जान न सका। कहीं बजरा भी रहा होगा–लोग भी रहे होंगे...

नीली–नीलिमा?

वह कोई नहीं था। वे बाढ़ के पहले चले गए होंगे। पर कब, कैसे? कहाँ?

नाव में–तो नाव बाढ़ में कहाँ गई होगी?

नीलिमा–नीली–सागर तट नीला होता है–पर नदी-तल तो उसने छुआ है, वहाँ तो नीलिमा नहीं, कीचड़ होता है या रेती, नीलिमा तो–

कहाँ है नीलिमा?

नीलिमा...नीलिमा...नहीं, मोहन–मोहन उसकी बाँह के नीचे है, मोहन को वह बचा लेगा। वह नहीं बचेगा तो? तो भी वह मोहन को बचा लेगा, उसकी दूसरी मुट्ठी में कठैठा कुछ है–क्या है? डाँड़ तो उसके हाथ से छूट गई थी–

कुछ भी हो, कुछ है। कठैठा है। वह ज़रूर ऊपर आएगा–वह छोड़ेगा नहीं–तुम बचाकर रख सको सही–आगे भी जो दूँगी वापस नहीं माँगूँगी–मैंने कुछ भी जो तुम्हें दिया है कभी वापस माँगा है? न माँगा सही, मैं दूँगा, मैं दूँगा, नीली! क्या दोगे, प्राण ही तो न? हा–हा–तभी तो तुम कुछ नहीं दे सकोगे–कुछ नहीं सँभाल सकोगे...

नहीं–नहीं–नहीं...मोहन अब भी उसकी बाँह के नीचे है, दूसरे हाथ की मुट्ठी में अब भी कठैठा है–वह उभरेगा, उभरेगा–यह पानी के नीचे ऐसी जलती प्यास कैसी–यह हवा की प्यास है, वह–उसकी मुट्ठी में कठैठा कुछ...

कितनी गहरी है नीलिमा आकाश की–उस आकाश की, जो आँखों के भीतर समा जाता है, कितनी स्निग्ध है तरलता जल की–उस जल की, जिसमें चेतना डूब जाती है, कितना सुन्दर है जलकुम्भी का खोया हुआ फूल, वह फूल जो जीवन का प्रतीक है, कितना रसमय, स्फूर्तिमय है विस्तार अवचेतन का...

वह नहीं जानता, किन्तु वह जानता है कि वह बार-बार किसी चीज़ से रगड़ खा जाता है–कुछ जो चिकना है पर छील भी देता है, जिससे दर्द नहीं होता पर ठंड की सुइयाँ चुभती हैं। उसे स्पर्श-ज्ञान नहीं है पर वह छूता है एक लोमिल त्वचा को जो मोहन है, और एक कठैठे कुछ को जो न जाने क्या है। उसके मुँह में पानी का एक बुलबुला है, पर न जाने कब कैसे उसके फेफड़ों में क्या चला जाता है जो गीला नहीं है...

ये स्वर हैं। पानी के नहीं, नाव के नहीं, हवा के नहीं। स्वर हैं–

मानव-स्वर हैं। झिपते-उभरते, मानो रव-हीन।

"बाँह तो उठाओ...पकड़े...गला घोंट देगा...अकड़ गई है...कपड़े में लपेटो... मलो...पानी...ऊँचा...वह...हिरन...पागल..."

हिरन...हिरन...

क्या हिरन? उफ् कितना कठिन प्रयास है यह–क्या उसे बटोरना है–

सहसा उसकी आँखें खुल गईं–उसे स्वयं नहीं मालूम हुआ–और उसने कहा, "मोहन–हिरन–"

किसी ने कहा, "हाँ, वह है–बच जाएगा–"

कौन बच जाएगा? मोहन? वह?

वह कौन? वह देवकान्त। पर वह तो बच गया है–नहीं तो वह देवकान्त कैसे है? सोचता कौन है?

उसने फिर रव-हीन स्वर से कहा, "मोहन..."

उसकी आँखें झिप गईं! नीलिमा ने फिर उसे घेर लिया। दूर कहीं सुना, "चिन्ता नहीं–बच जाएगा–" फिर सब कुछ बुझ गया।

मन-ही-मन उसने कहा, "नीली, मैं रख सकूँगा बचाकर।" पर जैसे उसका कहा उसी ने नहीं सुना। नीली तो बहुत दूर थी, पता नहीं, थी भी कि नहीं।

पर और कुछ उसने फिर सुना बड़ी दूर से, जैसे पानी के नीचे से, ब्रह्मपुत्र के अथाह पानी के नीचे से–"पागल–बेहोशी में हँसता है।"

"हाँ, तो हँसता तो है, नीली हँसी–सम्पृक्त हँसी–वह हँसी जो नीली थी–उसकी नीलिमा!"

दिल्ली, सितम्बर, 1954

नारंगियाँ

उस दिन जब मोहल्लेवालों ने देखा कि हरसू ने मोहल्ले के बाहर की, नाम को पक्की, पर वास्तव में धूल-भरी सड़क पर पुआल और बोरिए का टुकड़ा बिछाकर उस पर नारंगियाँ सजाकर दुकान कर ली है, तो सब-के-सब विस्मय से ताकते रह गए। हरसू, और दुकान!

जब से हरसू और परसू, दोनों भाई अचानक आकर मुहल्ले के सिरे की पुरानी दीवार की एक मेहराब के नीचे घर बनाकर जम गए थे, तब से किसी ने उनको काम करते हुए या काम की तलाश भी करते हुए कभी नहीं देखा था। रिफ्यूज़ी दूसरे मोहल्लों की तरह इस मोहल्ले में भी अनेकों आए थे, लेकिन सभी बहुत जल्द इस कोशिश में जुट गए थे कि वे 'शरणार्थी' न रहकर 'पुरुषार्थी' कहलाने के अधिकारी हो जाएँ। सभी ने कुछ-न-कुछ जुगत कर ली थी या गुजर-बसर का कोई वसीला निकाल लिया था। लेकिन हरसू और परसू ज्यों के त्यों बने हुए थे। किसी ने उन्हें कभी भीख माँगते नहीं देखा, चोरी करते भी कम-से-कम देखा तो कभी नहीं, यद्यपि यह सब समझते थे कि दोनों भाई अगर कुछ लेकर नहीं आए हैं और कुछ कमाते भी नहीं हैं तो चोरी के बिना कैसे काम चलता होगा! हाँ, चोर जैसे वे दीखते भी नहीं थे, किसी के सामने उनकी आँखें नीची नहीं होती थीं और दोनों का बर्ताव कुछ ऐसा शालीनता भरा होता था कि किसी को कुछ पूछने का साहस भी नहीं होता था।

शालीनता के स्तर में कुछ गिराव कभी दीखता था तो दोनों भाइयों के आपस के व्यवहार में। यही नहीं कि वे आपस में लड़ते-झगड़ते थे-इतना ही कि परसू हमेशा हरसू को ताने देता रहता था, जैसे सम्भव हो, कोंचता रहता था! हरसू प्रायः दीन-भाव से सब कुछ सह लेता था, लेकिन कभी-कभी वह भी बिना अपना स्वर ऊँचा उठाए जला-भुना उत्तर दे देता था। पछाँही लोगों में ऐसी बातों पर फौरन तू-तड़ाक और मार-पीट की नौबत आ जाती है, और रिफ्यूज़ी तो और भी आसानी से जिस-तिस पर हाथ छोड़ बैठते हैं; इसलिए मोहल्लेवाले इन दोनों भाइयों के इस तनाव भरे सहस्तित्व पर और भी अचम्भा किया करते थे।

खैर, अब हरसू ने नारंगियों की दुकान लगाई है, और परसू दुकान से कुछ दूर पर एक पुलिया पर बैठा हुआ बड़ी अवज्ञा से दुकान की और हरसू की ओर देख रहा है।

एक-एक करके मोहल्ले के दो-चार बच्चे नारंगियों की दुकान के आस-पास इकट्ठे हो गए हैं। नारंगियों का आकर्षण तो है ही, लेकिन उससे अधिक इस बात का कौतूहल कि दुकान हरसू की है।

एक छोटी लड़की दूसरों से कुछ आगे बढ़कर, एक हाथ से अपने झबले का छोर उठाकर मुँह में खोंसती हुई दूसरे हाथ से मानो अतर्कित भाव से नारंगियों की ओर इशारा करती है, और फिर हाथ समेटकर टुकुर-टुकुर हरसू की ओर देखने लगती है।

''लेगी?'' हरसू पूछता है।

लड़की कुछ उत्तर दे, इससे पहले परसू बड़बड़ाता है, ''हाँ, दे दे, दुकान उठाकर दे दे इसको! क्या ऐसे ही दुकान चलाएगा?''

हरसू भाई की बात को अनसुनी-सी करता हुआ लड़की से कहता है, ''लेगी, तो जा, घर से पैसे ले आ। चार-चार पैसे की एक है।''

''तो ऐसे दुकान चलाएगा तू! छोटे बच्चों को फुसलाकर घर से पैसे मँगाकर मुनाफा करेगा! बच्चों को बिगाड़ते शर्म नहीं आती?''

भाइयों में झगड़ा हो रहा है या नहीं, बच्चों की समझ में नहीं आता। क्योंकि ऐसे सम-स्वर से और तटस्थ भाव से झगड़ा होते उन्होंने कभी देखा नहीं है। लेकिन वातावरण में कहीं पर तनाव है, यह वे समझते हैं। लड़की एक बार हरसू और एक बार परसू की ओर देखती है और रुआँसी-सी हो जाती है।

हरसू एक क्षण के लिए उसकी ओर देखता है और फिर दो नारंगियाँ उठाकर लड़की को दे देता है।

''ले, रो मत, ले जा। पैसे जब होंगे तब देना–नहीं तो न सही।''

परसू असम्पृक्त भाव से आकाश की ओर देख रहा है, मानो उसने यह देखा न हो, न उसे इस सबसे कोई मतलब हो। लेकिन यही सम-स्वर कहता है, ''हाँ-हाँ, बाप का माल है, दे दे। कल देखूँगा, कहाँ से और माल लाएगा और दुकान चलाएगा। बड़ी फैयाज़ी दिखाने चला है। सब साले रिफ्यूज़ी जैसे घर के नवाब होते हैं।''

हरसू एक बार भाई की ओर देखता है और फिर चुप बना रहता है। लड़की चली जाती है।

बोरिया झाड़कर फिर बिछा दिया गया है। नारंगियाँ कपड़े से रगड़कर चमका दी गई हैं। ऊपर नीम की पत्तियों की हल्की सरसराहट सुनते हुए हरसू सोचता है, उसका दिन इसी के सहारे जैसे-तैसे कट जाएगा।

नारंगियों के आस-पास दो-चार बच्चे फिर इकट्ठे हो गए हैं। नारंगियों का चाव तो चिरन्तन है, दुकान के नएपन का कौतूहल भी अभी मिटा नहीं है।

"भीड़ क्यों करते हो बच्चो, नारंगियाँ लेनी हों तो घर जाकर पैसे ले आओ।"

परसू अपनी पुलिया पर से सुन रहा है। देखने की ज़रूरत उसे नहीं है। वह मानो अतीन्द्रिय चक्षुओं से सबकुछ देख लेता है। बल्कि सब कुछ पहले से ही उसका देखा-दिखाया है। व्यंग्य की एक रेखा उसके होंठों को तिरछा कर जाती है, बस, इतना हरसू देख लेता है। परसू जानता है कि वह देख लेगा–उसके द्वारा देखी जाने के लिए ही वे वहाँ तक लाई गई हैं।

बच्चों की टोली में से दो-एक अलग होकर चले जाते हैं। थोड़ी देर बाद एक लौटकर आता है। उसकी चाल ही बता रही है कि उसकी मुट्ठी में इकन्नी है। उसके पीछे-पीछे छह और अधनंगे बच्चे चले आते हैं, और वे भी जानते हैं कि उनके अगुआ की मुट्ठी में पैसे हैं। पैसों से उन्हें कोई सरोकार नहीं है, लेकिन अगुआ की मुट्ठी का पैसा आगे जो काम कर सकता है, उसमें उनकी दिलचस्पी ज़रूर है।

इकन्नी और नारंगी का विनिमय हो जाता है। बच्चा विजय से भरा हृदय और नारंगी से भरी मुट्ठी लिये हुए एक ओर को हटकर नारंगी छीलकर खाने लगता है।

दुकान पर जो करिश्मा होनेवाला था वह हो चुका, और वहाँ अब देखने को कुछ नहीं है। दूसरे बच्चों की आँखें हरसू की साबुत नारंगियों से हटकर अगुआ के हाथ की छिलती हुई नारंगी पर अटक जाती हैं। कैसे उस नारंगी से फाँक अलग होती है और धीरे-धीरे उठकर अगुआ के मुँह से चली जाती है, कभी इधर-उधर नहीं जाती, यह कितना बड़ा अचरज है!

परसू गरदन ज़रा एक ओर को मोड़कर कहता है, "अबे, इन सबको भी कह दे, घर जाकर पैसे ले आएँ। गाड़कर रखे होंगे पैसे इन्होंने, सब लाकर तुझे दे देंगे।"

हरसू तिलमिलाकर बच्चों से कुछ कहने को होता है, लेकिन फिर रुक जाता है। एक बार बच्चों को सिर से पैर तक देखता है और आँखें झुका लेता है। बच्चे अधनंगे हैं, इसका ठीक अर्थ अब उसके मन में बैठता है–इस मोहल्ले में बच्चों को निचले आधे शरीर में तो यों भी कुछ पहनाने का रिवाज नहीं है, इसलिए अधनंगे का मतलब यही हो सकता है कि ऊपर का आधा शरीर भी ढका नहीं है। हरसू आँखें झुकाए गट से थूक का एक घूँट निगलता है। थूक का स्वाद कुछ नहीं होना चाहिए, पर हरसू के लिए वह घूँट कितना कड़वा है यह उसके दबे होंठों से दीख जाता है।

हरसू और परसू की खींचातानी की ओर बच्चों का ध्यान नहीं है। वे एकटक फाँक-फाँक गायब होने वाली नारंगी के अचरज को देख रहे हैं।

परसू कानी आँख से हरसू को देखता है, मानो उसे तौल रहा हो। फिर मुँह बच्चों की ओर फेर लेता है।

"लड़के, अपने साथियों को भी एक-एक फाँक दे दे।" अगुआ की ओर उन्मुख होकर परसू का स्वर कुछ कम रूखा हो गया है, "साथियों के साथ बाँटकर खाना चाहिए।"

अगुआ अगुआ है, और इस वक्त नारंगी का मालिक भी है। परसू की ओर देखकर उद्धत स्वर से कहता है, "क्यों दे दूँ? मैंने पैसे देकर नहीं खरीदी?"

परसू वहीं पुलिया पर लेटे-लेट मुँह दूसरी ओर करके थूकता है। "अबे हरसू, सुनीं नवाबज़ादे की बातें! पैसे देकर खरीदी है! पैसा तेरे बाप ने कहाँ से खरीदा है भला?" लेकिन फिर परसू का स्वर कुछ धीमा होकर मानो भीतर को मुड़ जाता है। "लेकिन बच्चे का क्या डाँटना! बाप मिलता तो पूछता, कहाँ से ब्लैक करके कमाया है पैसा, और क्यों लड़के को अभी से ऐसा कमीनापन सिखाया है।" फिर कुछ रुककर, बदले हुए स्वर में, "अबे हरसू, तू ही दे दे न सबको एक-एक नारंगी-देख, बेचारे कैसे मुँह ताक रहे हैं! बच्चों को बेबसी सिखाना अच्छी नहीं होता।"

हरसू अचकचाकर भाई की ओर देखता है। बात निस्सन्देह उसी से कही गई है, लेकिन उसमें एक ऐसा अलगाव है कि उसका जवाब कोई भी दे दे-या न भी दे-परसू को कोई फर्क नहीं पड़ेगा। हरसू ज़रा साहस बटोरकर कहता है, "कहाँ से दे दूँ सबको? फिर तू ही कहता है कि दुकान कैसे चलेगी और कल को माल कहाँ से खरीदकर लाऊँगा?"

"अब, बस, यही है तेरा रिफ्यूज़ी का जिगरा? अबे, जानता नहीं, हम सब लोग पीछे बड़ी-बड़ी जायदादें छोड़कर आए हैं। और देखता नहीं, यहाँ भी कितनों ने फिर जायदादें खड़ी कर ली हैं? तू ही बता, पहली बार नारंगी खरीदने को पैसा कहाँ से आया था-या कि नारंगियाँ तेरे साथ माँ की कोख से जनमी थीं?"

हरसू चुप है। चुप में सौ विरोध समा जाते हैं। बोलते हुए कुछ बनता नहीं है।

"अबे, दे दे न नारंगी-उन्हें ऐसे देखते देख तुझे तरस नहीं आता-शरम नहीं आती? तू इन्सान का बेटा है..."

"तरस तो आता है, परसू...पर पैसा कहाँ से आएगा?"

"चल, पैसा मैं देता हूँ-खिला सबको नारंगियाँ।" परसू लेटे से आधा-बैठा होकर अपनी फटी जेब टटोलता है और एक अठन्नी निकालकर हरसू की ओर फेंकता है।

हरसू चुपचाप छह नारंगियाँ उठाकर एक-एक कर बच्चों को बाँट देता है। बच्चे झिझकते हुए हाथ बढ़ाकर ले लेते हैं। क्षण-भर अँजुली भरे-भरे अचकचाए-से कभी हरसू की ओर और कभी नारंगी की ओर देखते हैं, और फिर धीरे-धीरे खाने लगते हैं। हरसू टाट के नीचे से टटोलकर एक दुअन्नी निकालता है और परसू की ओर बढ़ाता है, "यह ले अपनी बाकी।"

''क्या?'' परसू अजनबी-सा कहता है। ''मेरी बाकी? बाकी कैसी?''

''तूने अठन्नी दी थी, दो आने तेरे बाकी बचे कि नहीं?''

''मेरे दो आने! हुँह! हुँह! मेरे दो आने! मेरे बाप के हैं! जा, ये भी उस छोकरे को दे दे जो अपने पैसे से नारंगी खरीदता है; कह दे उसे, जाकर यह भी अपने बाप को दे दे!''

हरसू दबे स्वर से कहता है, ''उसने क्या बिगाड़ा है, वह तो बच्चा है; बाप जैसा हो...''

''हाँ, बे, ठीक कहता है तू। अच्छा तो रख, सिगरेट-पानी कर लेना। या नहीं, आगे भी तो ऐसे बच्चे आएँगे-उन्हें दे देना। नहीं तो दुकान तेरी कैसे चलेगी? लोग भी क्या कहेंगे कि रिफ्यूज़ी बच्चा दुकान करने लगा तो दिल-आत्मा भी बेचकर खा गया।''

हरसू बोला, ''तो तेरे दो आनों से सदावर्त चल जाएगा? और दो नारंगियाँ खिला दूँगा, फिर...''

''अरे, तो हम मर तो नहीं गए हैं। साले, रिफ्यूज़ी बनकर आया है तो हौसला रखना सीख। दिल बढ़ने से कोई नहीं मरता, उसके सिकुड़ने से ही मरते हैं सब-डॉक्टर साले चाहे जो बकवास करते रहें।''

हरसू दुकान करता है, आज उसने सात नारंगियाँ बेची हैं और माल के सात आने के अलावा दो आने घेलुए में पाए हैं। उसकी आँखें नारंगियों की तरह गूँगी और घुटी हुई हो गई हैं और उसके कान नीम की सरसराहट पर अनसुनते टिक गए हैं।

और परसू के पहले कई बार ऐसे भी दिन आए हैं, जब उसकी दोनों जेबों में दो-दो अठन्नियाँ हुई हैं और उसने नहीं जाना कि क्यों, और ऐसे भी, जब किसी जेब में कुछ नहीं है और वह नहीं सोचता कि तो फिर क्या! वह वहीं पुलिया पर फिर लेटकर नीम के ऊपर छाए आसमान की ओर देखने लगता है। आसमान जैसी ही खाली, गहरी और अन्तहीन हैं उसकी आँखें।

दिल्ली, जनवरी, 1957

हजामत का साबुन

दुकान में घुसा तो छोटे लाला नौकर को पीट रहे थे।

लाला की दुकान से मैं जब-तब थोड़ा-बहुत सामान लेता रहता हूँ। इसलिए बड़े लाला और छोटे लाला और उनके दोनों नौकरों को पहचानता हूँ। यों लाला कहने से जो चित्र आँखों के सामने आता है उसके चौखटे में दोनों में से कोई ठीक नहीं बैठता था। मुटापा तो दोनों में इतना था कि नाम के साथ मेल खा जाए, लेकिन इससे आगे थोड़ी कठिनाई होती थी। दोनों प्राय: सूट पहनकर दुकान पर बैठते थे, दुकान का फर्नीचर लोहे का था और मेज़ पर काँच लगा हुआ था। दुकान में किराने से लेकर परचून तक की चीज़ें तो थीं ही, इसके अलावा साज-सिंगार का सामान, अंग्रेज़ी दवाइयाँ वगैरह भी थीं और पिछले दो-एक वर्ष से दुकान को स्पिरिट और शराब रखने का भी परमिट मिल गया था। मुझे इस तरह की बहुधन्धी दुकानों से कोई विशेष प्रेम हो, ऐसा तो नहीं है, लेकिन दुकान बस-स्टैंड के निकट पड़ती थी और दफ़्तर से घर लौटते समय वहाँ से कुछ खरीद ले जाने में सुभीता था।

थोड़ी देर मैं असमंजस में खड़ा रहा। लाला पीटने में इतना व्यस्त था तो नौकर का पिटने में और अधिक व्यस्त होना स्वाभाविक था। ग्राहक की तरफ ध्यान देने की फुरसत किसी को नहीं थी। समझदारी की बात तो यही थी कि वहाँ से चल देता और जो खरीदारी दूसरे दिन तक न टल सकती, वह कहीं और से कर लेता। इससे भी बड़ी समझदारी की बात यह है कि जहाँ हाथापाई हो रही हो, वहाँ नहीं ठहरना चाहिए। लेकिन मुझमें दोनों तरह की समझदारी की कमी है और हमेशा रही है। आज से कल तक टालने की बात तो समझ में आ सकती, लेकिन आदमी को पीटता हुआ देखकर समझदारी-भरी उपेक्षा मेरे बस की नहीं है।

लाला के मोटे थुलथुल हाथ का थप्पड़ जो नौकर के गाल और आड़े आए हुए हाथ पर पड़ा तो मेरे मन में तीखी प्रतिक्रिया हुई, 'ओ लाले के बच्चे, क्यों पीटता है!'

ऐसी मेरी भाषा नहीं है, गुस्से में भी नहीं। पर उस समय लाला को 'लाला का बच्चा' कहना ही मुझे ठीक जान पड़ा, या ऐसे कह लीजिए कि लाला के बच्चे के नाम से ही उस मोटे और भौंड़े रूप को मैं कोई संगति दे सका।

लाला ने फिर एक थप्पड़ मारा और चिल्लाकर कहा, "बोल, तूने मुझे टेलीफोन क्यों नहीं कर दिया?"

मेरी मुट्ठियाँ भिंच गईं। टेलीफोन न करने पर नौकर को मारना मुझे सहन नहीं हुआ। मुझे पूरा विश्वास हो गया कि नौकर को भी वह सहन नहीं होगा। मैंने जैसे मान लिया कि अभी-अभी नौकर भी वापस एक थप्पड़ लाला के-लाला के बच्चे के-मुँह पर जड़ देगा।

पर वह हुआ नहीं। नौकर ने वह थप्पड़ भी चुपचाप खा लिया। और उसके बाद भी मार खाता गया और लाला के बच्चे की फटकार सुनता गया।

लाला ने और चीखकर कहा, "बोलता क्यों नहीं-हीरू के बच्चे?"

तो नौकर का नाम हीरू है। इस तरह थोड़ा-थोड़ा करके परिस्थिति मेरी समझ में आने लगी। घटना कुल जमा यह हुई थी कि छोटे लाला जब दुकान पर आए थे तो नौकर को घर पर ललाइन की सेवा में और उनके छोटे बच्चे की टहल में छोड़ आए थे। इस बीच ललाइन ने नौकर को हुक्म दिया कि दुकान से चावल ला दे। नौकर बच्चे को घर पर छोड़कर दुकान से चावल ले आया। आधे घंटे के इस अवकाश में बच्चा ललाइन के अनदेखे बाहर निकल गया और पड़ोसी लाला के घर चला गया, जिसके हमउम्र लड़के से उसकी दोस्ती थी। नौकर ने लौटकर जब बच्चे को नहीं देखा, तब उसे और उसके कहने पर ललाइन को चिन्ता हुई। कोई आधे घंटे में यह पता लग गया कि बच्चा पड़ोस के घर में ही है, लेकिन इस बीच ललाइन का घबराहट से बुरा हाल हो चुका था। दोपहर को लाला जब खाने घर गए थे तब ललाइन ने उन्हें बता दिया था कि कैसे उन्हें बड़ी घबराहट हुई थी। अब लाला दुकान पर लौटकर नौकर से जवाबतलब कर रहे थे कि अगर बच्चा नहीं मिल रहा था तो फौरन उन्हें टेलीफोन क्यों नहीं कर दिया गया कि बच्चा नहीं मिल रहा है। अगर उसको कुछ हो गया होता तो?

टेलीफोन ललाइन भी कर सकती थीं-या अगर खुद नम्बर मिलाना उन्हें नहीं आता था तो टेलीफोन करने की बात उन्हें भी सूझ सकती थी, यह नौकर ने अभी तक नहीं कहा। पता नहीं उसे सूझा ही नहीं था, या कि मार का डर उसका मुँह बन्द किए हुए था।

लाला ने काँच की मेज़ पर रखे हुए टेलीफोन को उठाकर पकड़ते हुए फिर कहा, "यह साला है किसलिए? अगर तू..." और फिर एक थप्पड़ हीरू को जड़ दिया।

मैंने बड़ी एकाग्रता से मन में कहा, 'अरे हीरू, तू भी इन्सान है। मार लाला के बच्चे को एक थप्पड़ और पूछ इससे कि...'

लेकिन हीरू ने एक और थप्पड़ खा लिया; थोड़ा-सा लड़खड़ाया और फिर ज्यों-का-त्यों हो गया।

आप रेस खेलते हैं? मैं खेलता तो नहीं, लेकिन घुड़दौड़ भी मैंने देखी है और रेस खेलनेवाले भी, इसलिए पूछता हूँ। हारते हुए घोड़े पर दाँव लगानेवाले की घुड़दौड़ देखते हुए जो हालत होती है वही हालत मेरी हो रही थी। भीतर दुस्सह उत्तेजना और तनाव, काँपते हुए हाथ और सूखकर तालू से चिपकती ज़बान, और ऊपर से इतना एकाग्र उपशमन का अंकुश कि जैसे अपनी एकाग्रता के बल पर ही हारे हुए घोड़े को जिता दूँगा।

हर उत्तेजना में एक बेबसी होती है। सहसा अपने में उसका अनुभव करके मैंने अपने-आपसे कहा, 'यह उत्तेजना क्यों? क्यों तुम इस सेकंडहैंड सनसनी का शिकार हुए? इतना घबड़ा क्यों रहे हो? छटपटाहट किस बात की है?' 'अरे साहब, कुत्तों की दौड़ में मेरा कुत्ता पिछड़ा जा रहा है, दूसरा कुत्ता खरगोश को लपक लेगा!' 'अरे, तुम तो कुत्ते नहीं हो, न तुम खरगोश ही हो...तुम अपने जीवन की उत्तेजना से जूझो, कुत्ते की या खरगोश की उत्तेजना से तुम्हें मतलब? बल्कि कुत्ता तो उत्तेजित भी नहीं है, वह एकाग्र होकर खरगोश के पीछे दौड़ रहा है। और वह...बिना चेतन भाव से ऐसा सोचे भी...यह जानता है कि उत्तेजना उसकी मदद नहीं करेगी बल्कि उसके काम में बाधक होगी। और खरगोश को तो और भी उत्तेजना के लिए फुरसत नहीं है...जिसके सामने जिन्दगी और मौत का सवाल हो, उसको ऐसी टुच्ची सनसनी से क्या मतलब? और तुम, तुम दौड़ देखकर छटपटा रहे हो। बल्कि तुम चाह रहे हो, मना रहे हो कि खरगोश उलटकर कुत्ते पर खिसिया उठे या कि उसे अपने जबड़ों में दबोच ले! तुम्हारा दिमाग खराब हो रहा है!'

लेकिन नहीं, नौकर निरा खरगोश नहीं है। वह आदमी है। आखिर वह विरोध में कुछ कह रहा है।

''मगर लालाजी, मैं तो कुक्कू लाला को बीबीजी को सौंप के चला था,'' हाँ, नौकर इन्सान है। अब वह तन जाएगा। अब वह...

''ऊपर से सामने जवाब देता है? उल्लू के पट्ठे, साले, सुअर के बच्चे!''

'लाला-लाला के बच्चे...हीरू का बच्चा है और तुम्हारा साला है, तो तुम कौन हो, ओ सुअर के दामाद!'

लेकिन यह तो मैं मन में कह रहा हूँ। और मुझे लाला से मतलब नहीं है। लाला से हीरू का मतलब है। मुझे तो नौकर से मतलब है। क्योंकि नौकर जो करे-या मैं जो चाहता हूँ कि वह करे-उसके नाते मुझे उसकी इन्सानियत से मतलब है। अबे हीरू, तू एक थप्पड़ तो मार दे लाला के बच्चे को। चाहे धीरे से ही-चाहे असफल ही...

नहीं, फिजूल है। हीरू कुछ नहीं कर रहा है। और मुझे उससे जो मतलब है और उसके नाते इन्सानियत से जो मतलब है वह मेरे सामने एक बड़ी सी गरम-

गरम और ठोस ललकार के रूप में आ खड़ा हुआ है। जैसे किसी ने एक बहुत गरम निवाला मुँह में रख लिया हो और तुरन्त निगल जाना ज़रूरी हो गया हो।

'मैं भी मारूँगा लाला के बच्चे को!' मैं बढ़कर लाला के बहुत पास आ गया।

कि सहसा हीरू बोला–ऐसे स्वरों में जिसको मैं कभी पहचान सकता लेकिन जिसको तुरन्त हीरू का मान लेने को मैं लाचार हूँ क्योंकि हम तीनों के अलावा चौथा व्यक्ति वहाँ है ही नहीं।

''मालिक, आप माई–बाप हैं। आपका लड़का मेरे अपने बच्चे के बराबर है और मैं उस पर जान देने को तैयार हूँ। आप...''

लाला का फिर उठा हुआ बेडौल हाथ हवा में ही रुक गया है। उनकी चुँधी आँखों में कुछ हुआ है जिसने मानो उनके हाथ को वहीं–का–वहीं जड़ कर दिया है। आँखों और हाथों में ऐसा सीधा क्या सम्बन्ध होता है, यह तो मैं नहीं जानता, लेकिन जैसे हठात् बिजली फेल कर जाने से किसी मशीन का उठा हुआ हथौड़ा आकाश में ही रुक जाए, वैसी ही हालत लाला की हो गई है।

लाला ने धीरे–धीरे जैसे ज़बरदस्ती हाथ को नीचे झुकाकर मेज़ पर से झाड़न उठा लिया है और वह हाथ पोंछने लगा है।

अब मैं कुछ नहीं कर सकता–लड़ाई तो ख़त्म हो गई। इससे पहले ही मार देता तो...

असमंजस से मैंने जल्दी की थी, उसकी कुंठा का गुस्से का रूप ले लेना तो स्वाभाविक था। लेकिन लाला का बच्चा नौकर को मारकर अब हाथ पोंछता है। चाहिए तो नौकर को जाकर नहाना कि वह इस गलीज़ चीज़ से छू गया है जो लाला बनी फिरती है।

''हाँ, साहब–आपको क्या चाहिए?''

मुझे? अच्छी तश्तरी पर रखा हुआ तुम्हारा कटा हुआ सिर.. इस दुकान से अब कभी कुछ लेने का मन नहीं है। यह लाला जैसे इन्सानियत के घावों पर जमा हुआ कच्चा खुरंट है जिसके सम्पर्क में आने की बात ही घिनौनी जान पड़ती है।...

मैंने कहा, ''अब कुछ नहीं चाहिए। हुल्लड़ सुनकर रुक गया था। जो देखा, वह मुझे तो बड़ी शरम की बात लगी...''

लाला बगलें झाँकने लगा। फिर घिघियाता हुआ सा बोला, ''हाँ, साहब, शरम की बात तो है। क्या बताऊँ, मुझे गुस्सा आ गया। बच्चे की बात है, आप जानते हैं।'' फिर कुछ रुककर, अनिश्चय से, जैसे छोटे मुँहवाले कनस्तर से उँगली से खोदकर घी निकाला जा रहा हो, ''वैसे यह थोड़े ही है कि मैं इस नौकर की कदर नहीं करता–उसकी लायल्टी का मुझे पूरा भरोसा है...'' फिर सहसा व्यस्त होते हुए, ''लेकिन सा'ब, आप बिना कुछ लिये न जाएँ–नहीं तो मुझे बड़ा मलाल रहेगा–क्या चाहिए आपको?''

वह क्या कहानी कभी सुनी थी–बुढ़िया बूचड़ की दुकान में गई तो बूचड़ ने सिर से पैर तक उसको देखकर रुखाई से पूछा, 'तुम्हें क्या चाहिए बुढ़िया?' गरीबिनी बुढ़िया को सवाल बड़ा अपमानजनक लगा–क्या हुआ उसे छोटा सौदा खरीदना है? तो वह बोली, 'चाहिए? चाहिए मुझे माल रोड पर हवेली और तीन मोटरें और चन्दन का पलंग। लेकिन तुझसे, मियाँ बूचड़, मुझे चाहिए सिर्फ दो पैसे का सूखा गोश्त।'

मैं थोड़ी देर चुपचाप लाला की तरफ देखता रहा। फिर जैसे मैंने भी अपने भीतर से कहीं खोदकर निकाला, "एक पैकेट चाय–छोटा पैकेट–और कोई सस्ता हजामत का साबुन।"

●●●